기출이 답이다

신한은행 SLT

시대에듀

2025 최신판 시대에듀 기출이 답이다
신한은행 SLT 필기시험 7개년 기출 + 무료NCS특강

Always **with you**

사람의 인연은 길에서 우연하게 만나거나 함께 살아가는 것만을 의미하지는 않습니다.
책을 펴내는 출판사와 그 책을 읽는 독자의 만남도 소중한 인연입니다.
시대에듀는 항상 독자의 마음을 헤아리기 위해 노력하고 있습니다. 늘 독자와 함께하겠습니다.

머리말 PREFACE

신한은행은 1897년 한성은행으로 출발하였다. 이후 1982년 신한은행을 창립하였고, 1996년 총수신 20조 원, 1999년 총수신 30조 원을 돌파하는 등의 성장을 이루어 왔다. 신한은행은 금융의 본업, 창조적 금융, 상생의 선순환 구조를 바탕으로 '금융으로 세상을 이롭게 한다.'는 미션을 달성하기 위해 노력하고 있다.

신한은행 필기시험 SLT(Shinhan Literacy Test)는 NCS + 금융상식 + 디지털 리터러시 평가로 구성되어 있다. 2021년부터 디지털 리터러시 평가(논리적 사고 · 알고리즘 설계 · 상황판단 평가)를 도입하였으나, 상황판단 평가는 2024년 하반기부터 제외되었으며 2023년에는 95문항에서 70문항으로 문항 수를 줄이고, 4지선다에서 5지선다로 선택지 개수를 늘리는 변화를 보였다.

이에 시대에듀에서는 신한은행 SLT 필기시험을 준비하는 수험생들이 시험에 효과적으로 대비할 수 있도록 다음과 같은 특징을 가진 본서를 출간하게 되었다.

도서의 특징

❶ 기출유형 뜯어보기의 유형분석과 유형풀이 Tip · 이론 더하기를 통해 출제영역을 체계적으로 학습할 수 있도록 하였다.

❷ 2024~2018년 시행된 신한은행 SLT 필기시험의 기출복원문제를 수록하여 최근 출제경향을 한눈에 파악할 수 있도록 하였다.

❸ 2024~2023년에 출제된 주요 금융권 NCS 기출복원문제를 수록하여 다양한 출제유형에 완벽히 대비할 수 있도록 하였다.

끝으로 본서가 신한은행 SLT 필기시험을 준비하는 여러분 모두에게 합격의 기쁨을 전달하기를 진심으로 바란다.

SDC(Sidae Data Center) 씀

신한은행 기업분석

◇ **미션**

금융으로 세상을 이롭게 한다.

미래를 함께하는 따뜻한 금융이란 상품, 서비스, 자금운용 등에서 과거와는 다른 방법, 새로운 환경에 맞는 새로운 방식을 추구하여 고객과 신한 그리고 사회의 가치가 함께 커지는 상생의 선순환 구조를 만들어 가는 것이다.

방법론	지향점
금융(본업)으로	**세상을 이롭게 한다**
창조적 금융	상생의 선순환 구조

◇ **핵심가치**

모든 신한인이 'ONE 신한'으로 생각하고 행동하게 되는 가치판단의 기준이다.

바르게
고객과 미래를 기준으로 바른 길을 선택한다.

빠르게
빠르게 실행하고 배우며 성장한다.

다르게
다름을 존중하며 남다른 결과를 만든다.

◇ 비전

더 쉽고 편안한, 더 새로운 은행

더 쉬운 은행	**쉽고 편리한** 고객이 금융을 더 쉽고 편하게 이용할 수 있도록 온·오프라인 금융서비스를 개선하며, 디지털 생태계를 통해 고객의 일상과 비즈니스에 은행을 더욱 가깝게 연결한다.
더 편안한 은행	**안전하고 신뢰할 수 있는** 고객이 꿈을 실현할 수 있도록 안전하고, 신뢰할 수 있는 올바른 금융을 제공함으로써 고객의 마음을 더 편안하게 한다.
더 새로운 은행	**참신하고 독창적인** 신한만의 전문성과 혁신적인 디지털 기술을 창조적으로 융합한, 참신하고 독창적인 '一流' 금융서비스를 통해 고객에게 더 새로운 가치를 제공한다.

◇ 인재상

따뜻한 가슴을 지닌 창의적인 열정가

따뜻한 가슴
고객과 사회의 따뜻한 미래를 생각하며 정직과 신뢰로 언제나 바르게 행동하는 사람

창의적인
자신의 꿈을 위해 유연하고 열린 사고로 남들과는 다르게 시도하는 사람

열정가
실패를 두려워하지 않는 열정으로 도전적 목표를 향해 누구보다 빠르게 실행하는 사람

신한은행 기업분석

◇ **CI**

기존 신한금융그룹의 상징이었던 비둘기 및 새싹은 21세기의 미래 감성에 맞게 재해석되어 피어나는 미래에 대한 희망으로 표현되었고, 그 형태의 외관을 이루는 "구"는 국제화를 의미하는 글로벌의 상징으로, 가운데 S의 형상은 끝없는 성장을 향해 달려나가는 지표로서의 금융사의 진로로 상징화되었다.

◇ **신한 프렌즈**

일 년 내내 밤하늘에서 찾아볼 수 있는 작은 곰자리는 북쪽 하늘의 대표적인 별자리로 알려져 있으며, 북극성은 작은 곰자리의 끝에 자리 잡고 있다. 신한 프렌즈는 예로부터 항해자들의 길잡이가 되어 주던 북극성을 모티브로 개발되었다. 시대를 앞장서서 도전해 나가는 탐험대의 이야기를 담아 신한이 리드하는 새로운 금융 가치를 이야기하게 될 것이다.

◇ 브랜드 슬로건

더 나은 내일을 위한 동행
Together, a better tomorrow

◇ 브랜드 약속

Togethership

| 진정성 | 통합성 | 통찰력 | 혁신 |

◇ 브랜드 이미지

| 젊고, 활기찬 | 선도적인, 혁신적인 | 전문성이 있는 |
| 믿음이 가는, 정직한 | 배려 깊은, 따뜻한 | 세련된, 고급스러운 |

신입행원 채용 안내

◇ **지원방법**

신한은행 채용 홈페이지(shinhan.recruiter.co.kr)를 통해 접수

◇ **지원자격**

① 학력 및 연령에 따른 지원 제한 없음
② 군필자 또는 군면제자
③ 해외여행에 결격 사유가 없는 자
④ 당행 내규상 채용에 결격 사유가 없는 자
⑤ 외국인의 경우 한국 내 취업에 결격 사유가 없는 자

◇ **채용절차**

| 지원서 접수 | 필기시험(SLT) | 온라인 역량검사 | 1차 면접 | 2차 면접 | 채용검진 / 최종합격 |

◇ **필기시험(SLT)**

영역		문항 수	시험시간
NCS/금융상식	의사소통능력	70문항 (5지선다)	90분
	수리능력		
	문제해결능력		
	금융상식		
디지털 리터러시 평가	논리적 사고		
	알고리즘 설계		

※ 영역별 문항 구분 없이 1교시로 시험이 진행됩니다.

❖ 자세한 채용절차는 직무별 채용방침에 따라 변경될 수 있으니 반드시 채용공고를 확인하기 바랍니다.

2024년 하반기 기출분석

총평

2024년 하반기 신한은행 SLT 필기시험은 전체적으로 NCS보다는 디지털 리터러시 평가의 난도가 높았다. 지난 시험과 같이 NCS와 금융상식은 의사소통능력, 수리능력, 문제해결능력, 금융상식 4가지 영역으로 출제되었지만, 디지털 리터러시 평가는 상황판단 평가를 제외한 논리적 사고, 알고리즘 설계 2가지 영역으로 출제되었다. NCS의 다른 영역은 무난했으나 수리영역의 경우, 일반적인 응용수리보다는 자료해석 위주로 문제가 출제되었으며 계산이 까다로운 문제도 일부 있어서 당황한 수험생들이 많았을 것이라 예상된다. 또한 모든 영역의 순서는 섞여서 출제되었고, 후반부에 NCS보다는 디지털 리터러시 평가의 알고리즘 설계 출제비중이 높았다는 평이 대다수였으므로 그에 대한 대비가 필요하다.

◇ 영역별 출제비중

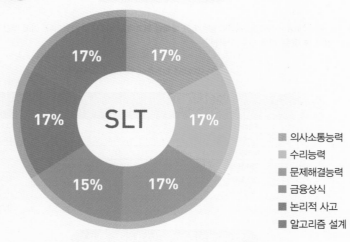

색상	영역
■	의사소통능력
■	수리능력
■	문제해결능력
■	금융상식
■	논리적 사고
■	알고리즘 설계

◇ 영역별 출제특징

구분	출제특징
의사소통능력	• 문단나열, 글의 논지 찾기 등의 문제가 출제됨 • 최근 경제 동향, 금융투자소득세, 은행업 관련 지문을 통해 글의 내용을 추론하거나 일치/불일치하는 내용을 고르는 문제가 출제됨
수리능력	• 응용수리 문제보다 자료해석 문제의 출제비중이 높음 • 제시된 자료의 그래프 또는 표를 해석하거나 계산하는 문제가 출제됨
문제해결능력	• 주어진 금융상품 또는 적금 문제를 보고 문제를 해결하는 유형이 출제됨

주요 금융권 적중 문제

신한은행

의사소통능력 ▶ 나열하기

23 다음 문장들을 논리적 순서대로 바르게 나열한 것은?

> (가) 사물을 볼 때 우리는 중립적으로 보지 않고 우리의 경험이나 관심, 흥미에 따라 사물의 상을 잡아당겨 보는 경향이 있다.
> (나) 그래서 매우 낯설거나 순간적으로 명료하게 파악되지 않는 이미지를 보면 그것과 유사한, 자신이 잘 아는 어떤 사물의 이미지와 연결하여 보려는 심리적 경향을 보이게 된다.
> (다) 이런 면에서 어떤 사물을 보든지 우리는 늘 '오류'의 가능성을 안고 있다.
> (라) 그러나 이런 가능성이 항상 부정적인 것만은 아니다.
> (마) 사실 화가가 보여주는 일루전(Illusion), 곧 환영(幻影)도 이런 오류의 가능성에서 나오는 것이다.

수리능력 ▶ 자료추론

68 다음은 2020 ~ 2023년 A국의 방송통신 매체별 광고매출액에 대한 자료이다. 이에 대한 〈보기〉의 설명 중 옳은 것을 모두 고르면?

〈2020 ~ 2023년 방송통신 매체별 광고매출액〉

(단위 : 억 원)

매체	세부 매체	2020년	2021년	2022년	2023년
방송	지상파TV	15,517	14,219	12,352	12,310
	라디오	2,530	2,073	1,943	1,816
	지상파DMB	53	44	36	35
	케이블PP	18,537	17,130	16,646	( )
	케이블SO	1,391	1,408	1,275	1,369
	위성방송	480	511	504	503
	소계	38,508	35,385	32,756	31,041

문제해결능력 ▶ 금융상품 활용

※ 다음은 S은행의 Ü Card(위 카드)에 관한 자료이다. 이어지는 질문에 답하시오. [51~52]

〈Ü Card(위 카드) 주요 혜택〉

1) 전 가맹점 포인트 적립 서비스
전월 실적 50만 원 이상 이용 시 전 가맹점 적립 서비스 제공
(단, 카드사용 등록일부터 익월 말일까지는 전월 실적 미달 시에도 정상 적립)

건별 이용금액	10만 원 미만	10만 원 이상		
업종	전 가맹점	전 가맹점	온라인	해외
적립률	0.7%	1.0%	1.2%	1.5%

※ 즉시결제 서비스 이용금액은 전 가맹점 2만 원 이상 이용 건에 한해 0.2% 적립

2) 보너스 캐시백
매년 1회 연간 이용금액에 따라 캐시백 서비스 제공

연간 이용금액	3천만 원 이상	5천만 원 이상	1억 원 이상
캐시백	5만 원	10만 원	20만 원

NH농협은행 6급

의사소통능력 ▶ 내용일치

06 농협은행 교육지원팀 과장인 귀하는 신입사원들을 대상으로 청렴교육을 실시하면서, 사내 내부제보준칙에 대하여 설명하려고 한다. 다음은 내부제보준칙 자료의 일부이다. 귀하가 신입사원들에게 설명할 내용으로 옳지 않은 것은?

> **제4조** 임직원 및 퇴직일로부터 1년이 경과하지 않은 퇴직 임직원이 제보하여야 할 대상 행위는 다음과 같다.
> ① 업무수행과 관련하여 위법·부당한 행위, 지시 또는 직권남용
> ② 횡령, 배임, 공갈, 절도, 금품수수, 사금융 알선, 향응, 겸업금지 위반, 성희롱, 저축관련 부당행위, 재산국외도피 등 범죄 혐의가 있는 행위
> ③ 「금융실명거래 및 비밀보장에 관한 법률」 또는 「특정금융거래정보의 보고 및 이용 등에 관한 법률」 위반 혐의가 있는 행위
> ④ 제도 등 시행에 따른 위험, 통제시스템의 허점
> ⑤ 사회적 물의를 야기하거나 조직의 명예를 훼손시킬 수 있는 대내외 문제
> ⑥ 그 밖에 사고방지, 내부통제를 위하여 필요한 사항 등

수리능력 ▶ 거리·속력·시간

01 K씨는 오전 9시까지 출근해야 한다. 집에서 오전 8시 30분에 출발하여 분속 60m로 걷다가 늦을 것 같아 도중에 분속 150m로 달렸더니 오전 9시에 회사에 도착하였다. K씨 집과 회사 사이의 거리가 2.1km일 때, K씨가 걸은 거리는?

① 1km
② 1.2km
③ 1.4km
④ 1.6km
⑤ 1.8km

문제해결능력 ▶ 문제처리

02 K은행은 A, B, C, D 각 부서에 1명씩 신입사원을 선발하였다. 지원자는 총 5명이었으며, 선발 결과에 대해 다음과 같이 진술하였다. 이 중 1명의 진술만 거짓으로 밝혀졌을 때, 다음 중 항상 옳은 것은?

> • 지원자 1 : 지원자 2가 A부서에 선발되었다.
> • 지원자 2 : 지원자 3은 A 또는 D부서에 선발되었다.
> • 지원자 3 : 지원자 4는 C부서가 아닌 다른 부서에 선발되었다.
> • 지원자 4 : 지원자 5는 D부서에 선발되었다.
> • 지원자 5 : 나는 D부서에 선발되었는데, 지원자 1은 선발되지 않았다.

① 지원자 1은 B부서에 선발되었다.
② 지원자 2는 A부서에 선발되었다.
③ 지원자 3은 D부서에 선발되었다.
④ 지원자 4는 B부서에 선발되었다.
⑤ 지원자 5는 C부서에 선발되었다.

주요 금융권 적중 문제

하나은행

12 다음 제시된 문단을 논리적 순서대로 바르게 나열한 것은?

> (가) 이와 같이 임베디드 금융의 개선을 위해서는 효과적인 보안 시스템과 프라이버시 보호 방안을 도입하여 사용자의 개인정보를 안전하게 관리하는 것이 필요하다. 또한 디지털 기기의 접근성을 개선하고 사용자들이 편리하게 이용할 수 있는 환경을 조성해야 한다.
>
> (나) 임베디드 금융은 기업과 소비자 모두에게 이점을 제공한다. 기업은 제품과 서비스에 금융 기능을 통합함으로써 자사 플랫폼 의존도를 높이고, 수집한 고객의 정보를 통해 매출을 증대시킬 수 있으며, 고객들에게 편리한 금융 서비스를 제공할 수 있다. 소비자의 경우는 모바일 앱을 통해 간편하게 금융 거래를 할 수 있고, 스마트기기 하나만으로 다양한 금융 상품에 접근할 수 있어 편의성과 접근성이 크게 향상된다.
>
> (다) 그러나 임베디드 금융은 개인정보 보호와 안전성에 대한 관리가 필요하다. 사용자의 금융 데이터와 개인정보가 디지털 플랫폼이나 기기에 저장되므로 해킹이나 데이터 유출과 같은 사고가 발생할 수 있다. 이는 사용자의 프라이버시 침해와 금융 거래 안전성에 대한 심각한 위협이 될 수 있다. 또한 모든 사람이 안정적인 인터넷 연결과 임베디드 금융이 포함된 최신 기기를 보유하고 있지는 않기 때문에 디지털 기기에 익숙하지 않은 사람들은 임베디드 금융 서비스를 제공받는 데 제한을 받을 수 있다.
>
> (라) 임베디드 금융은 비금융 기업이 자신의 플랫폼이나 디지털 기기에 금융 서비스를 탑재하는 것

37 농도 6%의 소금물 200g에서 소금물을 조금 덜어낸 후, 덜어낸 양의 절반만큼 물을 넣고 농도 2%의 소금물을 넣었더니 농도 3%의 소금물 300g이 되었다. 더 넣은 농도 2% 소금물의 양은?

① 105g   ② 120g
③ 135g   ④ 150g

58 어떤 지역의 교장 선생님 5명 가 ~ 마는 올해 각기 다른 고등학교 5곳 A ~ E학교로 배정받는다고 한다. 다음 〈조건〉을 참고할 때, 반드시 참인 것은?

> **조건**
> • 하나의 고등학교에는 한 명의 교장 선생님이 배정받는다.
> • 이전에 배정받았던 학교로는 다시 배정되지 않는다.
> • 가와 나는 C학교와 D학교에 배정된 적이 있다.
> • 다와 라는 A학교와 E학교에 배정된 적이 있다.
> • 마가 배정받은 학교는 B학교이다.
> • 다가 배정받은 학교는 C학교이다.

① 가는 확실히 A학교에 배정될 것이다.
② 나는 E학교에 배정된 적이 있다.
③ 다는 D학교에 배정된 적이 있다.
④ 라가 배정받은 학교는 D학교일 것이다.

IBK기업은행

의사소통능력 ▶ 내용일치

※ 다음 글의 내용으로 적절하지 않은 것을 고르시오. [1~3]

01

많은 사람들은 소비에 대한 경제적 결정을 내리기 전에 가격과 품질을 고려한다. 하지만 이러한 결정은 때로 소비자가 인식하지 못한 다른 요소에 의해 영향을 받는다. 바로 마케팅과 광고의 효과이다. 광고는 제품이나 서비스에 대한 정보를 전달하는 데 사용되는 매개체로 소비자의 구매 결정에 큰 영향을 끼친다.

마케팅 회사들은 광고를 통해 제품을 매력적으로 보이도록 디자인하고 여러 가지 특징들을 강조하여 소비자들이 해당 제품을 원하도록 만든다. 예를 들어 소비자가 직면한 문제에 대해 자사의 제품이 효과적인 해결책이라고 제시하거나 유니크한 디자인, 고급 소재 등을 사용한다고 강조하는 것이다. 이렇게 광고는 소비자들에게 제품에 대한 긍정적인 이미지를 형성하게 하여 구매 욕구를 자극해 제품의 판매량을 증가시킨다.

그러므로 현명한 소비를 하기 위해서는 광고에 의해 형성된 이미지에 속지 않고 실제 제품의 가치와

자원관리능력 ▶ 비용계산

※ 다음은 I은행의 지난해 직원별 업무 성과내용과 성과급 지급규정이다. 이어지는 질문에 답하시오. [16~17]

〈직원별 업무 성과내용〉

성명	직급	월 급여(만 원)	성과내용
임미리	과장	450	예·적금 상품 3개, 보험상품 1개, 대출상품 3개
이윤미	대리	380	예·적금 상품 5개, 보험상품 4개
조유라	주임	330	예·적금 상품 2개, 보험상품 1개, 대출상품 5개
구자랑	사원	240	보험상품 3개, 대출상품 3개
조다운	대리	350	보험상품 2개, 대출상품 4개
김은지	사원	220	예·적금 상품 6개, 대출상품 2개
권지희	주임	320	예·적금 상품 5개, 보험상품 1개, 대출상품 1개
유수연	사원	280	예·적금 상품 2개, 보험상품 3개, 대출상품 1개

수리능력 ▶ 금융상품 활용

03 A대리는 새 자동차 구입을 위해 적금 상품에 가입하고자 하며, 후보 적금 상품에 대한 정보는 다음과 같다. 후보 적금 상품 중 만기환급금이 더 큰 적금 상품에 가입한다고 할 때, A대리가 가입할 적금 상품과 상품의 만기환급금이 바르게 연결된 것은?

〈후보 적금 상품 정보〉

구분	직장인사랑적금	미래든든적금
가입자	개인실명제	개인실명제
가입기간	36개월	24개월
가입금액	매월 1일 100,000원 납입	매월 1일 150,000원 납입
적용금리	연 2.0%	연 2.8%
저축방법	정기적립식, 비과세	정기적립식, 비과세
이자지급방식	만기일시지급식, 단리식	만기일시지급식, 단리식

　　　적금 상품　　　　　만기환급금

도서 200% 활용하기

기출유형 뜯어보기

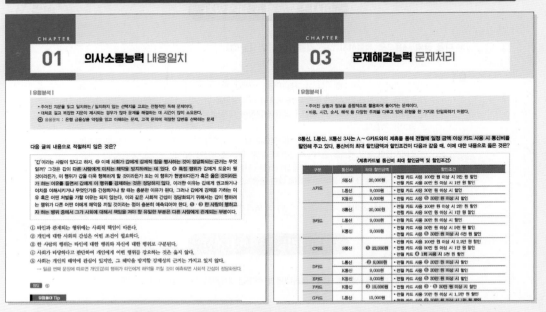

▶ 출제유형별 유형분석과 유형풀이 Tip · 이론 더하기로 신한은행 SLT 필기시험을 완벽히 준비할 수 있도록 하였다.

7개년 기출복원문제

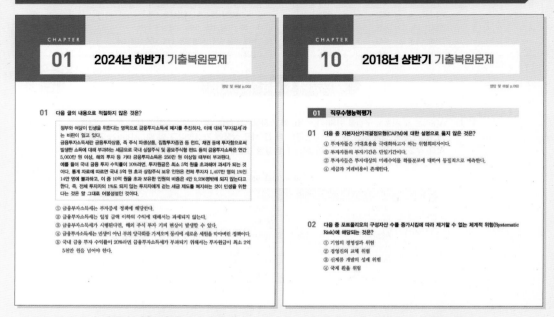

▶ 2024~2018년 시행된 기출복원문제로 신한은행 SLT의 출제경향을 한눈에 파악할 수 있도록 하였다.

주요 금융권 NCS 기출복원문제

CHAPTER 01 2024년 주요 금융권 NCS 기출복원문제

CHAPTER 02 2023년 주요 금융권 NCS 기출복원문제

▶ 2024~2023년 주요 금융권 NCS 기출복원문제로 다양한 출제유형에 대비할 수 있도록 하였다.

정답 및 해설

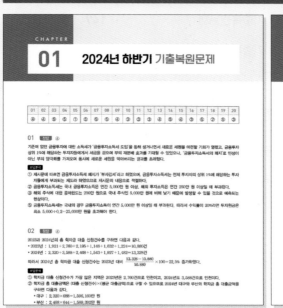

CHAPTER 01 2024년 하반기 기출복원문제

CHAPTER 01 2024년 주요 금융권 NCS 기출복원문제

▶ 정답에 대한 꼼꼼한 해설과 오답분석을 통해 혼자서도 체계적인 학습이 가능하도록 하였다.

이 책의 차례

PART

I

기출유형 뜯어보기

01 의사소통능력 주제·제목찾기

| 유형분석 |

- 글의 목적이나 핵심 주장을 정확하게 구분할 수 있는지 평가한다.
- 글의 전반적인 흐름과 내용을 포괄할 수 있는 중심 내용을 찾아야 한다.
- ⊕ 응용문제 : 문단별 주제·화제를 찾는 문제, 글쓴이의 주장·생각을 찾는 문제, 표제와 부제를 찾는 문제

다음 글의 제목으로 가장 적절한 것은?

미래 사회에서는 산업 구조에 변화가 일어나고 대량 생산 방식에 변화가 일어나면서 전반적인 사회조직의 원리도 크게 바뀔 것이다. 즉, 산업 사회에서는 대량 생산 체계를 발전시키기 위해 표준화·집중화·거대화 등의 원리에 의해 사회가 조직되었지만, 미래 사회는 이와 반대로 다원화·분산화·소규모화 등이 사회조직의 원리가 된다는 것이다. 사실상 산업 사회에서 인간 소외 현상이 일어났던 것도 이러한 표준화·집중화·거대화 등의 조직 원리로 인한 것이었다. 미래 사회의 조직 원리라고 할 수 있는 다원화·분산화·소규모화 등은 인간 소외와 비인간화 현상을 극복하는 데도 많은 도움을 줄 수 있을 것이다.

① 산업 사회와 대량 생산
② 미래 사회조직의 원리 → 제시문 내에서 '사회조직의 원리'에 대한 내용이 반복되고 있다.
③ 미래 사회의 산업 구조
④ 인간 소외와 비인간화 현상
⑤ 산업 사회의 미래

정답 ②

유형풀이 Tip

- 글의 중심이 되는 내용은 주로 글의 맨 앞이나 맨 뒤에 위치한다. 따라서 글의 첫 부분과 마지막 부분을 먼저 확인한다.
- 첫 부분과 마지막 부분에서 실마리가 잡히지 않은 경우 그 내용을 뒷받침해주는 부분을 읽어가면서 제목이나 주제를 파악해 나간다.

01 의사소통능력 내용일치

| 유형분석 |

- 주어진 지문을 읽고 일치하는 / 일치하지 않는 선택지를 고르는 전형적인 독해 문제이다.
- 대체로 길고 복잡한 지문이 제시되는 경우가 많아 문제를 해결하는 데 시간이 많이 소요된다.
- ⊕ 응용문제 : 은행 금융상품 약정을 읽고 이해하는 문제, 고객 문의에 적절한 답변을 선택하는 문제

다음 글의 내용으로 적절하지 않은 것은?

'갑'이라는 사람이 있다고 하자. ❷ 이때 사회가 갑에게 강제적 힘을 행사하는 것이 정당화되는 근거는 무엇일까? 그것은 갑이 다른 사람에게 미치는 해악을 방지하려는 데 있다. ❹ 특정 행위가 갑에게 도움이 될 것이라든가, 이 행위가 갑을 더욱 행복하게 할 것이라든가 또는 이 행위가 현명하다든가 혹은 옳은 것이라든가 하는 이유를 들면서 갑에게 이 행위를 강제하는 것은 정당하지 않다. 이러한 이유는 갑에게 권고하거나 이치를 이해시키거나 무엇인가를 간청하거나 할 때는 충분한 이유가 된다. 그러나 갑에게 강제를 가하는 이유 혹은 어떤 처벌을 가할 이유는 되지 않는다. 이와 같은 사회적 간섭이 정당화되기 위해서는 갑이 행하려는 행위가 다른 어떤 이에게 해악을 끼칠 것이라는 점이 충분히 예측되어야 한다. ❶ · ❸ 한 사람이 행하고자 하는 행위 중에서 그가 사회에 대해서 책임을 져야 할 유일한 부분은 다른 사람에게 관계되는 부분이다.

① 타인과 관계되는 행위에는 사회적 책임이 따른다.
② 개인에 대한 사회의 간섭은 어떤 조건이 필요하다.
③ 한 사람의 행위는 타인에 대한 행위와 자신에 대한 행위로 구분된다.
④ 사회가 타당하다고 판단하여 개인에게 어떤 행위를 강요하는 것은 옳지 않다.
⑤ 사회는 개인의 해악에 관심이 있지만, 그 해악을 방지할 강제성의 근거는 가지고 있지 않다.

→ 일곱 번째 문장에 따르면 개인(갑)의 행위가 타인에게 해악을 끼칠 것이 예측되면 사회적 간섭이 정당화된다.

정답 ⑤

유형풀이 Tip

- 먼저 선택지의 키워드를 체크한 후, 지문의 내용과 비교하며 내용의 일치 유무를 신속하게 판단한다.

01 의사소통능력 나열하기

| 유형분석 |

- 글의 논리적인 전개 구조를 파악할 수 있는지 평가한다.
- 글의 세부 내용보다 전반적인 흐름과 맥락에 집중하며 문제를 해결하는 것이 효율적이다.
- ⊕ 응용문제 : 첫 문단을 제시한 후 이어질 내용을 순서대로 나열하는 문제

다음 문장을 논리적 순서대로 바르게 나열한 것은?

> (가) 사전에 아무런 정보도 없이 판매자의 일방적인 설명만 듣고 물건을 구입하면 후회할 수도 있다.
> → (나)를 뒷받침하며 결론을 강조
> (나) **따라서** 소비를 하기 전에 많은 정보를 수집하여 구입하려는 재화로부터 예상되는 편익을 정확하게 조사하여야 한다. → 글의 결론
> (다) **그러나** 일상적으로 사용하는 일부 재화를 제외하고는 그 재화를 사용해 보기 전까지 효용을 제대로 알수 없다. → (마)에 대한 반론
> (라) **예를 들면** 처음 가는 음식점에서 주문한 음식을 실제로 먹어 보기 전까지는 음식 맛이 어떤지 알 수 없다. → (다)에 대한 부연 설명
> (마) 우리가 어떤 재화를 구입하는 이유는 그 재화를 사용함으로써 효용을 얻기 위함이다. → 글의 주제

① (가) - (나) - (라) - (다) - (마)
② (가) - (마) - (나) - (다) - (라)
③ (마) - (나) - (가) - (라) - (다)
④ (마) - (나) - (라) - (다) - (가)
⑤ (마) - (다) - (라) - (나) - (가)

정답 ⑤

유형풀이 Tip

- 각 문단에 위치한 지시어와 접속어를 살펴본다. 문두에 접속어가 오는 경우 글의 첫 번째 문단이 될 수 없다.
- 각 문단의 첫 문장과 마지막 문장에 집중하면서 글의 순서를 하나씩 맞춰 나간다.
- 선택지를 참고하여 문단의 순서를 생각해 보는 것도 시간을 단축하는 좋은 방법이 될 수 있다.

CHAPTER

01 의사소통능력 추론하기

| 유형분석 |

- 문맥을 통해 글에 명시적으로 드러나 있지 않은 내용을 유추할 수 있는지 평가한다.
- 일반적인 독해 문제와는 달리 선택지의 내용이 애매모호한 경우가 많으므로 꼼꼼히 살펴보아야 한다.
- ⊕ 응용문제 : 글 뒤에 이어질 내용을 찾는 문제, 글을 뒷받침할 수 있는 근거를 찾는 문제

다음 글의 합리주의 이론에 근거하여 추론할 수 있는 내용으로 적절하지 않은 것은?

> 어린이의 언어 습득을 설명하는 이론에는 두 가지가 있다. 하나는 경험주의적인 혹은 행동주의적인 이론이고, 다른 하나는 합리주의적인 이론이다.
> 경험주의 이론에 의하면 어린이가 언어를 습득하는 것은 어떤 선천적인 능력에 의한 것이 아니라 경험적인 훈련에 의해서 오로지 후천적으로만 이루어진다.
> 한편, 다른 이론에 따르면 어린이가 언어를 습득하는 것은 거의 전적으로 타고난 특수한 언어 학습 능력과 일반 언어 구조에 대한 추상적인 선험적 지식에 의한 것이다.

① 인간은 언어 습득 능력을 가지고 태어난다.
② 일정한 나이가 되면 모든 어린이가 예외 없이 언어를 통달하게 된다.
③ 많은 현실적 악조건에도 불구하고 어린이는 완전한 언어 능력을 갖출 수 있게 된다.
④ 어린이는 백지상태에서 출발하여 반복 연습과 시행착오, 교정에 의해서 언어라는 습관을 형성한다.
   → 반복 연습과 시행착오, 교정은 후천적인 경험적 훈련으로, 경험주의 이론에서 강조하는 것이다.
⑤ 언어가 극도로 추상적이고 고도로 복잡한데도 불구하고 어린이들은 짧은 시일 안에 언어를 습득한다.

정답 ④

유형풀이 Tip

- 개인의 주관적인 판단이 개입되지 않도록 유의하며 문제를 해결해야 한다.
- 지문의 주제·중심 내용을 파악한 후 선택지의 키워드를 체크한다. 그러고 나서 지문에서 도출할 수 있는 내용을 선택지에서 찾아 소거해 나간다.

02 수리능력 거리 · 속력 · 시간

| 유형분석 |

- 거리 · 속력 · 시간 공식을 활용하여 문제를 해결할 수 있는지 평가한다.
- 시간차를 두고 출발하는 경우, 마주 보고 걷거나 둘레를 도는 경우 등 추가적인 조건을 꼼꼼히 살펴보아야 한다.
  ⊕ 응용문제 : 기차와 터널의 길이를 구하는 문제, 물과 같이 속력이 있는 장소가 조건으로 주어진 문제

시속 300km/h ⓐ로 달리는 KTX 열차가 있다. **목적지까지 400km** ⓑ **떨어져 있으며, 정차해야 하는 역이 7개** ⓒ **있다. 각 정차역에서 10분간 대기 후 출발** ⓓ한다고 할 때, 목적지에 도착하는 데까지 소요되는 시간은?(단, 일정한 속도로 달리는 것으로 가정한다)

① 1시간 10분   ② 1시간 20분
③ 2시간 20분   ④ 2시간 30분
⑤ 3시간

ⓐ 열차의 속력 : 300km/h, ⓑ 목적지까지의 거리 : 400km

→ 목적지까지 달리는 시간 : $\frac{400}{300} = 1\frac{1}{3} = $ 1시간 20분

ⓒ · ⓓ 정차시간 : $10 \times 7 = $ 1시간 10분

∴ 1시간 20분 + 1시간 10분 = 2시간 30분

정답 ④

유형풀이 Tip

- 문제에서 요구하는 답을 미지수로 하여 방정식을 세우고, (시간) $= \frac{(거리)}{(속력)}$ 공식을 통해 필요한 값을 계산한다.

이론 더하기

- (거리) $=$ (속력) $\times$ (시간), (속력) $= \frac{(거리)}{(시간)}$, (시간) $= \frac{(거리)}{(속력)}$

02 수리능력 농도

| 유형분석 |

- 농도 공식을 활용하여 문제를 해결할 수 있는지 평가한다.
- 소금물 대신 설탕물로 출제될 수 있으며, 정수나 분수뿐 아니라 비율 등 다양한 조건이 제시될 가능성이 있다.
- ⊕ 응용문제 : 증발된 소금물 문제, 농도가 다른 소금물 간 계산 문제

농도 8%의 소금물 400g ⓐ에 농도 3%의 소금물 ⓑ 몇 g을 넣으면 농도 5%의 소금물 ⓒ이 되는가?

① 600g

② 650g

③ 700g

④ 750g

⑤ 800g

ⓐ 농도 8%인 소금물 400g에 들어있는 소금의 양 : $\dfrac{8}{100} \times 400$g

ⓑ 농도 3%인 소금물의 양 : xg

→ 농도 3%인 소금물 xg에 들어있는 소금의 양 : $\dfrac{3}{100}x$g

ⓒ 농도 5%인 소금물 $(400+x)$g에 들어있는 소금의 양 : $\dfrac{5}{100}(400+x)$g

$$\dfrac{8}{100} \times 400 + \dfrac{3}{100}x = \dfrac{5}{100}(400+x)$$

$$\therefore \ x = 600$$

정답 ①

유형풀이 Tip

- 정수와 분수가 같이 제시되므로, 통분이나 약분을 통해 최대한 수를 간소화시켜 계산 실수를 줄일 수 있도록 한다.
- 항상 미지수를 정하고 그 값을 계산하여 답을 구해야 하는 것은 아니다. 문제에서 원하는 값은 정확한 미지수를 구하지 않아도 풀이 과정 속에서 제시되는 경우가 있으므로, 문제에서 묻는 것을 명확히 해야 한다.

이론 더하기

- (농도)$=\dfrac{(용질의\ 양)}{(용액의\ 양)} \times 100$, (소금물의 양)=(물의 양)+(소금의 양)

02 수리능력 경우의 수

| 유형분석 |

- 합의 법칙과 곱의 법칙을 구분하여 활용할 수 있는지 평가한다.
- ⊕ 응용문제 : 벤 다이어그램을 활용한 문제

10명의 학생 중에서 1명의 회장 ⓐ과 2명의 부회장 ⓑ을 뽑는 경우의 수는?

① 320가지

② 330가지

③ 340가지

④ 350가지

⑤ 360가지

ⓐ 10명의 학생 중에서 1명의 회장을 뽑는 경우의 수 : $_{10}C_1 = 10$가지

ⓑ 나머지 9명의 학생 중 2명의 부회장을 뽑는 경우의 수 : $_9C_2 = \dfrac{9 \times 8}{2 \times 1} = 36$가지

∴ $10 \times 36 = 360$가지

정답 ⑤

유형풀이 Tip

- 두 개 이상의 사건이 동시에 일어나는 연속적인 사건인 경우 곱의 법칙을 활용한다.

이론 더하기

1) 합의 법칙
   ① 서로 다른 경우의 수를 각각 독립적으로 선택할 때 전체 경우의 수를 계산하는 방법이다.
   ② '또는', '~이거나'라는 말이 나오면 합의 법칙을 사용한다.
   ③ 두 사건 A, B가 동시에 일어나지 않을 때, A가 일어나는 경우의 수를 p, B가 일어나는 경우의 수를 q라고 하면, 사건 A 또는 B가 일어나는 경우의 수는 $p+q$이다.
2) 곱의 법칙
   ① 서로 연속적인 사건이 발생할 때 각 사건이 일어날 확률을 곱하여 전체 경우의 수를 계산하는 방법이다.
   ② '그리고', '동시에'라는 말이 나오면 곱의 법칙을 사용한다.
   ③ A가 일어나는 경우의 수를 p, B가 일어나는 경우의 수를 q라고 하면, 사건 A와 B가 동시에 일어나는 경우의 수는 $p \times q$이다.

수리능력 확률

| 유형분석 |

• 조건부 확률과 독립 사건을 구분하여 문제를 해결할 수 있는지 평가한다.
⊕ 응용문제 : 최단 경로 수 구하는 문제, 여사건 또는 조건부 확률 문제

남자 4명, 여자 4명으로 이루어진 팀에서 **2명의 팀장** ⓐ을 뽑으려고 한다. 이때 **팀장 2명이 모두 남자** ⓑ로 만 구성될 확률은?

① $\dfrac{3}{14}$ ② $\dfrac{2}{7}$

③ $\dfrac{5}{14}$ ④ $\dfrac{3}{7}$

⑤ $\dfrac{4}{7}$

ⓐ 8명 중 팀장 2명을 뽑는 경우의 수 : $_8C_2 = 28$가지
ⓑ 남자 4명 중 팀장 2명을 뽑는 경우의 수 : $_4C_2 = 6$가지

∴ $\dfrac{6}{28} = \dfrac{3}{14}$

정답 ①

유형풀이 Tip

• 한 개의 사건이 다른 한 사건의 조건하에 일어날 경우 조건부 확률을 활용한다.

이론 더하기

1) 여사건 확률
   ① '적어도'라는 말이 나오면 주로 사용한다.
   ② 사건 A가 일어날 확률이 p일 때, 사건 A가 일어나지 않을 확률은 $(1-p)$이다.
2) 조건부 확률
   ① 확률이 0이 아닌 두 사건 A, B에 대하여 사건 A가 일어났다는 조건하에 사건 B가 일어날 확률로, A 중에서 B인 확률을 의미한다.
   ② $P(B|A) = \dfrac{P(A \cap B)}{P(A)}$ 또는 $P_A(B)$로 나타낸다.

| 유형분석 |

- 주어진 수치를 토대로 비율·증감폭·증감률·수익(손해)율 등을 계산할 수 있는지 평가한다.
- 경영·경제·산업 등 최신 이슈 관련 수치가 막대 그래프, 꺾은선 그래프 등 다양한 형태로 제시된다.
- ⊕ 응용문제 : 자료의 일부 수치가 비워진 문제, 표의 내용을 그래프로 변환하는 문제

다음은 지난해 주요 자영업 10가지 업종에 대한 자료이다. 이에 대한 설명으로 옳은 것은?(단, 변화율은 증감률의 절댓값으로 비교한다)

〈주요 자영업 업종별 지표〉

(단위 : 명, %)

구분	창업자 수	폐업자 수	월평균 매출액 증감률	월평균 대출액 증감률	월평균 고용인원
병원 및 의료서비스	1,828	556	❷ 6.5	12.8	❺ 15
변호사	284	123	1.8	1.2	4
학원	682	402	−3.7	5.8	❺ 8
음식점	❶ 3,784	1,902	1.3	11.2	❺ 6
PC방	335	183	❹ −8.4	1.1	2
여행사	❸ 243	184	−6.6	0.4	3
카페	❶ 5,740	3,820	2.4	❷ 15.4	❺ 5
숙박업	1,254	886	−0.7	7.8	2
소매업	❶ 2,592	1,384	❹ 0.5	4.8	3
농사	562	❸ 122	4.1	2.4	❸ 1
합계	17,304	9,562	−	−	−

① 창업자 수 상위 3위 업종의 창업자 수의 총합은 전체 창업자 수의 절반 이상이다.

$$\frac{5,740+3,784+2,592}{17,304}\times100 ≒ 70\%$$

② 월평균 매출액 증가율이 가장 높은 업종은 월평균 대출액 증가율 또한 가장 높다.

　병원 및 의료서비스(6.5%)　　　　　　　　카페(15.4%)

③ 월평균 고용인원이 가장 적은 업종은 창업자 수와 폐업자 수도 가장 적다.

　　　농사(1명)　　　　　　여행사(243명)　농사(122명)

④ 월평균 매출액 변화율이 가장 높은 업종과 가장 낮은 업종의 변화율의 차이는 6.0%p이다.

　　　　　　　　　PC방(-8.4%)　　소매업(0.5%)　　　　　8.4-0.5=7.9%p

⑤ 자영업 업종 중 '카페'는 증감률을 제외한 모든 항목에서 상위 3위 안에 든다.

　월평균 고용인원 상위 4위 : 병원 및 의료서비스(15명) - 학원(8명) - 음식점(6명) - 카페(5명)

정답　①

유형풀이 Tip

• 각 선택지의 진위 여부를 파악하는 문제이므로, 수치 계산이 필요 없는 선택지부터 소거해 나간다.
• 선택지별로 필요한 정보가 무엇인지 빠르게 파악하고, 자료에서 필요한 부분을 체크하여 계산해야 한다.

이론 더하기

• 백분율(%) : $\frac{(비교량)}{(기준량)}\times100$

• 증감률(%) : $\frac{(비교값)-(기준값)}{(기준값)}\times100$

• 증감량 : (비교대상의 값 A)-(또 다른 비교대상의 값 B)

| 유형분석 |

- 금융상품을 정확하게 이해하고 문제에서 요구하는 답을 도출해낼 수 있는지 평가한다.
- 단리식, 복리식, 이율, 우대금리, 중도해지, 만기해지 등 부가적인 조건에 유의해야 한다.
- ⊕ 응용문제 : 상품별 이자·만기액 등을 계산한 후 고객에게 가장 적합한 상품을 선택하는 문제

S은행은 적금 상품 '더 커지는 적금'을 새롭게 출시하였다. K씨는 이 적금의 모든 우대금리 조건을 만족하여 이번 달부터 이 상품에 가입하려고 한다. 만기 시 K씨가 얻을 수 있는 이자 금액은?(단, $1.024^{\frac{1}{12}}=1.0019$ 로 계산하고, 금액은 백의 자리에서 반올림한다)

〈더 커지는 적금〉

- 가입기간 : 12개월
- 가입금액 : 매월 초 200,000원 납입
- 적용금리 : 기본금리(연 2.1%)+우대금리(최대 연 0.3%p)
  ⇒ 모든 우대금리 조건 만족 → 적용금리 : 2.1+0.3=2.4%
- 저축방법 : 정기적립식, 연복리식
- 우대금리 조건
  − 당행 입출금 통장 보유 시 : +0.1%p
  − 연 500만 원 이상의 당행 예금상품 보유 시 : +0.1%p
  − 급여통장 지정 시 : +0.1%p
  − 이체실적 20만 원 이상 시 : +0.1%p

---

① 131,000원

② 132,000원

③ 138,000원

④ 141,000원

⑤ 145,000원

- n개월 후 연복리 이자 : (월납입금)$\times\dfrac{(1+r)^{\frac{n+1}{12}}-(1+r)^{\frac{1}{12}}}{(1+r)^{\frac{1}{12}}-1}$ −(적립원금) (단, r : 적용금리)

- K씨의 연복리 적금 이자 금액 : $200{,}000\times\dfrac{(1.024)^{\frac{13}{12}}-(1.024)^{\frac{1}{12}}}{(1.024)^{\frac{1}{12}}-1}-200{,}000\times12$

$$=200{,}000\times1.0019\times\frac{1.024-1}{0.0019}-2{,}400{,}000$$

$$\fallingdotseq2{,}531{,}000-2{,}400{,}000=131{,}000원$$

정답 ①

유형풀이 Tip

• 금융상품의 이자액을 묻는 문제이므로 주어진 이자지급방식과 이자율을 확인한 후 그에 맞는 계산 공식에 해당하는 값들을 대입하여 문제를 해결해야 한다.
• 금융상품의 단리·복리 등 공식을 반드시 숙지해 두어야 한다.

이론 더하기

1) 단리
   ① 개념 : 원금에만 이자가 발생
   ② 계산 : 이율이 $r\%$인 상품에 원금 a를 총 n번 이자가 붙는 동안 예치한 경우 $a(1+nr)$
2) 복리
   ① 개념 : 원금과 이자에 모두 이자가 발생
   ② 계산 : 이율이 $r\%$인 상품에 원금 a를 총 n번 이자가 붙는 동안 예치한 경우 $a(1+r)^n$
3) 이율과 기간
   ① (월이율)$=\dfrac{(연이율)}{12}$

   ② n개월$=\dfrac{n}{12}$ 년
4) 예치금의 원리합계
   원금 a원, 연이율 $r\%$, 예치기간 n개월일 때,
   • 단리 예금의 원리합계 : $a\left(1+\dfrac{r}{12}n\right)$

   • 월복리 예금의 원리합계 : $a\left(1+\dfrac{r}{12}\right)^n$

   • 연복리 예금의 원리합계 : $a(1+r)^{\frac{n}{12}}$
5) 적금의 원리합계
   월초 a원씩, 연이율 $r\%$일 때, n개월 동안 납입한다면
   • 단리 적금의 n개월 후 원리합계 : $an+a\times\dfrac{n(n+1)}{2}\times\dfrac{r}{12}$

   • 월복리 적금의 n개월 후 원리합계 : $\dfrac{a\left(1+\dfrac{r}{12}\right)\left\{\left(1+\dfrac{r}{12}\right)^n-1\right\}}{\dfrac{r}{12}}$

   • 연복리 적금의 n개월 후 원리합계 : $\dfrac{a(1+r)^{\frac{1}{12}}\left\{(1+r)^{\frac{n}{12}}-1\right\}}{(1+r)^{\frac{1}{12}}-1}=\dfrac{a\left\{(1+r)^{\frac{n+1}{12}}-(1+r)^{\frac{1}{12}}\right\}}{(1+r)^{\frac{1}{12}}-1}$

03 문제해결능력 명제

| 유형분석 |

- 연역추론을 활용해 주어진 문장을 치환하여 성립하지 않는 내용을 찾는 문제이다.
  ⊕ 응용문제 : 빈칸에 들어갈 명제를 찾는 문제

다음 명제가 모두 참일 때, 반드시 참인 것은?

• 마케팅 팀의 사원은 기획 역량이 있다.	대우 명제
마케팅 팀 ○ → 기획 역량 ○	기획 역량 × → 마케팅 팀 ×
• 마케팅 팀이 아닌 사원은 영업 역량이 없다.	
마케팅 팀 × → 영업 역량 ×	영업 역량 ○ → 마케팅 팀 ○
• 기획 역량이 없는 사원은 소통 역량이 없다.	
기획 역량 × → 소통 역량 ×	소통 역량 ○ → 기획 역량 ○

① 마케팅 팀의 사원은 영업 역량이 있다.
② 소통 역량이 있는 사원은 마케팅 팀이다.
③ 영업 역량을 가진 사원은 기획 역량이 있다. ⇒ 영업 역량 ○ → 마케팅 팀 ○ → 기획 역량 ○
④ 기획 역량이 있는 사원은 소통 역량이 있다.
⑤ 영업 역량이 없으면 소통 역량도 없다.

정답 ③

유형풀이 Tip

- 주어진 명제가 모두 참이면 명제의 대우도 모두 참이 되므로, 명제와 대우 명제를 정리한 다음 선택지에 접근한다.
- 각 명제의 핵심 단어 또는 문구를 기호화하여 정리한 후 선택지와 비교하여 참 또는 거짓을 판단한다.

03 문제해결능력 참 · 거짓

| 유형분석 |

- 주어진 문장을 토대로 논리적으로 추론하여 참 또는 거짓을 구분하는 문제이다.
- ⊕ 응용문제 : 거짓을 말하는 범인을 찾는 문제

다음 A ~ E 5명 중 단 **1명만 거짓**을 말하고 있을 때, 범인은 누구인가?

- A : C가 범인입니다.
- B : A는 거짓말을 하고 있습니다. ┐
  모순
- C : B는 거짓말을 하고 있습니다. ┘
  ⇒ 거짓인 경우 : B - 진실 → A - 거짓 → 1명만 거짓을 말한다는 조건에 위배
  ∴ C는 진실, B는 거짓을 말함
- D : 저는 범인이 아닙니다.
- E : A가 범인입니다.

① A, B
② A, C → 범인
③ B, C
④ C, D
⑤ D, E

정답 ②

유형풀이 Tip

- 모순이 되는 발언을 한 2명의 진술을 대조하며, 가능한 경우의 수를 모두 찾아 비교한다.
- 범인의 숫자가 맞는지, 진실 또는 거짓을 말한 인원수가 조건과 맞는지 등 주어진 조건과 비교하며 문제를 해결한다.

03 문제해결능력 문제처리

| 유형분석 |

- 주어진 상황과 정보를 종합적으로 활용하여 풀어가는 문제이다.
- 비용, 시간, 순서, 해석 등 다양한 주제를 다루고 있어 유형을 한 가지로 단일화하기 어렵다.

S통신, L통신, K통신 3사는 A ~ G카드와의 제휴를 통해 **전월에 일정 금액 이상 카드 사용 시 통신비를 할인해 주고 있다.** 통신비의 최대 할인금액과 할인조건이 다음과 같을 때, 이에 대한 내용으로 옳은 것은?

〈제휴카드별 통신비 최대 할인금액 및 할인조건〉

구분	통신사	최대 할인금액	할인조건
A카드	S통신	20,000원	• 전월 카드 사용 100만 원 이상 시 2만 원 할인 • 전월 카드 사용 50만 원 이상 시 1만 원 할인
	L통신	9,000원	• 전월 카드 사용 30만 원 이상 시 할인
	K통신	8,000원	• 전월 카드 사용 ❺ 30만 원 이상 시 할인
B카드	S통신	20,000원	• 전월 카드 사용 100만 원 이상 시 2만 원 할인 • 전월 카드 사용 50만 원 이상 시 1만 원 할인
	L통신	9,000원	• 전월 카드 사용 30만 원 이상 시 할인
	K통신	9,000원	• 전월 카드 사용 50만 원 이상 시 9천 원 할인 • 전월 카드 사용 ❺ 30만 원 이상 시 6천 원 할인
C카드	S통신	❶ 22,000원	• 전월 카드 사용 100만 원 이상 시 2.2만 원 할인 • 전월 카드 사용 50만 원 이상 시 1만 원 할인 • 전월 카드 ❹ 1회 사용 시 5천 원 할인
D카드	L통신	❷ 9,000원	• 전월 카드 사용 ❷ 30만 원 이상 시 할인
	K통신	9,000원	• 전월 카드 사용 ❺ 30만 원 이상 시 할인
E카드	K통신	8,000원	• 전월 카드 사용 ❺ 30만 원 이상 시 할인
F카드	K통신	❸ 15,000원	• 전월 카드 사용 ❸ · ❺ 50만 원 이상 시 할인
G카드	L통신	15,000원	• 전월 카드 사용 70만 원 이상 시 1.5만 원 할인 • 전월 카드 사용 ❷ 30만 원 이상 시 1만 원 할인

① S통신을 이용할 경우 가장 많은 통신비를 할인받을 수 있는 제휴카드는 A카드이다.
　→ C카드 : 22,000원

② 전월에 33만 원을 사용했을 경우 L통신에 대한 할인금액은 G카드보다 D카드가 더 많다.
　→ G카드 : 1만 원 > D카드 : 9천 원

③ 전월에 52만 원을 사용했을 경우 K통신에 대한 할인금액이 가장 많은 제휴카드는 F카드이다.
　→ F카드 : 15,000원

④ S통신의 모든 제휴카드는 전월 실적이 50만 원 이상이어야 통신비 할인이 가능하다.
　→ C카드 : 전월 카드 1회 사용 시 5천 원 할인

⑤ 전월에 23만 원을 사용했을 경우 K통신에 대해 통신비를 할인받을 수 있는 제휴카드는 1개이다.
　→ A·B·D·E카드 : 30만 원 이상 시 통신비 할인 가능
　→ F카드 : 50만 원 이상 시 통신비 할인 가능
　→ C·G카드 : 통신비 할인 불가

정답　③

유형풀이 Tip
- 문제에서 묻는 것을 정확히 파악한 후 필요한 상황과 정보를 찾아 이를 활용하여 문제를 해결한다.
- 선택지별로 필요한 정보가 무엇인지 빠르게 파악하고, 자료에서 필요한 부분을 체크하여 실수를 방지해야 한다.

03 문제해결능력 환경분석

| 유형분석 |

- 상황에 대한 환경분석 결과를 통해 주요 과제 또는 목표를 도출하는 문제이다.
- 주로 3C 분석 또는 SWOT 분석을 활용한 문제들이 출제되고 있으므로 해당 분석 도구에 대한 사전 학습이 요구된다.

금융기업에 지원하여 최종 면접을 앞둔 K씨는 성공적인 PT 면접을 위해 기업 관련 정보를 파악하고 그에 따른 효과적인 전략을 알아보고자 한다. K씨의 SWOT 분석 결과가 다음과 같을 때, 분석 결과에 대응하는 전략과 그 내용이 바르게 연결되지 않은 것은?

〈SWOT 분석 결과〉	
강점(Strength)	약점(Weakness)
• 우수한 역량의 인적자원 보유 • 글로벌 네트워크 기반 다수의 해외 지점 보유 • 다년간 축적된 풍부한 거래 실적	• 고객 니즈 대응에 필요한 특정 분야별 전문성 미흡 • 핀테크 기업 증가에 따른 경영 리스크
기회(Opportunity)	위협(Threat)
• 융・복합화를 통한 정부의 일자리 창출 사업 • 해외 사업을 위한 협업 수요 확대 • 수요자 맞춤식 서비스 요구 증대	• 타사와의 경쟁 심화 • 정부의 정책적 지원 감소 • 금융기업에 대한 일부 부정적 인식 존재

① SO전략 : 우수한 인적자원을 활용한 금융시스템의 융・복합 사업 추진
② WO전략 : 분야별 전문 인력 충원을 통한 고객 맞춤형 서비스 제공 확대
③ ST전략 : 글로벌 네트워크를 통한 해외 시장 진출 → SO전략
④ ST전략 : 풍부한 거래 실적을 바탕으로 시장에서의 경쟁력 확보
⑤ WT전략 : 리스크 관리를 통한 시장 우위 선점

유형풀이 Tip

- 강점(Strength)과 약점(Weakness)은 기업의 내부환경에 대한 요인이며, 기회(Opportunity)와 위협(Threat)은 기업의 외부환경에 대한 요인임을 염두에 두어야 한다.
- 문제에 제시된 분석 결과를 종합적으로 판단하여 각 선택지의 전략 과제와 일치 여부를 판단해야 한다.

이론 더하기

- SWOT 분석

  기업의 내부환경과 외부환경을 분석하여 강점(Strength), 약점(Weakness), 기회(Opportunity), 위협(Threat) 요인을 규정하고 이를 토대로 경영전략을 수립하는 기법으로, 미국의 경영컨설턴트인 알버트 험프리(Albert Humphrey)에 의해 고안되었다. SWOT 분석의 가장 큰 장점은 기업의 내·외부환경 변화를 동시에 파악할 수 있다는 것이다. 기업의 내부환경을 분석하여 강점과 약점을 찾아내며, 외부환경 분석을 통해서는 기회와 위협을 찾아낸다. SWOT 분석은 외부로부터의 기회는 최대한 살리고 위협은 회피하는 방향으로 자신의 강점은 최대한 활용하고 약점은 보완한다는 논리에 기초를 두고 있다. SWOT 분석에 의한 경영전략은 다음과 같이 정리할 수 있다.

Strength 강점 기업 내부환경에서의 강점	S	W	Weakness 약점 기업 내부환경에서의 약점
Opportunity 기회 기업 외부환경으로부터의 기회	O	T	Threat 위협 기업 외부환경으로부터의 위협

- 3C 분석

자사(Company)	고객(Customer)	경쟁사(Competitor)
• 자사의 핵심역량은 무엇인가? • 자사의 장단점은 무엇인가? • 자사의 다른 사업과 연계되는가?	• 주 고객군은 누구인가? • 그들은 무엇에 열광하는가? • 그들의 정보 습득/교환은 어디에서 일어나는가?	• 경쟁사는 어떤 회사가 있는가? • 경쟁사의 핵심역량은 무엇인가? • 잠재적인 경쟁사는 어디인가?

배우기만 하고 생각하지 않으면 얻는 것이 없고,
생각만 하고 배우지 않으면 위태롭다.

－공자－

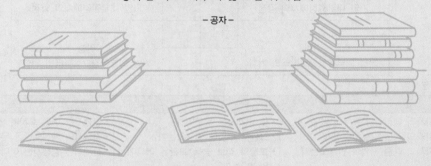

PART

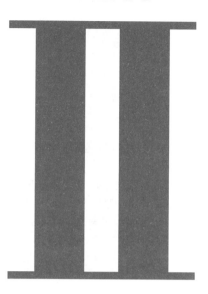

기출복원문제

정답 및 해설 p.002

01 다음 글의 내용으로 적절하지 않은 것은?

> 정부와 여당이 민생을 위한다는 명목으로 금융투자소득세 폐지를 추진하자, 이에 대해 '부자감세'라는 비판이 일고 있다.
>
> 금융투자소득세란 금융투자상품, 즉 주식 파생상품, 집합투자증권 등 펀드, 채권 등에 투자함으로써 발생한 소득에 대해 부과하는 세금으로 국내 상장주식 및 공모주식형 펀드 등의 금융투자소득은 연간 5,000만 원 이상, 해외 투자 등 기타 금융투자소득은 250만 원 이상일 때부터 부과된다.
>
> 예를 들어 국내 금융 투자 수익률이 10%라면, 투자원금은 최소 5억 원을 초과해야 과세가 되는 것이다. 통계 자료에 따르면 국내 5억 원 초과 상장주식 보유 인원은 전체 투자자 1,407만 명의 1%인 14만 명에 불과하고, 이 중 10억 원을 초과 보유한 인원의 비중은 4만 9,236명밖에 되지 않는다고 한다. 즉, 전체 투자자의 1%도 되지 않는 투자자에게 걷는 세금 제도를 폐지하는 것이 민생을 위한다는 것은 말 그대로 어불성설인 것이다.

① 금융투자소득세는 부자증세 정책에 해당한다.
② 금융투자소득세는 일정 금액 이하의 수익에 대해서는 과세되지 않는다.
③ 금융투자소득세가 시행된다면, 해외 주식 투자 기피 현상이 발생할 수 있다.
④ 금융투자소득세는 민생이 아닌 부의 양극화를 가져오며 동시에 새로운 세원을 막아버린 정책이다.
⑤ 국내 금융 투자 수익률이 20%라면 금융투자소득세가 부과되기 위해서는 투자원금이 최소 2억 5천만 원을 넘어야 한다.

02 다음은 6대 광역시의 평균 학자금 대출 신청건수 및 평균 대출금액에 대한 자료이다. 이에 대한 설명으로 옳지 않은 것은?

〈6대 광역시의 평균 학자금 대출 신청건수 및 금액〉

구분	2023년		2024년	
	대출 신청건수(건)	평균 대출금액(만 원)	대출 신청건수(건)	평균 대출금액(만 원)
대구	1,921	558	2,320	688
인천	2,760	640	3,588	775
부산	2,195	572	2,468	644
대전	1,148	235	1,543	376
광주	1,632	284	1,927	317
울산	1,224	303	1,482	338

① 학자금 대출 신청건수가 가장 많은 지역은 2023년과 2024년이 동일하다.
② 2024년 학자금 총 대출금액은 대구가 부산보다 많다.
③ 대전의 2024년 학자금 평균 대출금액은 전년 대비 1.6배 증가하였다.
④ 2024년 총 학자금 대출 신청건수는 2023년 대비 20.5% 증가하였다.
⑤ 2023년 전체 학자금 대출 신청건수 중 광주 지역이 차지하는 비율은 15%이다.

03 다음 중 리디노미네이션에 대한 설명으로 옳지 않은 것은?

① 화폐가치는 그대로 두고 화폐단위만 변경시키는 화폐개혁을 의미한다.
② 화폐단위가 작아지기 때문에 소비가 늘어나 경기부양 효과가 발생한다.
③ 재무제표 작성이 용이해지고, 달러 대비 원화의 위상이 높아지게 된다.
④ 제품가격의 단위하락으로 물가 상승이 유발될 수 있다.
⑤ 지하경제로 자금이 몰려 음성화가 가속화될 수 있다.

※ 다음은 S은행 상품인 신한 S드림(DREAM)적금 상품설명서이다. 이어지는 질문에 답하시오. [4~5]

〈신한 S드림(DREAM)적금〉

구분	세부사항
상품명	• 신한 S드림(DREAM)적금
상품과목	• 정기적금
가입방법	• 인터넷, 모바일, 영업점, 전화신규
가입대상	• 개인, 개인사업자
가입기간	• 6개월 이상 ~ 60개월 이하(1개월 단위)
가입금액	• 1천 원부터 제한 없음
저축방법	• 자유적립식, 정기적립식

금리

• 기본금리 : 신규일 당시 고시된 가입기간별 기본금리를 적용하고, 자유적립식의 기본금리는 정기적립식 기간별 적용금리에서 연 0.50%p 차감

〈정기적립식 기본금리〉

구분	6개월 이상	12개월 이상	24개월 이상	36개월 이상	48개월 이상	60개월
기본금리	연 2.50%	연 2.70%	연 2.80%	연 3.00%	연 3.15%	연 3.20%

• 우대금리 : 신규일로부터 만기일 전전달 말일까지 다음 요건을 충족하는 경우 최고 연 0.40%p 우대

구분	세부사항	적용금리
정기예금	월말일자로 정기예금 잔액 3백만 원 이상의 보유실적이 1회 이상인 경우	연 0.2%p
청약	월말일자로 청약저축 잔액 30만 원 이상의 보유실적이 1회 이상인 경우	연 0.2%p
장기고객	적금상품(청약상품 제외) 만기해지 후 3개월 이내 이 상품을 신규하는 경우	연 0.1%p
신규금액	30만 원 이상 신규하는 경우	연 0.1%p
비대면채널	비대면채널을 통해 신규하는 경우	연 0.1%p
모범납세자	지자체가 발급한 "모범납세자 증명서"를 만기해지 전 만기월에 영업점에 제출하는 경우(서류제출일은 증명서상의 유효기간 이내여야 한다)	연 0.2%p

※ 가입기간이 12개월 이상인 만기해지계좌에 한하여 제공

이자지급방법	• 만기일시지급(단리식)
특별중도해지	• 결혼, 출산, 전세계약, 주택구입, 상해·질병 입원으로 긴급자금 마련을 위해 중도해지하는 경우 신규시점에 적용된 기본금리에 최초 신규시점에 확정된 우대금리를 포함하여 적용 • 사유발생일 이전에 가입한 계좌로 사유발생일로부터 3개월 이내에 해지된 계좌로 증빙서류를 제출하는 경우에 한함(예식장 계약서, 청첩장, 출산증명서, 전세·매매계약서, 입·퇴원 확인서 중 선택)
중도해지금리	• 1개월 미만 : 연 0.10% • 1개월 이상 : (기본금리)×[1−(차감률)]×(경과월수) / (계약월수) ※ 단, 연 0.10% 미만으로 산출될 경우 연 0.10% 적용

04 다음 중 위 상품설명서에 대한 설명으로 옳은 것은?

① 가입기간이 6개월인 고객이 정기적립식 방식을 택했을 경우 적용되는 기본금리는 자유적립식 방식을 택했을 때보다 1.5배 더 높다.

② 모범납세자 우대금리를 적용받기 위해서는 모범납세자 증명서상의 유효기간이 신규가입일 이후여야 한다.

③ 가입기간이 1년 이하인 고객은 우대금리 혜택을 적용받을 수 없다.

④ 특별중도해지 시에도 조건을 충족한다면 최고 우대금리인 0.40%p를 적용받을 수 있다.

⑤ 질병입원기간 중 해당 상품을 가입한 고객이 해당 질병입원비 마련을 이유로 특별중도해지를 신청한 경우에는 받아들여지지 않는다.

05 A씨는 다음 〈조건〉과 같이 신한 S드림적금에 가입하였다. A씨가 받을 수 있는 최종금리는?(단, 조건에 명시되지 않은 사항은 우대금리 조건을 충족하지 않은 것으로 한다)

> **조건**
> • 자유적립식에 비대면으로 48개월 가입
> • 신규가입 당시 40만 원 적립
> • 38개월 차에 모범납세자 증명서 제출
> • 주택구입을 위해 40개월 차에 중도해지(사유발생일로부터 2개월 뒤 매매계약서 제출)

① 연 2.85% ② 연 2.95%
③ 연 3.05% ④ 연 3.15%
⑤ 연 3.25%

06 다음 중 착오송금 반환제도를 신청할 수 있는 대상에 해당하지 않는 경우는?

① 2021년 7월 6일 이후 5만 원 이상 1천만 원 이하를 착오송금한 경우

② 2023년 1월 1일 이후 5만 원 이상 5천만 원 이하를 착오송금한 경우

③ 착오송금과 관련한 법적절차가 진행 중이지 않은 경우

④ 금융회사를 통해 사전 반환신청이 진행된 경우

⑤ 보이스피싱 등 사기에 따라 송금한 경우

07 다음 순서도에 의해 출력되는 값은?

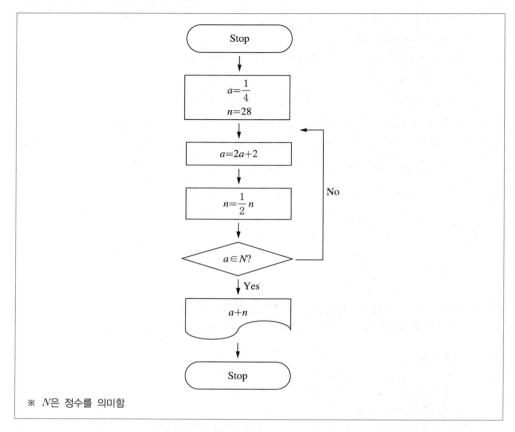

※ N은 정수를 의미함

① 0   ② 2

③ 6   ④ 7

⑤ 14

08 다음 글의 주제로 가장 적절한 것은?

> 인공지능 기술은 최근 몇 년간 급격히 발전하며 다양한 산업에 변화를 가져왔다. 특히 생성형 AI는 그중에서도 주목받는 기술로, 텍스트 생성, 이미지 생성, 음악 작곡 등 창작의 영역에까지 영향을 미치고 있다. 생성형 AI로 인해 과거에는 사람이 직접 해야 했던 작업들이 이제는 AI를 통해 자동화되거나 보조될 수 있는 시대가 열렸으며, 특히 광고 문구를 작성하거나 소설의 초안을 작성하는 데 생성형 AI가 활용되면서 창작자의 작업 시간이 크게 단축되고 있다. 이외에도 의료 분야에서도 생성형 AI는 환자 기록을 분석해 맞춤형 치료 계획을 제안하거나, 새로운 약물을 설계하는 데 기여하고 있다.
>
> 그러나 이러한 기술의 발전은 긍정적인 면만 있는 것은 아니다. 생성형 AI가 만들어낸 콘텐츠는 종종 진짜와 가짜를 구분하기 어렵게 만들며, 이는 허위 정보의 확산이나 저작권 문제를 야기할 수 있다. 특히, 딥페이크 기술은 사람의 얼굴과 목소리를 조작해 실제와 구분이 어려운 영상을 만들어내며 사회적 논란을 일으키고 있다. 게다가 생성형 AI가 인간의 창작 활동을 대체할 가능성이 커지면서 창작자의 역할과 직업적 안정성에 대한 우려도 제기되고 있다.
>
> 그럼에도 불구하고 생성형 AI는 여전히 무궁무진한 가능성을 가지고 있다. 이 기술이 단순히 인간의 역할을 대체하는 것이 아니라, 인간과 협력하여 더 나은 결과물을 만들어낼 수 있는 도구로 자리 잡을 수 있을지에 대한 논의가 활발하다. 결국 중요한 것은 기술 자체가 아니라 이를 어떻게 활용하느냐에 달려 있다. 생성형 AI가 가져올 미래는 우리가 이 기술을 책임감 있게 사용하고 적절히 규제할 수 있는지에 따라 달라질 것이다.

① 생성형 AI가 가져올 사회적 문제
② 생성형 AI로 인한 의료기술의 발전
③ 딥페이크로 인한 윤리적 문제의 대두
④ 생성형 AI가 가져올 직업의 대체 가능성
⑤ 생성형 AI의 가능성과 책임감 있는 활용의 중요성

09 S대학교 건물 앞에는 의자 6개가 나란히 설치되어 있다. I학과 여학생 2명과 남학생 3명이 모두 의자에 앉을 때, 여학생이 이웃하지 않게 앉는 경우의 수는?(단, 두 학생 사이에 빈 의자가 있는 경우는 이웃하지 않는 것으로 한다)

① 120가지   ② 240가지

③ 360가지   ④ 480가지

⑤ 600가지

10 A사원은 3박 4일 동안 대전으로 출장을 다녀오려고 한다. 출장 과정에서의 비용이 다음과 같을 때, A사원의 출장 경비 총액은?(단, A사원의 출장 세부내역 이외의 지출은 없다고 가정한다)

〈출장 경비〉

- 출장일부터 귀가할 때까지 소요되는 모든 교통비, 식비, 숙박비를 합산한 비용을 출장 경비로 지급한다.
- 교통비(서울 → 대전 / 대전 → 서울)

(단위 : 원)

구분	기차	KTX	버스
비용(편도)	39,500	43,250	38,150

※ 서울 및 대전 내에서의 시내 이동에 소요되는 비용은 출장 경비로 인정하지 않음

- 식비

(단위 : 원)

구분	P식당	S식당	Y식당
식비(끼니당)	8,500	8,700	9,100

- 숙박비

(단위 : 원)

구분	가	나	다
숙박비(1박)	75,200	81,100	67,000
비고	연박 시 1박당 5% 할인	연박 시 1박당 10% 할인	-

〈A사원의 출장 세부내역〉

- 대전행은 기차를, 서울행은 버스를 이용하였다.
- 2일간 P식당을, 나머지 기간은 Y식당을 이용하였으며 출장을 시작한 날부터 마지막 날까지 하루 3끼를 먹었다.
- 출장 기간 동안 숙소는 할인을 포함하여 가장 저렴한 숙소를 이용한다.

---

① 359,100원   ② 374,620원

③ 384,250원   ④ 396,500원

⑤ 410,740원

11 다음 워크시트의 [E3] 셀에 IF 함수와 AND 함수를 사용하여 필기 점수, 실기 점수가 80점 이상이면 합격 아니면 불합격을 출력하고자 한다. 이때 [E3] 셀에 들어갈 수식으로 옳은 것은?

	A	B	C	D	E
1	번호	이름	필기 점수	실기 점수	판정(AND)
2	1	구OO	80	100	합격
3	2	노OO	68	90	
4	3	박OO	45	80	불합격
5	4	최OO	67	80	불합격

① =IF(IF(AND,C2>=80,D2>=80),"합격","불합격")

② =IF(AND(A2>=80,B2>=80),"합격","불합격")

③ =IF(AND(C2>=80,D2>=80),"합격","불합격")

④ =IF(AND(D2>=80,D3>=80),"합격","불합격")

⑤ =IF(AND(C2>=80,C3>=80),"합격","불합격")

12 다음 〈조건〉에 따라 S은행의 마케팅 부서 직원 A~H 8명이 원탁에 앉아서 회의를 하려고 할 때, 항상 참인 것은?(단, 서로 이웃해 있는 직원 간의 사이는 모두 동일하다)

조건
• A와 C는 가장 멀리 떨어져 있다.
• A 옆에는 G가 앉는다.
• B와 F는 서로 마주보고 있다.
• D는 E 옆에 앉는다.
• H는 B 옆에 앉지 않는다.

① C 옆에는 항상 E가 있다.

② E와 G는 항상 마주 본다.

③ 경우의 수는 총 4가지이다.

④ G의 오른쪽 옆에는 항상 H가 있다.

⑤ A와 B 사이에는 항상 누군가 앉아 있다.

13 다음은 S은행의 예금조회 웹페이지에 대한 순서도이다. 고객이 웹페이지 사용 도중 [1번 알림창]을 보게 되었을 때, 그 이유로 옳은 것은?

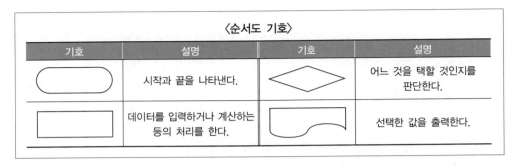

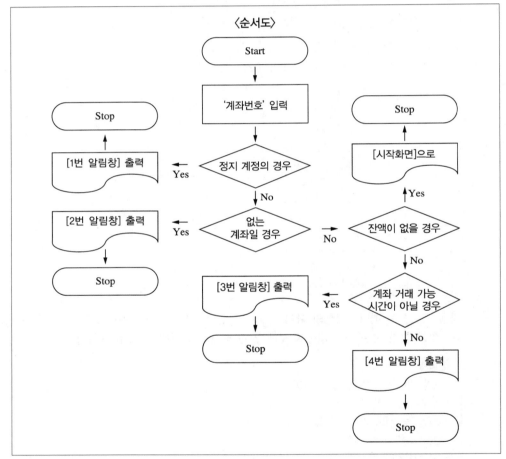

① 거래 가능한 시간이 아니기 때문이다.
② 계좌가 존재하지 않기 때문이다.
③ 금액이 출력되었기 때문이다.
④ 정지된 계정이기 때문이다.
⑤ 잔액이 없기 때문이다.

14 다음 중 로보어드바이저의 장점으로 볼 수 없는 것은?

① 상장지수펀드(ETF)를 활용해 투자하므로 객관적인 투자 서비스를 제공할 수 있다.

② 시간, 장소 등에 구애받지 않고 스마트폰, 컴퓨터 등 다양한 매체를 활용할 수 있다.

③ 인간의 주관적 감정을 배제하고 데이터와 알고리즘을 통해 투자할 수 있다.

④ 투자자들의 니즈에 따라 맞춤형으로 상담을 진행할 수 있다.

⑤ 인건비, 마케팅 비용 등을 절감할 수 있다.

15 다음 〈보기〉는 C센터의 모니터 판매량에 대한 시트이다. 함수를 〈조건〉과 같이 정의할 때, 이에 대한 설명으로 옳지 않은 것은?

보기

▲	A	B	C
1	상품명	예상 판매량	실제 판매량
2	CT0509A	130	125
3	PD0409A	80	120
4	CT0503B	150	130
5	PD0810C	75	65

조건

- ○(셀1, 셀2, …) : 셀의 합을 구하는 함수
- ■(셀1, 셀2, …) : 셀의 평균을 구하는 함수
- ◇(범위1, 조건, 범위2) : 범위1에서 조건을 충족하는 셀과 같은 행에 있는 범위2 셀의 합을 구하는 함수
- ♡(범위, k) : 범위1에서 조건을 충족하는 셀과 같은 행에 있는 범위2 셀의 평균을 구하는 함수
- ●(셀1, 셀2, …) : 범위에서 가장 큰 값을 구하는 함수
- △(셀1, 셀2, …) : 범위에서 가장 작은 값을 구하는 함수

① 제품명이 'C'로 시작하는 제품의 실제 판매량의 합을 구한 값과 예상 판매량의 최댓값 중에서 가장 큰 값을 구하는 수식은 ●(◇(A2:A5, "C*", C2:C5), ●(B2:B5))이다.

② 제품명이 'C'로 시작하는 제품의 예상 판매량의 합을 구한 값과 실제 판매량의 최솟값 중에서 가장 작은 값을 구하는 수식은 △(◇(A2:A5, "C*", B2:B5), △(C2:C5))이다.

③ 실제 판매량의 평균을 구하는 수식은 ■(C2:C5)이다.

④ 상품명이 'A'로 끝나는 제품의 실제 판매량의 값의 평균을 구하는 수식은 ◇(A2:A5, "*A", C2:C5)이다.

⑤ 예상 판매량이 80 이상인 값들의 총합을 구하는 수식은 ◇(B2:B5, "> =80", B2:B5)이다.

16 다음 문단을 논리적 순서대로 바르게 나열한 것은?

> (가) 베커는 "주말이나 저녁에는 회사들이 문을 닫기 때문에 활용할 수 있는 시간의 길이가 길어지고 이에 따라 특정 행동의 시간 비용이 줄어든다."라고도 지적한다. 시간의 비용이 가변적이라는 개념은 기대수명이 늘어나서 사람들에게 더 많은 시간이 주어지는 것이 시간의 비용에 영향을 미칠 수 있다는 점에서 의미가 있다.
>
> (나) 베커와 린더는 사람들에게 주어진 시간을 고정된 양으로 전제했다. 1965년 당시의 기대수명은 약 70세였다. 하루 24시간 중 8시간을 수면에 쓰고 나머지 시간에 활동이 가능하다면, 평생 408,800시간의 활동가능 시간이 주어지는 셈이다. 하지만 이 방정식에서 변수 하나가 바뀌면 어떻게 될까? 기대수명이 크게 늘어난다면 시간의 가치 역시 달라져서, 늘 시간에 쫓기는 조급한 마음에도 영향을 주게 되지 않을까?
>
> (다) 시간의 비용이 가변적이라고 생각한 이는 베커만이 아니었다. 스웨덴의 경제학자 스테판 린더는 서구인들이 엄청난 경제성장을 이루고도 여유를 누리지 못하는 이유를 논증한다. 경제가 성장하면 사람들이 시간을 쓰는 방식도 달라진다. 임금이 상승하면 직장 밖 활동에 들어가는 시간의 비용이 늘어난다. 일하는 데 쓸 수 있는 시간을 영화나 책을 보는 데 소비하면 그만큼의 임금을 포기하는 것이다. 따라서 임금이 늘어난 만큼 일 이외의 활동에 들어가는 시간의 비용도 함께 늘어난다는 것이다.
>
> (라) 경제학자이자 노벨상 수상자인 게리 베커는 1965년 '시간의 비용'이 시간을 소비하는 방식에 따라 변화한다고 주장하였다. 예를 들어 수면이나 식사 활동은 영화 관람에 비해 단위 시간당 시간의 비용이 작다. 그 이유는 수면과 식사가 생산적인 활동에 기여하기 때문이다. 잠을 못 자거나 식사를 제대로 하지 못해 체력이 떨어진다면, 생산적인 활동에 제약을 받기 때문에 수면과 식사 활동에 들어가는 시간의 비용이 영화관람에 비해 작다고 할 수 있다.

① (가) – (다) – (나) – (라)

② (가) – (라) – (다) – (나)

③ (라) – (가) – (다) – (나)

④ (라) – (나) – (다) – (가)

⑤ (라) – (다) – (가) – (나)

17 다음 중 은행의 고유업무에 해당하지 않는 것은?

① 예금 및 적금 수입 업무
② 조달자금 대출 업무
③ 채무증서 발행 업무
④ 유가증권 인수 업무
⑤ 외국환 업무

18 다음 〈보기〉는 A회사의 연말 팀원 평가표이다. 함수를 〈조건〉과 같이 정의할 때, 출력값이 가장 작은 것은?(단, 평균 점수는 소수점 첫째 자리까지만 표시한다)

보기

	A	B	C	D	E	F
1	이름	성실성	협동심	적극성	태도	평균
2	김윤석	88	65	67	90	77.5
3	김지후	78	87	71	90	81.5
4	신현석	90	71	65	84	77.5
5	평균	85.3	74.3	67.6	88	78.8

조건
- ◇(셀1,셀2, …) : 셀의 합을 구하는 함수
- ■(셀1,셀2, …) : 셀의 평균을 구하는 함수
- ◆(범위A,조건,합_범위) : '합_범위'의 셀을 더하는 함수(단, 더해질 '합_범위'의 셀은 범위A에서 조건을 만족하는 셀과 같은 행에 있어야 함)
- ●(범위,k) : 범위에서 k번째로 큰 값을 구하는 함수
- △(범위,k) : 범위에서 k번째로 작은 값을 구하는 함수
- ◎(범위,k) : 범위에서 최솟값을 구하는 함수
- ☆(범위,k) : 범위에서 최댓값을 구하는 함수

① =◇(●(F2:F4,1),△(F2:F4,1))
② =◇(☆(C2:C4),◎(C2:C4))
③ =◆(A2:A4,"김*",F2:F4)
④ =◆(A2:A4,"*석",F2:F4)
⑤ =◇(■(B2:B4),(■(D2:D4)))

19 다음은 10년간 국내 의사와 간호사 인원 현황에 대한 자료이다. 이에 대한 〈보기〉의 설명 중 옳은 것을 모두 고르면?(단, 비율은 소수점 셋째 자리에서 버림한다)

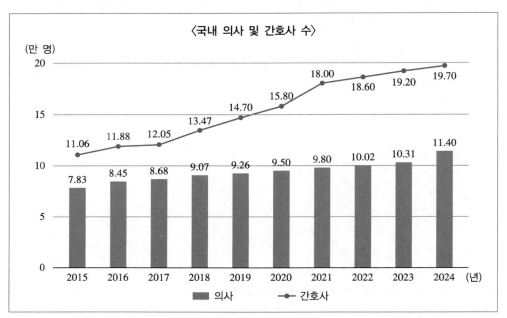

〈국내 의사 및 간호사 수〉

보기

ㄱ. 2022년 대비 2024년 의사 수의 증가율은 간호사 수의 증가율보다 5%p 이상 높다.
ㄴ. 2016 ~ 2024년 동안 전년 대비 의사 수 증가량이 2천 명 이하인 해의 의사와 간호사 수의 차이는 5만 명 미만이다.
ㄷ. 2015 ~ 2019년 동안 의사 1명당 간호사 수가 가장 많은 연도는 2019년이다.
ㄹ. 2018 ~ 2021년까지 간호사 수의 평균은 15만 명 이상이다.

① ㄱ
② ㄱ, ㄴ
③ ㄴ, ㄹ
④ ㄷ, ㄹ
⑤ ㄱ, ㄷ, ㄹ

20 다음은 S은행의 계좌 송금을 진행하는 과정에 대한 순서도이다. 고객이 상대방에게 송금하기 위해 정보를 입력하였을 때, [4번 알림창]을 보게 되었다. 그 이유로 가장 적절한 것은?

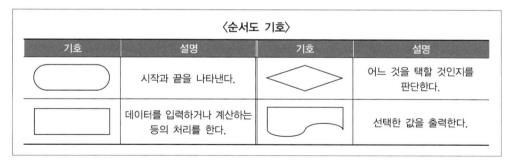

〈순서도 기호〉

기호	설명	기호	설명
	시작과 끝을 나타낸다.		어느 것을 택할 것인지를 판단한다.
	데이터를 입력하거나 계산하는 등의 처리를 한다.		선택한 값을 출력한다.

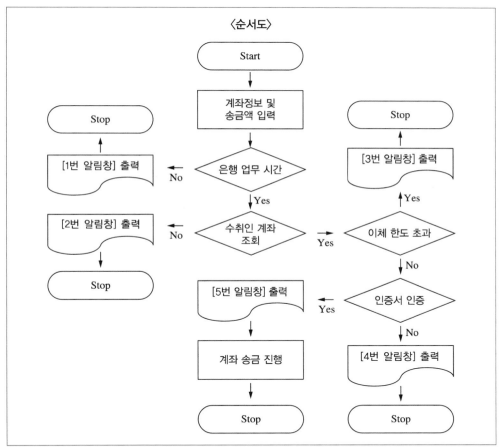

〈순서도〉

① 수취 계좌가 존재하지 않는다.
② 이체 한도가 초과되었다.
③ 인증서 인증 과정을 거치지 못하였다.
④ 은행 업무 시간이 아니다.
⑤ 모든 절차를 거쳐 송금이 가능하다.

정답 및 해설 p.007

01 다음 글에서 ㉠ ~ ㉤의 수정 방안으로 적절하지 않은 것은?

> 사회복지와 근로의욕과의 관계에 대한 조사를 보면 '사회복지와 근로의욕이 관계가 있다.'는 응답과 '그렇지 않다.'는 응답의 비율이 비슷하게 나타난다. 하지만 기타 의견에 ㉠따라 과도한 사회복지는 근로의욕을 떨어뜨릴 수 있다는 응답이 많았던 것으로 조사되었다. 예를 들어 정부지원금을 받으나 아르바이트를 하나 비슷한 돈이 나온다면 ㉡더군다나 일하지 않고 정부지원금으로만 먹고사는 사람들이 많이 있다는 것이다. 여기서 주목해야 할 점은 과도한 복지 때문이 아닌 정책상의 문제라는 의견도 있다는 사실이다. 현실적으로 일을 할 수 있는 능력이 있는 사람에게는 ㉢최대한의 생계비용 이외의 수입을 인정하고, 빈곤층에서 벗어날 수 있게 지원해 주는 것이 개인에게도, 국가에도 바람직한 방식이라는 것이다.
> 이 설문조사 결과에서 주목해야 할 또 다른 측면은 사회복지 체제가 잘 되어 있을수록 근로의욕이 떨어진다고 응답한 사람의 ㉣과반수 이상이 중산층 이상의 경제력을 가지고 있었다는 점이다. 재산이 많은 사람에게는 약간의 세금 확대도 ㉤영향이 적을 수 있기 때문에 경제발전을 위한 세금 확대는 찬성하더라도 복지정책을 위한 세금 확대는 반대하는 것이다. 이러한 점을 고려해 보면 소득 격차 축소를 원하는 국민보다 복지정책을 위한 세금 확대에 반대하는 국민이 많은 다소 모순된 설문 결과에 대한 설명이 가능하다.

① ㉠ : 호응 관계를 고려하여 '따르면'으로 수정한다.
② ㉡ : 앞뒤 내용의 관계를 고려하여 '차라리'로 수정한다.
③ ㉢ : 전반적인 내용의 흐름을 고려하여 '최소한의'로 수정한다.
④ ㉣ : '과반수'의 뜻을 고려하여 '절반 이상이' 또는 '과반수가'로 수정한다.
⑤ ㉤ : 일반적인 사실을 말하는 것이므로 '영향이 적기 때문에'로 수정한다.

02 다음 중 방카슈랑스에 대한 설명으로 옳지 않은 것은?

① 1980년대 유럽 금융시장에서 처음으로 은행에서 보험상품을 판매한 것이 확산된 것이다.
② 저축성 보험, 보장성 보험, 펀드 연계 보험으로 나눌 수 있다.
③ 예금, 대출, 보험 등 다양한 금융서비스를 하나의 상품으로 제공받을 수 있다.
④ 전문 보험설계사로부터 상품을 받을 수 있으나, 수수료가 비싸다.
⑤ 은행과 보험사 사이의 계열관계로 인해 독점 판매 문제가 발생할 수 있다.

03 국가별 온라인 축구게임 대회가 열렸다. 예선전을 펼친 결과 남게 된 8개의 나라는 8강 토너먼트를 치르기 위해 추첨을 통해 대진표를 작성했다. 이들 나라는 모두 다르며 남은 8개의 나라를 본 3명의 학생 은진, 수린, 민수는 다음과 같이 4강 진출 팀을 예상하였다. 이때, 8개의 나라 중에서 4강 진출 팀으로 꼽히지 않은 팀을 네덜란드라고 하면, 네덜란드와 상대할 팀은?

- 은진 : 브라질, 불가리아, 이탈리아, 루마니아
- 수린 : 스웨덴, 브라질, 이탈리아, 독일
- 민수 : 스페인, 루마니아, 독일, 브라질

---

① 불가리아
② 루마니아
③ 독일
④ 스페인
⑤ 브라질

※ 다음은 S은행에서 판매하는 적금 상품의 금리 정보이다. 이어지는 질문에 답하시오. [4~5]

<S은행 적금 상품>

구분	금리 정보
청년 처음 적금	• 기본금리 : 연 3.5% • 가입기간 : 12개월 • 우대금리 : 최대 연 3.0%p ① 주거래 우대 : 연 1.0%p ② S카드 결제 우대 : 연 0.5%p ③ 모바일 앱 사용 우대 : 연 0.5%p ④ 첫 거래 또는 이벤트 우대 : 연 1.0%p ※ 만 18 ~ 39세 청년이 아닐 경우 가입 제한
2024 프로야구 적금	• 기본금리 : 연 2.5% • 가입기간 : 12개월 • 우대금리 : 최대 연 1.7%p ① 선택한 나의 응원팀 등수에 따라 우대이율 제공(중복 미적용, 최대 1.0%p) 　－ 한국시리즈 우승 : 연 1.0%p 　－ 포스트시즌 진출 : 연 0.8%p 　－ 포스트시즌 미진출 : 연 0.5%p ② 콘텐츠 이용 우대 : 연 0.5%p ③ 소득입금 우대 : 연 0.2%p
알.쏠 적금	• 기본금리 : 가입기간에 따라 차등 적용 ① 12개월 이상 24개월 미만 : 연 3.0% ② 24개월 이상 36개월 미만 : 연 3.1% ③ 36개월 : 연 3.2% • 가입기간 : 12개월 이상 36개월 이하 • 우대금리 : 연 최대 1.3%p ① 소득이체 우대 : 연 0.6%p ② 카드이용 우대 : 연 0.3%p ③ 오픈뱅킹 우대 : 연 0.6%p ④ 청약보유 우대 : 연 0.3%p ⑤ 마케팅동의 우대 : 연 0.1%p
정기 적금	• 기본금리 : 가입기간에 따라 차등 적용 ① 1개월 이상 6개월 미만 : 연 2.2% ② 6개월 이상 12개월 미만 : 연 2.45% ③ 12개월 이상 24개월 미만 : 연 2.7% ④ 24개월 이상 36개월 미만 : 연 2.75% ⑤ 36개월 : 연 2.9% ⑥ 37개월 이상 : 연 2.95% • 가입기간 : 1개월 이상 60개월 이하 • 우대금리 : 없음
스마트 적금	• 기본금리 : 연 3.6% • 가입기간 : 12개월 • 우대금리 : 없음

04 A씨의 희망 가입기간이 36개월일 때, 기본금리를 최대로 받을 수 있는 상품은?

① 청년 처음 적금
② 2024 프로야구 적금
③ 알.쏠 적금
④ 정기 적금
⑤ 스마트 적금

05 만 26세인 B씨가 S은행 적금 상품에 가입기간 12개월로 가입하였다. 월초에 가입하여 250,000원을 납입 후 매월 초 250,000원씩 같은 금액을 납입할 때, 만기 시 B씨가 가장 많이 받을 수 있는 적금 상품의 원리합계는 얼마인가?(단, 모든 적금 상품은 단리로 적용하며, 만기 시 우대이율은 그 상품의 최대우대이율로 적용하고, 세금은 고려하지 않는다)

① 2,765,750원
② 2,876,435원
③ 2,975,600원
④ 3,105,625원
⑤ 3,257,280원

06 다음 중 금리인하요구권에 대한 설명으로 옳지 않은 것은?

① 금융당국은 차주에 대해 연 2회 금리인하요구권에 대한 정기안내를 실시한다.
② 금융당국은 금융기관의 운영 실적을 반기 단위로 비교 공시한다.
③ 재무상태 개선 등의 신용상태가 개선되었다고 판단되는 경우 금리인하를 요구할 수 있다.
④ 금융기관의 심사 결과에 따라 금리인하 요구가 수용되지 않을 수 있다.
⑤ 가계대출만 권리가 있으며, 기업대출은 권리가 없다.

07 다음 〈보기〉는 S중학교의 한 학급 학생들의 중간고사 성적을 정리한 자료이다. 함수를 〈조건〉과 같이 정의할 때, [F21]에 들어갈 함수로 옳은 것은?

보기

◢	A	B	C	D	E	F
1	이름	국어	수학	영어	평균	평균 점수 순위
2	강○○	80	75	60	71.67	
3	김○○	70	75	80	75	
4	나△△	90	85	95	90	
5	이○○	75	90	100	88.33	
⋮	⋮	⋮	⋮	⋮	⋮	
21	차△△	85	100	55	80	

조건

- ◇(인수1, 범위) : 범위 안에서 인수1의 내림차순 순위를 구하는 함수
- ▲(조건, 인수1, 인수2) : 조건이 참이면 인수1, 거짓이면 인수2를 출력하는 함수
- ○(인수1, 인수2, …) : 인수들의 최댓값을 구하는 함수
- ♣(인수1, 인수2, …) : 인수들의 최솟값을 구하는 함수
- ♡(인수1, 인수2, …) : 인수들의 평균을 구하는 함수

① = ▲(E21 > ♡(E2:E21), 1, 0)

② = ▲(E21 = ♣(E2:E21), 0, 1)

③ = ◇(E21, $E$2:$E$21)

④ = ◇(○(B21:D21), B2:D21)

⑤ = ▲(◇(E21, E2:E21) < 3, 1, 0)

08 다음 글을 통해 추론할 수 있는 내용으로 가장 적절한 것은?

사람과 동물처럼 우리 몸을 구성하는 세포도 자의적으로 죽음을 선택하기도 한다. 그렇다면 왜 세포는 죽음을 선택할까? 소위 '진화'의 관점으로 본다면 개별 세포도 살기 위해 발버둥 쳐야 마땅한데 스스로 죽기로 결정한다니 역설적인 이야기처럼 들린다. 세포가 죽음을 선택하는 이유는 자신이 죽는 것이 전체 개체에 유익하기 때문이다. 도대체 '자의적'이란 말을 붙일 수 있는 세포의 죽음은 어떤 것일까?

세포의 '자의적' 죽음이 있다는 말은 '타의적' 죽음도 있다는 말일 것이다. 타의적인 죽음은 네크로시스(Necrosis), 자의적인 죽음은 아포토시스(Apoptosis)라고 부른다. 이 두 죽음은 그 과정과 형태에서 분명한 차이를 보인다. 타의적인 죽음인 네크로시스는 세포가 손상돼 어쩔 수 없이 죽음에 이르는 과정을 말한다. 세포 안팎의 삼투압 차이가 수만 배까지 나면 세포 밖의 물이 세포 안으로 급격하게 유입돼 세포가 터져 죽는다. 마치 풍선에 바람을 계속 불어넣으면 '펑!' 하고 터지듯이 말이다. 이때 세포의 내용물이 쏟아져 나와 염증반응을 일으킨다. 이러한 네크로시스는 정상적인 발생 과정에서는 나타나지 않고 또한 유전자의 발현이나 새로운 단백질의 생산도 필요 없다.

반면 자의적인 죽음인 아포토시스는 유전자가 작동해 단백질을 만들어 내면 세포가 스스로 죽기로 결정하고 생체 에너지인 ATP를 적극적으로 소모하면서 죽음에 이르는 과정을 말한다. 네크로시스와는 정반대로 세포는 쪼그라들고, 세포 내의 DNA는 규칙적으로 절단된다. 그다음 쪼그라들어 단편화된 세포 조각들을 주변의 식세포가 시체 처리하듯 잡아먹는 것으로 과정이 종료된다.

인체 내에서 아포토시스가 일어나는 경우는 크게 두 가지다. 하나는 발생과 분화의 과정 중에 불필요한 부분을 없애기 위해서 일어난다. 사람은 태아의 손이 발생할 때 몸통에서 주걱 모양으로 손이 먼저 나온 후에 손가락 위치가 아닌 나머지 부분의 세포들이 사멸해서 우리가 보는 일반적인 손 모양을 만든다. 이들은 이미 죽음이 예정돼 있다고 해서 이런 과정을 PCD(Programed Cell Death)라고 부른다.

다른 하나는 세포가 심각하게 훼손돼 암세포로 변할 가능성이 있을 때 전체 개체를 보호하기 위해 세포는 죽음을 선택한다. 즉, 방사선, 화학 약품, 바이러스 감염 등으로 유전자 변형이 일어나면 세포는 이를 감지하고 자신이 암세포로 변해 전체 개체에 피해를 입히기 전에 스스로 죽음을 결정한다. 이때 아포토시스 과정에 문제가 있는 세포는 죽지 못하고 암세포로 변한다. 과학자들은 이와 같은 아포토시스와 암의 관계를 알게 되자 암세포의 죽음을 유발하는 물질을 이용해 항암제를 개발하려는 연구를 진행하고 있다.

흥미로운 것은 외부로부터 침입한 세균 등을 죽이는 역할의 T-면역세포(Tk Cell)도 아포토시스를 이용한다는 사실이다. 세균이 몸 안에 침입하면 T-면역세포는 세균에 달라붙어서 세균의 세포벽에 구멍을 뚫고 아포토시스를 유발하는 물질을 집어넣는다. 그러면 세균은 원치 않는 죽음을 맞이하게 되는 것이다.

① 손에 난 상처가 회복되는 것은 네크로시스와 관련이 있겠군.
② 우리 몸이 일정한 형태를 갖추게 된 것은 아포토시스와 관련이 있겠군.
③ 아포토시스를 이용한 항암제는 세포의 유전자 변형을 막는 역할을 하겠군.
④ 화학약품은 네크로시스를 일으켜 암세포로 진행되는 것을 막는 역할을 하겠군.
⑤ T-면역세포가 아포토시스를 통해 세균을 죽이는 과정에서 염증을 발생시키겠군.

09 다음은 2024년 6월 기준 지역별 공사 완료 후 미분양된 민간부분 주택 현황이다. 이에 대한 〈보기〉의 설명 중 옳은 것을 모두 고르면?

〈지역별 공사 완료 후 미분양된 민간부문 주택 현황〉

(단위 : 가구)

구분	면적별 주택유형			합계
	$60m^2$ 미만	$60 \sim 85m^2$	$85m^2$ 초과	
전국	3,438	11,297	1,855	16,590
서울	0	16	4	20
부산	70	161	119	350
대구	0	112	1	113
인천	5	164	340	509
광주	16	28	0	44
대전	148	125	0	273
울산	36	54	14	104
세종	0	0	0	0
경기	232	604	1,129	1,965
기타 지역	2,931	10,033	248	13,212

보기

ㄱ. 면적이 넓은 유형의 주택일수록 공사 완료 후 미분양된 민간부문 주택이 많은 지역은 두 곳뿐이다.

ㄴ. 부산의 공사 완료 후 미분양된 민간부문 주택 중 면적이 $60 \sim 85m^2$에 해당하는 주택이 차지하는 비중은 면적이 $85m^2$를 초과하는 주택이 차지하는 비중보다 10%p 이상 높다.

ㄷ. 면적이 $60m^2$ 미만인 공사 완료 후 미분양된 민간부문 주택 수 대비 면적이 $60 \sim 85m^2$에 해당하는 공사 완료 후 미분양된 민간부문 주택 수의 비율은 광주가 울산보다 높다.

① ㄱ

② ㄴ

③ ㄱ, ㄷ

④ ㄴ, ㄷ

⑤ ㄱ, ㄴ, ㄷ

10   다음은 한 달 동안 S사원의 야근 및 휴일근무를 기록한 것이다. 회사의 초과근무수당 규정을 참고하여 S사원이 이번 달 받을 수 있는 야근 및 특근수당을 바르게 구한 것은?(단, S사원의 세전 연봉은 3천만 원이고, 시급 산정 시 월평균 근무시간은 200시간으로 계산한다)

〈S사원의 야근 및 휴일근무〉

일	월	화	수	목	금	토
	1 (18 ~ 21시)	2	3	4 (18 ~ 22시)	5	6
7	8	9 (18 ~ 24시)	10	11	12	13
14 (09 ~ 12시)	15	16	17	18	19	20
21	22	23	24	25	26 (18 ~ 21시)	27 (13 ~ 18시)
28	29 (18 ~ 19시)	30				

〈초과근무수당 규정〉

- 시급 환산 시 세전 연봉으로 계산한다.
- 평일 야근수당은 시급에 5,000원을 가산하여 지급한다.
- 주말 특근수당은 시급에 10,000원을 가산하여 지급한다.
- 식대는 10,000원을 지급하며, 식대는 야근 및 특근수당에 포함되지 않는다.
- 야근시간은 오후 7시부터 적용되며 10시를 초과할 수 없다(초과시간 수당 미지급).

① 285,000원   ② 320,000원
③ 355,000원   ④ 405,000원
⑤ 442,500원

※ A고객은 노후대비 은퇴자금을 마련하기 위하여 S은행에 방문하였다. 행원인 귀하는 다음과 같은 상품을 고객에게 추천할 예정이다. 이어지는 질문에 답하시오. [11~12]

〈S은행 100세 플랜 적금 상품설명서〉

1. 상품개요
   • 상품명 : S은행 100세 플랜 적금
   • 상품특징 : 여유롭고 행복한 은퇴를 위한 은퇴자금 마련 적금상품

2. 거래조건

구분		내용		
가입자격		개인		
계약기간		• 1 ~ 20년 이내(연 단위) • 계약기간 만료 전 1회 연장 가능(단, 총 계약기간 20년을 초과할 수 없음)		
적립방식		자유적립식		
가입금액		• 초입 10만 원 이상 • 매입금 1만 원 이상(계좌별) 매월 5백만 원(1인당) 이내 • 총 납입액 10억 원(1인당) 이내		
만기금리 (연 %, 세전)	기본금리	• 계약기간별 금리(실제 적용금리는 가입일 당시 고시금리에 따름)		
		구분	12개월 이상	24개월 이상	36개월 이상
		금리	연 2.55%	연 2.75%	연 3.00%
	우대금리 (최고 0.5%p)	• 다음 우대조건을 충족하고 이 적금을 만기해지하는 경우 각호에서 정한 우대금리를 계약기간 동안 합산 적용함(중도 인출 또는 해지 시에는 적용하지 않음)		
		우대조건	우대금리	
		① 이 적금 가입시점에 「S은행 100세 플랜 통장」을 보유하고 있는 경우	0.1%p	
		② 같은 날 부부가 모두 가입하고 신규금액이 각 10만 원 이상인 경우(각 적금은 만기까지 보유하고 있어야 함)	0.1%p	
		③ 이 적금 계약기간이 3년 이상이고 만기 시 월 평균 10만 원 이상 입금된 경우	0.2%p	
		④ 이 적금 신규일로부터 만기일까지 「S은행 100세 플랜 연금」을 6개월 이상 보유하고 있는 경우(신규만 포함)	0.2%p	
		⑤ 인터넷 또는 스마트뱅킹으로 본 적금에 가입 시	0.1%p	
이자지급방식		만기일시지급		
양도 및 담보제공		은행의 승낙을 받은 경우 양도 및 담보제공이 가능		
제한사항		이 적금은 1년 이상 납입이 없을 경우 계약기간 중이라도 추가 적립할 수 없으며, 질권설정 등의 지급제한사유가 있을 때는 원리금을 지급하지 않음		
예금자보호 여부	해당	이 상품은 예금자보호법에 따라 예금보험공사가 보호하되, 보호한도는 본 은행에 있는 귀하의 모든 예금보호대상 금융상품의 원금과 소정의 이자를 합하여 1인당 '최고 5천만 원'이며, 5천만 원을 초과하는 나머지 금액은 보호하지 않음		

11 귀하는 A고객이 'S은행 100세 플랜 적금' 상품을 계약하기 전 해당 상품에 대한 이해를 돕고자 자세히 설명하려고 한다. 다음 설명으로 옳지 않은 것은?

① 고객님, 해당 상품은 목돈이 들어가는 예금과 달리 첫 입금 시 10만 원 이상 그리고 계약기간 동안 매월 1만 원 이상 납입하시면 되는 적금이므로 지금 당장 큰 부담이 없습니다.

② 고객님, 해당 상품을 3년 이상 계약하시게 되면 기본금리가 3.00%로 적용되며, 다만 오늘 계약하지 않으시면 실제로 적용되는 금리가 변동될 수 있습니다.

③ 고객님, 우대금리는 최고 0.5%p까지만 적용되는데, 중도 인출이나 혹은 중도 해지 시에는 우대금리가 적용되지 않습니다.

④ 고객님, 해당 상품은 예금자보호법에 따라 원금과 이자를 합쳐서 1인당 최고 5천만 원까지 보호되는 상품이며, 본 은행의 다른 상품과는 별도로 보호되는 금융상품입니다.

⑤ 고객님, 해당 상품은 계약기간 만료 전 1회 연장 가능하며, 최대 계약기간은 20년입니다.

12 다음 A고객의 상담내역을 토대로 A고객이 만기시점에 받을 수 있는 세전금리를 구한 것은?

> 〈A고객의 상담내역〉
>
> • S은행과의 금융거래는 이번이 처음이며, 해당 적금상품만을 가입하였다.
> • 행원의 설명에 따라 매월 납입금액은 20만 원, 계약기간은 5년으로 계약하였다.
> • 타 은행보다 높은 금리조건에 만족하여 A고객의 배우자도 함께 가입하였으며, 각각 100만 원을 초입하였다.
> • 행원의 추천에 따라 한 달 뒤 「S은행 100세 플랜 연금」을 신규로 가입할 예정이며, 1년간 보유할 계획이다.
> • 해당 적금의 계약기간 동안 중도 인출 또는 해지할 계획이 없으며, 연체 없이 모두 만기까지 보유할 예정이다.

① 2.75% ② 3.05%

③ 3.20% ④ 3.25%

⑤ 3.50%

13 다음은 S편의점 택배 예약 서비스의 순서도이다. 민수가 택배 예약 서비스를 이용하는 중에 [4번 알림창]을 보게 되었을 때, 그 이유로 적절한 것은?

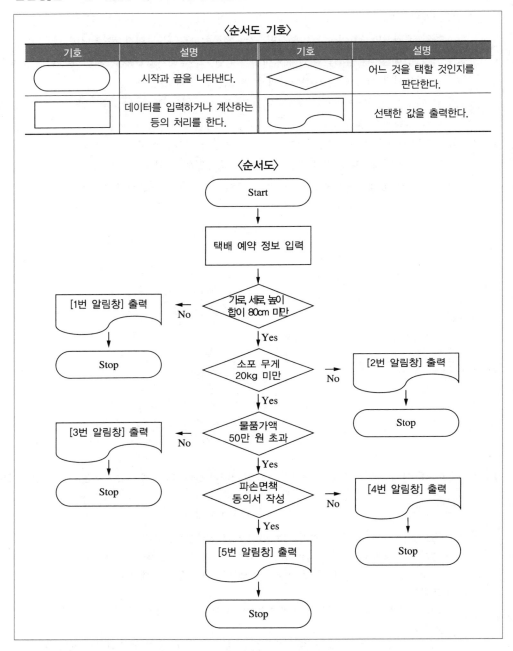

① 가로, 세로, 높이의 합이 80cm을 초과하였다.

② 소포 무게가 20kg을 초과하였다.

③ 물품가액이 50만 원 미만이다.

④ 파손면책 동의서를 작성하지 않았다.

⑤ 택배 서비스 예약을 성공하였다.

14 갑과 을이 다음 〈조건〉에 따라 게임을 할 때, 옳지 않은 것은?

> **조건**
> • 갑과 을은 다음과 같이 시각을 표시하는 하나의 시계를 가지고 게임을 한다.
>
> | 0 | 9 | : | 1 | 5 |
>
> • 갑과 을이 각자가 일어났을 때, 시계에 표시된 4개의 숫자를 합산하여 게임의 승패를 결정한다. 숫자의 합이 더 작은 사람이 이기고, 숫자의 합이 같을 때에는 비긴다.
> • 갑은 오전 6:00 ~ 6:59에 일어나고, 을은 오전 7:00 ~ 7:59에 일어난다.

① 갑이 오전 6시 정각에 일어나면, 반드시 갑이 이긴다.
② 을이 오전 7시 59분에 일어나면, 반드시 을이 진다.
③ 을이 오전 7시 30분에 일어나고, 갑이 오전 6시 30분 전에 일어나면 반드시 갑이 이긴다.
④ 갑과 을이 정확히 1시간 간격으로 일어나면, 반드시 갑이 이긴다.
⑤ 갑과 을이 정확히 50분 간격으로 일어나면, 갑과 을은 비긴다.

15 다음 중 뱅크런에 대한 설명으로 옳지 않은 것은?

① 은행에서 단기간 내에 예금에 대한 대량 인출 요구가 일어나는 현상이다.
② 지급준비율을 초과하는 예금인출 요청이 있을 때 발생할 수 있다.
③ 금리가 마이너스로 떨어지면 발생할 수 있다.
④ 예금자보호제도는 뱅크런 사태로부터 금융소비자를 보호하기 위한 장치이다.
⑤ 뱅크런이 발생하면 시중 통화량이 급격하게 증가한다.

16 S대리는 부모님에게 드릴 선물을 구입하려 한다. S대리가 사용한 신용카드의 혜택과 할부수수료율 그리고 구매방식과 구매상품이 다음과 같을 때, S대리가 지불할 총금액은?(단, S대리의 구매상품 모두 신용카드 가맹점에서 구매하였으며, 포인트는 할인금액에서 차감된다)

• 신용카드 혜택
  – 가맹점에서 구매 시 10% 할인된다.
  – 결재금액 1만 원마다 1천 포인트 적립된다.
  – 포인트는 1점당 1원이며, 만 원 단위로 이용금액에서 차감된다.

• 신용카드 할부수수료율

구분	1~3개월	4~6개월	7개월 이상
수수료율(연)	6%	12%	20%

• S대리의 구매방식
  – 5개월 할부
  – 이용원금 상환금액 균등
  – 포인트 모두 사용(보유 포인트 25,764점)

• S대리의 구매상품
  – 화장품 : 90,000원
  – 등산복 : 170,000원

※ (할부수수료)=(할부잔액)×[(할부수수료율)÷12]
※ (할부잔액)=(이용원금)-(기결제원금)

---

① 200,000원 ② 220,420원

③ 248,570원 ④ 251,120원

⑤ 279,520원

17 다음 글을 통해 알 수 있는 내용으로 가장 적절한 것은?

> 상업광고는 기업은 물론이고 소비자에게도 요긴하다. 기업은 마케팅활동의 주요한 수단으로 광고를 적극적으로 이용하여 기업과 상품의 인지도를 높이려 한다. 소비자는 소비생활에 필요한 상품의 성능, 가격, 판매 조건 등의 정보를 광고에서 얻으려 한다. 광고를 통해 기업과 소비자가 모두 이익을 얻는다면 이를 규제할 필요는 없을 것이다. 그러나 광고에서 기업과 소비자의 이익이 상충하는 경우도 있고 광고가 사회 전체에 폐해를 낳는 경우도 있어, 다양한 규제 방식이 모색되었다.
>
> 이때 문제가 된 것은 과연 광고로 인한 피해를 책임질 당사자로서 누구를 상정할 것인가였다. 초기에는 '소비자 책임 부담 원칙'에 따라 광고 정보를 활용한 소비자의 구매 행위에 대해 소비자가 책임을 져야 한다고 보았다. 여기에는 광고 정보가 정직한 것인지와는 상관없이 소비자는 이성적으로 이를 판단하여 구매할 수 있어야 한다는 전제가 있었다. 그래서 기업은 광고에 의존하여 물건을 구매한 소비자가 입은 피해에 대하여 책임을 지지 않았고, 광고의 기만성에 대한 입증책임도 소비자에게 있었다.
>
> 책임 주체로 기업을 상정하여 '기업 책임 부담 원칙'이 부상하게 된 배경은 복합적이다. 시장의 독과점 상황이 광범위해지면서 소비자의 자유로운 선택이 어려워졌고, 상품에 응용된 과학기술이 복잡해지고 첨단화되면서 상품 정보에 대한 소비자의 정확한 이해도 기대하기 어려워졌다. 또한 다른 상품광고와의 차별화를 위해 통념에 어긋나는 표현이나 장면도 자주 활용되었다. 그리하여 경제적, 사회·문화적 측면에서 광고로부터 소비자를 보호해야 한다는 당위를 바탕으로 기업이 광고에 대해 책임을 져야 한다는 공감대가 확산되었다.
>
> 오늘날 행해지고 있는 여러 광고 규제는 이런 공감대에서 나온 것인데, 이는 크게 보아 법적 규제와 자율 규제로 나눌 수 있다. 구체적인 법 조항을 통해 광고를 규제하는 법적 규제는 광고 또한 사회적 활동의 일환이라는 점에 근거한다. 특히 자본주의 사회에서는 기업이 시장점유율을 높여 다른 기업과의 경쟁에서 승리하기 위하여 사실에 반하는 광고나 소비자를 현혹하는 광고를 할 가능성이 높다. 법적 규제는 허위 광고나 기만 광고 등을 불공정 경쟁의 수단으로 간주하여 정부 기관이 규제를 가하는 것이다.
>
> 자율 규제는 법적 규제에 대한 기업의 대응책으로 등장했다. 법적 규제가 광고의 역기능에 따른 피해를 막기 위한 강제적 조치라면, 자율 규제는 광고의 순기능을 극대화하기 위한 자율적 조치이다. 광고에 대한 기업의 책임감에서 비롯된 자율 규제는 법적 규제를 보완하는 효과가 있다.

① 광고 주체의 자율 규제가 잘 작동될수록 광고에 대한 법적 규제의 역할도 커진다.

② 기업의 이익과 소비자의 이익이 상충하는 정도가 클수록 법적 규제와 자율 규제의 필요성이 약화된다.

③ 시장 독과점 상황이 심각해지면서 기업 책임 부담 원칙이 약화되고 소비자 책임부담 원칙이 부각되었다.

④ 첨단기술을 강조한 상품의 광고일수록 소비자가 광고 내용을 정확히 이해하지 못한 채 상품을 구매할 가능성이 커진다.

⑤ 광고의 기만성을 입증할 책임을 소비자에게 돌리는 경우, 그 이유는 소비자에게 이성적 판단 능력이 있다는 전제를 받아들이지 않기 때문이다.

18 다음은 아동수당에 대한 매뉴얼과 아동수단에 대한 상담의 일부이다. 제시된 상담에서 고객의 문의에 대한 처리로 옳은 것을 모두 고르면?

〈아동수당 제도 매뉴얼〉

- 아동수당은 만 6세 미만 아동의 보호자에게 월 10만 원의 수당을 지급하는 제도이다.
- 아동수당은 보육료나 양육 수당과는 별개의 제도로서 다른 복지급여를 받고 있어도 수급이 가능하지만, 반드시 신청을 해야 혜택을 받을 수 있다.
- 6월 20일부터 사전 신청 접수가 시작되고, 9월 21일부터 수당이 지급된다.
- 아동수당 수급대상 아동을 보호하고 있는 보호자나 대리인은 20일부터 아동 주소지 읍·면·동 주민센터에서 방문 신청 또는 복지로 홈페이지 및 모바일 앱에서 신청할 수 있다.
- 아동수당 제도 첫 도입에 따라 초기에 아동수당 신청이 한꺼번에 몰릴 것으로 예상되어 연령별 신청기간을 운영한다(연령별 신청기간은 만 0~1세는 20~25일, 만 2~3세는 26~30일, 만 4~5세는 7월 1~5일, 전 연령은 7월 6일부터이다).
- 아동수당은 신청한 달의 급여분(사전신청은 제외)부터 지급한다. 따라서 9월분 아동수당을 받기 위해서는 9월 말까지 아동수당을 신청해야 한다(단, 소급 적용은 되지 않는다).
- 아동수당 관련 신청서 작성요령이나 수급 가능성 등 자세한 내용은 아동수당 홈페이지에서 확인 가능하다.

고객 : 저희 아이가 만 5세인데요. 아동수당을 지급받을 수 있나요?
상담원 : (가) 네, 만 6세 미만의 아동이면 9월 21일부터 10만 원의 수당을 지급받을 수 있습니다.
고객 : 제가 보육료를 지원받고 있는데, 아동수당도 받을 수 있는 건가요?
상담원 : (나) 아동수당은 보육료와는 별개의 제도로 신청만 하면 수당을 받을 수 있습니다.
고객 : 그럼 아동수당을 신청하려면 어떻게 해야 하나요?
상담원 : (다) 아동 주소지의 주민센터를 방문하거나 복지로 홈페이지 또는 모바일 앱에서 신청하시면 됩니다.
고객 : 따로 정해진 신청기간은 없나요?
상담원 : (라) 6월 20일부터 사전 신청 접수가 시작되고, 9월 말까지 아동수당을 신청하면 되지만 소급 적용이 되지 않습니다. 10월에 신청하시면 9월 아동수당은 지급받을 수 없으므로 9월 말까지 신청해 주시면 될 것 같습니다.
고객 : 네, 감사합니다.
상담원 : (마) 아동수당 관련 신청서 작성요령이나 수급 가능성 등의 자세한 내용은 메일로 문의해 주세요.

---

① (가), (나)
② (가), (다)
③ (가), (나), (다)
④ (나), (다), (라)
⑤ (나), (다), (마)

19 다음은 OECD 회원국의 고용률을 조사한 자료이다. 이에 대한 설명으로 옳지 않은 것은?

〈OECD 회원국 고용률 추이〉

(단위 : %)

구분	2019년	2020년	2021년	2022년				2023년	
				1분기	2분기	3분기	4분기	1분기	2분기
OECD 전체	65.0	65.0	66.5	66.5	65.0	66.0	66.5	67.0	66.3
미국	67.5	67.5	68.7	68.5	68.7	68.7	69.0	69.3	69.0
일본	70.6	72.0	73.3	73.0	73.5	73.5	73.7	73.5	74.5
영국	70.0	70.5	73.0	72.5	72.5	72.7	73.5	73.7	74.0
독일	73.0	73.5	74.0	74.0	73.0	74.0	74.5	74.0	74.5
프랑스	64.0	64.5	63.5	64.5	63.0	63.0	64.5	64.0	64.0
한국	64.5	64.5	65.7	65.7	64.6	65.0	66.0	66.0	66.0

① 2019년부터 영국의 고용률은 계속 증가하고 있다.

② 2023년 2분기 OECD 전체 고용률은 전년 동분기 대비 2% 증가하였다.

③ 2023년 1분기와 2분기에서 고용률이 변하지 않은 국가는 프랑스와 한국이다.

④ 2023년 1분기 6개 국가의 고용률 중 가장 높은 국가와 가장 낮은 국가의 고용률 차이는 10%p 이다.

⑤ 2019년부터 2023년 2분기까지 프랑스와 한국의 고용률은 OECD 전체 고용률을 넘은 적이 한 번도 없었다.

20 S사의 A ~ E사원들은 봉사활동의 일환으로 홀로 사는 노인들에게 아침 식사를 제공하기 위해 일일 식당을 운영하기로 했다. 다음 명제들이 모두 참이라고 할 때, 항상 참인 진술은?

• 음식을 요리하는 사람은 설거지를 하지 않는다.
• 주문을 받는 사람은 음식 서빙을 함께 담당한다.
• 음식 서빙을 담당하는 사람은 요리를 하지 않는다.
• 음식 서빙을 담당하는 사람은 설거지를 한다.

① A사원은 설거지를 하면서 음식 서빙도 한다.

② B사원이 설거지를 하지 않으면 음식을 요리한다.

③ C사원이 음식 주문을 받으면 설거지는 하지 않는다.

④ D사원은 음식을 요리하면서 음식 주문을 받기도 한다.

⑤ E사원이 설거지를 하지 않으면 음식 주문도 받지 않는다.

정답 및 해설 p.012

01 다음 글을 읽고 추론한 내용으로 적절하지 않은 것은?

> 경영학에서 자주 쓰는 용어 중에 '메기 효과'가 있다. 노르웨이 어부들이 바다에서 잡은 정어리들을 수조에 넣어 운송할 때 ㉠ 항구에 도착하기 전에 정어리들이 죽는 경우가 많았는데, 이를 해결하기 위해 수조에 메기를 넣어 정어리들의 생존 시간을 늘리고 신선도를 높인 것에서 유래한 용어이다. 수조에 메기를 풀어놓으면 정어리들이 메기에게 잡아먹힐 것 같지만, 메기의 먹이가 되지 않으려고 도망다니며 끊임없이 움직여 살아남는다고 한다. 경영학에서 말하는 메기 효과는 시장이나 조직 등의 환경에 새로운 강자가 경쟁자로 등장하면, 기존의 구성원들이 경쟁 극복을 위해 잠재력을 발휘하는 등 정체되어 있던 기존의 분위기를 쇄신하게 되는 현상을 뜻한다. 적절한 수준의 자극과 위기감은 생산성 향상, 생존력 강화, 조직의 발전에 긍정적인 동기부여 효과를 발휘할 수 있다고 보는 것이다. 이와 달리 예견치 못한 역효과와 맞닥뜨린다는 의미의 '메뚜기 효과'라는 환경 용어가 있다. 이는 세계의 어느 한 지역에서 방출된 잔류성 유기 오염물질이 바람과 해류를 따라 이동하면서 증발과 침적을 반복하며 생태계 먹이사슬을 통해 오염원으로부터 매우 멀리 떨어진 예상하지 못한 지역까지 옮겨가 오염원 방출 지역보다 더 심각한 환경피해를 일으킬 수 있다는 의미이다.

① '메기 효과'는 가혹한 조건에 맞선 도전과 응전이 문명 발생과 발전을 촉진한다는 역사학자 토인비의 주장과 일맥상통한다.

② '메뚜기 효과'라는 용어의 메뚜기는 피해가 어디로 파급되어 어떤 심각한 악영향을 초래할지 전혀 예상할 수 없음을 비유한 표현이다.

③ '메기 효과'가 위기를 통해 긍정적 작용을 기대하는 것이라면, '메뚜기 효과'는 당초의 위기가 전혀 예상하지 못한 더 큰 위기를 초래할 수 있다는 의미이다.

④ 노르웨이 어부들은 ㉠의 경우에 정어리의 생존율 향상으로 인한 이득의 증가량이 일부 정어리가 메기에게 잡아먹혀 입는 손실을 상쇄할 것이라고 확신하지 못했다.

⑤ 감내 가능한 수준을 넘어선 스트레스 상황은 조직의 발전을 저해할 수 있다는 점에서 '메기 효과'를 기대한 의도적인 경쟁 구도 조성 조치는 오히려 '메뚜기 효과'를 초래할 수도 있다.

02 다음 중 경상소득에 해당하지 않는 것은?

① 재산소득

② 이전소득

③ 사업소득

④ 퇴직소득

⑤ 근로소득

※ 다음은 각국 외화의 매매기준율 및 환전수수료에 대한 자료이다. 이어지는 질문에 답하시오(단, 환전수수료를 적용하며, 우대환율은 적용하지 않는다). **[3~4]**

<각국 외화의 매매기준율 및 환전수수료>

구분	미국	영국	베트남
매매기준율	1,310원/달러	1,670원/파운드	6원/100동
환전수수료	1.75%	2%	10%

※ 환전수수료는 외화를 사고 팔 때 모두 같은 비율로 적용하는 것으로 함

03 대한민국 원화 600,000원으로 영국 파운드를 살 때, 최대 얼마를 구매할 수 있는가?

① 약 151.83파운드

② 약 203.54파운드

③ 약 259.73파운드

④ 약 301.17파운드

⑤ 약 352.24파운드

04 S환전소에서 미국 달러를 베트남 동으로 환전하고자 한다. S환전소에서는 외화를 다른 외화로 환전하려면 먼저 외화를 원화로 환전 후 그 원화를 다른 외화로 환전해야 한다고 할 때, S환전소에서 500달러를 베트남 동으로 교환하면 얼마인가?

① 약 6,335,776동

② 약 7,756,287동

③ 약 8,266,098동

④ 약 9,750,568동

⑤ 약 11,587,324동

05 S카드사는 신규 카드의 출시를 앞두고 카드 사용 고객에게 혜택을 제공하는 제휴 업체를 선정하고자 한다. 제휴 업체 후보인 A ~ E의 평가 결과가 다음과 같을 때, 이에 대한 설명으로 옳은 것은?

〈신규 카드 제휴 후보 업체 평가 결과〉

업체 \ 내용	제공 혜택	혜택 제공 기간 (카드 사용일로부터)	선호도 점수	동일 혜택을 제공하는 카드 수
A마트	배송 요청 시 배송비 면제	12개월	7.5	7
B서점	서적 구매 시 10% 할인	36개월	8.2	11
C통신사	매월 통신요금 10% 할인	24개월	9.1	13
D주유소	주유 금액의 10% 포인트 적립	12개월	4.5	4
E카페	음료 구매 시 15% 할인	24개월	7.6	16

※ 선호도 점수 : 기존 이용 고객들이 혜택별 선호도에 따라 부여한 점수의 평균값으로, 높은 점수일수록 선호도가 높음을 의미함
※ 동일 혜택을 제공하는 카드 수 : S카드사의 기존 카드를 포함한 국내 카드사의 카드 중 동일한 혜택을 제공하는 카드의 수를 의미하며, 카드 수가 많을수록 시장 내 경쟁이 치열함

① 동일 혜택을 제공하는 카드 수가 많은 업체일수록 혜택 제공 기간이 길다.
② 기존 이용 고객들이 가장 선호하는 혜택은 서적 구매 시 적용되는 요금 할인 혜택이다.
③ 매월 모든 업체가 부담해야 하는 혜택 비용이 동일하다면, 혜택에 대한 총부담 비용이 가장 큰 업체는 D주유소이다.
④ 혜택 제공 기간이 가장 긴 업체는 선호도 점수도 가장 높다.
⑤ 시장 내 경쟁이 가장 치열한 업체와 제휴할 경우 해당 혜택을 2년간 제공한다.

06 다음 글의 밑줄 친 '이 서비스'에 대한 〈보기〉의 설명 중 적절하지 않은 것을 모두 고르면?

이 서비스는 카드 대금 중 일부만 갚고 나머지 결제액은 다음 달로 이월할 수 있어 현금이 부족한 사람들이 연체를 예방할 수 있는 제도이다. 카드 대금 중 최소 결제비율에 해당하는 일부 금액만 먼저 결제하고 나머지 결제액은 다음 달로 이월되므로 자금의 유동성을 확보할 수 있다. 다만, 카드 회사와 계약한 최소 결제비율이 10%라고 가정할 경우 그 이상 잔고가 있으면 연체되지 않고 이월되지만, 잔고가 그보다 적다면 연체 처리된다. 또한 일반적인 이용 수수료율(이자율)은 평균 15 ~ 20% 정도로, 대개의 신용카드 할부 이자율보다 상대적으로 높다. 단기적으로는 신용도 하락으로 이어지는 대금 연체를 예방하는 데 도움이 되지만, 보통은 연체 가능 횟수를 제한하지 않기 때문에 장기적으로 이월이 거듭될 경우 갚아야 하는 원금이 급증한다. 수수료율 또한 복리로 계산되기에 감당 가능한 수준을 넘어서게 되면 채무 불이행으로 인한 신용불량 평가를 받게 된다. 이로 인해 개인신용 평가점수가 하락하면 이 서비스의 연장 이용이 중단되어 채무를 일시에 상환해야 하는 상황이 빚어질 수 있다. 예컨대, 매달 카드 사용액이 250만 원인 고객이 카드회사와 계약한 약정결제 비율이 40%라고 가정하면 첫째 달의 채무잔액은 250만 원－(250만 원×40%)＝150만 원이지만, 둘째 달에는 240만 원으로 급증한다. 한편 이 서비스는 카드론 이용자 중 중·저신용자들이 채무 상환 시기를 뒤로 미루는 방편으로 이용되기도 한다. 이 서비스의 잔액 규모가 지나치게 커질 경우 높은 수수료로 인해 고객의 채무 상환 부담이 가중되어 대규모 채무 불이행 사태를 조장할 수 있고, 카드회사 입장에서도 재정 부실화를 초래할 수 있다.

보기

ㄱ. '이 서비스'를 이용하는 고객은 대금 연체 상황이 발생할 가능성을 원천적으로 차단할 수 있다.

ㄴ. '이 서비스'는 평균 수수료율이 일반적인 신용카드 할부의 경우보다 상대적으로 높아 일종의 고금리 대출성 계약으로 볼 수 있다.

ㄷ. '이 서비스'를 장기적으로 이용하더라도 개인신용 평가점수에 반영되지 않으며, 약정결제 비율의 높고 낮음은 개인의 재무건전성에 영향을 전혀 끼치지 못한다.

ㄹ. '이 서비스'로 인한 채무 잔액이 늘어날 경우 단기적으로는 카드회사의 수익성이 개선될 수 있으나, 장기적으로는 재무건전성에 리스크 요인으로 작용할 수 있다.

ㅁ. 카드회사와 계약한 '이 서비스'의 약정결제 비율이 20%, 고객의 월평균 카드 사용액이 280만 원이라고 가정하면, 3개월 경과 후에 갚아야 할 원금 잔액은 540만 원보다 많다.

① 1개
② 2개
③ 3개
④ 4개
⑤ 5개

※ 다음은 S은행의 주택연금대출 상품에 대한 내용이다. 이어지는 질문에 답하시오. [7~8]

<주택연금대출>

■ 상품특징
- 만 60세 이상의 고령자가 소유주택을 담보로 매월 연금방식으로 노후생활자금을 지급받는 국가 보증의 금융상품(역모기지론)
- 공사에서 연금 가입자를 위해 발급한 보증서를 통해 본 은행이 가입자에게 연금을 지급

■ 가입요건
(1) 가입가능연령 : 주택소유자가 만 60세 이상
- 부부 공동으로 주택소유 시 연장자가 만 60세 이상이어야 함
(2) 보유주택 수 : 다음 중 하나에 해당(부부 기준)
- 1주택 소유자
- 보유주택 합산가격이 9억 원 이하인 다주택자
(상기 외 2주택자는 3년 이내 1주택 처분 조건으로 가능)
  ※ 주택으로 보지 않는 주택
    - 문화재로 지정된 주택, 전용면적 20m^2 이하의 주택(아파트 제외)
  ※ 보유주택 수 판단 시 유의사항
    - 아파트분양권, 재건축 및 재개발 조합원 입주권은 1주택으로 보지 않음
    - 복합용도주택, 임대사업자가 임대 목적으로 보유한 주택은 보유주택 수에 포함
    - 공동상속주택의 경우 지분이 가장 큰 상속인이 소유한 것으로 봄
    - 부부 공동소유주택은 각 지분에 관계없이 1주택으로 봄
(3) 대상주택 : 시가 9억 원 이하의 주택
- 상가 등 복합 용도 주택은 전체 면적 중 주택이 차지하는 면적이 1/2 이상인 경우 가입 가능
- 권리침해(가압류 등) 사실이 없는 주택만 가능(이용 중 권리변경 불가)

■ 지급방법
(1) 월지급금 지급방식 : 종신방식(월지급금을 종신토록 지급받는 방식)
- 종신지급방식 : 인출한도 설정 없이 월지급금을 종신토록 받는 방식
- 종신혼합방식 : 인출한도 설정 후 나머지 부분을 월지급금으로 종신토록 지급받는 방식
(2) 월지급금 지급유형
- 정액형 : 월지급금을 평생 동안 일정한 금액으로 고정하는 방식
- 증가형 : 처음에 적게 받다가 12개월마다 최초 지급금의 3%씩 증가하는 방식
- 감소형 : 처음에 많이 받다가 12개월마다 최초 지급금의 3%씩 감소하는 방식
- 전후후박형 : 초기 10년간은 정액형보다 많이 받다가 11년째부터는 초기 월지급금의 70% 수준으로 받는 방식
  ※ 이용기간 중 지급방식 변경 가능(3년 내 1회에 한하여 가능)

■ 대출금리
본 상품은 『3개월 변동 시장금리 및 6개월 변동 신규취급액기준 COFIX』에 따라 적용금리가 변동됨

07 S은행에 근무 중인 귀하에게 다음과 같은 고객 문의가 접수되었다. 이에 대한 답변으로 옳지 않은 것은?

> 고객 : 안녕하세요. 은퇴 후에 생활자금으로 주택연금대출을 이용해 볼까 고민하고 있어요. S은행 홈페이지에 가서 살펴봤는데도 이해가 잘 안 되네요. 주택연금대출에 대해서 설명해 주세요.

① 주택연금대출은 시가 9억 원 이하의 주택을 보유하고 있는 만 60세 이상의 고령자를 대상으로 하는 상품입니다.

② 주택소유자가 만 60세 이상이어야 하지만 부부 공동소유 시에는 부부 중 연장자가 만 60세 이상이면 가입 가능합니다.

③ 2주택의 합산가액이 9억 원 이하이더라도 3년 이내에 1주택을 처분하는 조건으로 했을 경우에만 가입이 가능합니다.

④ 연금지급방식은 종신방식으로 취급하고 있으며 평생 일정한 금액을 받는 정액형과, 초기 10년간은 정액형보다 많이 받다가 11년째부터는 적게 받는 전후후박형 등이 있습니다.

⑤ 보유주택 합산가격이 9억 원 이하더라도 전용면적 20m^2 이하인 아파트가 아닌 주택은 주택으로 인정되지 않습니다.

08 귀하는 A ~ E고객 5명으로부터 주택연금대출 가입신청 상담을 요청받았다. 5명의 고객과 상담한 내용이 다음과 같을 때, 주택연금대출에 가입할 수 없는 고객은 모두 몇 명인가?(단, 단독소유 시 신청자가 주택소유자이다)

구분	신청자 연령 (배우자 연령)	주택소유 형태 (신청자 기준)	보유주택 수 (주택유형)	보유주택 합산가액	기타
A고객	만 62세 (만 58세)	단독소유	1 (아파트)	3억 원	–
B고객	만 57세 (만 63세)	단독소유	1 (단독주택)	5억 원	–
C고객	만 59세 (만 62세)	부부 공동소유	2 (아파트)	8억 원	1년 후 1주택 처분 예정
D고객	만 68세 (만 55세)	부부 공동소유	1 (아파트)	4억 원	이외 임대사업으로 4주택 보유 (가액 : 10억 원)
E고객	만 67세 (만 64세)	단독소유	2 (전원주택, 아파트)	9억 원	이외 전용면적 18m^2 아파트 보유 (가액 : 1억 원)

① 1명   ② 2명

③ 3명   ④ 4명

⑤ 5명

09 다음 글에 나타난 '무차별곡선'에 대한 설명으로 적절하지 않은 것은?

무차별곡선(IDC; Indifference Curve)은 몇 가지의 재화가 소비자에게 주는 효용이 같은 수량끼리 묶은 조합을 나타내는 곡선을 가리킨다. 무차별곡선 위의 점에 해당되는 수량의 조합이 실현되면 어느 조합이나 소비자에게 같은 만족을 주기 때문에 차별이 없다. 예컨대, 소비자가 X재와 Y재라는 두 가지 재화만을 구매한다고 가정할 경우에 두 가지 재화를 구입하는 수량 구성, 배합 방식은 다양하다. 이때 여러 배합 방식 중 어떤 것을 선택하든 관계없이 동일한 만족을 소비자에게 주는 배합 방식들은 소비자가 선택하는 데 있어서 무차별한 것이다. 이와 같이 무차별한 배합 방법들의 궤적을 곡선으로 나타낸 것이 무차별곡선이다. X재의 수량을 횡축에, Y재의 수량을 종축에 나타내는 평면 상에 만족 수준을 달리하는 무차별곡선을 무수히 그릴 수 있는데, 이러한 무차별곡선의 집합을 무차별지도(Indifference Map)라고 부른다.

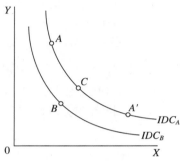

예컨대, 오른쪽의 무차별곡선 그래프에서 소비자가 A가 B보다 더 큰 만족을 준다고 느끼며, A와 A'는 만족도가 같다고 느낀다. 이때 A와 A'를 연결하는 곡선 IDC_A는 A와 같은 크기의 만족을 느끼는 점들의 자취이다. 마찬가지로 IDC_B는 B와 같은 크기의 만족을 느끼는 점들의 자취이다.

B에서보다 X와 Y를 모두 더 많이 소비하는 C는 B보다 분명히 더 선호되므로, 보다 위에 있는 무차별곡선은 보다 큰 만족을 주는 곡선이다. 동시에 X를 더 많이 소비하는 A'가 A와 같은 크기의 만족을 주기 위해서는 점 A에서보다 많은 Y를 소비해야 한다. 무차별곡선은 우하향하는 형태를 취하게 된다. 또한 대부분의 경우 소비자의 무차별곡선은 원점에 대하여 볼록한 형태를 취하며, 원점에서 떨어질수록 효용 수준이 높아진다. 그리고 서로 다른 무차별곡선은 교차하지 않는다. 이러한 무차별곡선은 효용을 측정할 수는 없으나 한 재화의 묶음을 다른 묶음과 비교해 선호의 순서(효용의 서열 관계)를 정할 수 있다는 서수적 효용(Ordinal Utility)의 개념을 토대로 소비자 이론을 설명한다.

① 무차별곡선은 '소비가 적은 것보다는 많은 것을 선호한다.'는 가정을 전제로 한다.
② 무차별곡선은 소비자가 느끼는 효용을 구체적인 단위로 측정하는 것이 가능하다고 본다.
③ 무차별곡선은 소비자에게 동일한 만족을 주는 재화의 조합을 연결해 이루어진 곡선이다.
④ 무차별곡선 그래프에서 Y재는 2개 소비하면서 X재 소비량을 2개에서 3개로 늘리면 효용이 증가한다.
⑤ 무차별곡선 그래프에서 X재의 소비가 감소할 때 같은 크기의 만족을 유지하려면 Y재의 소비량을 늘려야 한다.

10 S은행 체육대회에서 이어달리기 대회 대표로 출전할 직원을 뽑고자 한다. A ~ E직원 5명 중 3명을 순서와 상관없이 뽑을 수 있는 경우의 수는?

① 5가지
② 10가지
③ 20가지
④ 60가지
⑤ 120가지

11 다음 글의 내용이 참일 때, 반드시 참인 것은?

전 세계적 금융위기로 인해 그 위기의 근원지였던 미국의 경제가 상당한 피해를 입었다. 미국에서는 경제 회복을 위해 통화량을 확대하는 양적완화 정책을 실시할 것인지를 두고 논란이 있었다. 미국의 양적완화는 미국 경제회복에 효과가 있겠지만, 국제 경제에 적지 않은 영향을 줄 수 있기 때문이다. 미국이 양적완화를 실시하면, 달러화의 가치가 하락하고 우리나라의 달러 환율도 하락한다. 우리나라의 달러 환율이 하락하면 우리나라의 수출이 감소한다. 우리나라 경제는 대외 의존도가 높기 때문에 경제의 주요지표들이 개선되기 위해서는 수출이 감소하면 안 된다. 또 미국이 양적완화를 중단하면 미국 금리가 상승한다. 미국 금리가 상승하면 우리나라 금리가 상승하고, 우리나라 금리가 상승하면 우리나라에 대한 외국인 투자가 증가한다. 또한 우리나라 금리가 상승하면 우리나라의 가계부채 문제가 심화된다. 가계부채 문제가 심화되는 나라의 국내소비는 감소한다. 국내소비가 감소하면 경제의 전망이 어두워진다.

① 우리나라의 수출이 증가했다면 달러화 가치가 하락했을 것이다.
② 우리나라의 가계부채 문제가 심화되었다면 미국이 양적완화를 중단했을 것이다.
③ 우리나라에 대한 외국인 투자가 감소하면 우리나라 경제의 전망이 어두워질 것이다.
④ 우리나라 경제의 주요지표들이 개선되었다면 우리나라의 달러 환율이 하락하지 않았을 것이다.
⑤ 우리나라의 국내소비가 감소하지 않았다면 우리나라에 대한 외국인 투자가 감소하지 않았을 것이다.

※ 다음은 S은행에서 제공하는 적금 상품에 대한 설명이다. 이어지는 질문에 답하시오. [12~13]

<table>
<tr><td colspan="6" align="center">〈S은행 적금 상품〉</td></tr>
<tr><td>구분</td><td>상품내용</td><td>기본금리</td><td>우대금리</td><td>기간</td><td>중도해지 시 적용금리</td></tr>
<tr><td>쏠쏠
적금</td><td>사회초년생을 대상으로
하는 적금
(만 20 ~ 29세)</td><td>3.8%</td><td>• 당행 예금통장 보유 시 0.5%p
• 당행 월 급여통장 보유 시 1.3%p
• 자동이체 건당 0.2%p(최대 3건)
• 당행 주택청약 보유 시 1.2%p</td><td>2년
이상</td><td>기본금리</td></tr>
<tr><td>가족
적금</td><td>등본상 가족이 본인
포함 2명 이상인 사람을
대상으로 하는 적금
(부모, 배우자, 자녀
관계만 해당)</td><td>2.4%</td><td>• 등본상 가족이 당행 상품 이용 시
1인당 1.1%p(최대 4명)
• 당행 예금통장 보유 시 0.8%p
• 자동이체 건당 0.2%p(최대 5건)
• 당행 주택청약 보유 시 2.1%p</td><td>3년
이상</td><td>기본금리</td></tr>
<tr><td>알쏠
적금</td><td>오랜 기간 유지 시 높은
이자를 제공해주는 적금</td><td>4.4%</td><td>• 당행 예금통장 보유 시 0.5%p
• 자동이체 건당 0.3%p(최대 3건)
• 적금 기간별 우대금리
　- 10년 이상 12년 미만 : 0.8%p
　- 12년 이상 15년 미만 : 1.5%p
　- 15년 이상 20년 미만 : 2.1%p
　- 20년 이상 : 3.3%p</td><td>10년
이상</td><td>• 3년 미만 : 1.3%
• 5년 미만 : 2.1%
• 10년 미만 : 3.3%
• 10년 이상 : 기본금리·
우대금리 모두 적용</td></tr>
<tr><td>든든
적금</td><td>1인 가구를 대상으로
하는 적금</td><td>3.5%</td><td>• 당행 예금통장 보유 시 1.1%p
• 자동이체 건당 0.2%p(최대 2건)</td><td>3년
이상</td><td>2.5% 적용</td></tr>
<tr><td>우수
적금</td><td>방문고객을 전용으로
하는 적금</td><td>2.8%</td><td>• 당행 예금통장 보유 시 1.5%p
• 자동이체 건당 0.4%p</td><td>1년
이상</td><td>• 1년 이상 : 기본금리·
우대금리 모두 적용
• 1년 미만 : 기본금리만
적용</td></tr>
</table>

12 S은행 행원인 귀하가 다음 고객문의 내용을 보고, 해당 고객에게 추천해 줄 상품으로 가장 적절한 것은?

〈고객문의〉

안녕하세요. 저는 자녀 2명을 키우고 있는 아버지로, 맞벌이 가정입니다. 적금 기간에 상관없이 적금 하나에 가입하려고 하는데요, 최대한 금리가 높았으면 좋겠어요. 급할 때는 1년도 유지하지 못하고 적금을 해지할 수도 있어서 중도해지를 해도 금리가 2.5% 이상인 상품이었으면 합니다. 현재 S은행 예금통장을 하나 가지고 있고요, 이 통장으로 월 급여를 받고 있어요. 또 이 통장에서 아파트 관리비와 공과금, 자녀 2명의 학교 급식비, 저와 아내의 휴대폰 요금이 자동이체되고 있어요. 어떤 적금에 가입하는 것이 좋을까요?

① 쏠쏠적금   ② 가족적금
③ 알쏠적금   ④ 든든적금
⑤ 우수적금

13 S은행 행원인 귀하는 은행에 방문한 고객과 다음과 같은 대화를 나누었다. 귀하가 이 고객에게 추천한 상품으로 가장 적절한 것은?

직원 : 안녕하세요, 무슨 일로 오셨나요?
고객 : 안녕하세요, 적금을 하나 가입하고 싶어서 왔어요.
직원 : 저희 적금 상품에 대해서 알고 계신 것이 있으신가요?
고객 : 아니요 딱히 없어요. 월급받는 예금통장 하나랑 주택청약 하나만 가지고 있다가 어느 정도는 저축해야겠다는 생각에 오게 되었어요.
직원 : 그러시군요. 상품 추천을 위해 간단한 정보 여쭤볼게요. 혹시 나이가 어떻게 되시나요?
고객 : 아 저는 만 30세예요. 늦었지만 이제 막 독립해서 혼자 살고 있어요.
직원 : 그럼 혹시 공과금과 같은 요금의 자동이체를 저희 S은행에서 하고 계신가요?
고객 : 음, 현재는 공과금만 하고 있는데, 적금 가입과 동시에 학자금 대출과 휴대폰 요금도 곧 S은행 계좌로 자동이체를 설정할 예정이에요.
직원 : 혹시 생각하시는 적금 기간이 있으신가요?
고객 : 음, 저는 10년 정도 생각 중이에요.
직원 : 그렇다면 이 적금 상품이 고객님께 가장 높은 이율이 적용될 것 같아요.

① 쏠쏠적금   ② 가족적금
③ 알쏠적금   ④ 든든적금
⑤ 우수적금

14 다음 중 퇴직연금에 대한 설명으로 옳지 않은 것은?

① 퇴직연금에는 확정기여형(DC), 확정급여형(DB), 개인형(IRP) 등의 유형이 있다.

② DC형 퇴직연금 가입자는 반기마다 1회 이상 적립금의 운용 방법을 변경할 수 있다.

③ DB형 퇴직연금은 55세 이상으로서 가입기간이 10년 이상인 가입자에게 지급하여야 한다.

④ 자영업자 등 안정적인 노후소득 확보가 필요한 사람은 IRP형 퇴직연금 제도를 설정할 수 있다.

⑤ DC형, DB형, IRP형 등 모든 유형의 퇴직연금은 〈예금자보호법〉에 따른 예금보호 대상에 포함된다.

15 S금융기업의 2022년 12월 말 재무 정보가 다음과 같을 때, 빈칸 ㉠ ～ ㉢에 들어갈 수치를 바르게 구한 것은?(단, 소수점 셋째 자리에서 반올림한다)

현재 주가	75,000원	매출액	302조 2,000억 원
영업이익	43조 4,000억 원	당기순이익	55조 6,000억 원
자본총계	354조 8,000억 원	EPS	8,298원
자산총액	448조 4,000억 원	발행주식총수	6,700,000,000주
ROA	(㉠)	PER	(㉡)
PBR	(㉢)	BPS	52,955원

	㉠	㉡	㉢
①	10.23%	8.59배	1.25배
②	10.23%	9.04배	1.42배
③	12.40%	8.59배	1.42배
④	12.40%	9.04배	1.25배
⑤	12.40%	9.04배	1.42배

16 직장인 A씨는 업무 시간에는 도저히 은행에 갈 수 없어서 퇴근 후인 6시 30분에 회사 1층에 있는 S은행 자동화기기를 사용하여 거래하려고 한다. A씨는 S은행 카드로 10만 원을 우선 출금한 후 P은행 통장으로 5만 원을 이체할 예정이다. 그 후 남은 5만 원을 본인이 가지고 있는 K은행 카드에 입금하려고 한다. 이때 A씨가 지불해야 하는 총수수료는?

〈자동화기기 거래〉							
구분			영업시간 내			영업시간 외		
			3만 원 이하	10만 원 이하	10만 원 초과	3만 원 이하	10만 원 이하	10만 원 초과
S은행 자동화기기 이용 시	출금		면제			250원	500원	
	이체	S은행으로 보낼 때	면제			면제		
		다른 은행으로 보낼 때	400원	500원	1,000원	700원	800원	1,000원
	타행카드 현금입금		700원			1,000원		
다른 은행 자동화기기 이용 시	출금		800원			1,000원		
	이체		500원	1,000원		800원	1,000원	

※ S은행 자동화기기 출금 시 수수료 감면 사항
 - 만 65세 이상 예금주의 출금거래는 100원 추가 할인
 - 당일 영업시간 외에 10만 원 초과 출금 시 2회차 거래부터 수수료 50% 감면
※ 영업시간 내 기준 : 평일 08:30 ~ 18:00, 토요일 08:30 ~ 14:00(공휴일 및 휴일은 영업시간 외 적용)

① 800원
② 1,300원
③ 1,600원
④ 2,300원
⑤ 2,500원

17 복지사 A의 결론을 이끌어내기 위해 추가해야 할 전제를 〈보기〉에서 고르면 모두 몇 개인가?

복지사 A는 담당 지역에서 경제적 곤란을 겪고 있는 아동을 찾아 급식 지원을 하는 역할을 담당하고 있다. 갑순, 을순, 병순, 정순이 급식 지원을 받을 후보이다. 복지사 A는 이들 중 적어도 병순은 급식 지원을 받게 된다고 결론 내렸다. 왜냐하면 갑순과 정순 중 적어도 한 명은 급식 지원을 받는데, 갑순이 받지 않으면 병순이 받기 때문이었다.

보기

ㄱ. 갑순이 급식 지원을 받는다.
ㄴ. 을순이 급식 지원을 받는다.
ㄷ. 을순이 급식 지원을 받으면, 갑순은 급식 지원을 받지 않는다.
ㄹ. 을순과 정순 둘 다 급식 지원을 받지 않으면, 병순이 급식 지원을 받는다.

---

① 0개   ② 1개
③ 2개   ④ 3개
⑤ 4개

18 다음은 키워드 기반 신용 추천 서비스에 대한 순서도이다. 키워드에 '신용 점수 조회'를 입력했을 때, 출력되는 추천 서비스의 색상으로 옳은 것은?

〈순서도 기호〉

기호	설명	기호	설명
(둥근 모서리 사각형)	시작과 끝을 나타낸다.	(마름모)	어느 것을 택할 것인지를 판단한다.
(직사각형)	데이터를 입력하거나 계산하는 등의 처리를 한다.	(출력 기호)	선택한 값을 출력한다.

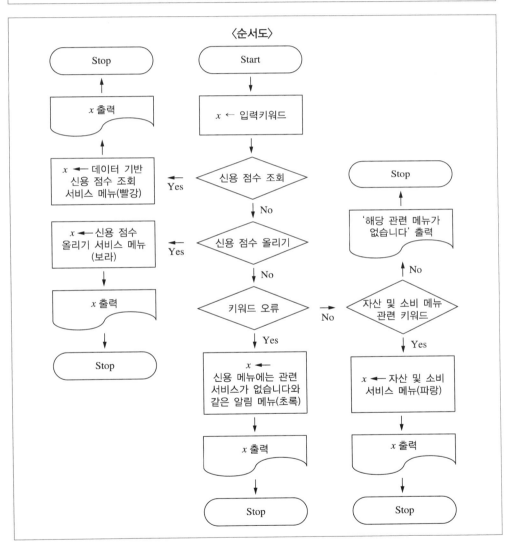

〈순서도〉

① 초록
② 보라
③ 빨강
④ 파랑
⑤ 없음

※ 다음 시나리오를 읽고 이어지는 질문에 답하시오. [19~20]

상황 : 은행 안, 오후 12시 5분

A대리가 오전 시각에 방문한 마지막 고객의 업무를 처리하고 나니 12시가 조금 넘었다. A대리가 점심식사를 하러 자리에서 일어나려고 하는데 B고객이 헐레벌떡 A대리에게 찾아와 번호표를 데스크에 놓으며 앉는다.

B고객 : 내가 급해서 그러니 내 돈 좀 빨리 송금해줘요, 얼른.

A대리 : (머뭇거리며) 고객님, 죄송합니다만 오전 업무시간이 12시까지라서 지금은 도와드릴 수 없을 것 같습니다.

B고객 : (눈을 치켜뜨며) 아니, 힘들게 찾아온 고객이 먼저지 직원 근무시간이 먼저요? 그리고 내 앞에 온 사람은 12시 지나서도 일처리 해줬잖아요? 누구는 해주고 누구는 안 해주는 건 무슨 경우야?

A대리 : 죄송합니다만, 그분은 12시가 되기 전에 오셔서 처리해드린 거고요. (ATM 기계를 손으로 가리키며) 단순한 송금 업무라면 저쪽에 있는 ATM 기기를 이용하시면 간단하게 처리하실 수 있습니다. 양해 좀 부탁드리겠습니다.

B고객 : 아니, 내가 눈이 없어서 이 은행에 ATM이 어디 있는지 몰라서 이러는 것 같아요? 나이가 많아서 눈도 어둡고 기계를 다루는 게 서툴러서 그렇단 말이오. 그리고 혹시라도 잘못 눌러서 엉뚱한 데로 돈 부치면 당신이 책임질 거야?

A대리 : 거듭 죄송합니다만, 이따 오후 1시 지나서 다시 찾아와 주시면 제가 처리해드리겠습니다. 양해 좀 부탁드리겠습니다.

B고객 : 아니, 그러면 나더러 1시간 가까이 시간 낭비만 하다가 번호표 다시 뽑고 또 기다리란 말이요? 댁들 시간만 중요하고 고객 시간은 안중에도 없어요? 그냥 지금 당장 처리해줘요.

19 다음 중 위와 같은 상황에서 귀하가 A대리라면 어떻게 대처하는 것이 가장 바람직하다고 생각하는가?

① 근처에서 상황을 지켜보고 있던 상급자 C과장에게 어떻게 응대할지 문의한다.
② 단호한 어조로 지금은 도와드릴 수 없으니 1시 이후에 다시 방문해 달라고 말한다.
③ B고객의 요청을 수용해 업무를 신속하게 처리하고, 그 시간만큼 자리에 늦게 복귀한다.
④ 자리에 앉아 있는 다른 직원에게 상황을 설명하고 대신하여 업무를 처리해 달라고 요청한다.
⑤ 보안요원에게 상황을 알리고 B고객이 직접 ATM을 통해 송금할 수 있도록 도와드릴 것을 요청한다.

20 다음 중 위와 같은 상황에서 은행의 업무 프로세스를 어떻게 변경하는 것이 바람직하겠는가?

① 11시 50분부터 1시까지 번호표 발행 기계의 작동을 중단시키는 장치를 설치한다.
② 은행의 점심시간을 1시 이후로 변경해 모든 직원이 고객들의 점심시간에도 정상적으로 근무하게 한다.
③ 일부 소수의 직원이 점심시간에도 고객을 응대할 수 있도록 순번을 정해 1시 이후로 점심시간을 조정한다.
④ 정오부터 1시간 동안 서비스를 받을 수 없음과 서비스 이용 가능 시간을 알리는 안내문을 은행 입구에 게시한다.
⑤ 1시간의 점심시간 보장을 위해 업무처리 규정을 개정해 12시를 지나 식사를 할 경우에 그만큼 늦게 복귀할 수 있게 한다.

01 다음 문단을 논리적 순서대로 바르게 나열한 것은?

> 최근 행동주의펀드가 적극적으로 목소리를 내면서 기업들의 주가가 급격히 변동하는 경우가 빈번해지고 있다. 특히 주주제안을 받아들이는 기업의 주가는 급등했지만, 이를 거부하는 기업의 경우 주가가 하락하고 있다. 이에 일각에서는 주주 보호를 위해 상법 개정이 필요하다는 지적이 나오고 있다.
> (가) 이에 대한 대표적인 사례가 S엔터이다. 그동안 S엔터는 대주주의 개인회사인 L기획에 일감을 몰아주면서 부당한 이득을 취해왔는데, 이에 대해 A자산운용이 이러한 행위는 주주가치를 훼손하는 것이라며 지적한 것이다. 이에 S엔터는 L기획과 계약종료를 검토하겠다고 밝혔고, 이처럼 A자산운용의 요구가 실현되면서 주가는 18.6% 급등하였다. 이 밖에도 K엔터와 H엔터 등이 자본시장에 영향을 미치고 있다.
> (나) 이러한 행동주의펀드는 배당 확대나 이사·감사 선임과 같은 기본적 사안부터 분리 상장, 이사회 정원 변경, 경영진 교체 등 핵심 경영 문제까지 지적하며 개선을 요구하고 있는 추세이다.
> (다) 이와 같은 A자산운용의 제안을 수락한 7개의 은행 지주는 올해 들어 주가가 8~27% 급상승하는 결과를 보였으며, 이와 반대로 해당 제안을 장기적 관점에서 기업가치와 주주가치의 실익이 적다며 거부한 K사의 주가는 동일한 기간 주가가 4.15% 하락하는 모습을 보여, 다가오는 3월 주주총회에서의 행동주의펀드 및 소액주주들과 충돌이 예상되고 있다.
> (라) 이처럼 시장의 주목도가 높아진 A자산운용의 영향력은 최근 은행주에도 그 영향이 미쳤는데, K금융·S지주 등 은행지주 7곳에 주주환원 정책 도입을 요구한 것이다. 특히 그중 J금융지주에는 평가 결과 주주환원 정책을 수용할 만한 수준에 미치지 못한다고 판단된다며 배당확대와 사외이사의 추가 선임의 내용을 골자로 한 주주제안을 요구하였다.

① (가) - (나) - (다) - (라) ② (나) - (가) - (라) - (다)
③ (다) - (라) - (나) - (가) ④ (라) - (다) - (가) - (나)

02 다음 글을 읽고 밑줄 친 (가)~(라) 중 쓰임이 가장 적절한 것을 고르면?

부실 우려가 있는 부동산 프로젝트파이낸싱 사업장의 (가) 지속화를 위해 금융당국은 28조 4,000억 원 규모의 정책자금을 공급하기로 하였다.

현재 금융시장은 회사채, 단기금융시장은 지난해 하반기 경색 상황에서 차츰 벗어나 개선세가 뚜렷해지고 있고, 회사채 가산금리도 지난해 말 이후 계속 (나) 상승세를 보이고 있다. 또한 올해 1 ~ 2월 중 일반회사채는 만기도래액을 (다) 상회하는 수준으로 발행되는 등 시장에서 발행수요가 순조롭게 이루어지고 있는 상황이다.

다만 미국의 (라) 확장정책의 장기화가 예상되고, 러시아 – 우크라이나 전쟁 및 미국 – 중국 갈등 상황이 지속되고 있어 올해 역시 금융시장 내 기지수가 존재하는 상황이다.

이에 정부는 부동산PF의 불안 가능성에 대비해 선제적으로 정책대응수단을 마련했으며 이를 차질 없이 집행해 나가겠다고 밝혔다.

이를 위해 부동산의 대출현황, 사업진행상황 등을 통합점검하고, 이상 징후에 대한 신속보고체계를 구축해 해당 징후 발생 시 신속 및 맞춤 대응하겠다는 계획이다.

또한 금융당국은 민간 중심 사업재구조화 등을 통해 사업성 우려 사업장의 정상화를 유도하고, 부동산PF 리스크가 건설사 · 부동산신탁사로 파급되지 않도록 건설사 등에 대해 정책금융 공급규모를 28조 4,000억 원으로 확대해 부동산신탁사의 리스크 관리도 강화하기로 하였다.

① (가) ② (나)
③ (다) ④ (라)

03 S기업은 작년에 A제품과 B제품을 합쳐 총 1,000개를 생산하였다. 올해는 작년 대비 A제품의 생산량을 2%, B제품의 생산량을 3% 증가시켜 총 1,024개를 생산한다고 할 때, 올해 생산하는 B제품의 수량은?

① 309개 ② 360개
③ 412개 ④ 463개

04 다음은 2018 ～ 2022년 지역별 특산품의 매출현황에 대한 자료이다. 이에 대한 설명으로 옳지 않은 것은?

〈지역별 특산품 매출현황〉

구분	2018년	2019년	2020년	2021년	2022년
X지역	1,751	1,680	2,121	2,001	1,795
Y지역	2,029	2,030	2,031	1,872	1,601
Z지역	1,947	1,012	1,470	2,181	2,412

① X지역의 2022년 특산품 매출은 전년 대비 10% 이상 감소하였다.

② X지역의 전년 대비 증감률이 가장 적은 연도는 2019년이다.

③ 2022년 Z지역의 매출은 동년 X지역과 Y지역 매출의 합의 65% 이하이다.

④ Z지역의 2018년 매출은 2022년 매출의 70% 이상이다.

05 A ～ C 세 사람은 다음 〈조건〉에 따라 다음 주에 출장을 가려고 한다. 세 사람이 같이 출장을 갈 수 있는 요일은?

조건
- 소속부서의 정기적인 일정은 피해서 출장 일정을 잡는다.
- A와 B는 영업팀, C는 재무팀 소속이다.
- 다음 주 화요일은 회계감사 예정으로 재무팀 소속 전 직원은 당일 본사에 머물러야 한다.
- B는 개인 사정으로 목요일에 연차휴가를 사용하기로 하였다.
- 영업팀은 매주 수요일마다 팀 회의를 한다.
- 금요일 및 주말에는 출장을 갈 수 없다.

① 월요일

② 화요일

③ 수요일

④ 목요일

06 다음 주에 방문하는 고객사 임직원들의 숙소를 예약하려고 한다. 다음 자료를 참고할 때, 예약할 호텔과 비용이 바르게 짝지어진 것은?

〈호텔별 숙박 요금표〉

(단위 : 원)

구분	스위트룸(1박)	디럭스룸(1박)	싱글룸(1박)	조식요금	비고
A호텔	1,000,000	250,000	180,000	35,000	스위트룸, 디럭스룸 숙박료에 조식 포함
B호텔	950,000	300,000	150,000	45,000	전체 5실 이상 예약 시 숙박료 10% 할인
C호텔	1,000,000	300,000	120,000	40,000	스위트룸 2박 이상 연박 시 숙박료 10% 할인

〈예약 준비사항〉

• 예약비용을 최소화하면서 모든 임직원이 동일한 호텔에 묵을 수 있도록 한다.
• 모든 임직원이 매일 아침 조식을 먹을 수 있도록 준비한다.
• 각 객실에는 1명이 묵으며, 스위트룸 1실, 디럭스룸 2실, 싱글룸 4실이 필요하다.
• 임직원들의 체류일정은 2박 3일이다.

① A호텔, 455만 원
② B호텔, 450만 원
③ B호텔, 452만 원
④ C호텔, 450만 원

※ 다음은 쏠편한 정기예금에 대한 자료이다. 이어지는 질문에 답하시오. [7~8]

<쏠편한 정기예금>

구분	내용
가입대상	• 개인, 기타임의단체(대표자 주민등록번호)
계약기간	• 1개월 이상 60개월 이하(1일 단위)
가입금액	• 1만 원부터 제한 없음
이자지급시기	• 만기일시지급
만기일연장 서비스	• 여유 있는 자금관리를 위하여 만기일을 최장 3개월까지 연장할 수 있는 서비스 ※ 신한 쏠(SOL)을 통해 신청 가능 ※ 자동재예치 등록 계좌의 경우 신청 불가 – 연장가능기간 : 최초 신규시점에 계약한 만기일로부터 3개월 이내 ※ 최초 계약기간이 3개월 이내인 경우에는 최초 계약기간 범위 내에서 연장 가능함
기본금리	• 연 3.70%
중도해지금리	• 가입일 당시 영업점 및 인터넷 홈페이지에 고시한 예치기간별 중도해지금리 적용 – 1개월 미만 : 연 0.10% – 1개월 이상 : (기본금리)×[1−(차감율)]×(경과월수)/(계약월수) (단, 연 0.10% 미만으로 산출될 경우 연 0.10% 적용) ※ 차감율 | 경과기간	1개월 이상	3개월 이상	6개월 이상	9개월 이상	11개월 이상
---	---	---	---	---	---
차감율	80%	70%	30%	20%	10%	
만기 후 금리	• 만기 후 1개월 이내 : 만기일 당시 일반정기예금 약정기간에 해당하는 만기지급식 고시금리의 1/2 (단, 최저금리 0.10%) • 만기 후 1개월 초과 6개월 이내 : 만기일 당시 일반정기예금 약정기간에 해당하는 만기지급식 고시이자 율의 1/4 (단, 최저금리 0.10%) • 만기 후 6개월 초과 : 연 0.10%
계약해지 방법	• 영업점 및 비대면 채널을 통해서 해지 가능 – 만기가 휴일인 계좌를 영업점에서 전(前) 영업일에 해지할 경우, 중도해지가 아닌 만기해지로 적용 (단, 이자는 일수로 계산하여 지급)
자동해지	• 만기일(공휴일인 경우 다음 영업일)에 자동해지되어 근거계좌로 입금 (단, 예금이 담보로 제공되어 있거나 사고등록 등 자동해지 불가 사유가 있는 경우 자동해지되지 않음)
일부해지	• 만기일 전 영업일까지 매 계약기간(재예치 포함)마다 2회 가능 ※ 일부해지 금액의 이자는 선입선출법에 따라 중도해지금리로 지급

07 다음 중 쏠편한 정기예금 상품에 대한 설명으로 옳은 것은?

① 신한 쏠(SOL)을 통해 가입해야 하는 상품이야.

② 한 번 가입하면 해지를 원할 때까지 만기일을 연장할 수 있어.

③ 만기 이후에도 일정 기간 동안에는 약정기간에 따른 금리를 지급하는 상품이야.

④ 중도해지할 경우에, 예치기간이 아무리 짧아도 최소한 연 0.1%의 이자는 받을 수 있어.

08 다음 중 쏠편한 정기예금에 가입하기에 가장 적절한 사람은?

① 매월 월급의 일부를 저축하고자 하는 직장인 A씨

② 퇴직시점까지 10년 이상 장기저축을 원하는 B씨

③ 원금손실의 위험을 감수하고 주식이나 가상화폐와 같이 높은 기대수익률을 가진 상품에 투자하기 원하는 C씨

④ 1년 뒤 떠날 졸업여행 경비를 안전하게 보관해두고자 하는 대학생 D씨

〈신용카드 3종 분류표〉

구분	연회비	기본혜택	실적에 따른 혜택
신한카드 Air One	49,000원	• 국내 일시불 · 할부, 해외 일시불 이용금액 1천 원당 1항공마일리지 적립 • 국내 항공 / 면세업종, 이용금액 1천 원당 1항공마일리지 추가 적립	• 전월 이용금액이 50만 원 미만인 경우, 항공마일리지 적립 서비스 미제공
#Pay 신한카드	30,000원	• 7개 간편결제(Pay)로 국내 이용 시, 5% 마이신한포인트 적립 ※ 간편결제 대상 네이버페이, 카카오페이, 쿠페이, PAYCO, 스마일페이, SK페이, 신한Pay	• 전월 실적(일시불＋할부) 기준 (아래 표)
신한카드 Mr. Life	18,000원	• 월납(공과금)할인 － 전기요금, 도시가스요금, 통신요금 • TIME할인 － 365일 24시간 10% 할인서비스(편의점, 병원 / 약국, 세탁소 업종) － 오후 9시 ~ 오전 9시 10% 할인서비스(온라인쇼핑, 택시, 식음료 업종) • 주말할인 － 3대 마트 10% 할인 － 4대 정유사 리터당 60원 할인	• 전월 실적(일시불＋할부) 기준 (아래 표)

#Pay 신한카드 실적표

구분	통합 월 적립한도
30만 원 이상 50만 원 미만	1만 포인트
30만 원 이상 50만 원 미만	2만 포인트
90만 원 이상	3만 포인트

Mr. Life 실적표

구분	공과금할인 할인한도	TIME할인 할인한도	주말할인 할인한도
30만 원 이상 50만 원 미만	3천 원	1만 원	3천 원
30만 원 이상 50만 원 미만	7천 원	2만 원	7천 원
90만 원 이상	1만 원	3만 원	1만 원

09 다음 A씨와 B씨의 정보에 따라 두 사람에게 적합한 카드를 추천한 결과는?(단, 두 사람에게 각각 다른 카드를 추천하였다)

- 대학생 A씨
  - 간편결제를 활용한 인터넷 쇼핑을 자주 이용
  - 기숙사 생활을 하고 있으며 휴대폰 요금 외 공과금 지출은 없음
  - 월평균 지출은 40만 원
  - 차량 미보유
  - 주말에는 지방에 있는 본가에서 지내며 별도의 지출 없음
- 직장인 B씨
  - 연회비 3만 원 이하의 카드를 원함
  - 주말시간을 이용하여 세차와 주유 등 차량 관리
  - 배달음식보다는 요리를 직접 해먹거나 외식하는 것을 선호

	A씨	B씨
①	신한카드 Air One	#Pay 신한카드
②	#Pay 신한카드	신한카드 Air One
③	#Pay 신한카드	신한카드 Mr. Life
④	신한카드 Mr. Life	신한카드 Air One

10 신한카드 Air One을 보유한 고객이 국내와 해외에서 각각 일시불과 할부로 50만 원씩 100만 원을 사용하여 총 200만 원을 결제했을 때, 적립되는 항공마일리지는 최소 얼마인가?(단, 전월 이용금액은 50만 원 이상이라고 가정한다)

① 1,000마일리지　　　　　　　　　② 1,500마일리지

③ 2,000마일리지　　　　　　　　　④ 2,500마일리지

11 다음 시트에서 평균값을 구하려 할 때, [F7]에 들어갈 수식으로 가장 적절한 것은?

	A	B	C	D	E	F
1	번호	이름	1회차	2회차	3회차	평균
2	1	이세운	88	90	64	81
3	2	김준석	68	65	84	72
4	3	하철우	79	78	87	81
5	4	윤다영	60	46	45	50
6	5	차영준	90	88	30	69
7	6	박지민	54	64	70	

① =MID(C7:E7)

② =MAX(C7:E7)

③ =AVERAGE(C7:E7)

④ =MIN(C7:E7)

12 다음 시트에서 총납부 금액 중 최대 금액을 찾으려 할 때, [C7]에 들어갈 수식으로 가장 적절한 것은?

	A	B	C
1	보험료	납입 횟수	총납부 금액
2	126,000	11	1,386,000
3	56,430	7	395,010
4	98,200	8	785,600
5	103,560	13	1,346,280
6	75,400	21	1,583,400
7			

① =MIN(C2)

② =MAX(C2:C6)

③ =AVERAGE(C2:C6)

④ =SUM(C2,C6)

13 적금의 총저축액을 계산하려고 한다. 총저축액은 (기간)×(월 저축액)이며, 만기된 적금의 경우에는 '만기'라고 표시하여 다음과 같이 표로 정리하려고 한다. 함수를 〈조건〉과 같이 정의할 때, [D3]에 들어갈 수 없는 수식은?

	A	B	C	D
1	적금명	월 저축액	기간	총저축액
2	A적금	100,000	20	2,000,000
3	B적금	만기	11	만기
4	C적금	150,000	12	1,800,000

조건

- ■(식, 대체값) : 식이나 식 자체의 값이 오류인 경우 오류표시 대신 대체값을 반환하는 함수
- ◎(조건, 인수1, 인수2) : 조건이 참이면 인수1, 거짓이면 인수2를 출력하는 함수
- ▲(값) : 값이 숫자이면 참을 반환하는 함수
- ▼(값) : 값이 텍스트가 아니면 참을 반환하는 함수
- ○(인수) : 인수가 오류이면 참을 반환하고, 오류가 아니면 거짓을 반환하는 함수

① = ◎(○(B2*C2), B2*C2, "만기")

② = ◎(▲(B2), B2*C2, "만기")

③ = ◎(○(B2*C2), "만기", B2*C2)

④ = ◎(▼(B2), B2*C2, "만기")

14 다음 중 IRP의 특징으로 옳지 않은 것을 〈보기〉에서 모두 고르면?

> **보기**
> ㄱ. IRP는 개인형 퇴직연금으로, 근로자가 본인의 퇴직금의 투자처를 직접 지정할 수 있다.
> ㄴ. IRP의 경직적인 운용을 보완하고자 IRA가 등장하였다.
> ㄷ. IRP는 근로자의 퇴직금을 회사가 운용한 후 근로자에게 정해진 금액을 지급하는 방식이다.
> ㄹ. IRP 가입 시 납입금에 대해 정해진 조건하에서 세액공제 혜택을 받을 수 있다.

① ㄱ, ㄴ
② ㄱ, ㄹ
③ ㄴ, ㄷ
④ ㄷ, ㄹ

15 다음 중 ETF에 대한 설명으로 옳지 않은 것은?

① ETF는 주식형 펀드에 비해 매매시기 및 매매가에 대한 투자자의 의사결정이 자유롭다.
② ETF는 매도 시 증권거래세를 면제받을 수 있다.
③ ETF는 배당소득세 면제 대상이라는 장점을 지닌다.
④ ETF 투자 시 추종하는 지수가 하락하더라도 수익을 얻을 수 있다.

16 다음에서 설명하는 경제 용어는?

> 시장에서 자산 운용 시 개인의 주관적 판단을 배제하고 금융공학기법을 토대로 투자자산들의 비중을 탄력적으로 조절하는 펀드를 가리킨다. 객관적인 데이터 및 원칙에 기반하여 일관성 있게 자산을 운용하는 것으로, 변동성이 큰 장세에서 부각되는 펀드이다.

① 헤지펀드
② 주가연계증권
③ 퀀트펀드
④ 랩어카운트

17 다음에서 설명하는 경제 용어는?

> 전자상거래 기업 등의 비금융회사가 온라인 제품 판매, 서비스를 수행하면서 이와 관련하여 입출금 계좌 서비스, 전자지갑 및 결제, 대출 등의 금융상품과 서비스를 함께 제공하는 것으로, 상품판매 수익 외에 금융 수익을 추구하는 금융형태를 말한다.

① 임베디드 금융   ② 프로젝트 파이낸싱

③ D-테스트베드   ④ 테크핀

18 다음 중 래퍼 곡선에 대한 〈보기〉의 설명 중 옳은 것을 모두 고르면?

> **보기**
>
> ㄱ. 래퍼 곡선에 따르면, 모든 세율 구간에 대하여 세율의 증가에 따라 조세수입도 비례하여 증가한다.
> ㄴ. 적정세율 이하의 세율 구간에서는 세율을 인상할수록 조세수입이 감소한다.
> ㄷ. 조세수입의 변화율은 적정세율에 가까울수록 완만하다.
> ㄹ. 래퍼 곡선에 따르면, 세율의 인상은 과세대상의 이탈을 야기할 수 있다.

① ㄱ, ㄴ   ② ㄱ, ㄷ

③ ㄴ, ㄷ   ④ ㄷ, ㄹ

19 다음 중 증권사가 사모펀드 운용에 필요한 증권대차, 신용공여, 펀드재산의 보관·관리 등 일련의 서비스를 연계하여 종합적으로 제공하는 업무는?

① TRS   ② PEF

③ MMF   ④ PBS

상황 1. S은행 회의실, 5월 3일 오후 5시

B팀장이 은행 팀원들에게 보고를 진행하고 있다.

B팀장 : 우리 은행사의 다음 달 프로모션 상품인 '우리 아이 행복 용돈 통장' 프로젝트는 이 정도로 진행이 되고 있고요. 사실 프로젝트도 마무리 단계고 기획서가 상부에서 허가도 났다고 해서, 저희는 이번에 홍보물만 맡아서 제작하면 될 것 같거든요?

C대리 : (손을 살짝 들며) 그 혹시 홍보물이라고 하시면 어떤 걸 말씀하시는 건지 구체적으로 알려주실 수 있나요?

B팀장 : (C대리 쪽을 바라보며) 네, 아마 창구 앞이나 대기석 옆에 비치해서 고객들이 볼 수 있는 팸플릿 정도만 만들면 될 것 같습니다.

C대리 : 네, 감사합니다.

B팀장 : 그래서 이 홍보물 만드는 걸 외주 업체에 맡길지 아니면 우리 팀 내에서 해볼지가 지금 고민인데요. 혹시 만드는 게 가능하신 분 있나요?

잠깐의 정적이 흐른다.

C대리 : 저번에 만들었던 포스터 좋던데, 혹시 그 포스터 어떤 분이 담당하셨나요? 제가 알기로는 A사원님 인데 맞나요?

A사원 : 네, 저 맞습니다! 다들 괜찮으시면 제가 한번 맡아볼까요?

B팀장 : 오, 그러면 좋죠. 다른 얘기할 거 없으면 이쯤에서 회의 끝내볼까요? 다들 괜찮으신가요?

모두 : 네!

B팀장 : 다들 수고 많으셨고, A사원은 잠깐 내 자리로 오세요. 팸플릿 업무 안내해드릴게요.

A사원 : 네, 알겠습니다!

상황 2. B팀장 자리, 5월 3일 오후 6시

A사원 : (팀장님 자리로 다가가며) 어……. 팀장님!

B팀장 : 아! A사원, 팸플릿 디자인 업무 선뜻 맡아줘서 고마워요. 이게 전년도 비슷한 프로모션 상품으로 제작된 팸플릿이니까 작업하면서 참고하면 좋을 것 같고, 팸플릿에 너무 많은 정보는 넣지 말고 고객들의 시선을 끌 수 있게 부탁해요. 너무 부담 갖지는 말고, 이 자료처럼 심플한 느낌으로 깔끔 하게만 만들면 될 것 같아요.

A사원 : 아, 네! 알겠습니다. 한번 해보겠습니다.

상황 3. 은행 내 직원 휴게실, 5월 10일 오후 2시 30분

A사원 : C대리님! 혹시 시간 괜찮으신가요?

C대리, 정수기 앞에서 커피를 타다 돌아본다.

A사원 : 그 지난주에 회의했던 팸플릿 있잖아요? 제가 한번 만들어봤는데 혹시 어떤지 피드백 해주실 수 있으신가요? 아무래도 C대리님이 제 사수시니까…….

C대리 : 아, 네! 좋죠. 한번 볼까요? (A사원이 건넨 팸플릿 디자인 시안을 꼼꼼하게 살펴본다) 심플한 느낌으로 디자인하셨네요. 그런데 저는 뭔가 조금 더 화려한 요소들이 있어야 심심하지 않고 좋을 것 같아요. 흠……. 그리고 지금 팸플릿은 너무 프로모션 상품에 대한 정보가 드러나지 않아서 그 부분들만 수정하면 좋을 것 같네요.

A사원 : 네! 피드백 감사합니다.

상황 4. 사무실 내 A사원의 자리, 5월 10일 오후 3시 30분

A사원, 프로모션 상품에 대한 핵심 정보만 담긴 심플한 팸플릿을 원하는 B팀장의 요구를 들을 것인지, 프로모션 상품에 대해 정보를 많이 담은 화려한 디자인의 팸플릿을 원하는 C대리의 피드백을 들을 것인지 고민에 빠진다.

20 B팀장과 C대리의 의견이 상충하는 상황에서 A사원은 어떻게 행동하는 것이 가장 바람직한가?

① 업무를 지시한 것은 B팀장이기 때문에 B팀장의 요구를 따른다.
② 시안을 직접 보고 피드백해준 C대리의 의견을 따른다.
③ 팀 내의 다른 직원들과 상의를 한 뒤, 더 많은 쪽의 의견을 따른다.
④ C대리에게 B팀장의 요구 사항을 말하고 어떻게 해야 할지 상의한다.

21 앞선 조치에도 불구하고 B팀장과 C대리의 의견 차가 좁혀지지 않는다면, 최종적으로 A사원은 어떤 디자인을 택해야 하는가?

① B팀장의 직책이 더 높기 때문에 B팀장의 의견을 받아들여 심플한 디자인을 택한다.
② A사원의 사수인 C대리의 의견을 받아들여 화려한 디자인을 택한다.
③ 결국 직접 디자인하는 것은 A사원이므로 A사원이 원하는 대로 한다.
④ 본래 의도했던 디자인과 멀어지더라도 최대한 B팀장과 C대리 의견의 절충안을 찾아 디자인한다.

01 NCS 직업기초능력평가

01 다음 제시된 단어의 대응 관계로 볼 때, 빈칸에 들어갈 단어로 옳은 것은?

> 의사 : 병원 = 교사 : (   )

① 교직원   ② 교수
③ 학교   ④ 교육청

02 다음 문단을 논리적 순서대로 바르게 나열한 것은?

> (가) 2018년 정부 통계에 따르면, 우리 연안 생태계 중 갯벌의 면적은 산림의 약 4%에 불과하지만 연간 이산화탄소 흡수량은 산림의 약 37%이며 흡수 속도는 수십 배에 달합니다.
>
> (나) 연안 생태계는 대기 중 이산화탄소 흡수에 탁월합니다. 물론 연안 생태계가 이산화탄소를 얼마나 흡수할 수 있겠냐고 말하는 분도 계실 것입니다. 하지만 연안 생태계를 구성하는 갯벌과 염습지의 염생 식물, 식물성 플랑크톤 등은 광합성을 통해 대기 중 이산화탄소를 흡수하는데, 산림보다 이산화탄소 흡수 능력이 뛰어납니다.
>
> (다) 2019년 통계에 따르면 우리나라의 이산화탄소 배출량은 세계 11위에 해당하는 높은 수준입니다. 그동안 우리나라는 이산화탄소 배출량을 줄이려 노력하고, 대기 중 이산화탄소 흡수를 위한 산림 조성에 힘써 왔습니다. 그런데 우리가 놓치고 있는 이산화탄소 흡수원이 있습니다. 바로 연안 생태계입니다.
>
> (라) 또한 연안 생태계는 탄소의 저장에도 효과적입니다. 연안의 염생 식물과 식물성 플랑크톤은 이산화탄소를 흡수하여 갯벌과 염습지에 탄소를 저장하는데 이 탄소를 블루카본이라 합니다. 산림은 탄소를 수백 년간 저장할 수 있지만 연안은 블루카본을 수천 년간 저장할 수 있습니다. 연안 생태계가 훼손되면 블루카본이 공기 중에 노출되어 이산화탄소 등이 대기 중으로 방출됩니다. 그러므로 블루카본이 온전히 저장되어 있도록 연안 생태계를 보호해야 합니다.

① (가) - (나) - (다) - (라)   ② (가) - (다) - (나) - (라)
③ (다) - (나) - (가) - (라)   ④ (다) - (라) - (나) - (가)

03 다음 글에 대한 내용으로 가장 적절한 것은?

극의 진행과 등장인물의 대사 및 감정 등을 관객에게 설명했던 변사가 등장한 것은 1900년대이다. 미국이나 유럽에서도 변사가 있었지만, 그 역할은 미미했을 뿐더러 그마저도 자막과 반주 음악이 등장하면서 점차 소멸하였다. 하지만 주로 동양권, 특히 한국과 일본에서는 변사의 존재가 두드러졌다. 한국에서 변사가 본격적으로 등장한 것은 극장가가 형성된 1910년부터인데, 한국 최초의 변사는 우정식으로, 단성사를 운영하던 박승필이 내세운 인물이었다. 그 후 김덕경, 서상호, 김영환, 박응면, 성동호 등이 변사로 활약했으며 당시 영화 흥행의 성패를 좌우할 정도로 그 비중이 컸다. 단성사, 우미관, 조선 극장 등의 극장은 대개 5명 정도의 변사를 전속으로 두었으며 2명 또는 3명이 교대로 무대에 올라, 한 영화를 담당하였다. 4명 또는 8명의 변사가 한 무대에 등장하여 영화의 대사를 교환하는 일본과 달리, 한국에서는 1명의 변사가 영화를 설명하는 방식을 취하였으며, 영화가 점점 장편화되면서부터는 2명 또는 4명이 번갈아 무대에 등장하는 방식으로 바뀌었다. 변사는 악단의 행진곡을 신호로 무대에 등장하였으며, 소위 전설(前說)을 하였는데 전설이란 활동사진을 상영하기 전에 그 개요를 앞서 설명하는 것이었다. 전설이 끝나면 활동사진을 상영하고 해설을 시작하였다. 변사는 전설과 해설 이외에도 막간극을 공연하기도 했는데 당시 영화관에는 영사기가 대체로 1대밖에 없었기 때문에 필름을 교체하는 시간을 이용하여 코믹한 내용을 공연하였다.

① 한국과는 달리 일본에서는 변사가 막간극을 공연했다.
② 한국에 극장가가 형성되기 시작한 것은 1900년경이었다.
③ 한국은 영화의 장편화로 무대에 서는 변사의 수가 늘어났다.
④ 자막과 반주 음악의 등장으로 변사의 중요성이 더욱 높아졌다.

04 다음 글을 읽고 알 수 있는 내용으로 적절하지 않은 것은?

> 2019년 정부는 '12·16 부동산 대책'을 통해 기존에 제출하던 자금조달계획서의 항목을 상세하게 나누고, 투기과열지구에서 9억 원을 초과하는 주택을 구매한 경우 증빙서류를 함께 제출하도록 하는 등의 규제를 강화한다는 방침을 밝혔다.
> 증여나 상속을 받은 경우 기존에는 단순히 증여금액이나 상속금액만 밝히도록 했으나, 앞으로는 부부나 직계존비속 등 누구로부터 받았는지도 상세히 밝혀야 한다. 부부나 직계존비속 등의 대상 구분은 납부해야 할 세금에서 상당한 차이로 이어진다. 예를 들어 증여를 받았을 때 부부와 직계존비속 중 누구에게 얼마를 받았는지에 따라 증여세 부과 대상인지, 면제 대상인지의 정도가 계획서상에서 바로 드러난다. 부부간 증여인 경우 6억 원까지는 면제를 받을 수 있으나, 직계존비속의 증여라면 5,000만 원까지만 가능하다.
> 또 기존에는 주택 구매 자금 중 현금과 그와 비슷한 자산은 '현금 등'으로 뭉뚱그려 기재했으나, 앞으로는 현금과 기타자산을 나누고 기타자산은 무엇인지 구체적으로 밝혀야 한다. 이와 함께 계획서에 조달한 자금을 어떻게 지급할지 구체적인 계획도 계좌이체, 보증금·대출 승계, 현금 지급 등으로 나누어 상세히 밝혀야 한다.
> 이에 따라 투기과열지구에서 9억 원이 넘는 집을 살 때, 자금조달계획서의 내용을 입증하기 위해 매수자가 제출해야 하는 증빙서류의 종류는 총 15종에 달한다. 보유한 예금과 처분한 주식, 대출, 증여를 통해 집을 산다면 떼야 할 서류는 모두 10개에 육박할 전망이다.

① A가 부인 B에게 9억 원을 증여할 경우 6억 원까지 증여세를 면제받을 수 있다.

② C가 아들 D에게 6억 원을 증여할 경우 증여세를 모두 면제받을 수 있다.

③ E가 투기과열지구에서 10억 원 상당의 주택을 구매할 경우 자금조달계획서와 함께 증빙서류를 제출해야 한다.

④ F가 새로 자금조달계획서를 작성해야 할 경우 기존에 '현금 등'으로 기재한 내역을 현금과 기타자산으로 나누어 구체적으로 작성해야 한다.

05 다음 글을 읽고 역모기지론 정책이 효과적으로 시행될 수 있는 조건을 〈보기〉에서 모두 고르면?

정부가 2007년부터 역모기지론*을 도입한다고 발표하였다. 역모기지론을 이용할 수 있는 대상자는 공시가격 8억 원 이하 주택을 한 채만 소유하고 있는 만 65세 이상의 중산·서민층으로 한정된다. 역모기지론 운영 방법에 의하면, 담보로 맡긴 주택가격과 가입 당시의 연령에 따라 매월 지급받는 금액이 달라진다. 주택가격이 높을수록, 가입 당시의 연령이 높을수록 받는 금액이 많아진다. 월 지급금액 산정은 일반 주택담보대출 때처럼 감정가(시세 수준)를 기초로 한다. 예를 들어, 감정가 8억 원짜리 주택을 만 70세에 맡기면 매달 198만 원을 받게 되고, 같은 주택을 만 65세에 맡기면 매달 186만 원을 받게 된다. 감정가 5억 원짜리 주택을 소유하고 있는 고령자가 역모기지론을 신청 하면 가입연령에 따라 월 수령액은 △만 65세 93만 원, △만 68세 107만 원, △만 70세 118만 원 등이 된다. 월 수령액은 5년마다 주택시세를 재평가하여 조정된다.

정부가 역모기지론 이용자에게 부여하는 혜택은 △등록세 면제, △국민주택채권매입의무 면제, △ 재산세 25% 감면, △대출이자비용 200만 원 한도 내 소득공제 등이다. 다만, 등록세 면제는 감정가 5억 원 이하 주택에 해당되며, 나머지 3개의 혜택은 감정가 5억 원 이하, 국민주택규모(전용면적 85m^2 이하), 연간 소득 1,000만 원 이하의 조건을 모두 갖추어야 한다.

* 역모기지론 : 주택을 소유하고 있으나 일정 소득 이하의 고령자에게 소유주택을 담보로 매월 또는 일정 기간 마다 노후생활자금을 연금 형식으로 대출하는 금융상품

보기

ㄱ. 현재 주택을 소유한 노년층은 대부분 청·장년기에 노후 생활을 위한 소득 축적 기회가 적었고, 현재도 특별한 소득이 없다.

ㄴ. 만 65세 이상인 가구주의 주택 소유 비율은 80%로서 만 30세 미만의 24%, 30대의 47%, 40대 의 67%에 비하여 매우 높다.

ㄷ. 한 은행의 조사에 따르면, 만 65세 이상의 노인들이 보유하고 있는 주택의 공시가격은 대부분 이 8억 원 이하인 것으로 나타났다.

ㄹ. 어떤 연구기관의 조사에 따르면, 86%에 달하는 노인들이 양로원이나 기타 사회복지시설을 이 용하는 것보다 자기 집에 그대로 머물러 살기를 원한다고 응답했다.

① ㄱ, ㄴ ② ㄴ, ㄷ
③ ㄴ, ㄷ, ㄹ ④ ㄱ, ㄴ, ㄷ, ㄹ

※ 다음과 같이 일정한 규칙으로 수를 나열할 때, 빈칸에 들어갈 수로 알맞은 것을 고르시오. [6~7]

06

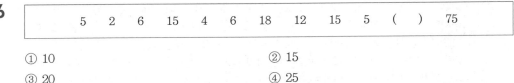

| | | | | | | | | | | ( ) | 75 |

5   2   6   15   4   6   18   12   15   5   ( )   75

① 10　　　　　　　　　　② 15
③ 20　　　　　　　　　　④ 25

07

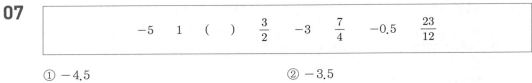

-5　　1　　( )　　$\dfrac{3}{2}$　　-3　　$\dfrac{7}{4}$　　-0.5　　$\dfrac{23}{12}$

① -4.5　　　　　　　　② -3.5
③ -2.5　　　　　　　　④ -1.5

08 상우는 사과와 감을 사려고 한다. 사과는 하나에 700원, 감은 400원일 때 10,000원을 가지고 과일을 총 20개 사려면 감은 최소 몇 개를 사야 하는가?

① 10개　　　　　　　　　② 12개
③ 14개　　　　　　　　　④ 16개

09 S대학교 논술시험 응시생은 총 200명이었고, 전체 논술 평균 점수는 45점이었다. 합격자 평균 점수는 90점이고, 불합격자 평균 점수는 40점일 때, 합격률은?

① 10%　　　　　　　　　② 20%
③ 30%　　　　　　　　　④ 40%

10 다음은 주요 선진국과 BRICs의 고령화율에 대한 자료이다. 이를 보고 2040년의 고령화율이 2010년 대비 2배 이상이 되는 나라를 모두 고르면?

〈주요 선진국과 BRICs 고령화율〉

(단위 : %)

구분	한국	미국	프랑스	영국	독일	일본	브라질	러시아	인도	중국
1990년	5.1	12.5	14.1	15.7	15.0	11.9	4.5	10.2	3.9	5.8
2000년	7.2	12.4	16.0	15.8	16.3	17.2	5.5	12.4	4.4	6.9
2010년	11.0	13.1	16.8	16.6	20.8	23.0	7.0	13.1	5.1	8.4
2020년	15.7	16.6	20.3	18.9	23.1	28.6	9.5	14.8	6.3	11.7
2030년	24.3	20.1	23.2	21.7	28.2	30.7	13.6	18.1	8.2	16.2
2040년	33.0	21.2	25.4	24.0	31.8	34.5	17.6	18.3	10.2	22.1
2010년 대비 2040년	㉠	㉡	1.5	1.4	1.5	㉢	㉣	1.4	㉤	2.6

※ BRICs : 브라질(Brazil), 러시아(Russia), 인도(India), 중국(China), 남아프리카 공화국(South Africa) 5개국의 머릿글자를 따서 부르는 명칭

ㄱ. 한국   ㄴ. 미국
ㄷ. 일본   ㄹ. 브라질
ㅁ. 인도

① ㄱ, ㄴ, ㄷ   ② ㄱ, ㄹ, ㅁ
③ ㄴ, ㄷ, ㄹ   ④ ㄴ, ㄹ, ㅁ

11 다음은 산업통상자원부에서 발표한 우표 발행 현황에 대한 자료이다. 이에 대한 설명으로 옳은 것은?

〈우표 발행 현황〉

(단위 : 천 장)

구분	2017년	2018년	2019년	2020년	2021년
보통우표	163,000	164,000	69,000	111,000	105,200
기념우표	47,180	58,050	43,900	35,560	33,630
나만의 우표	7,700	2,368	1,000	2,380	1,908
합계	217,880	224,418	113,900	148,940	140,738

① 기념우표 발행 수효가 나만의 우표 발행 수효와 등락폭을 같이 한다는 점을 보면 국가적 기념업적은 개인의 기념사안과 일치한다고 볼 수 있다.
② 모든 종류의 우표 발행 수가 가장 낮은 연도는 2019년이다.
③ 보통우표와 기념우표 발행 수가 가장 큰 차이를 보이는 해는 2017년이다.
④ 2019년 전체 발행 수에 비해 나만의 우표가 차지하고 있는 비율은 1% 이상이다.

12 다음 제시된 명제가 모두 참일 때 항상 참인 것은?

- 어떤 남자는 경제학을 좋아한다.
- 경제학을 좋아하는 모든 남자는 국문학을 좋아한다.
- 국문학을 좋아하는 모든 남자는 영문학을 좋아한다.

---

① 경제학을 좋아하는 어떤 남자는 국문학을 싫어한다.
② 영문학을 좋아하는 사람은 모두 남자이다.
③ 어떤 남자는 영문학을 좋아한다.
④ 국문학을 좋아하는 모든 남자는 경제학을 좋아한다.

13 다음 명제가 모두 참일 때, 항상 참이 아닌 것은?

- 비가 많이 내리면 습도가 높아진다.
- 겨울보다 여름에 비가 더 많이 내린다.
- 습도가 높으면 먼지가 잘 나지 않는다.
- 습도가 높으면 정전기가 잘 일어나지 않는다.

---

① 겨울은 여름보다 습도가 낮다.
② 먼지는 여름이 겨울보다 잘 난다.
③ 여름에는 겨울보다 정전기가 잘 일어나지 않는다.
④ 비가 많이 오면 정전기가 잘 일어나지 않는다.

14 S사에서는 자사 온라인 쇼핑몰에서 제품을 구매하는 경우 구매 금액 1만 원당 이벤트에 참여할 수 있는 응모권 1장을 준다. 응모권이 많을수록 이벤트에 당첨될 확률이 높다고 할 때, 다음 중 참이 아닌 것은?

> • A는 S회사의 온라인 쇼핑몰에서 85,000원을 결제하였다.
> • A는 B보다 응모권을 2장 더 받았다.
> • C는 B보다 응모권을 더 많이 받았으나, A보다는 적게 받았다.
> • D는 S회사의 오프라인 매장에서 40,000원을 결제하였다.

① A의 이벤트 당첨 확률이 가장 높다.
② D는 이벤트에 응모할 수 없다.
③ B의 구매 금액은 6만 원 이상 7만 원 미만이다.
④ C의 응모권 개수는 정확히 알 수 없다.

15 퇴근 후 김대리, 박주임, 이과장은 각각 커피숍, 호프집, 극장 중 서로 다른 곳에 갔다. 세 사람 중 한 사람의 말만 참일 때, 세 사람이 간 곳을 바르게 짝지은 것은?

> • 김대리 : 나는 호프집에 갔다.
> • 박주임 : 나는 호프집에 가지 않았다.
> • 이과장 : 나는 극장에 가지 않았다.

	커피숍	호프집	극장
①	김대리	박주임	이과장
②	이과장	박주임	김대리
③	김대리	이과장	박주임
④	이과장	김대리	박주임

01 함수를 〈조건〉과 같이 정의할 때, 다음 〈보기〉에서 '번호'가 홀수인 품목은 '30% 할인', 짝수인 품목은 '20% 할인'을 하려고 한다. [D2:D7]에 이를 표시하려 할 때, [D2]에 들어갈 수식으로 옳은 것은?

보기

	A	B	C	D
1	번호	품명	단가	할인
2	1	복숭아	₩800	
3	2	토마토	₩400	
4	3	자몽	₩1,200	
5	4	라임	₩700	
6	5	사과	₩750	
7	6	레몬	₩400	

조건

- △(범위1, 조건, 범위2) : 범위1에서 조건을 충족하는 셀과 같은 행에 있는 범위2 셀의 평균을 구하는 함수
- ▲(조건, 인수1, 인수2) : 조건이 참이면 인수1, 그 외에는 인수2를 반환하는 함수
- ■(셀1) : 셀1이 홀수이면 참을 반환하는 함수
- ♡(셀1) : 셀1이 짝수이면 참을 반환하는 함수
- ☆(셀1, x) : 셀1을 x로 나눈 나머지를 반환하는 함수

① ＝▲(■(A2), "30% 할인", "20% 할인")

② ＝▲(♡(A2), "30% 할인", "20% 할인")

③ ＝△(B2:B7, "복숭아", C2:C7)

④ ＝▲(■(A2), "20% 할인", "30% 할인")

02 다음 〈보기〉는 한 전자제품 가게의 고객클레임을 정리한 자료이다. 직원인 우진씨는 클레임 사유 중 '지연'이 원인이 된 경우가 몇 건인지 알고 싶다. 함수를 〈조건〉과 같이 정의할 때, 우진씨가 사용할 수식으로 옳은 것은?

보기

	A	B	C
1	고객명	성별	클레임 사유
2	권사랑	여	약속 불이행
3	강민석	남	약속 불이행
4	이정아	여	A/S 미흡
5	최우진	남	교환 지연
6	왕석진	남	배송 지연
7	이봄	여	반품 지연 및 불친절

조건

- □(범위1, 조건1, …) : 범위에서 조건을 충족하는 셀의 개수를 세는 함수
- ○(셀1, x) : 셀1 안의 문자열을 오른쪽으로부터 x만큼 문자를 반환하는 함수
- ♤(조건, 인수1, 인수2) : 조건이 참이면 인수1, 그 외에는 인수2를 반환하는 함수
- ◇(조건, 인수1, 인수2) : 조건이 참이면 인수2, 그 외에는 인수1을 반환하는 함수

① ＝□(C2:C7, "*지연*")

② ＝□(C2:C7, "지연*")

③ ＝○(C2, 2)

④ ＝♤(○(C2, 2)＝"지연", "＋1", " ")

PART 2 기출복원문제

03 다음 〈보기〉는 한 과일가게의 제품배송현황에 대한 자료이다. 10월 영업을 마친 과일가게는 '배송현황' 열에 11월 전의 목록은 '완료'로, 11월 목록은 공백으로 표시하고 싶다. 함수를 〈조건〉과 같이 정의할 때, 사용할 수식으로 옳은 것은?

보기

	A	B	C	D
1	일자	제품	수량	배송현황
2	2021-09-21	복숭아(3개입)	4	완료
3	2021-10-22	딸기(1박스)	7	완료
4	2021-10-30	사과(7개입)	2	완료
5	2021-11-01	바나나(1묶음)	6	
6	2021-11-03	자몽(8개입)	4	
7	2021-11-11	라임(3개입)	8	

조건

- △(범위1, 조건, 범위2) : 범위1에서 조건을 충족하는 셀과 같은 행에 있는 범위2 셀의 평균을 구하는 함수
- ▲(조건, 인수1, 인수2) : 조건이 참이면 인수1, 그 외에는 인수2를 반환하는 함수
- ⌂(셀1) : 셀1의 날짜값 중 '일(日)'을 반환하는 함수
- ■(셀1) : 셀1의 날짜값 중 '년(年)'을 반환하는 함수
- ♡(셀1) : 셀1의 날짜값 중 '월(月)'을 반환하는 함수

① = △(A2:A7, "＞2021-10-30", C2:C7)

② = ▲(♡(A2)＞11, "완료", " ")

③ = ▲(♡(A2)＜11, "완료", " ")

④ = ▲(■(A2)＜11, "완료", " ")

04 다음 〈보기〉는 우철이가 만든 스터디모임 회원들의 모의평가 성적이다. 함수를 〈조건〉과 같이 정의할 때, 〈보기〉에 대한 설명으로 옳지 않은 것은?

PART 2

기출복원문제

보기

	A	B	C	D	E	F
1	이름	국어	수학	영어	평균	–
2	심우철	87	87	90	88	
3	박혜린	92	73	92	85.66667	
4	김은혜	76	92	85	84.33333	
5	이철승	89	95	92	92	
6	윤무혁	95	72	88	85	

조건
- ■(셀1, 셀2, …) : 셀의 평균을 구하는 함수
- □(셀1, 범위, 정렬 기준) : 정렬 기준으로 범위를 정렬했을 때, 셀1이 몇 위를 차지하는지 구하는 함수(정렬 기준 : 오름차순 − 1, 내림차순 − 0 또는 생략)
- △(셀1, x) : 셀1을 x자리에서 반올림하는 함수
- ▽(셀1, x) : 셀1을 x자리에서 내림하는 함수

① 회원들의 전체 평균을 구하는 수식은 = ■(B2:D6)이다.

② 혜린의 평균을 소수점 셋째 자리에서 반올림하여 표시하는 수식은 = △(E3, 3)이다.

③ [F2:F6]에 평균이 높은 순으로 순위를 표시하려면 [F2]에 = □(E2, $E$2:$E$6, 1)를 입력하고 [F6]까지 드래그하면 된다.

④ 은혜의 평균을 소수점 둘째 자리에서 내림하여 표시하는 수식은 = ▽(E4, 2)이다.

05 다음 〈보기〉는 이번 주 기온에 대한 정보이다. 함수를 〈조건〉과 같이 정의할 때, 일교차가 가장 큰 값을 구하는 수식으로 옳은 것은?

보기

	A	B	C
1	요일	최고기온	최저기온
2	월	12	1
3	화	11	2
4	수	7	3
5	목	9	2
6	금	6	1
7	토	10	3
8	일	9	2

조건

- ♤(범위1, 조건, 범위2) : 범위1에서 조건을 충족하는 셀과 같은 행에 있는 범위2 셀의 합을 구하는 함수
- ○(셀1, 셀2) : 셀1과 셀2의 차를 구하는 함수
- ▲(범위) : 범위에서 가장 큰 값을 구하는 함수
- ♤(범위) : 범위에서 가장 작은 값을 구하는 함수
- ♡(셀1, 셀2, …) : 셀의 합을 구하는 함수

① = ♤(A2:A8, "월", C2:C8)

② = ○(B2, C2)

③ = ♡(B2, C2)

④ = ▲(B2:B8 − C2:C8)

06 S학원 고등반의 등원 시간은 18시 정각이다. 학생들은 등원하면 출석 리더기에 학생증을 태그해야 하며, 이를 통해 출석이 인증된다. S학원의 출결 시스템의 순서도가 다음과 같을 때, 하원, 지은, 정석의 출결 상태가 바르게 짝지어진 것은?

〈순서도 기호〉

기호	설명	기호	설명
(시작/끝)	시작과 끝을 나타낸다.	◇	어느 것을 택할 것인지를 판단한다.
(처리)	데이터를 입력하거나 계산하는 등의 처리를 한다.	(출력)	선택한 값을 인쇄한다.

〈순서도〉

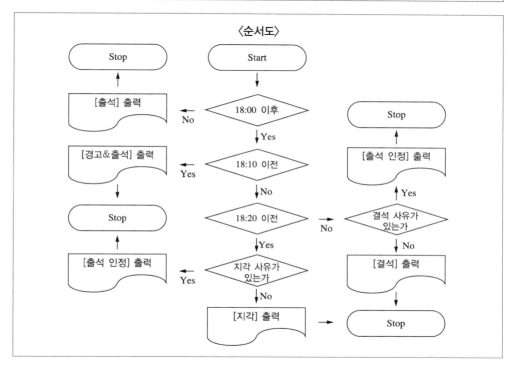

보기

구분	태그 시간	지각 사유	결석 사유
하원	18:03	×	×
지은	18:13	○	○
정석	18:21	×	×

	하원	지은	정석
①	경고 & 출석	출석 인정	결석
②	경고 & 출석	출석 인정	출석 인정
③	출석	출석 인정	결석
④	출석	결석	출석 인정

07 1차 필기에서 90점 이상 맞으면 2차 필기가 면제되고 바로 실기를 보는 자격증 시험이 있다. 자격증 시험의 2차 필기 응시자 수와 실기 응시자 수를 구하는 순서도가 다음과 같을 때, ⓐ, ⓑ에 들어갈 내용끼리 바르게 짝지어진 것은?

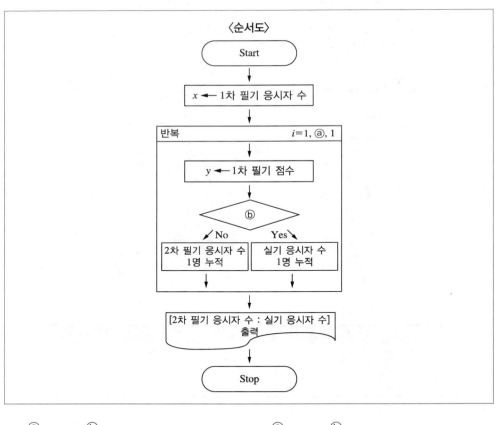

〈순서도 기호〉

기호	설명	기호	설명
	시작과 끝을 나타낸다.	마름모	어느 것을 택할 것인지를 판단한다.
	데이터를 입력하거나 계산하는 등의 처리를 한다.		선택한 값을 인쇄한다.
←	각종 기호의 처리 흐름을 연결한다.	i=초깃값, 최종값, 증가치	i가 초깃값부터 최종값까지 증가치만큼 증가하며, 기호 안의 명령문을 반복해서 수행한다.

〈순서도〉

Start

$x \leftarrow$ 1차 필기 응시자 수

반복　　　　　$i=1, ⓐ, 1$

$y \leftarrow$ 1차 필기 점수

ⓑ

No → 2차 필기 응시자 수 1명 누적

Yes → 실기 응시자 수 1명 누적

[2차 필기 응시자 수 : 실기 응시자 수] 출력

Stop

	ⓐ	ⓑ		ⓐ	ⓑ
①	x	$y=90$	②	x	$y \geq 90$
③	x	$x \leq 90$	④	y	$y \geq 90$

08 한영이는 독후감 숙제용 책을 빌리러 도서관에 왔다. 숙제는 '2022년 초등학생이 꼭 읽어야 할 도서 100' 중 1권을 골라 감상문을 작성해 제출하는 것이다. 관련 순서도가 다음과 같을 때, 한영이는 최소 몇 분간 도서관에 머물러야 하는가?(단, 도서관에는 '2022년 초등학생이 꼭 읽어야 할 도서 100'이 모두 구비되어 있으며, 한영이가 찾는 도서는 '대출 가능' 상태이다)

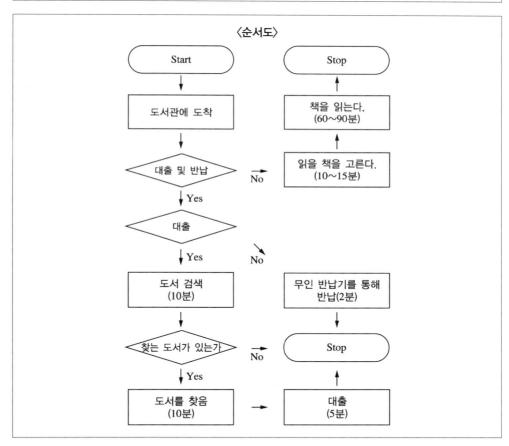

① 2분

② 10분

③ 25분

④ 70분

상황 : S은행 내부

고객들이 너무 많아 어수선하다. 고객들의 잡담 소리에 직원들의 소리는 파묻히고 있다.

A사원 : (띵동 소리와 함께) 60번 고객님! 60번 고객님? (주변을 둘러보며) 60번 고객님 안 계실까요? (띵동 소리가 다시 난다) 61번 고객님, 2번 창구에서 도와드리겠습니다.

P고객이 2번 창구로 부리나케 온다.

A사원 : (상냥하게) 안녕하세요. 61번 고객님이신가요?
P고객 : (주저하며) 네……. 네. 근데 제가 번호표를 잃어버렸나보네요……. 안 보이네.
A사원 : (난처해하며) 아, 그럼 다시 뽑으셔야 하는데…….
P고객 : (황당해하며) 아니, 다시 뽑으면, (주위를 가리키며) 저렇게 사람이 많은데 맨 뒤로 가라고? 나 한 시간 전에 왔어요. 지금 뽑으면 또 한 시간 기다려야 된다는 거예요?
A사원 : (체념하며) 아……. 네. 고객님 이번만 넘어가 드립니다. 다음엔 꼭 부탁드려요.
P고객 : (고마워하며) 아이고. 아가씨가 참 착하지 그래. (서류를 밀며) 저기 나 이거 적금 좀 해약해줘요. 급하게 쓸데가 생겨가지고.
A사원 : (서류를 보며) 음, 그럼 최저이율이 적용되시는데 괜찮으실까요?
P고객 : 어쩔 수 없지 뭐. 빨리 해줘요~ 주차장이 꽉 차서 길거리에 차 정차해놓아서 빨리 빼야 해서 그래요.

A사원이 P고객의 업무를 보고 있다. 갑자기 Q고객이 다가온다.

Q고객 : (의아해하며) 아니, 지금 61번 차례 아닌가요? (2번 창구 위 전광판을 가리키며) 지금 61이라고 표시되어 있는데?
A사원 : (당황하며) 네. 지금 61번 고객님 차례라 업무 중인데, 무슨 일이실까요?
Q고객 : (황당해하며) 네? 내가 61번인데, 무슨 말 하시는 거예요. (번호표를 보여주며) 이것 봐요. 내가 61번이라니까?
A사원 : (P고객을 바라보며) 고객님, 아까 61번이라 하시지 않았어요?
P고객 : (뻔뻔하게) 아, 아. 내가 착각했나 보네. 61번 고객이 안 와서 내가 62번이거든. 그래서 왔지. 이미 내 업무 보고 있으니, 저 아줌마는 늦게 왔으니까 나하고 그 다음에 해줘요. 알겠죠?
Q고객 : (P고객의 어깨를 치며) 이봐요. 지금 뭐라고 했어요? 아줌마요? 내가 어딜 봐서 아줌마예요. 아직 결혼도 안 했는데. (화를 낸다) 아니 이 아줌마가 진짜! 아줌마 너무 뻔뻔한 거 아니에요? 비키시라고요. 새치기하면 다인가요? (다 들리게 혼잣말로) 나이를 어디로 처먹은 거야 정말.
P고객 : (일어서며 Q고객을 밀친다) 아니, 내 눈엔 당신이 아줌마처럼 보이는데 뭐가 잘못되었는데? 아니, 그리고 61번이면 61번 부르자마자 와야지 당신이 안 와서 내가 먼저 왔는데. 빨리 오지 그랬어요? 뒤에 사람은 생각도 안하나 정말? 당신 같은 사람 때문에 시간이 지체되는 거야. 알긴 알아? 싸가지 보니까 뭘 알겠어. 어휴.
A사원 : (두 사람을 말리며) 아, 저 고객님. 죄송합니다. 제가 확인을 제대로 했어야 했는데, 죄송합니다. 두 분 이렇게 싸우시지 마시…….

어떤 할머니가 2번 창구로 번호표를 가지고 다가와 멀뚱멀뚱하게 서 계신다.

A사원 : (할머니를 발견하고) 저, 고객님, 무슨 일이신가요?
할머니 : 아, 저……. 내가 화장실을 갔다 왔는데 사람이 너무 많아서…… 한참을 기다렸다가 갔다 왔는데,
　　　　 내가 허리도 아프고 다리도 아파서…… 오래 걸렸나보네…… (번호표를 내밀며) 60번은 지났는가
　　　　 그래? 어쩌지…….

2번 창구의 소란에 B사원이 다가온다.

B사원 : A사원, 무슨 일 있어요?
A사원 : (난처해하며) 아……. 그게…….

09 다음 중 위 상황에서 가장 효율적인 고객 업무 처리순서는?

① 60번(할머니) – 61번(Q고객) – 62번(P고객)
② 61번(Q고객) – 60번(할머니) – 62번(P고객)
③ 62번(P고객) – 60번(할머니) – 61번(Q고객)
④ 62번(P고객) – 61번(Q고객) – 60번(할머니)

10 다음 중 위 상황에서 A사원이 가장 먼저 했어야 할 대처는?

① P고객에게 단호하게 주의를 드리고 순서를 기다리라고 한다.
② Q고객에게 P고객의 업무를 마저 끝내고 해드리겠다고 양해를 구한다.
③ 자신은 이미 진행 중인 P고객의 업무를 하고, B사원에게 Q고객의 업무를 부탁한다.
④ 할머니께 번호가 지났으니 다시 번호표를 뽑아야 한다고 안내한다.

11 다음 중 이러한 상황이 재발하지 않기 위해 S은행에서 진행해야 할 프로세스는?

① 반드시 번호표를 확인하며, 번호표가 없거나 이미 순서가 지난 번호표를 소지한 고객의 업무는
　 진행하지 않는다.
② 은행 직원 목소리가 아닌 전체 방송을 통해 번호를 호명하여, 은행 내부를 포함한 화장실까지도
　 번호 안내가 가능하도록 한다.
③ 보조창구를 배치해서 순서가 지난 번호표를 소지한 고객들의 업무를 처리하도록 한다.
④ 번호표 제도를 없애고, 출입한 순서대로 좌석에 앉도록 좌석의 순서를 배치한다.

06 2020년 기출복원문제

정답 및 해설 p.028

※ 2020년에는 NCS 직업기초능력평가만 출제되었습니다.

01 다음 중 '다른 사람의 위대함을 보고 자신의 미흡함을 부끄러워함'이라는 뜻의 한자성어는?

① 만시지탄(晚時之歎)

② 풍수지탄(風樹之歎)

③ 망양지탄(望洋之歎)

④ 맥수지탄(麥秀之歎)

02 다음 중 외래어 표기법으로 옳지 않은 것은?

① sickness → 식니스

② bookend → 북엔드

③ leadership → 리더십

④ lobster → 로브스터

※ 다음 글을 읽고 이어지는 질문에 답하시오. [3~4]

기존의 경제 이론에 의하면 같은 양의 노동과 자본을 투입하고, 같은 생산 기술을 사용하는 두 기업의 생산량은 똑같아야 한다. 다시 말해서 두 기업이 동일한 생산 기술을 채택하고 있는 한, 생산 요소에서 나오는 생산성은 서로 다를 수 없다는 것이다. 그러나 실제 현실에서는 생산 기술 등의 외형적 조건에는 아무런 차이가 없는 기업들 간에도 막상 생산성에서는 큰 차이를 보이는 경우가 흔하다. 즉, 기존의 이론으로는 설명할 수 없는 이유로 한 기업이 다른 기업보다 더 생산적 혹은 더 효율적이 되는 현상을 종종 발견하게 된다.

(가) 경제학에서 생산 과정이 효율적이라고 할 때는 대개 노동과 자본 같은 생산 요소가 적절한 비율로 결합되어 투입된 상태를 의미한다. 경제학을 공부하는 사람들이 효율성이라는 말을 쓸 때는 대개 이처럼 교과서적으로 정의된 개념을 염두에 둔다. 그런데 문제는 반드시 이 효율성의 조건을 충족시키는 것만이 최대한의 효율성을 도출해 내는 것은 아니라는 데 있다.

(나) 한 기업 내의 생산 과정을 자세히 들여다보면, 이처럼 겉으로는 잘 드러나지 않지만 실제로 생산성에 중요한 영향을 미치고 있는 요인들이 구석구석에 존재하고 있음을 발견하게 된다. 기업이 치열한 경쟁에서 살아남기 위해서는 구석구석을 뒤져 이 덤의 효율성까지 최대한으로 활용하지 않으면 안 된다. 따라서 훌륭한 경영자란 근로자들로 하여금 신바람이 나서 일할 수 있게 해 줌으로써 X-효율성을 극대화할 수 있는 사람이라고 할 수 있다.

(다) 이 사례에서 보는 바와 같이 전통적인 이론에서 규정하고 있는 효율성의 개념과는 다른 성격의 효율성이 현실의 경제에 엄연히 존재하고 있는데, 이를 흔히 'X-효율성(X-efficiency)'이라고 부른다. 기존의 전통적인 이론에서 규정하는 효율성이 근로자들이 열성적으로 일해 생긴 효율성이라면, 이는 어떤 의미에서 보면 덤(Extra)으로 존재하는 효율성이라고 할 수 있다.

(라) 같은 산업 내에 규모가 같은 A와 B 두 기업이 있다고 하자. 이 두 기업은 생산 과정에 노동과 자본이 2 : 1의 비율로 투입되는 것이 효율적이라는 사실을 알고 이 비율을 충실히 지키고 있다. 그런데 어떤 외부 인사가 두 기업을 돌아본 결과, A기업에서는 모두가 신바람이 나서 일하는 반면에 B기업에서는 전부 퉁퉁 부은 얼굴로 마지못해 일에 매달려 있는 것을 발견하였다. 상식적으로 판단해 볼 때, 이 두 기업 중 어느 쪽의 생산성이 더 높을 것인지는 너무나도 분명하다. 그러므로 B기업은 교과서적인 의미의 효율성을 위한 조건은 충족시켰지만, 최대한의 효율성을 달성하는 데는 실패한 셈이다.

---

03 다음 중 (가) ~ (라) 문단을 논리적 순서대로 바르게 나열한 것은?

① (가) – (다) – (라) – (나) 　　　　② (가) – (라) – (다) – (나)
③ (나) – (가) – (라) – (다) 　　　　④ (나) – (다) – (라) – (가)

---

04 다음 중 윗글의 내용으로 가장 적절한 것은?

① 경제 이론과 달리 현실에서는 생산 요소와 생산 기술이 동일한 기업 간의 생산성 차이가 드물게 나타난다.

② 기업의 생산 과정에 적절한 비율의 노동과 자본이 투입된다면 최대의 효율성을 도출할 수 있다.

③ 전통적 이론에서 규정한 효율성은 실제 현실에서 근로자들의 열성적 노동에 의해 X-효율성으로 표출된다.

④ 기업의 생산 과정에는 겉으로 드러나지 않지만, 실제 생산성에 중요한 영향을 미치는 요인이 존재한다.

※ 다음 글을 읽고 이어지는 질문에 답하시오. [5~6]

신용 상태가 우수한 개인이나 기업이 사용하는 새로운 형태의 화폐 신용카드는 자신의 경제 능력을 초과하는 무분별한 소비로 인해 파산이나 사기 등의 범죄를 낳는 불씨가 되기도 한다. 카드빚을 갚기 위해 저질러지는 각종 범죄로 인해 신용카드의 무분별한 사용은 단순한 개인의 빚 차원을 넘어 사회 문제로까지 대두되고 있다.

해가 지날수록 신용카드 발행 수는 늘어나고 있으며, 신용카드 사용이 활성화됨에 따라 우리 사회에는 많은 변화가 일어나고 있다. 긍정적인 면을 보면 사람들 간의 거래가 투명하게 노출됨으로써 신용 사회를 정착시키는 데 크게 일조하였다. 세원(稅源) 노출을 통한 세수(稅收) 확대와 더불어 과거에는 드러나지 않았던 음성적인 거래가 세수로 잡히는 결과를 낳은 것이다. 또 국내 소비를 늘려 경기 활성화에 기여하기도 하였다. 그러나 신용카드 사용이 보편화되면서 신용불량자의 양산이라는 문제를 낳고 있다. 전체 신용불량자 가운데 44.5%에 해당하는 사람이 신용카드 불량자이며, 신용카드 관련 신용불량자는 꾸준히 늘고 있는 추세이다. 또한 신용카드 회사 간의 치열한 경쟁은 무심사 카드 발급과 미성년자 카드 발급으로 이어져 더 큰 문제가 되고 있다.

이런 부정적인 문제가 발생하는 이유를 경제학적 관점에서 살펴보면, 첫 번째는 ㉠ 정보의 비대칭성으로 설명할 수 있다. 신용카드를 신규 발급할 때 신용카드 회사는 가입 희망자의 신용 상태를 정확히 알지 못하지만, 가입 희망자는 자신의 경제력과 신용을 가장 잘 알고 있으며, 대부분 자신이 실제보다 더 신용이 있는 사람이라고 거짓말을 하는 경향을 보인다. 그러므로 신용카드 회사는 신용카드 가입자가 신용을 지킬 수 있는 사람인가에 대한 정보를 알아내려는 노력을 철저히 해야 한다. 그러나 신용카드 회원 수를 늘리려는 신용카드 회사 간의 과당경쟁 분위기 속에서 이러한 기본적인 노력이 제대로 이루어지지 않고 있다. 신용카드를 한 장 발행할 때 드는 비용과 그것으로 인해 얻는 수입을 비교했을 때, 후자가 더 많기 때문이다.

두 번째로는 가입자들의 무분별한 가입 행위를 지적할 수 있다. 대부분의 가입자는 미래 소득을 담보로 현재 소비 지출을 하려는 심리에서 신용카드를 사용하게 된다. 미래 소득이 확실하지 않다면 현재의 소비를 낮추어야 하는데, 그렇지 못한 사람은 결국 빚을 지게 된다.

신용불량자의 양산은 신용카드 회사가 신용불량자가 될 소지가 있는 사람을 사전에 골라내는 제도를 마련했다면 막을 수 있었을 것이다. 또한 신용카드의 무분별한 발급을 정부가 규제했더라면, 또 개인도 자신의 예산 범위 내에서 합리적으로 소비했더라면 신용불량자의 수를 줄일 수 있었을 것이다. 어느 경제학자는 "시장에서 합리적이고 이기적인 인간의 행동만이 경제를 발전시킨다는 이전의 경제학은 일부만 옳다. 이제 중요한 것은 관습, 도덕, 협동심 같은 사회 구성원 간의 신뢰이다."라고 주장한 바 있다. 신용카드의 남발은 바로 사회의 신뢰를 깨는 일이므로 신용카드 회사뿐만 아니라 정부와 개인이 모두 적극적으로 막아야 한다.

05 다음 중 윗글에 사용된 표현 방식으로 적절하지 않은 것은?

① 양면성을 지닌 대상의 부정적 측면을 강조한다.

② 권위 있는 학자의 주장을 인용하여 자신의 주장을 뒷받침한다.

③ 자신의 경험을 바탕으로 현상의 원인을 분석한다.

④ 현상의 문제점을 분석하고, 이에 대한 해결방안을 제시한다.

06 다음 중 밑줄 친 ㉠의 사례에 해당하는 것을 〈보기〉에서 모두 고르면?

> **보기**
>
> ㄱ. 메일함이 일방적으로 전송되는 상업 목적의 정크 메일로 가득 차 업무와 관련된 중요 메일을 받지 못하고 있다.
>
> ㄴ. 중고차 시장에서 소비자는 중고차의 성능에 대해 정확히 알 수 없으므로 가격에 비해 낮은 품질의 중고차를 구매하게 된다.
>
> ㄷ. 고전소설 토끼전을 보면 용왕은 간을 육지에 두고 왔다는 토끼의 말을 믿고 토끼를 육지로 돌려보낸다.
>
> ㄹ. 상품에 대한 지나친 설명은 오히려 구매자에게 부담이 될 수 있으며, 분석력 저하로 인해 구매를 결정하지 못하는 결정장애를 유발하기도 한다.

① ㄱ, ㄷ   ② ㄱ, ㄹ

③ ㄴ, ㄷ   ④ ㄴ, ㄹ

※ 다음 글을 읽고 이어지는 질문에 답하시오. [7~8]

시장에서 소비자가 상품을 구매하는 것은 해당 재화를 통해 만족감을 얻기 위해서이다. 이 만족감은 소비자가 해당 상품에 부여한 가치이며, 이를 위해 소비자는 일정한 금액을 지불할 용의가 있다. 그런데 소비자와 생산자의 수요와 공급에 의해 결정된 시장 가격(균형 가격)은 일반적으로 소비자가 지불할 용의가 있는 금액과 차이가 있다. 소비자가 만족감을 얻기 위해 해당 상품에 대해 지불할 용의가 있는 금액에서 실제로 지불한 가격을 빼면 그 구매에서 소비자가 얻는 이득이 되는데 이를 소비자잉여라고 한다.

예를 들어 A라는 장난감을 구매하기 위해 갑, 을, 병, 정 네 사람이 시장에 갔다고 하자. 장난감을 구매하는데 갑은 1만 원, 을은 8천 원, 병은 7천 원, 정은 5천 원을 지불할 용의가 있다. 그런데 장난감의 시장 가격이 7천 원일 경우 소비자잉여는 어떻게 될까?

갑, 을, 병은 장난감의 시장 가격이 본인들이 지불할 용의가 있는 금액보다 같거나 낮기 때문에 장난감을 구매할 것이고, 정은 구매를 포기할 것이다. 이때 갑은 3천 원의 소비자잉여가 발생하고, 을은 1천 원의 소비자잉여가 발생한다. 그리고 병은 지불할 용의가 있는 금액과 장난감의 시장 가격이 같기 때문에 소비자잉여는 발생하지 않는다. 따라서 소비자잉여의 합은 4천 원이 되는 것이다.

소비자잉여와 대응되는 개념으로 생산자잉여가 있다. 생산자잉여는 생산자가 상품을 판매하고 실제로 받은 금액 중 최소한 받아야 하겠다고 생각하는 금액을 초과하는 부분을 뜻한다. 즉, 생산자잉여는 생산자가 시장에서 실제로 받은 금액에서 생산자가 최소한 받아야 하겠다고 생각하는 금액을 뺀 것과 같다.

소비자잉여와 생산자잉여를 합친 것을 총잉여라고 한다. 그런데 소비자잉여가 발생하는 과정에서 소비자가 실제로 지불한 금액과 생산자잉여가 발생하는 과정에서 생산자가 실제로 받은 금액은 동일하기 때문에 총잉여는 소비자가 부여한 가치에서 생산자가 최소한 받아야 하겠다고 생각하는 금액을 뺀 것과 같다.

07 다음 중 윗글의 내용을 참고하여 〈보기〉를 정리할 때 가장 적절한 것은?

> **보기**
> • 최대 지불 용의 금액 : WTP(Willingness To Pay)
> • 최소 판매 용의 금액 : WTS(Willingess To Sell)
> • 실제 지불 금액 : P(Price)
> • 소비자잉여 : CS(Consumer's Surplus)
> • 생산자잉여 : PS(Producer's Surplus)
> • 총잉여 : TS(Total Surplus)

① CS＝WTP－P   ② PS＝WTS－P

③ TS＝CS－PS   ④ TS＝WTS－WTP

08 다음 중 A장난감의 시장 가격이 5천 원으로 하락할 경우 소비자잉여의 합은?

① 0원   ② 5천 원

③ 8천 원   ④ 1만 원

09 다음 명제가 모두 참일 때, 참이 아닌 명제는?

> - 적극적인 사람은 활동량이 많다.
> - 잘 다치지 않는 사람은 활동량이 많지 않다.
> - 활동량이 많으면 면역력이 강화된다.
> - 적극적이지 않은 사람은 영양제를 챙겨먹는다.

① 적극적인 사람은 잘 다친다.
② 적극적인 사람은 면역력이 강화된다.
③ 잘 다치지 않는 사람은 영양제를 챙겨먹는다.
④ 영양제를 챙겨먹으면 면역력이 강화된다.

10 S사의 영업1팀은 강팀장, 김대리, 이대리, 박사원, 유사원으로 이루어져 있었으나 최근 인사이동으로 인해 팀원 구성에 변화가 일어났고, 자리를 새롭게 배치하려고 한다. 주어진 〈조건〉을 토대로 배치할 때, 다음 중 항상 참인 것은?

> **조건**
> - 영업1팀의 김대리는 영업2팀의 팀장으로 승진하였다.
> - 이번 달 영업1팀에 김사원과 이사원이 새로 입사하였다.
> - 같은 팀의 자리는 일렬로 위치해 있으며, 영업1팀은 영업2팀과 마주하고 있다.
> - 자리의 가장 안쪽 옆은 벽이며, 반대편 끝자리의 옆은 복도이다.
> - 각 팀의 팀장은 가장 안쪽인 왼쪽 끝에 앉는다.
> - 이대리는 영업2팀 김팀장의 대각선으로 가장 가까운 자리에 앉는다.
> - 박사원의 양옆은 신입사원이 앉는다.
> - 김사원의 자리는 이사원의 자리보다 왼쪽에 있다.

① 유사원과 이대리는 서로 인접한다.
② 박사원의 자리는 유사원의 자리보다 왼쪽에 있다.
③ 이사원의 양옆 중 한쪽은 복도이다.
④ 이대리는 강팀장과 서로 인접한다.

11 S사의 임직원들은 출장지에서 묵을 방을 배정받고자 한다. 출장 인원은 대표를 포함한 10명이며, 그중 6명은 숙소 배정표와 같이 미리 배정되었다. 생산팀 장과장, 인사팀 유과장, 총무팀 박부장, 대표 4명이 다음 〈조건〉에 따라 방을 배정받아야 할 때, 항상 참이 아닌 것은?

> **조건**
> • 같은 직급은 옆방으로 배정하지 않는다.
> • 마주보는 방은 같은 부서 임직원이 배정받을 수 없다.
> • 대표의 옆방은 부장만 배정받을 수 있다.
> • 빈방은 나란히 있거나 마주보지 않는다.

<table>
<tr><td colspan="6" align="center">〈숙소 배정표〉</td></tr>
<tr><td>101호
인사팀
최부장</td><td>102호</td><td>103호
생산팀
강차장</td><td>104호</td><td>105호</td><td>106호
생산팀
이사원</td></tr>
<tr><td colspan="6" align="center">복도</td></tr>
<tr><td>112호
관리팀
김부장</td><td>111호</td><td>110호</td><td>109호
총무팀
이대리</td><td>108호
인사팀
한사원</td><td>107호</td></tr>
</table>

① 인사팀 유과장은 105호에 배정받을 수 없다.
② 104호는 아무도 배정받지 않을 수 있다.
③ 111호에는 생산팀 장과장이 묵는다.
④ 총무팀 박부장은 110호에 배정받는다.

12 귀하의 회사에서 한 제품을 개발하여 중국시장에 진출하고자 한다. 귀하의 상사가 3C 분석 결과를 건네며, 사업 계획에 반영하고 향후 해결해야 할 회사의 전략 과제가 무엇인지 정리하여 보고하라는 지시를 내렸다. 다음 중 회사에서 해결해야 할 전략 과제로 적절하지 않은 것은?

〈3C 분석 결과〉		
Customer	Competitor	Company
• 전반적인 중국시장은 매년 10% 성장 • 중국시장 내 제품의 규모는 급성장 중임 • 20 ~ 30대 젊은 층이 중심 • 온라인 구매가 약 80% 이상 • 인간공학 지향	• 중국기업들의 압도적인 시장점유 • 중국기업들 간의 치열한 가격경쟁 • A/S 및 사후관리 취약 • 생산 및 유통망 노하우 보유	• 국내시장 점유율 1위 • A/S 등 고객서비스 부문 우수 • 해외 판매망 취약 • 온라인 구매시스템 미흡(보안, 편의 등) • 높은 생산원가 구조 • 높은 기술개발력

① 중국시장의 판매유통망 구축   ② 온라인 구매시스템 강화
③ 고객서비스 부문 강화   ④ 원가 절감을 통한 가격 경쟁력 강화

13 다음은 미용실에 대한 SWOT 분석 결과이다. 이를 보고 적절한 대응 방안을 고르면?

〈SWOT 분석 결과〉

S(강점)	W(약점)
• 뛰어난 실력으로 미용대회에서 여러 번 우승한 경험이 있다. • 인건비가 들지 않아 비교적 저렴한 가격에 서비스를 제공한다.	• 한 명이 운영하는 가게라 동시에 많은 손님을 받을 수 없다. • 홍보가 미흡하다.

O(기회)	T(위협)
• 바로 옆에 유명한 프랜차이즈 레스토랑이 생겼다. • 미용실을 위한 소셜 네트워크 예약 서비스가 등장했다.	• 소셜 커머스를 활용하여 주변 미용실들이 열띤 가격경쟁을 펼치고 있다. • 대규모 프랜차이즈 미용실들이 잇따라 등장하고 있다.

① ST전략 : 여러 번 대회에서 우승한 경험을 가지고 가맹점을 낸다.
② WT전략 : 여러 명의 직원을 고용해 오히려 가격을 올리는 고급화 전략을 펼친다.
③ SO전략 : 소셜 네트워크 예약 서비스를 이용해 방문한 사람들에게만 저렴한 가격에 서비스를 제공한다.
④ WO전략 : 유명한 프랜차이즈 레스토랑과 연계하여 홍보물을 비치한다.

14 A빵집과 B빵집은 서로 마주보고 있는 경쟁업체이다. 인근상권에는 두 업체만 있으며, 각 매장에 하루 평균 100명의 고객이 방문한다. 고객은 가격변동에 따른 다른 매장으로의 이동은 있으나 이탈은 없다. 두 빵집이 서로 협상할 수 없는 조건이라고 할 때, 다음 중 옳지 않은 것은?

〈A빵집 및 B빵집 고객 방문 추이〉

B빵집 ＼ A빵집	인상	유지	인하
인상	(20%, 20%)	(30%, −20%)	(45%, −70%)
유지	(−20%, 30%)	(0%, 0%)	(10%, −30%)
인하	(−70%, 45%)	(−30%, 10%)	(−20%, −20%)

※ 괄호 안의 숫자는 A빵집과 B빵집의 매출증가율을 의미함(A빵집 매출증가율, B빵집 매출증가율)
※ 가격의 인상폭과 인하폭은 동일함

① A빵집과 B빵집 모두 가격을 유지할 가능성이 높다.
② A빵집이 가격을 인상할 때, B빵집이 가격을 유지한다면 A빵집은 손해를 입게 된다.
③ A빵집이 가격을 인상할 때, B빵집은 가격을 유지하는 것보다 인하하는 것이 더 큰 이익을 얻을 수 있다.
④ A빵집이 가격을 유지할 때, B빵집이 가격을 인상한다면 B빵집은 손해를 입게 된다.

15 다음은 S기업의 경영 상황에 대한 설명이다. 이러한 상황적 특성을 고려할 때, S기업에게 가장 효과적인 마케팅 기법은?

> 화장품 제조업체인 S기업은 최근 5년간 자사 이용고객 중 일부 계층에 매출이 집중된 것을 확인하였다. 20 ~ 50대에 이르는 남성 및 여성 고객층 중 30대 여성이 발생시키는 매출이 전체 매출의 55%를 차지한다는 것이 소비 데이터 분석결과 밝혀진 것이다. S기업은 이를 토대로 영업이익을 극대화하기 위한 마케팅 전략을 구상 중에 있다.

① 코즈 마케팅   ② 퍼포먼스 마케팅
③ 니치 마케팅   ④ DB 마케팅

16 매일 하루에 한 번 어항에 자동으로 먹이를 주는 기계가 다음 〈조건〉에 따라 먹이를 준다. 당일에 줄 먹이의 무게가 0이 되는 날은 먹이를 준 지 13일 차였을 때, 12일 차까지 준 먹이의 무게의 합은?(단, m은 자연수이고, 1일 차는 홀수일이다)

> **조건**
> ㄱ. 첫날 어항에 준 먹이의 무게는 $3m\,\text{kg}$이다.
> ㄴ. 당일에 줄 먹이의 무게는 전날이 홀수일인 경우, 전날 먹이의 무게에 1kg을 더한다.
> ㄷ. 당일에 줄 먹이의 무게는 전날이 짝수일인 경우, 전날 먹이의 무게에서 2kg을 뺀다.

① 46kg   ② 47kg
③ 48kg   ④ 49kg

17 영희는 땅따먹기 놀이에서 다음과 같이 삼각형 모양의 땅을 만들었다. 영희의 땅 모양이 다음과 같으며, 넓이가 $3\sqrt{2}\ \mathrm{cm}^2$일 때, 각도 θ의 크기는?

① $\dfrac{\pi}{6}$

② 1

③ $\dfrac{\pi}{4}$

④ $\dfrac{2\pi}{3}$

18 a, b, c가 1보다 큰 세 실수이며 $\log_a c : \log_b c = 4 : 1$이라고 할 때, $\log_a b$의 값은?

① 1

② $\dfrac{3}{2}$

③ 2

④ 4

19 백화점에서 함께 쇼핑을 한 A ~ D 네 명은 일정 금액 이상 구매 시 추첨을 통해 경품을 제공하는 백화점 이벤트에 응모하였다. 얼마 후 당첨자가 발표되었고, A ~ D 중 한 명이 1등에 당첨되었다. 다음 A ~ D의 대화에서 한 명이 거짓말을 한다고 할 때, 1등 당첨자는?

> • A : C는 1등이 아닌 3등에 당첨됐어.
> • B : D가 1등에 당첨됐고, 나는 2등에 당첨됐어.
> • C : A가 1등에 당첨됐어.
> • D : C의 말은 거짓이야.

① A   ② B
③ C   ④ D

20 6개 축구팀의 경기 대진표가 다음과 같을 때, 토너먼트 경기가 가능한 경우의 수는?

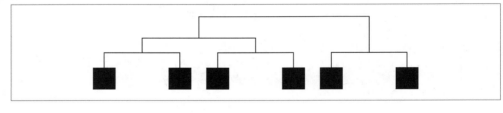

① 16가지   ② 36가지
③ 45가지   ④ 52가지

21 철수는 이달 초 가격이 30만 원인 에어프라이어를 할부로 구매하였다. 이달 말부터 매달 일정한 금액을 12개월에 걸쳐 갚는다면, 매달 얼마씩 갚아야 하는가?(단, $1.015^{12} = 1.2$, 월이율은 1.5%, 1개월마다 복리로 계산한다)

① 18,000원   ② 20,000원
③ 25,000원   ④ 27,000원

22 다음 요금표를 기준으로 한 달에 400kWh를 사용했을 때의 전기요금은?

〈주택용 전력(저압) 전기요금표〉

기본요금(원/호)		전력량요금(원/kWh)	
200kWh 이하 사용	910	처음 200kWh까지	93.3
201 ~ 400kWh 사용	1,600	다음 200kWh까지	187.9

※ 부가가치세는 총요금의 10%임
※ 국고금단수법에 의해 총합에서 10원 미만은 절사함

① 39,830원   ② 56,970원
③ 57,660원   ④ 63,620원

23 귀하는 국내 S은행 영업점에서 외환업무 전문상담원으로 근무하고 있다. 다음 2019년 1월 10일자로 고시된 환율표를 보고 귀하가 이해한 내용으로 옳지 않은 것은?

〈환율 전광판〉

(단위 : KRW)

구분	매매기준율	현찰		송금	
		사실 때	파실 때	보내실 때	받으실 때
USD	1,191.70	1,212.55	1,170.85	1,203.30	1,180.10
JPY100	1,052.00	1,070.41	1,033.59	1,062.30	1,041.70
EUR	1,344.71	1,362.18	1,317.96	1,358.15	1,331.27
CNY	182.10	194.84	173.00	183.92	180.28

※ 환전수수료 등 기타비용은 발생하지 않는다고 가정함

① 전신환율과 현찰환율 등 거래 환율을 정하는 데 중심이 되는 환율은 매매기준율이다.
② 고객이 은행에서 외화를 원화로 교환할 때에는 전광판의 '파실 때' 환율이 적용된다.
③ 고객이 여행비를 마련하기 위해 달러가 필요하다면, 1달러당 1,212.55원으로 은행에서 환전할 수 있다.
④ 고객이 보유하고 있는 위안화 ¥3,500을 은행에서 엔화로 환전하면, 약 ¥565.67을 받을 수 있다.

01 NCS 직업기초능력평가

01 다음 글의 빈칸 ㉠, ㉡에 들어갈 접속어가 바르게 짝지어진 것은?

> 일반적으로 공황발작이란 극심한 불안을 말한다. 사람은 누구나 생명의 위협을 느끼거나 매우 놀라는 위기상황에서 극심한 불안을 느끼며, 이는 정상적인 생리 반응이다. ___㉠___ 공황장애에서의 공황발작은 아무런 이유 없이 아무 때나 예기치 못하게 반복적으로 발생한다. 공황발작이 발생하게 되면 심장이 두근거리기도 하고 가슴이 답답하고 아플 수도 있으며, 숨쉬기 어렵거나 숨이 막힐 것 같은 기분이 들 수 있다. 또, 구역질이 나거나 복통이 있을 수도 있고, 두통이나 어지러움이 느껴져 기절할 것 같은 느낌이 들고 땀이 나면서 온몸에 힘이 빠지거나 손발이 저릿할 수도 있다. 이러한 여러 가지 증상들이 모두 다 나타날 수도 있고, 이 중에 몇 가지만 나타날 수도 있는데, 특징적으로 이러다 미쳐버릴 것 같거나, 이러다 죽을지도 모른다는 공포감을 느끼게 된다. 특별한 위기상황이나 스트레스 상황이 아닌데도 길을 걷다가, 앉아서 수업을 듣다가, 자려고 누웠다가 공황발작이 발생할 수도 있다. ___㉡___ 예기치 못하게 공황발작이 나타나게 되면 다음에 또다시 발작이 생길까 걱정하며 본인 나름의 발작 이유나 결과에 대해 생각하며 행동의 변화가 생기게 된다. 특히 언제 다시 발작이 생길지 몰라 불안해하며, 발작이 생기면 도움을 청할 수 있는 사람과 함께 있으려 한다든지, 혼자 외출을 못하고 집에만 있으려고 해 일상생활이 어려워지는 경우도 많다.

	㉠	㉡
①	그리고	하지만
②	그리고	이와 같이
③	그러나	하지만
④	그러나	이와 같이

02 다음 글의 중심 내용으로 가장 적절한 것은?

> 베블런에 의하면 사치품 사용 금기는 전근대적 계급에 기원을 두고 있다. 즉, 사치품 소비는 상류층의 지위를 드러내는 과시소비이기 때문에 피지배계층이 사치품을 소비하는 것은 상류층의 안락감이나 쾌감을 손상한다는 것이다. 따라서 상류층은 사치품을 사회적 지위 및 위계질서를 나타내는 기호(記號)로 간주하여 피지배계층의 사치품 소비를 금지했다. 또한 베블런은 사치품의 가격 상승에도 그 수요가 줄지 않고 오히려 증가하는 이유가 사치품의 소비를 통하여 사회적 지위를 과시하려는 상류층의 소비행태 때문이라고 보았다.
>
> 그러나 소득 수준이 높아지고 대량 생산에 의해 물자가 넘쳐흐르는 풍요로운 현대 대중사회에서 서민들은 과거 왕족들이 쓰던 물건들을 일상생활 속에서 쓰고 있고 유명한 배우가 쓰는 사치품도 쓸 수 있다. 모든 사람들이 명품을 살 수 있는 돈을 갖고 있을 때 명품의 사용은 더 이상 상류층을 표시하는 기호가 될 수 없다. 따라서 새로운 사회의 도래는 베블런의 과시소비이론으로 설명하기 어려운 소비행태를 가져왔다. 이때 상류층이 서민들과 구별될 수 있는 방법은 오히려 아래로 내려가는 것이다. 현대의 상류층에게는 차이가 중요한 것이지 사물 그 자체가 중요한 것이 아니기 때문이다. 월급쟁이 직원이 고급 외제차를 타면 사장은 소형 국산차를 타는 것이 그 예이다.
>
> 이와 같이 현대의 상류층은 고급, 화려함, 낭비를 과시하기보다 서민들처럼 소박한 생활을 한다는 것을 과시한다. 이것은 두 가지 효과가 있다. 사치품을 소비하는 서민들과 구별된다는 점이 하나이고, 돈 많은 사람이 소박하고 겸손하기까지 하여 서민들에게 친근감을 준다는 점이 다른 하나이다. 그러나 그것은 극단적인 위세의 형태일 뿐이다. 뽐냄이 아니라 남의 눈에 띄지 않는 겸손한 태도와 검소함으로 자신을 한층 더 드러내는 것이다. 이런 행동들은 결국 한층 더 심한 과시이다. 소비하기를 거부하는 것이 소비 중에서도 최고의 소비가 된다. 다만 그들이 언제나 소형차를 타는 것은 아니다. 차별화해야 할 아래 계층이 없거나 경쟁 상대인 다른 상류층 사이에 있을 때 그들은 마음 놓고 경쟁적으로 고가품을 소비하며 자신을 마음껏 과시한다. 현대사회에서 소비하지 않기는 고도의 교묘한 소비이며, 그것은 상류층의 표시가 되었다. 그런 점에서 상류층을 따라 사치품을 소비하는 서민층은 순진하다고 하지 않을 수 없다.

① 현대의 상류층은 낭비를 지양하고 소박한 생활을 지향함으로써 서민들에게 친근감을 준다.

② 현대의 서민들은 상류층을 따라 겸손한 태도로 자신을 한층 더 드러내는 소비행태를 보인다.

③ 현대의 상류층은 그들이 접하는 계층과는 무관하게 절제를 통해 자신의 사회적 지위를 과시한다.

④ 현대의 상류층은 사치품을 소비하는 것뿐만 아니라 소비하지 않기를 통해서도 자신의 사회적 지위를 과시한다.

03 다음 글을 바탕으로 밑줄 친 ㉠과 같은 현상이 나타나게 된 이유로 적절하지 않은 것은?

고려와 조선은 국가적으로 금속화폐의 통용을 추진한 적이 있다. 화폐 주조권을 장악하여 세금을 효과적으로 징수하고 효율적으로 저장하려는 것이 그 목적이었다. 그러나 물품화폐에 익숙한 농민들은 금속화폐를 불편하게 여겼으므로 금속화폐의 유통 범위는 한정되고 끝내는 삼베를 비롯한 물품화폐에 압도당하고 말았다. ㉠ 조선 태종 때와 세종 때에도 동전의 유통을 시도하였지만 실패하였다. 조선 전기 은화(銀貨)는 서울을 중심으로 유통되었는데, 주로 왕실과 관청, 지배층과 상인, 역관(譯官) 등이 이용한 '돈'이었다. 그러나 은화(銀貨)는 고액화폐였다. 그 때문에 서민의 경제생활에서는 여전히 무명 옷감이 화폐의 기능을 담당하였다.

그러한 가운데서도 농업생산력의 발전과 인구의 증가, 17세기 이후 지방시장의 성장은 금속화폐 통용을 위한 여건이 마련되었음을 뜻하였다. 17세기 전반 이미 개성에서는 모든 거래가 동전으로 이루어지고 있었다. 이러한 여건 아래에서 1678년(숙종 4년)부터 강력한 통용책이 추진되면서 금속화폐가 널리 보급될 수 있었다. 동전인 상평통보 1개는 1푼(分)이었다. 10푼이 1전(錢), 10전이 1냥(兩), 10냥이 1관(貫)이다. 대원군이 집권할 때 주조된 당백전(當百錢)과 1883년 주조된 당오전(當五錢)은 1개가 각각 100푼과 5푼의 가치를 가지는 동전이었다. 동전 주조가 늘면서 그 유통 범위가 경기, 충청지방으로부터 점차 확산되어 18세기 초에는 전국에 미칠 정도였다. 동전을 시전(市廛)에 무이자로 대출하고, 관리의 녹봉을 동전으로 지급하고, 일부 세금을 동전으로 거두어들이는 등의 국가 정책도 동전의 통용을 촉진하였다. 화폐경제의 성장은 상업적 동기를 촉진시키고 경제생활, 나아가 사회생활에 변화를 주었다.

이러한 가운데 일부 위정자들은 화폐경제로 인한 부작용을 우려했는데 특히 농촌 고리대금업(高利貸金業)의 성행을 가장 심각한 문제로 생각했다. 그래서 동전의 폐지를 주장하는 이도 있었다. 1724년 등극한 영조는 이 주장을 받아들여 동전 주조를 정지하였다. 그런데 당시에 동전은 이미 일상생활로 퍼졌기 때문에 동전의 수요에 비해 공급이 부족한 현상이 일어나 동전주조의 정지는 화폐 유통질서와 상품경제에 타격을 가하였다. 돈이 매우 귀하여 농민과 상인의 교역에 불편을 가져다 준 것이다. 또한 소수의 부유한 상인이 동전을 집중적으로 소유하여 고리대금업(高利貸金業) 활동을 강화함에 따라서 오히려 농민 몰락이 조장되었다. 결국 영조 7년 이후 동전은 다시 주조되기 시작했다.

① 국가가 화폐수요량에 맞추어 원활하게 공급하지 못했기 때문이다.
② 화폐가 주로 일부계층 위주로 통용되었기 때문이다.
③ 백성들이 화폐보다 물품화폐를 선호했기 때문이다.
④ 화폐가 통용될 시장이 발달하지 않았기 때문이다.

04 진희가 자전거 뒷좌석에 동생을 태우고 10km/h의 속력으로 회사에 간다. 회사 가는 길에 있는 어린이집에 동생을 내려주고, 아까의 1.4배의 속력으로 회사에 가려고 한다. 진희의 집에서 회사까지의 거리는 12km이고, 진희가 8시에 집에서 나와 9시에 회사에 도착했다면, 진희가 어린이집에서 출발한 시간은?

① 8시 25분

② 8시 30분

③ 8시 35분

④ 8시 40분

05 S전자 매장의 TV와 냉장고의 판매 비율은 작년 3 : 2에서 올해 13 : 9로 변하였다. 올해 TV와 냉장고의 총판매량이 작년보다 10% 증가하였을 때, 냉장고의 판매량은 작년보다 몇 % 증가하였는가?

① 11.5%

② 12%

③ 12.5%

④ 13%

06 다음은 우리나라의 2018년 하반기 달러, 유로, 엔화의 월별 환율 변동을 나타낸 자료이다. 이에 대한 설명으로 옳은 것은?(단, 변화량은 절댓값으로 비교한다)

구분	원/달러	원/유로	원/100엔
7월	1,205.0	1,300.5	1,034.0
8월	1,180.0	1,320.0	1,012.0
9월	1,112.0	1,350.0	1,048.0
10월	1,141.0	1,350.0	1,049.0
11월	1,142.0	1,400.0	1,060.0
12월	1,154.0	1,470.0	1,080.0

〈2018년 하반기 월별 환율 현황〉

① 8 ~ 12월의 전월 대비 원/달러 변화량의 최댓값은 원/100엔 변화량의 최댓값보다 작다.

② 유로/달러의 경우 8월의 값이 12월의 값보다 크다.

③ 12월의 원/유로 환율은 7월 대비 18% 이상 증가하였다.

④ 8월부터 12월까지 원/달러와 원/100엔의 전월 대비 증감 추이는 동일하다.

※ 다음은 S은행의 S페이(앱카드) 관련 자주 묻는 질문이다. 이어지는 질문에 답하시오. **[7~8]**

Q1. S페이(앱카드) 설치 시 기존 S모바일카드는 어떻게 되는 건가요?

S페이는 기존의 S모바일카드의 앱카드 기능을 분리하여 새롭게 리뉴얼하여 제작되었습니다. S페이 이용 시 신규 설치 및 카드 등록이 필요합니다.

Q2. S페이(앱카드) 설치는 어떻게 하나요?

플레이스토어, 앱스토어에서 S페이, S카드 등으로 검색하여 다운로드 가능하며, 쇼핑몰 결제 시 S페이가 설치되어 있지 않다면 결제창 내에서 연동하여 설치가 가능합니다.

Q3. S페이(앱카드) 이용 가능 회원은 어떻게 되나요?

카드 소지자와 스마트폰 명의가 일치하는 회원만 이용이 가능합니다. 또한 S브랜드 개인 / 기업(지정자) / 가족카드 이용대상이며, 스마트폰 명의자 불일치, 기업(공용)카드, 기프트카드이용 회원은 사용할 수 없습니다.

Q4. S페이(앱카드)와 기존 USIM(유심) 모바일카드는 다른가요?

네, 다른 서비스입니다. S페이(앱카드)는 유심 카드와 달리 기존에 사용하던 플라스틱 카드를 등록하여 사용할 수 있습니다. 또한 휴대폰 기종이나 제조사, 통신사 등의 제한이 없어 아이폰 사용자도 이용할 수 있습니다. S페이(앱카드)는 S페이 앱을, 유심 카드는 S모바일카드 앱을 통해 결제하실 수 있습니다.

Q5. 타인 명의의 스마트폰에서는 가입이 안 되나요?

본인 명의의 스마트폰에서만 사용 가능합니다. 타인 명의 스마트폰, 법인명의 스마트폰은 안전한 거래를 위해 가입이 불가합니다.

Q6. 어떤 스마트폰에서 이용할 수 있나요?

IOS 8.0 이상 버전, 안드로이드 4.1 이상 OS가 탑재된 스마트폰에서 이용할 수 있습니다. 단, 3G / 4G 요금제 가입 없이 Wifi 환경에서 오프라인 결제는 불가합니다.

Q7. 등록 카드 수의 제한이 있나요?

카드 등록 수의 제한은 없습니다. 고객님이 소지하신 모든 S은행카드를 등록할 수 있습니다.

07 다음 S페이(앱카드) 설치에 대한 대화 내용 중 옳지 않은 것은?

① 난 기존에 S모바일카드를 사용했는데, S페이(앱카드)는 새롭게 리뉴얼하여 제작된 건가 봐! 다시 설치해서 카드를 등록해야겠어.

② 맞아. 설치 방법도 생각보다 까다롭지 않은데? 앱스토어에 들어가서 S페이를 검색하면 다운로드가 가능하네!

③ 그런데 리뉴얼했다고 하지만 휴대폰 기종이나 제조사, 통신사 등의 제한이 있는 건 여전히 불편해.

④ 그리고 타인 명의 스마트폰은 안 되고 본인 명의의 스마트폰에서만 사용 가능하니까 나같이 휴대폰 명의가 부모님으로 되어 있으면 가입할 수 없는 거네.

08 S은행 고객상담센터에서 근무하는 귀하는 S페이(앱카드)와 관련한 문의 전화를 받았다. 위의 자주 묻는 질문 내용을 바탕으로 고객의 문의에 답하려고 할 때, 다음 중 옳은 것은?

> 고객 : 현재 S모바일카드를 사용하고 있습니다. 앞으로 결제를 S페이로 하려고 하는데 어떻게 해야 하나요?

① 플레이스토어나 앱스토어에서 다운받아 이용 가능하시지만 휴대폰 기종에 따라 제한이 있을 수도 있습니다.

② S페이는 S모바일카드와 분리되어 제작되었습니다. 따라서 S페이를 이용하시려면 신규 설치 후 카드 등록을 해주시면 됩니다.

③ 결제하실 때 S모바일페이로 연동하시면 따로 등록할 필요 없이 S페이로 결제하실 수 있습니다.

④ 보안을 위해 고객님이 소유하고 계신 S카드 중 주로 이용하시는 카드 한 장만 등록이 가능하니, 신중하게 선택하십시오.

09 S은행 콜센터에 근무 중인 귀하에게 B고객으로부터 예금 상품 해지 건이 접수되었다. 상담한 결과 B고객은 1년 전에 M예금에 가입하였으나 불가피한 사정으로 해당 예금 상품을 해지할 계획이며, 중도해지할 경우 만기 시 받을 수 있는 금액과 환급금의 차이가 얼마인지 문의하였다. 귀하가 B고객에게 안내할 금액은?(단, 두 금액 모두 세전 금액을 기준으로 한다)

〈B고객의 M예금 가입내역〉

- 가입기간 : 5년
- 가입금액 : 1백만 원
- 이자지급방식 : 만기일시지급, 단리식
- 기본금리 : 3.0%
- 우대금리 : 0.2%p(중도인출 및 해지 시에는 적용하지 않음)
- 중도해지이율(연 %, 세전)
  - 3개월 미만 : 0.2%
  - 6개월 미만 : 0.3%
  - 12개월 미만 : (기본금리)×10%
  - 18개월 미만 : (기본금리)×30%
  - 24개월 미만 : (기본금리)×40%
- 예금자보호 여부 : 해당

---

① 103,000원

② 126,000원

③ 151,000원

④ 184,000원

10 A는 S은행의 직장인응원적금에 가입하고자 한다. A는 우대금리를 제외하고 기본금리로 단리식과 월 복리식 두 가지의 만기 시 이자액을 비교하고자 한다. 만기 시 A가 수령하는 이자액이 각각 바르게 연결된 것은?[단, $\left(1+\dfrac{0.02}{12}\right)^{13} \fallingdotseq 1.022$로 계산한다]

<직장인응원적금 상품정보>

- 상품명 : 직장인응원적금
- 가입자 : A(본인)
- 가입기간 : 12개월
- 가입금액 : 매월 초 100,000원 납입
- 적용금리 : 기본금리(연 2.0%)＋우대금리(최대 연 1.2%p)
- 저축방법 : 정기적립식
- 이자지급방식 : 만기일시지급

	단리식	월 복리식
①	13,000원	18,000원
②	13,000원	20,000원
③	14,200원	18,000원
④	14,200원	20,000원

11 다음은 지역별 교통사고 · 화재 · 산업재해 현황에 대한 자료이다. 이를 그래프로 나타낸 것으로 옳지 않은 것은?(단, 비중은 소수점 둘째 자리에서 반올림한다)

〈교통사고 · 화재 · 산업재해 건수〉

(단위 : 건)

구분	교통사고	화재	산업재해
서울	3,830	5,890	3,550
인천	4,120	4,420	5,210
경기	4,010	3,220	4,100
강원	1,100	3,870	1,870
대전	880	1,980	1,120
충청	1,240	1,290	2,880
경상	1,480	1,490	2,540
전라	2,180	2,280	2,920
광주	920	980	1,110
대구	1,380	1,490	2,210
울산	1,120	920	980
부산	3,190	2,090	3,120
제주	3,390	2,880	3,530
합계	28,840	32,800	35,140

〈교통사고 · 화재 · 산업재해 사망자 및 피해금액〉

(단위 : 명, 억 원)

구분	교통사고	화재	산업재해
사망자 수	12,250	21,220	29,340
피해액	1,290	6,490	1,890

※ 수도권은 서울 · 인천 · 경기 지역임

① 교통사고의 수도권 및 수도권 외 지역 발생건수

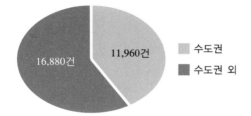

16,880건　11,960건　■ 수도권　■ 수도권 외

② 화재의 수도권 및 수도권 외 지역 발생건수

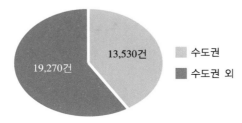

19,270건　13,530건　■ 수도권　■ 수도권 외

③ 산업재해의 수도권 및 수도권 외 지역 발생건수

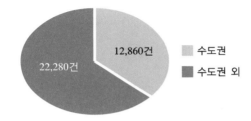

22,280건　12,860건　■ 수도권　■ 수도권 외

④ 피해금액별 교통사고·화재·산업재해 비중

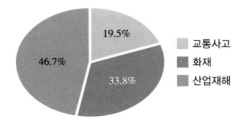

19.5%　46.7%　33.8%　■ 교통사고　■ 화재　■ 산업재해

12 다음 명제가 모두 참일 때 항상 참인 것은?

> - 아침에 시리얼을 먹는 사람은 두뇌 회전이 빠르다.
> - 아침에 토스트를 먹는 사람은 피곤하다.
> - 에너지가 많은 사람은 아침에 밥을 먹는다.
> - 피곤하면 회사에 지각한다.
> - 두뇌 회전이 빠르면 일 처리가 빠르다.

① 회사에 가장 일찍 오는 사람은 피곤하지 않다.
② 두뇌 회전이 느리면 아침에 시리얼을 먹는다.
③ 아침에 밥을 먹는 사람은 에너지가 많다.
④ 회사에 지각하지 않으면 아침에 토스트를 먹지 않는다.

13 S그룹 신입사원인 A ~ E 5명은 각각 영업팀, 기획팀, 홍보팀 중 한 곳에 속해있다. 각 팀은 모두 같은 날, 같은 시간에 회의가 있고, S그룹은 3층과 5층에 회의실이 2개씩 있어서 세 팀이 모두 한 층에서 회의를 할 수는 없다. A ~ E의 진술 중 2명은 참을 말하고 3명은 거짓을 말할 때, 〈보기〉 에서 항상 참인 내용을 모두 고르면?

> - A : 기획팀은 3층에서 회의를 한다.
> - B : 영업팀은 5층에서 회의를 한다.
> - C : 홍보팀은 5층에서 회의를 한다.
> - D : 나는 3층에서 회의를 한다.
> - E : 나는 3층에서 회의를 하지 않는다.

> **보기**
> ㄱ. 영업팀과 홍보팀이 같은 층에서 회의를 한다면 E는 기획팀이다.
> ㄴ. 기획팀이 3층에서 회의를 한다면, D와 E는 같은 팀일 수 있다.
> ㄷ. 두 팀이 5층에서 회의를 하는 경우가 3층에서 회의를 하는 경우보다 많다.

① ㄱ   ② ㄴ
③ ㄱ, ㄷ   ④ ㄴ, ㄷ

14 일남, 이남, 삼남, 사남, 오남 5형제가 둘러앉아 마피아 게임을 하고 있다. 이 중 1명은 경찰, 1명은 마피아이고, 나머지는 시민이다. 다음 5명의 진술 중 2명의 진술이 거짓일 때 항상 참인 것은? (단, 모든 사람은 진실 또는 거짓만 말한다)

- 일남 : 저는 시민입니다.
- 이남 : 저는 경찰이고, 오남이는 마피아예요.
- 삼남 : 일남이는 마피아예요.
- 사남 : 확실한 건 저는 경찰은 아니에요.
- 오남 : 사남이는 시민이 아니고, 저는 경찰이 아니에요.

① 일남이가 마피아, 삼남이가 경찰이다.
② 오남이가 마피아, 이남이가 경찰이다.
③ 이남이가 마피아, 사남이가 경찰이다.
④ 사남이가 마피아, 삼남이가 경찰이다.

15 A팀과 B팀은 보안등급 상에 해당하는 문서를 나누어 보관하고 있다. 두 팀이 보안을 위해 다음과 같은 규칙에 따라 각 팀의 비밀번호를 지정하였다고 할 때, A팀과 B팀에 들어갈 수 있는 암호배열로 알맞은 것은?

〈규칙〉

- 1 ~ 9까지의 숫자로 (한 자리 수)×(두 자리 수)=(세 자리 수)=(두 자리 수)×(한 자리 수) 형식의 비밀번호로 구성한다.
- 가운데에 들어갈 세 자리 수의 숫자는 156이며 숫자는 중복 사용할 수 없다. 즉, 각 팀의 비밀번호에 1, 5, 6이란 숫자가 들어가지 않는다.

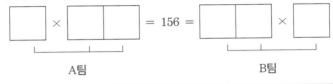

① 39
② 42
③ 43
④ 47

16 김과장은 건강상의 이유로 간헐적 단식을 시작하기로 했다. 김과장이 선택한 간헐적 단식 방법은 월요일부터 일요일까지 일주일 중에 2일을 선택하여 아침 혹은 저녁 한 끼 식사만 하는 것이다. 김과장이 단식을 시작한 첫 주 월요일부터 일요일까지 한 끼만 먹은 요일과 이때 식사를 한 때는?

> • 단식을 하는 날 전후로 각각 최소 2일간은 세 끼 식사를 한다.
> • 단식을 하는 날 이외에는 항상 세 끼 식사를 한다.
> • 2주 차 월요일에는 단식을 했다.
> • 1주 차에 먹은 아침식사 횟수와 저녁식사 횟수가 같다.
> • 1주 차 월요일, 수요일, 금요일은 조찬회의에 참석하여 아침식사를 했다.
> • 1주 차 목요일은 업무약속이 있어서 점심식사를 했다.

① 월요일(아침), 목요일(저녁)
② 화요일(아침), 금요일(아침)
③ 화요일(저녁), 금요일(아침)
④ 화요일(저녁), 토요일(아침)

01 포트폴리오 분석방법 중 BCG 매트릭스에서 물음표(Question Mark)에 해당하는 사업부는?

① 높은 성장률 – 높은 시장점유율

② 높은 성장률 – 낮은 시장점유율

③ 낮은 성장률 – 높은 시장점유율

④ 낮은 성장률 – 낮은 시장점유율

02 다음 사례와 관련 있는 용어는?

> S온라인 서점에서 올해 매출을 분석해 본 결과 수익의 80%를 차지하는 것은 잘 나가는 베스트셀러 몇 권이 아니라 그 밖의 나머지 책들이었다. 이는 인터넷의 발달로 구매 방법 및 소비문화가 바뀌면서 나타난 현상으로 보인다. 오프라인 서점에서는 공간의 한정성으로 진열할 수 있는 책의 양에 한계가 있었고, 따라서 사람들의 눈에 띌 수 있게 배치할 수 있었던 것은 기존의 인기도서 몇 권뿐이었다. 하지만 온라인 서점의 경우 이러한 공간적 제한을 극복할 수 있었고, 사람들이 자신의 취향을 살려 어떠한 책이든 검색을 통해 접할 수 있게 됨으로써 수많은 '비주류 도서'들이 도서 매출액에 일조할 수 있게 된 것이다.

① 파킨슨 법칙

② 하인리히 법칙

③ 파레토 법칙

④ 롱테일 법칙

03 다음 기업의 재무제표 내용에 따라 기업의 부채비율, 총자산이익률(ROA), 총자본회전율을 바르게 짝지은 것은?

> • 자산 : 140억 원
> • 자본 : 80억 원
> • 영업이익 : 40억 원
> • 부채 : 60억 원
> • 매출총액 : 168억 원
> • 순이익 : 28억 원

	부채비율	ROA	총자본회전율
①	60%	15%	1.5
②	60%	15%	1.2
③	75%	20%	1.2
④	75%	20%	1.5

04 다음 중 빈칸에 들어갈 용어로 바르게 짝지어진 것은?

> - ____㉠____ : 수익이 주가지수나 주식가격의 변동에 연계해서 결정되는 은행판매예금
> - ____㉡____ : 특정 주권의 가격이나 주가지수의 수치에 연계한 증권으로 자산을 우량채권에 투자하여 원금을 보존하고 일부를 주가지수 옵션 등 금융파생 상품에 투자해 고수익을 노리는 금융상품
> - ____㉢____ : 투자 신탁 회사들이 ㉡의 상품을 펀드에 끼워 넣거나 원금을 보존하는 형태의 펀드를 만들어 판매하는 금융상품

	㉠	㉡	㉢
①	ELD	ELS	ELF
②	ELD	ELF	ELS
③	ELW	ELS	ETF
④	ELW	ETF	ELS

05 유동비율 120%, 유동부채 100억 원, 재고자산 40억 원일 때 당좌비율은?

① 70%
② 80%
③ 90%
④ 100%

06 다음 중 VaR(Value at Risk)에 대한 설명으로 옳지 않은 것은?

① VaR은 리스크에 대한 구체적인 수치이다.
② 각 상품의 분산으로 인해 회사 전체 VaR은 각 상품의 개별 VaR의 합계액보다 크게 나타난다.
③ 다른 조건이 동일하면 99% 신뢰수준의 VaR이 95% 신뢰수준의 VaR보다 크다.
④ 1일 동안 VaR이 신뢰구간 95%에서 100억이라면 이 포트폴리오를 보유함으로써 향후 1일 동안에 100억 이상의 손실을 보게될 확률이 5%임을 의미한다.

07 경제활동인구가 1,800명이고 그중에서 실업자가 150명일 때 실업률은?(단, 소수점 둘째 자리에서 반올림한다)

① 8.1%   ② 8.3%
③ 8.5%   ④ 8.7%

08 다음 중 신용도가 낮아 발행자의 채무불이행으로 인한 위험부담 또한 큰 대신 높은 수익률을 제공하는 고수익·고위험의 채권형 펀드는?

① 하이일드 펀드   ② 인덱스 펀드
③ 엄브렐러 펀드   ④ 머니마켓 펀드

09 다음 중 허시와 블랜차드(P. Hersey & K. H. Blanchard)의 상황적 리더십 이론에 대한 설명으로 옳은 것은?

① 부하의 성과에 따른 리더의 보상에 초점을 맞춘다.
② 리더는 부하의 성숙도에 맞는 리더십을 행사함으로써 리더십 유효성을 높일 수 있다.
③ 리더가 부하를 섬기고 봉사함으로써 조직을 이끈다.
④ 리더십 유형은 지시형, 설득형, 거래형, 희생형의 4가지로 구분된다.

10 S기업의 손익계산서가 다음과 같을 때, 배당금액을 구하면?

손익계산서	
	2018년 1월 1일부터 12월 31일까지
매출액	?
매출원가	(₩380,000)
매출총이익	?
관리비	(₩30,000)
금융원가	(₩10,000)
법인세비용차감전순이익	?
법인세비용	(₩16,000)
당기순이익	?

- 기초 매출채권 ₩295,000, 기말 매출채권 ₩420,000
- 매출채권회전율 3회
- 배당성향 30%

① ₩135,050
③ ₩205,550

② ₩190,950
④ ₩287,950

11 다음은 자산의 일부를 채권으로 보유한 A의 실질화폐수요곡선이다. 점 a는 현재 이자율에서 A의 실질화폐수요를 나타내고 있다. A가 보유한 채권의 시장가격이 하락했을 때, 실질화폐수요량의 이동은 어느 방향으로 이루어지는가?

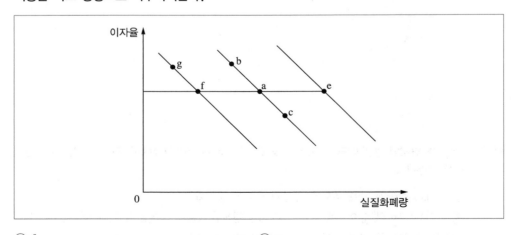

① f
③ e

② c
④ g

12 화폐유통속도가 일정하고, 통화량증가율, 실질경제성장률, 실질이자율이 각각 30%, 20%, 10%라고 가정했을 때, 화폐수량설과 피셔효과를 이용하여 도출한 내용으로 적절한 것은?

① 인플레이션율과 명목이자율은 모두 10%이다.
② 인플레이션율과 명목이자율은 모두 20%이다.
③ 인플레이션율은 10%이고, 명목이자율은 20%이다.
④ 인플레이션율은 10%이고, 명목이자율은 30%이다.

13 다음 중 재무구조가 부실해 회생할 가능성이 없음에도 정부 또는 채권단의 지원을 받아 간신히 파산을 면하고 있는 기업을 가리키는 말로, 좀비기업이라고도 불리는 용어는?

① 중소기업   ② 한계기업
③ 매판기업   ④ 블랙기업

14 다음 중 환율이 일정한 범위에서 변동할 경우에 미리 정한 환율에 따른 금액을 받고 팔 수 있도록 한 파생 금융 상품은?

① 통화옵션   ② 금리스왑
③ 키코   ④ 리비드

15 다음 중 정부의 통화 발행에 의한 물가상승의 영향으로 고정 수입·현금·고정이율채권 따위의 금전적 가치 하락이 세금과 같은 작용을 하거나, 인플레이션에 기인한 양도 소득세를 이르는 용어는?

① 가산세금   ② 올랑드세금
③ 스텔스세금   ④ 인플레이션세금

16 다음은 치킨, 햄버거, 맥주가 있는 시장에서 치킨의 공급량이 증가했을 때 햄버거와 맥주의 결과이다. 이를 보고 이해한 내용으로 옳지 않은 것은?

〈공급량 증가에 따른 결과〉

구분	햄버거	맥주
수요	감소	증가
가격	하락	상승

① 지훈 : 치킨의 가격은 감소했을 거야.
② 소미 : 햄버거는 치킨의 대체재, 맥주는 치킨의 보완재에 해당돼.
③ 형섭 : 맥주의 거래량은 증가했을 거야.
④ 세정 : 치킨과 햄버거의 관계에서 교차탄력성은 0보다 커.

17 다음에서 설명하는 내용으로 옳지 않은 것은?

> 옵션거래는 주식, 채권, 주가지수 등 특정 자산을 장래의 일정 시점에 미리 정한 가격으로 살 수 있는 권리와 팔 수 있는 권리를 매매하는 거래를 말한다. 시장에서 당일 형성된 가격으로 물건을 사고파는 현물거래나 미래의 가격을 매매하는 선물거래와는 달리 사고팔 수 있는 '권리'를 거래하는 것이 옵션거래의 특징이다.

① 콜옵션은 가격이 예상보다 올랐으면 권리를 행사하고 값이 떨어지면 포기하면 된다.
② 콜옵션은 매도자는 매수자가 옵션 권리를 행사하면 반드시 응해야 할 의무를 진다.
③ 풋옵션을 매수한 사람은 시장에서 해당 상품이 사전에 정한 가격보다 낮은 가격에서 거래될 경우, 비싼 값에 상품을 팔 수 없다.
④ 풋옵션은 해당 상품의 시장 가격이 사전에 정한 가격보다 높은 경우는 권리를 행사하지 않을 권리도 있다.

18 다음 중 현실 자산과 액면 가치가 연동되는 스테이블 코인(Stable Coin)으로 페이스북이 2020년 공개를 목표로 개발 중인 가상화폐는?

① 리브라   ② 블록체인
③ 캄테크   ④ 비트코인

19 다음 중 수요의 가격탄력성이 가장 높은 경우는?

① 대체재나 경쟁자가 거의 없을 때
② 구매자들이 높은 가격을 쉽게 지각하지 못할 때
③ 구매자들이 구매습관을 바꾸기 어려울 때
④ 구매자들이 대체품의 가격을 쉽게 비교할 수 있을 때

20 다음 중 수직적 통합의 후방통합(Backward Integration)에 대한 설명으로 옳은 것은?

① 제조 기업이 원재료의 공급업자를 인수・합병하는 것을 말한다.
② 제조 기업이 제품의 유통을 담당하는 기업을 인수・합병하는 것을 말한다.
③ 기업이 같거나 비슷한 업종의 경쟁사를 인수하는 것을 말한다.
④ 기업이 기존 사업과 관련이 없는 신사업으로 진출하는 것을 말한다.

08 2019년 상반기 기출복원문제

정답 및 해설 p.044

01 NCS 직업기초능력평가

01 다음 글에서 밑줄 친 ㉠ ~ ㉣의 수정 방안으로 옳지 않은 것은?

> 동양의 산수화에는 자연의 다양한 모습을 대하는 화가의 개성 혹은 태도가 ㉠ <u>드러나</u> 있는데, 이를 표현하는 기법 중의 하나가 준법이다. 준법(皴法)이란 점과 선의 특성을 활용하여 산, 바위, 토파(土坡) 등의 입체감, 양감, 질감, 명암 등을 나타내는 기법으로 산수화 중 특히 수묵화에서 발달하였다. 수묵화는 선의 예술이다. 수묵화에서는 먹(墨)만을 사용하기 때문에 대상의 다양한 모습이나 질감을 ㉡ <u>표현하는데</u> 한계가 있다. ㉢ <u>거친 선, 부드러운 선, 곧은 선, 꺾은 선 등 다양한 선을 활용하여 대상에 대한 느낌, 분위기를 표현한다.</u> 이 과정에서 선들이 지닌 특성과 효과 등이 점차 유형화되어 발전된 것이 준법이다.
>
> 준법 가운데 보편적으로 쓰이는 것에는 피마준, 수직준, 절대준, 미점준 등이 있다. 일정한 방향과 간격으로 선을 여러 개 그어 산의 등선을 표현하여 부드럽고 차분한 느낌을 주는 것이 피마준이다. 반면 수직준은 선을 위에서 아래로 죽죽 내려 그어 강하고 힘찬 느낌을 주어 뾰족한 바위산을 표현할 때 주로 사용한다. 절대준은 수평으로 선을 긋다가 수직으로 꺾어 내리는 것을 반복하여 마치 'ㄱ'자 모양이 겹쳐진 듯 표현한 것이다. 이는 주로 모나고 거친 느낌을 주는 지층이나 바위산을 표현할 때 쓰인다. 미점준은 쌀알 같은 타원형의 작은 점을 연속적으로 ㉣ <u>찍혀</u> 주로 비 온 뒤의 습한 느낌이나 수풀을 표현할 때 사용한다.
>
> 준법은 화가가 자연에 대해 인식하고, 인식의 결과를 표현하는 수단이다. 화가는 준법을 통해 단순히 대상의 외양뿐만 아니라 대상에 대한 자신의 느낌, 인식의 깊이까지 화폭에 그려내는 것이다.

① ㉠ : 문맥의 흐름을 고려하여 '들어나'로 고친다.

② ㉡ : 띄어쓰기가 올바르지 않으므로 '표현하는 데'로 고친다.

③ ㉢ : 문장을 자연스럽게 연결하기 위해 문장 앞에 '그래서'를 추가한다.

④ ㉣ : 목적어와 서술어의 호응 관계를 고려하여 '찍어'로 고친다.

02 다음은 남북한 교통 관련 법규체계를 비교한 자료이다. 이에 대한 〈보기〉의 설명 중 옳은 것을 모두 고르면?

〈남북한 교통 관련 법규체계〉

구분	교통 시설의 건설 관련 법규			교통수단의 운영 관련 법규		
도로 부문 관련 법규	도로 건설 관련 법규			도로 운영 관련 법규		
	남한	도로법, 고속국도법, 한국도로공사법, 유료도로법, 사도법		남한	도로법, 도로교통법, 교통안전법	
	북한	도로법		북한	도로법, 도로교통법, 차량운수법	
철도 부문 관련 법규	철도 건설 관련 법규			철도 운영 관련 법규		
	남한	철도건설법, 도시철도법		남한	철도안전법, 도시철도법, 항공·철도 사고조사에 관한 법률, 철도사업법, 한국철도공사법	
	북한	철도법, 지하철도법		북한	철도법, 지하철도법, 철도차량법	

보기

ㄱ. 남한의 도로 부문 관련 법규 개수는 북한의 도로 부문 관련 법규 개수의 2배 이상이다.

ㄴ. 자료에 명시된 법규 중 남한과 북한이 동일한 명칭을 사용하는 교통 관련 법규는 총 3개이다.

ㄷ. 북한의 철도 부문 관련 법규 개수는 북한의 교통수단의 운영 관련 법규 개수와 같다.

ㄹ. 남한의 교통 관련 법규 개수는 총 10개 이상이다.

① ㄱ, ㄴ   ② ㄱ, ㄹ

③ ㄴ, ㄷ   ④ ㄴ, ㄹ

03 다음 중 각 문단의 중심 주제로 적절하지 않은 것은?

(가) 국민권익위원회가 주관하는 '2017년도 공공기관 청렴도 측정조사'에서 1등급 평가를 받아, 2년 연속 청렴도 최우수기관으로 선정되었다. 한국중부발전은 지난 3년 연속 권익위 주관 부패방지 시책평가 최우수기관에 선정됨은 물론, 청렴도 측정에서도 전년도에 이어 1등급 기관으로 재차 선정됨에 따라 명실공히 '청렴 생태계' 조성에 앞장서는 공기업으로 자리매김하였다.

(나) 보령화력 3호기가 2016년 9월 27일을 기준으로 세계 최초 6,000일 장기 무고장 운전을 달성하였다. 보령화력 3호기는 순수 국산 기술로 설계하고 건설한 한국형 50만 kW 표준 석탄화력발전소의 효시로서 이 기술을 기반으로 국내에서 20기가 운영 중이며, 지금도 국가 전력산업의 근간을 이루고 있다. 역사적인 6,000일 무고장 운전 달성에는 정기적 교육훈련을 통한 발전운전원의 높은 기술역량과 축적된 설비개선 노하우가 큰 역할을 하였다.

(다) 정부 연구개발 국책과제로 추진한 초초임계압 1,000MW급 실증사업을 완료하고, 발전소 국산화와 기술 자립, 해외시장 진출 기반을 마련하였다. 본 기술을 국내 최초로 신보령화력발전소에 적용하여 기존 국내 표준석탄화력 대비 에너지 효율을 높임으로써 연간 약 60만 톤의 온실가스 배출과 약 300억 원의 연료비를 절감하게 되었다. 신보령 건설 이후 발주된 1,000MW급 초초임계압 국내 후속 프로젝트 모두 신보령 모델을 채택함으로써 약 5조 원의 경제적 파급효과를 창출했으며, 본 기술을 바탕으로 향후 협력사와 해외 동반진출을 모색할 계획이다.

(라) 2016년 11월 인도네시아에서 국내 전력그룹사 최초의 해외 수력발전 사업인 왐푸 수력발전소를 준공하였다. 한국중부발전이 최대 주주(지분 46%)로서 건설관리, 운영 정비 등 본 사업 전반에 걸쳐 주도적 역할을 수행하였으며, 사업 전 과정에 국내 기업이 참여한 대표적인 동반진출 사례로 자리매김하였다. 당사는 약 2,000만 달러를 투자하여 향후 30년간 약 9,000만 달러의 지분투자 수익을 거둬들일 것으로 예상하며, 특히 UN으로부터 매년 24만 톤의 온실가스 저감효과를 인정받고 그에 상응하는 탄소배출권을 확보함으로써 향후 배출권거래제를 활용한 부가수익 창출도 기대하고 있다.

① (가) : 청렴도 평가 1등급 2년 연속 청렴도 최우수기관 달성
② (나) : 보령 3호기 6,000일 무고장 운전, 세계 최장 운전 기록 경신
③ (다) : 국내 최초 1,000MW급 초초임계압 기술의 적용
④ (라) : 인도네시아 왐푸 수력 준공 등 국내외 신사업으로 연간 순이익 377억 원 달성

○○일보

| ○○일보 제1,358호 | ○○년 ○○월 ○일 | 안내전화 02-000-0000 | www.sdxxx.com |

거치기간 1년 못 넘기고, 초기부터 원금·이자 나눠 갚아야…

주택담보대출을 받을 때보다 깐깐한 소득심사를 하는 가계부채 관리대책이 수도권부터 전면 시행된다. 비수도권은 3개월 후부터 적용할 방침이다.

새 여신심사 가이드라인은 상환능력 범위에서 처음부터 나눠 갚도록 유도하는 내용이 골자다. 지금까지는 돈 빌리는 사람이 금리를 '고정형 또는 변동형', 상환방식을 '거치형 또는 일시납입형' 등으로 고를 수 있었고, 이에 따라 대출금리가 결정됐다. 이 때문에 집값이 오를 줄 알고 주택을 담보로 돈을 빌린 뒤 이자만 내다가 만기에 원금을 한꺼번에 갚는 방식을 많이 택했다.

새 가이드라인은 집의 담보 가치나 소득에 비해 빌리는 돈이 많거나 소득 증빙을 제대로 못한 경우에는 대출 후 1년 이내부터 빚을 나눠 갚도록 하는 내용을 담고 있다. 집을 사면서 그 집을 담보로 돈을 빌리는 사람도 초기부터 빚을 나눠 갚도록 하는 원칙이 적용된 것이다. 물론 명확한 대출 상환계획이 있는 등 일부 예외에 해당하면 거치식 대출을 받을 수 있다. 아파트 중도금 대출 등 집단대출도 이번 가이드라인 적용에서 예외로 인정된다.

또한 변동금리 제한도 많아진다. 상승가능금리(스트레스금리)를 추가로 고려했을 때 일정 한도를 넘어서는 대출은 고정금리로 유도하거나 아예 대출한도를 넘지 못하게 한다.

어떤 형태의 대출이 가능할지를 알아보려면 은행영업점 창구나 온라인에서 상담을 받으면 된다.

은행권에서는 무작정 대출받기가 어려워지는 것은 아니라고 설명한다. 은행 관계자는 "변동과 고정의 금리 차가 거의 없어 대출 시 다소 불편할지는 몰라도 못 받는 경우는 거의 없을 것"이라며 "실수요자들이 대출받기 어려워지는 부작용은 발생하지 않을 것"이라고 설명했다. 그럼에도 새 여신심사 가이드라인 시행을 앞두고 주택담보대출 증가세는 확연히 둔화한 것으로 나타났다.

··· 생략 ···

① G과장 : 최근 저금리 기조로 인해서 가계부채가 상당히 많이 늘었다고 하던데, 새로운 여신심사 가이드라인을 적용하면 가계부채 감소에 도움이 되겠군요.

② K차장 : 말도 말게나. 주택담보대출을 받을 때 만기일시상환으로 설정하면 이자만 내면 되었는데 말이야.

③ Y과장 : 맞습니다. 담보 가치나 소득에 비해 많은 대출을 하거나 소득증빙을 제대로 못하면 1년 이내부터 원금을 상환해야 하니 대출을 받으려는 사람도 줄어들 것 같습니다.

④ Q대리 : 네, 이제는 주택담보대출을 신청할 때 까다로운 심사기준으로 인해서 대출받기가 어려워진다니 실수요자들이 피해를 입을까 걱정됩니다.

05 다음 글의 빈칸 ㉠과 ㉡에 들어갈 내용을 바르게 짝지은 것은?

애덤 스미스의 '보이지 않는 손'이라는 가정은 시장에서 개인의 이익추구 활동을 제한하지 않는 것이 전체 이윤을 극대화하는 최선의 방책임을 보여주는 것으로 간주되었다. 그렇다면 다음의 경우는 어떠한가?

공동 소유의 목초지에 양을 치기에 알맞은 풀이 자라고 있다고 생각해 보자. 일정 넓이의 목초지에 방목할 수 있는 가축 두수에는 일정한 한계가 있기 마련이다. 즉, '수용 한계'가 존재하는 것이다. 그 목초지에 한 마리를 더 방목시킨다고 해서 다른 가축들이 갑자기 죽거나 병에 걸리는 것은 아니다. 하지만 목초지의 수용 한계를 넘어 양을 키울 경우, 목초가 줄어들어 그 목초지에서 양을 키워 얻을 수 있는 전체 생산량이 줄어든다. 나아가 수용 한계를 과도하게 초과할 정도로 사육 두수가 늘어날 경우 목초지 자체가 거의 황폐화된다.

예를 들어 수용 한계가 양 20마리인 공동 목초지에서 4명의 농부가 각각 5마리의 양을 키우고 있다고 해 보자. 그 목초지의 수용 한계에 이미 도달한 상태이지만, 그중 한 농부가 자신의 이익을 늘리고자 방목하는 양의 두수를 늘리려 한다. 그러면 5마리를 키우고 있는 농부들은 목초지의 수용 한계로 인하여 기존보다 이익이 줄어들지만, 두수를 늘린 농부의 경우 그의 이익이 기존보다 조금 늘어난다. 손실을 만회하기 위해 다른 농부들도 사육 두수를 늘리고자 할 것이다. 이러한 상황이 장기화될 경우 _____㉠_____ 이와 같이 애덤 스미스의 '보이지 않는 손'에 시장을 맡겨 둘 경우 _____㉡_____ 결과가 나타날 것이다.

① ㉠ : 농부들의 총이익은 기존보다 증가할 것이다.
　㉡ : 한 사회의 공공 영역이 확장되는

② ㉠ : 농부들의 총이익은 기존보다 감소할 것이다.
　㉡ : 한 사회의 전체 이윤이 감소하는

③ ㉠ : 농부들의 총이익은 기존보다 감소할 것이다.
　㉡ : 한 사회의 전체 이윤이 유지되는

④ ㉠ : 농부들의 총이익은 기존과 동일하게 될 것이다.
　㉡ : 한 사회의 전체 이윤이 유지되는

※ 다음과 같이 일정한 규칙으로 수를 나열할 때, 빈칸에 들어갈 수로 알맞은 것을 고르시오. [6~8]

06

| −6 | 50 | 18 | 10 | −54 | ( ) | 162 |

① 2   ② −1

③ 32   ④ −18

07

3.5   3.7   3.95   4.25   4.6   ( )

① 4.85   ② 5

③ 5.25   ④ 6

08

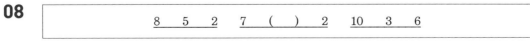

8   5   2   7   ( )   2   10   3   6

① 6   ② 5

③ 4   ④ 3

09 연봉 실수령액을 구하는 식이 다음과 같을 때, 연봉이 3,480만 원인 A씨의 실수령액은?(단, 십원 단위 미만은 절사한다)

- (연봉 실수령액)=(월 실수령액)×12
- (월 실수령액)=(월 급여)−(국민연금+건강보험료+고용보험료+장기요양보험료+소득세+지방세)
- (국민연금)=(월 급여)×4.5%
- (건강보험료)=(월 급여)×3.12%
- (고용보험료)=(월 급여)×0.65%
- (장기요양보험료)=(건강보험료)×7.38%
- (소득세)=68,000원
- (지방세)=(소득세)×10%

① 30,944,400원   ② 31,078,000원
③ 31,203,200원   ④ 32,150,800원

10 다음은 국가 및 연도별 주택용 전기요금과 월간 전기사용량에 대한 자료이다. 이에 대한 설명으로 옳지 않은 것은?

〈국가 및 연도별 주택용 전기요금〉

(단위 : 원/kWh)

구분	2016년	2017년	2018년
한국	200	192	187
미국	138	132	128
프랑스	248	246	250
일본	268	278	277

〈국가 및 연도별 월간 주택용 전기사용량〉

(단위 : kWh/가구)

구분	2016년	2017년	2018년
한국	320	335	369
미국	364	378	397
프랑스	355	366	365
일본	362	341	357

※ (가구당 월간 전기요금)=(주택용 전기요금)×(월간 주택용 전기사용량)

① 2017년에 주택용 전기요금이 가장 높은 국가의 같은 해 월간 주택용 전기사용량은 두 번째로 적다.
② 2016 ~ 2018년 주택용 전기요금이 가장 낮은 국가의 월간 주택용 전기사용량은 네 국가 중 가장 많다.
③ 한국의 2016년 가구당 월간 전기요금이 2017년보다 높다.
④ 프랑스의 2017년 월간 주택용 전기사용량은 같은 해 일본의 월간 주택용 전기사용량의 5% 이상이다.

※ S기업은 정보보안을 위해 직원의 컴퓨터 암호를 다음과 같은 규칙으로 지정해두었다. 이어지는 질문에 답하시오. [11~13]

〈규칙〉

1. 비밀번호는 임의의 세 글자로 구성하며, 다음의 규칙에 따라 지정한다.
   - 자음
     - 국어사전 배열 순서에 따라 알파벳 소문자(a, b, c, …)로 치환하여 사용한다.
     - 쌍자음일 경우, 먼저 쓰인 순서대로 알파벳을 나열한다.
     - 받침으로 사용되는 자음의 경우 대문자로 구분한다.
   - 모음
     - 국어사전 배열 순서에 따라 숫자(1, 2, 3, …)로 치환하여 사용한다.
2. 비밀번호의 마지막 음절 뒤에 한 자리 숫자를 다음의 규칙에 따라 지정한다.
   - 각 음절에 사용된 모음에 해당하는 숫자를 모두 더한다.
   - 모음에 해당하는 숫자의 합이 두 자리 이상일 경우엔 각 자릿수를 다시 합하여 한 자릿수가 나올 때까지 더한다.
   - '-'을 사용하여 단어와 구별한다.

---

11 김사원 컴퓨터의 비밀번호는 '자전거'이다. 다음 중 이를 암호로 바르게 치환한 것은?

① m1m3ca5-9 ② m1m5Ca5-2

③ n1n5ca3-9 ④ m1m3Ca3-7

12 이대리 컴퓨터의 비밀번호는 '마늘쫑'이다. 다음 중 이를 암호로 바르게 치환한 것은?

① g1c19FN9L-2 ② g1C11fN3H-6

③ g1c16FN2N-1 ④ g1c19Fn9L-2

13 다음 중 조사원 컴퓨터의 암호 'e5Ah9Bl21-8'을 바르게 풀이한 것은?

① 매운탕 ② 막둥이

③ 떡볶이 ④ 떡붕어

14 A ~ D 네 사람이 빨간색, 파란색, 노란색, 초록색 4가지 색상의 모자, 티셔츠, 바지를 입고 있다. 다음 〈조건〉에 따라 항상 참인 것은?

> **조건**
> • 한 사람이 입고 있는 모자, 티셔츠, 바지의 색깔은 서로 겹치지 않는다.
> • 각각의 색깔과 의상은 한 벌씩밖에 없다.
> • A는 빨간색을 입지 않았다.
> • C는 초록색을 입지 않았다.
> • D는 노란색 티셔츠를 입었다.
> • C는 빨간색 바지를 입었다.

① A의 모자는 초록색이다.
② B의 바지는 초록색이다.
③ D의 바지는 노란색이다.
④ B의 모자와 D의 바지의 색상은 서로 같다.

15 A ~ E 다섯 명이 100m 달리기를 했다. 기록 측정 결과가 나오기 전에 그들끼리의 대화를 통해 순위를 예측해 보려고 한다. 그들의 대화는 다음과 같고, 이 중 한 명이 거짓말을 하고 있다고 할 때, A ~ E의 순위로 옳은 것은?

> • A : 나는 1등이 아니고, 3등도 아니야.
> • B : 나는 1등이 아니고, 2등도 아니야.
> • C : 나는 3등이 아니고, 4등도 아니야.
> • D : 나는 A와 B보다 늦게 들어왔어.
> • E : 나는 C보다는 빠르게 들어왔지만, A보다는 늦게 들어왔어.

① C − A − E − B − D
② C − E − B − A − D
③ E − A − B − C − D
④ E − C − B − A − D

01 다음 중 세계적인 기술력으로 만든 상품임에도 불구하고 세계적인 표준은 무시하고 자국 시장만을 생각한 표준과 규격을 사용하여 국제적으로 고립되는 현상은?

① ADD 증후군   ② 갈라파고스 증후군

③ 파랑새 증후군   ④ 닌텐도 증후군

02 다음 중 복리를 전제로 하여 원금이 두 배가 되는 데 걸리는 시간을 계산하는 방법으로, 72를 연간 복리수익률로 나누면 원금이 두 배가 되는 기간과 같아진다는 법칙은?

① 70의 법칙   ② 그레셤의 법칙

③ 파레토 법칙   ④ 지브라의 법칙

03 다음 중 중국 기업과 사업 분야가 바르게 짝지어진 것으로 옳지 않은 것은?

① ZTE – 전자제품 제조 및 판매

② 텐센트 – 인터넷 서비스 및 게임 서비스

③ 화웨이 – 인터넷 검색 엔진

④ 완다 그룹 – 미디어 및 관광 산업

04 다음 중 미국의 고전학자 폴 우드러프가 공동체 안에서의 보상과 분배 문제를 그리스 신화에 빗대어 명명한 것으로, 요즘 기업에 만연하는 성과주의의 폐해를 언급할 때 등장하는 용어는?

① 아이아스의 딜레마   ② 트롤리 딜레마

③ 유동성 딜레마   ④ 트리핀 딜레마

05 다음 중 애플리케이션, SNS 등 디지털 플랫폼에서 노동력이 거래되는 근로 형태는?

① 그림자 노동   ② 플랫폼 노동

③ 워크셰어링   ④ 네트워크 노동

06 다음은 콜금리 변화 추이에 대한 그래프이다. (가) ~ (다)에서 나타날 수 있는 경제현상으로 옳은 것을 〈보기〉에서 모두 고르면?(단, 콜금리 이외 요인은 고려하지 않는다)

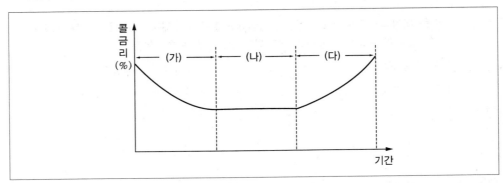

> **보기**
>
> ㄱ. (가)에서는 기업의 신규 투자가 점차 증가할 것이다.
> ㄴ. (나)에서는 경기가 위축되는 현상이 지속될 것이다.
> ㄷ. (다)에서는 시중 통화량이 점차 줄어들 것이다.
> ㄹ. (다)에서는 은행 대출 이율이 점차 낮아질 것이다.

① ㄱ, ㄴ ② ㄱ, ㄷ
③ ㄴ, ㄷ ④ ㄴ, ㄹ

07 다음 중 특정 주권의 가격이나 주가지수의 수치에 연계한 증권으로 자산을 우량채권에 투자하여 원금을 보존하고 일부를 주가지수 옵션 등 금융파생 상품에 투자해 고수익을 노리는 금융상품은?

① 주가지수연계펀드(ELF) ② 주가연계증권(ELS)
③ 주가지수연동예금(ELD) ④ 주식워런트증권(ELW)

08 다음 중 핀테크에 대한 설명으로 옳지 않은 것은?

① 금융(Finance)과 기술(Technology)이 결합한 서비스를 가리키는 말이다.
② 새로운 IT기술의 등장을 그 배경으로 하고 있다.
③ 하드웨어, 앱 등을 기반으로 한 간편결제 서비스가 출시되고 있다.
④ 플랫폼과 관계없이 다양한 사업자들의 공정한 경쟁이 보장되고 있다.

09 다음 중 〈보기〉의 사례에 해당하는 영역을 찾아 바르게 짝지은 것은?

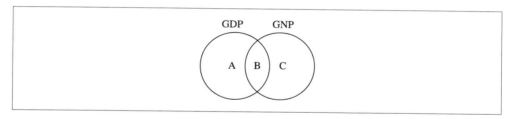

보기

ㄱ. 영국 시민권자인 민호는 우리나라 기업에 근무하며 300만 원의 월급을 받는다.
ㄴ. 부산에 사는 지영이는 외국인을 대상으로 게스트하우스를 운영한다.
ㄷ. 외국인 용병 니콜라이는 국내 야구 구단과 재계약을 맺었다.
ㄹ. 성진이는 미국의 IT회사에 취직하여 지난달에 출국했다.

	A	B	C
①	ㄱ, ㄷ	ㄴ	ㄹ
②	ㄱ, ㄷ	ㄹ	ㄴ
③	ㄷ	ㄱ, ㄴ	ㄹ
④	ㄷ	ㄴ	ㄱ, ㄹ

10 다음 중 기관투자자들이 투자 기업의 의사결정에 적극 참여해 주주와 기업의 이익 추구, 성장, 투명한 경영 등을 이끌어 내는 것을 목적으로 2016년 국내에서 시행된 자율지침은?

① 출구전략
② 오퍼레이션 트위스트
③ 섀도보팅
④ 스튜어드십코드

11 다음 중 단기투자에 대한 설명으로 옳지 않은 것은?

① 헤지펀드는 주가의 장·단기 실적을 두루 고려해 장·단기 모두에 투자하는 식으로 포트폴리오를 구성하여 위험은 분산시키고 수익률은 극대화한다.
② 헤지펀드는 조세회피 지역에 위장거점을 설치하고 파생금융상품을 교묘히 조합해 자금을 운영하는 투자 신탁으로 국제금융시장을 교란시키는 요인이 되기도 한다.
③ 스폿펀드는 3개월, 6개월 등 일정 기간 내에 정해 놓은 목표수익률이 달성되면 조기상환되는 상품이다.
④ 뮤추얼펀드가 소수의 고액투자자를 대상으로 하는 반면, 헤지펀드는 다수의 소액투자자를 대상으로 공개모집한다.

12 다음은 환율 추세에 대한 그래프이다. 이와 같은 추이가 계속된다고 할 때, 합리적인 경제 행위에 해당하는 것을 〈보기〉에서 모두 고르면?(단, 외화는 미 달러화이며, 환율 이외의 요인은 고려하지 않는다)

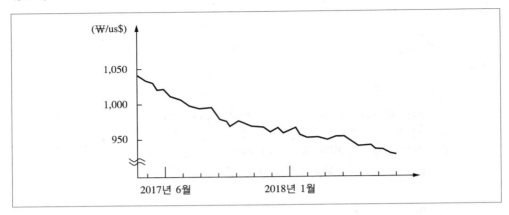

> **보기**
> ㄱ. 보유하고 있는 외화의 환전은 최대한 늦춘다.
> ㄴ. 해외 송금을 하기 위한 환전은 최대한 늦춘다.
> ㄷ. 해외 출장 후 남은 외화는 귀국 즉시 원화로 바꾼다.
> ㄹ. 수입 대금을 지불하기 위한 환전은 가능한 일찍 한다.

① ㄱ, ㄴ   ② ㄱ, ㄹ
③ ㄴ, ㄷ   ④ ㄴ, ㄹ

13 다음은 지원이가 아르바이트를 한 내용이다. 이를 기업의 영업활동으로 가정할 때, 기업 회계기준에 의하여 순이익을 계산한 것으로 옳은 것은?

여름방학 초부터 용돈을 마련하기 위해 가지고 있던 돈 6만 원과 부모님께 빌린 돈 4만 원을 자금으로 휴대 전화 고리 10만 원어치를 구매하여 판매를 시작하였다. 하루 동안 판매 활동과 직접적으로 관련된 내용을 노트에 적어 보았다.

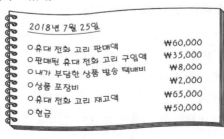

2018년 7월 25일
- 휴대 전화 고리 판매액   ₩60,000
- 판매된 휴대 전화 고리 구입액   ₩35,000
- 내가 부담한 상품 발송 택배비   ₩8,000
- 상품 포장비   ₩2,000
- 휴대 전화 고리 재고액   ₩65,000
- 현금   ₩50,000

① 10,000원   ② 15,000원
③ 20,000원   ④ 25,000원

14 다음 중 경영진 교체시기에 앞서 부실자산을 한 회계년도에 모두 반영함으로써 잠재부실이나 이익 규모를 있는 그대로 드러내는 회계기법은?

① 빅배스   ② 어닝서프라이즈

③ 윈도드레싱   ④ 분식회계

15 다음 중 경영전략과 경영조직에 대한 설명으로 옳은 것은?

① 포터의 가치사슬 모형에 의하면 마케팅, 재무관리, 생산관리, 인적자원관리는 본원적 활동이다.

② BCG 매트릭스에서는 시장의 성장률과 절대적 시장 점유율을 기준으로 사업을 평가한다.

③ 제조업체에서 부품의 안정적 확보를 위해 부품회사를 인수하는 것은 전방통합에 해당하며, 제품 판매를 위해 유통회사를 인수하는 것은 후방통합에 해당한다.

④ 기계적 조직은 유기적 조직에 비해 집권화 정도와 공식화 정도가 모두 강하다.

16 다음 중 경기불황이 심해짐에 따라 물가수준이 하락 시 경제주체들이 소유한 화폐의 실질가치가 증가하게 되어 소비 및 총수요가 증대되는 효과는?

① 롤링 효과   ② 피구 효과

③ 구글 효과   ④ 아마존 효과

17 다음 중 2014년 미국의 최대 전자상거래업체인 아마존에서 내놓은 음성인식 인공지능(AI)비서로 179달러짜리 원통형 스피커 '에코'를 사서 설치하면 목소리로 각종 가전기기나 난방, 조명 등을 작동할 수 있는 것은?

① 시리
② 씽큐
③ 빅스비
④ 알렉사

18 다음 중 한국은행의 정책을 관리하는 기구는?

① 중앙경제위원회
② 국민경제자문회의
③ 금융통화위원회
④ 정책금융공사

19 다음은 경제 지표 추이에 대한 그래프이다. 이와 같은 추이가 계속된다고 할 때, 나타날 수 있는 현상으로 옳은 것을 〈보기〉에서 모두 고르면?(단, 지표 외 다른 요인은 고려하지 않는다)

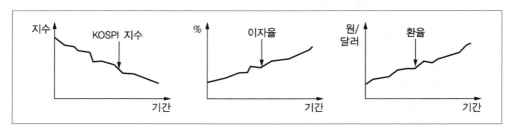

보기
ㄱ. KOSPI 지수 추이를 볼 때, 기업은 주식시장을 통한 자본 조달이 어려워질 것이다.
ㄴ. 이자율 추이를 볼 때, 은행을 통한 기업의 대출 수요가 증가할 것이다.
ㄷ. 환율 추이를 볼 때, 수출제품의 가격 경쟁력이 강화될 것이다.

① ㄱ
② ㄴ
③ ㄱ, ㄷ
④ ㄴ, ㄷ

CHAPTER 09 2018년 하반기 기출복원문제

정답 및 해설 p.052

01 NCS 직업기초능력평가

01 S기업에서는 단일제품을 주문받은 수량만 생산하여 판매한다. 법인세율이 20%의 단일세율일 때, 다음 자료에 따라 2018년도 공헌이익률을 구하면?

〈2018년도 회계 현황〉

(단위 : 원)

매출액	3,000,000	제품단위당 변동원가	800
총고정원가	275,000	세후이익	260,000

① 20%

② 25%

③ 30%

④ 35%

02 S기업은 문구류 제조 회사로 K볼펜, A만년필, P연필을 생산하고 있으며, 각각 전체 판매수량에서 20%, 20%, 60%를 차지한다. 고정원가가 7,300,000원이라고 할 때, 다음 자료를 참고하여 제품별 손익분기점 판매량을 구하면?

〈제품별 원가 현황〉

(단위 : 원)

구분	K볼펜	A만년필	P연필
제품단위당 판매가격	6,500	36,000	2,500
제품단위당 변동원가	2,000	10,000	500

	K볼펜	A만년필	P연필
①	100개	200개	600개
②	200개	100개	600개
③	200개	200개	600개
④	200개	200개	500개

03 연봉이 3,500만 원인 무역회사에 다니고 있는 갑은 샌드위치 가게를 창업하기로 결정하고, 창업계획서를 다음과 같이 작성해 보았다. 1년 동안의 수익을 비교해 볼 때, 무역회사를 다니는 것과 창업을 하는 것 중에 어떤 선택이 얼마나 더 이익인가?

■ 샌드위치 가게 창업계획
- 식당 매장 임차비용 : 보증금 8천만 원, 월세 90만 원
- 샌드위치 1개 판매가격 : 6,000원
- 샌드위치 1개 판매비용 : 2,000원
- 1일 평균 판매량 30개(월 28일 운영)
- 갑이 S은행에 보유한 금액 : 5천만 원(S은행 정기예금 연이율 2.5%)
- 갑은 S은행에 보유한 금액과 대출금을 보증금에 사용

■ 비고
- 갑은 창업 시 3천만 원 대출(S은행 대출이자 연이율 4%)
- 회사를 다닐 시 보유한 금액은 예금함

---

① 무역회사를 다니는 것이 977만 원 이익이다.
② 샌드위치 가게를 하는 것이 892만 원 이익이다.
③ 샌드위치 가게를 하는 것이 865만 원 이익이다.
④ 무역회사를 다니는 것이 793만 원 이익이다.

04 경현이는 반려동물로 고슴도치와 거북이를 한 마리씩 키우고 있다. 주말을 맞아 집에 놀러온 영수랑 고슴도치와 거북이를 경주시켜 결승점에 들어오는 시간을 맞히는 내기를 하였다. 영수는 거북이, 경현이는 고슴도치의 완주시간을 맞혔다고 할 때, 반려동물들이 경주한 거리는?

〈반려동물 완주 예상시간〉

구분	고슴도치	거북이
경현	30초	2분
영수	25초	2.5분

※ 고슴도치의 속력은 3m/분, 거북이는 고슴도치 속력의 $\frac{1}{5}$ 임

① 1.5m   ② 1.7m
③ 1.9m   ④ 2.1m

※ 다음과 같이 일정한 규칙으로 수를 나열할 때, 빈칸에 들어갈 수로 알맞은 것을 고르시오. [5~13]

05

-5	5	9	-9	-1	( )	13

① 1 ② 2
③ -1 ④ -2

06

84	80	42	20	21	( )	10.5	1.25

① 7 ② 6
③ 5 ④ 4

07

7	8	13	38	( )	788

① 160 ② 161
③ 162 ④ 163

08

$\dfrac{14}{3}$	12	34	( )	298	892	$2,674$

① 90 ② 100
③ 110 ④ 120

09

57	45	36	( )	18	9

① 30 ② 29
③ 28 ④ 27

10

92	103	107	115	( )	127

① 110 ② 112
③ 118 ④ 122

11

| | 2 | 5 | 7 | 3 | 6 | 9 | 4 | 7 | ( ) |

① 11   ② 13
③ 24   ④ 28

12

426   414   390   354   306   ( )

① 246   ② 256
③ 276   ④ 286

13

13   19   30   51   87   ( )

① 140   ② 143
③ 150   ④ 153

14 다음은 S은행에서 환율우대 50%를 기준으로 제시한 환율이다. K씨가 2주 전 엔화와 달러로 환전한 금액은 800,000엔과 7,000달러였고, 그때보다 환율이 올라 다시 원화로 환전했다. 2주 전 엔화 환율은 998원/100엔이었고, K씨가 오늘 엔화와 달러를 원화로 환전한 후 얻은 수익이 같다고 할 때, 2주 전 미국 USD 환율은?

〈통화별 환율 현황〉

(단위 : 원)

구분	매매기준율	현찰	
		팔 때	살 때
미국 USD	1,120.70	1,110.90	1,130.50
일본 JPY 100	1,012.88	1,004.02	1,021.74
유럽연합 EUR	1,271.66	1,259.01	1,284.31
중국 CNY	167.41	163.22	171.60

① 1,102.12원/달러   ② 1,104.02원/달러
③ 1,106.12원/달러   ④ 1,108.72원/달러

15 다음 글을 읽고 이해한 내용으로 적절하지 않은 것은?

2008년 서브프라임 모기지(Sub-prime Mortgage)로 인해 미국의 은행이 위기를 맞이하면서 금융위기가 전 세계로 확산되었고, 미국은 양적완화를 통해 경제를 회복하려 했다. 최근 미국의 GDP 성장률이 오르고 실업률 수준이 낮아지자 미국은 현재 출구전략을 추진 중에 있다. 그렇다면 여기서 양적완화와 출구전략은 무엇일까?

양적완화는 중앙은행이 정부의 국채나 다른 금융 자산 등을 매입하여 시장에 직접 유동성을 공급하는 정책을 말한다. 이는 중앙은행이 기준금리를 조절하여 간접적으로 유동성을 조절하던 기존 방식과 달리, 시장에 직접적으로 통화를 공급하여 시장의 통화량 자체를 늘림으로써 침체된 경기를 회복하고 경기를 부양시키려는 통화 정책이다.

간접적으로 통화량을 늘리는 기존의 방식으로는 금리 인하, 재할인율 인하, 지급준비율 인하 등의 방법이 있다. 재할인율 인하는 중앙은행이 시중은행에 빌려주는 자금의 금리를 낮춰 유동성을 조절하는 것이며, 지급준비율 인하는 예금은행이 중앙은행에 예치해야 하는 법정지급준비금의 비율을 낮춰 시장의 통화량을 늘리는 것이다.

이러한 방법으로도 효과를 기대할 수 없을 때 중앙은행은 시중에 있는 다양한 금융자산을 매입해 직접 돈을 시장에 공급하는 양적완화 정책을 시행할 수 있다. 중앙은행이 국채와 회사채 등을 매입하고, 그 매입에 사용된 돈을 직접적으로 시장에 흘러가게 만들어서 경기를 부양하는 것이다.

양적완화를 통해 어느 정도 경기가 회복되었다면 출구전략을 실행할 수 있다. 출구전략은 경기 부양을 위해 취하였던 각종 정책을 정상화하는 것을 말한다. 경기가 회복되는 과정에서 시장에 유동성이 과도하게 공급될 경우 물가가 높아지고 현금 가치가 하락하여 인플레이션과 같은 부작용을 초래할 수 있는데, 이때 출구전략을 활용하여 이러한 정책의 부작용을 최소화할 수 있다.

출구전략은 통화량 공급 정책을 반대로 실행하되 비교적 영향력이 적은 재할인율, 지급준비율을 먼저 인상하여 시장을 살핀 뒤에 기준금리를 인상해야 한다. 출구전략을 성급하게 추진하여 금리를 너무 빠르게 인상하면, 오히려 기업의 투자가 위축되고 소비가 억제되어 경기가 다시 위축될 수 있기 때문이다.

① 양적완화와 출구전략은 모두 시장경제를 안정시키기 위한 정책이다.
② 미국이 현재 출구전략을 추진하는 이유는 미국의 경기가 회복되었다고 생각하기 때문이다.
③ 한국은행이 시중은행에 대한 금리를 인상하면 금융기관의 매출 및 투자가 감소할 것이다.
④ 금리, 재할인율, 지급준비율은 통화량과 비례 관계라고 생각할 수 있다.

CHAPTER 09 2018년 하반기 기출복원문제 · **151**

16 S사의 영업팀과 홍보팀에서 근무 중인 9명의 사원 A ~ I는 워크숍을 가려고 한다. 다음 〈조건〉에 따라 한 층당 4개의 객실로 이루어져 있는 호텔을 1층부터 3층까지 사용한다고 할 때, 항상 참인 것은?(단, 직원 1명당 하나의 객실을 사용하며, 2층 이상인 객실의 경우 반드시 엘리베이터를 이용해야 한다)

> **조건**
> • 한 층에는 반드시 두 팀이 묵어야 한다.
> • 202호는 현재 공사 중이라 사용할 수 없다.
> • 영업팀 A사원은 홍보팀 B, E사원과 같은 층에 묵는다.
> • 3층에는 영업팀 C, D, F사원이 묵는다.
> • 홍보팀 G사원은 같은 팀 H사원의 바로 아래층 객실에 묵는다.
> • I사원은 101호에 배정받았다.

① 영업팀은 총 5명의 직원이 워크숍에 참석했다.
② 홍보팀 G사원은 2층에 묵는다.
③ 영업팀 C사원의 객실 바로 아래층은 빈 객실이다.
④ 엘리베이터를 이용해야 하는 사람의 수는 영업팀보다 홍보팀이 더 많다.

01 다음 중 현재의 직장이 마음에 들지 않아 발생하는 실업은?

① 마찰적 실업   ② 계절적 실업

③ 구조적 실업   ④ 경기적 실업

02 다음 중 주택담보대출뿐만 아니라 신용대출, 자동차 할부금 등을 포함한 전체 대출금의 원금과 이자가 연간 총소득에서 차지하는 비율인 총부채원리금상환비율을 나타내는 약자는?

① DST   ② DSR

③ LTV   ④ DTI

03 다음 중 탄화수소가 풍부한 퇴적암에서 개발·생산되는 천연가스로, 기술 발달을 통해 신에너지원으로 급부상하고 있는 천연가스는?

① 셰일가스   ② 타이트가스

③ 메테인가스   ④ 수소

04 다음은 보스턴컨설팅그룹에서 개발한 BCG 매트릭스로, 상대적 시장점유율과 시장성장률을 기준으로 사업의 성격을 유형화하여 사업 포트폴리오를 분석하는 모형이다. 다음 중 (가)에 들어갈 용어로 옳은 것은?

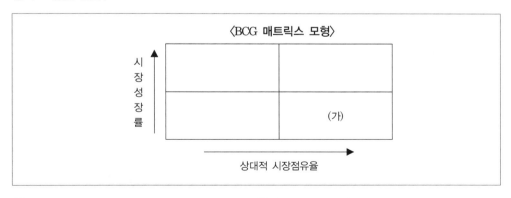

① Star   ② Question Mark

③ Cash Cow   ④ Dog

05 다음 중 고도화된 알고리즘과 빅데이터를 활용하여 포트폴리오 관리를 수행하는 온라인 자산관리 서비스를 나타내는 용어는?

① 프라이빗 뱅커

② 로보어드바이저

③ 퀀트

④ 펀드매니저

06 다음 중 상품에 대한 고객의 구매를 의도적으로 줄임으로써 적절한 수요를 창출하는 마케팅 전략은?

① 앰부시마케팅

② 노이즈마케팅

③ 마이크로마케팅

④ 디마케팅

07 다음 중 영화 아이언맨에 등장하는 아이언맨의 인공지능 비서 이름은?

① 스타크

② 페퍼

③ 자비스

④ 워 머신

08 다음 중 삼성에서 개발한 스마트폰 등에 탑재된 인공지능의 이름은?

① 시리

② 코타나

③ 어시스턴트

④ 빅스비

09 다음 중 고객 수요의 작은 변동이 제조업체에 전달되면서 정보가 왜곡되고 확대되는 현상을 나타내는 용어는?

① 승수효과　　　　　　　　　　② 채찍효과
③ 구축효과　　　　　　　　　　④ 분수효과

10 다음 중 적은 돈을 장기간 저축하는 습관의 중요성을 나타내는 말로, 하루에 4,000원을 30년간 꾸준히 저축하면 약 2억 원의 목돈을 만들 수 있다는 경제 용어는?

① 카페라테 효과　　　　　　　　② 아메리카노 효과
③ 핫초코 효과　　　　　　　　　④ 카페모카 효과

11 다음 중 주식편입비율을 70% 이상 유지하여 고수익을 추구하는 주식형 펀드는?

① 안정형 펀드　　　　　　　　　② 안정성장형 펀드
③ 성장형 펀드　　　　　　　　　④ 자산배분형 펀드

12 임대료가 저렴했던 구도심에 유동인구가 늘어나고 대규모 프랜차이즈점이 들어서면서 임대료가 상승하고, 그 결과 소규모 가게와 주민들이 임대료를 감당하지 못해 다른 곳으로 밀려나는 현상으로, 2000년대 이후 서울의 상수동, 경리단길 등에서 이 현상을 찾아볼 수 있다. 다음 중 이러한 현상을 나타내는 용어는?

① 도심재개발　　　　　　　　　　　② 교외화
③ 젠트리피케이션　　　　　　　　　　④ 투어리스티피케이션

13 다음 중 '자원의 저주'라고 불리기도 하며, 천연자원의 개발로 급성장한 국가가 자원수출에 따른 부작용으로 인해 경제가 침체되는 현상을 나타내는 용어는?

① 병목현상　　　　　　　　　　　　② 경제공황
③ 에콰도르병　　　　　　　　　　　　④ 네덜란드병

14 다음 중 세계 각국의 국제 간 금융거래에서 기준금리로 활용되는 금리는?

① 리비드　　　　　　　　　　　　　② 코픽스
③ 콜금리　　　　　　　　　　　　　④ 리보금리

15 다음 중 브룸(Vroom)의 기대이론에 대한 설명으로 옳지 않은 것은?

① 개인의 노력은 성과에 대한 기대에 의해 좌우된다.
② 다른 사람과 비교했을 때 노력과 그에 대한 보상이 공평해야 한다.
③ 개인의 동기화 정도는 기대, 수단, 유인가에 따라 결정된다.
④ 성과에 대한 신념이 없다면 더 이상 노력하지 않을 것이다.

16 다음 중 스마트폰 앱을 통해 소비자의 계좌에서 판매자의 계좌로 돈을 이체하는 방식으로 결제가 이루어지는 결제 시스템은?

① 실시간 계좌이체   ② 체크카드 결제
③ 폰뱅킹   ④ 앱투앱 결제

17 다음 빈칸에 들어갈 용어로 알맞은 것은?

> 1960년대 베트남전쟁이 일어났던 시기에 당시 베트남전쟁을 계속해야 한다고 주장했던 미국의 정치파를 동물에 빗대어 _____로 부르기 시작했고, 이는 전쟁 이후에도 미국에서 정치·외교적으로 급진적이고 강력한 세력을 나타내는 말로 쓰이고 있다.

① 올빼미파   ② 독수리파
③ 매파   ④ 비둘기파

18 다음 중 한 상품의 가격이 변화할 때 해당 상품에 대한 수요량이 어떻게 변화하는지를 나타내는 지표는?

① 대체탄력성　　　　　　　　　② 공급탄력성
③ 소득탄력성　　　　　　　　　④ 가격탄력성

19 다음 중 보험사가 가진 보험리스크, 금리리스크, 신용리스크 등 각종 위험을 정밀하게 측정해 이에 적합한 규모의 자기자본을 보유하도록 함으로써 보험회사의 재무건전성을 높이는 제도는?

① RAAS　　　　　　　　　　　② RBC
③ ALM　　　　　　　　　　　　④ RADARS

20 다음 중 10cm 이내의 가까운 거리에서 다양한 무선 데이터를 주고받는 비접촉식 통신 기술은?

① WLAN　　　　　　　　　　　② 블루투스
③ NFC　　　　　　　　　　　　④ MST

정답 및 해설 p.060

01 직무수행능력평가

01 다음 중 자본자산가격결정모형(CAPM)에 대한 설명으로 옳지 않은 것은?

① 투자자들은 기대효용을 극대화하고자 하는 위험회피자이다.

② 투자자들의 투자기간은 단일기간이다.

③ 투자자들은 투자대상의 미래수익률 확률분포에 대하여 동질적으로 예측한다.

④ 세금과 거래비용이 존재한다.

02 다음 중 포트폴리오의 구성자산 수를 증가시킴에 따라 제거할 수 없는 체계적 위험(Systematic Risk)에 해당되는 것은?

① 기업의 경영성과 위험

② 경영진의 교체 위험

③ 신제품 개발의 성패 위험

④ 국제 환율 위험

03 다음 중 최저임금제에 대한 설명으로 옳은 것은?

① 최저임금제는 가격상한제의 한 예이다.

② 최저임금제와 노동시장에서의 실업률과는 관련성이 없다.

③ 최저임금이 높을수록 취업 준비생은 보호를 받을 수 있다.

④ 근로계약 중 최저임금에 미치지 못하는 금액을 임금으로 정하는 경우 무효가 된다.

04 다음은 재화의 특성에 따른 분류이다. 빈칸에 들어갈 재화에 대한 설명으로 옳지 않은 것은?

〈재화의 특성에 따른 분류〉		
구분	경합성	비경합성
배제성	㉠	㉡
비배제성	㉢	㉣

① ㉠에 해당하는 재화는 일반적으로 기업이 생산한다.
② ㉡에 해당하는 재화는 공유지의 비극현상이 나타나기 쉽다.
③ ㉢의 사례로는 혼잡한 무료 고속도로 등이 있다.
④ ㉣에 해당하는 재화는 무임승차 현상이 발생한다.

05 재산이 900만 원인 지혜는 500만 원의 손실을 볼 확률이 $\frac{3}{10}$이고, 손실을 보지 않을 확률이 $\frac{7}{10}$이다. 보험회사는 지혜가 일정 금액을 보험료로 지불하면 손실 발생 시 손실 전액을 보전해주는 상품을 판매하고 있다. 지혜의 효용함수가 U(X)=$\sqrt{X}$이고 기대효용을 극대화한다고 할 때, 지혜가 보험료로 지불할 용의가 있는 최대금액은?

① 21만 원 ② 27만 원
③ 171만 원 ④ 729만 원

06 다음 재무상태표를 바탕으로 계산한 경영비율 중 옳지 않은 것은?

재무상태표(2017년 12월 31일 현재)			
유동자산	100억	부채	100억
현금	50억	유동부채	50억
매출채권	30억	비유동부채	50억
재고자산	20억		
비유동자산	100억	자본	100억
유형자산	60억	자본금	40억
무형자산	40억	자본잉여금	30억
		이익잉여금	30억
		(당기순이익 10억 포함)	
자산총계	200억	부채와 자본총계	200억

① 유동비율은 50%이다.
② 당좌비율은 160%이다.
③ 자기자본비율은 50%이다.
④ 총자산순이익률(ROA)은 5%이다.

07 다음 중 재무비율에 대한 설명으로 옳지 않은 것은?

① 유동성 비율은 단기에 지급해야 할 기업의 채무를 갚을 수 있는 기업의 능력을 측정하는 것이다.

② 이자보상비율은 순이익을 이자비용으로 나누어 산출한다.

③ 재고자산회전율이 산업평균보다 높은 경우 재고부족으로 인한 기회비용이 나타난다.

④ 레버리지 비율을 통해 기업의 채무불이행 위험을 평가할 수 있다.

08 다음은 경제학에서 범하기 쉬운 오류를 나열한 것이다. 각각의 경우 어떠한 오류를 범했는가?

> ㉠ 우산 판매량이 증가하면 세탁소의 수입이 증가한다.
> ㉡ 개인이 부자가 되기 위해서는 저축을 많이 해야 하듯이, 이번 금융위기를 극복하기 위해서는 세계 각국의 경제주체들은 재정을 절약하여야 한다.

	㉠	㉡
①	인과의 오류	구성의 오류
②	인과의 오류	강조의 오류
③	구성의 오류	인과의 오류
④	구성의 오류	강조의 오류

09 다음은 통화량과 이자율의 관계를 설명한 내용이다. 빈칸 (가) ~ (다)에 들어갈 용어를 바르게 짝지은 것은?

> 통화당국이 이자율을 조절하기 위해 통화량을 증가시키면 단기적으로 명목이자율은 하락하게 되는데 이를 ___(가)___ 효과라고 한다. 그러나 이자율 하락은 투자를 증가시키므로 국민소득이 증대되고 이는 화폐수요를 증가시켜 명목이자율은 다시 상승하게 되는데 이를 ___(나)___ 효과라고 부른다. 또한 통화량이 증가하여 기대인플레이션이율이 상승하고 물가가 상승하면 명목이자율이 상승하는데 이를 ___(다)___ 효과라고 한다.

① 유동성 − 소득 − 피셔 ② 유동성 − 피셔 − 소득

③ 소득 − 유동성 − 피셔 ④ 피셔 − 소득 − 유동성

10 다음 중 시장이자율과 채권가격에 대한 설명으로 옳은 것은?

① 다른 조건은 동일하다고 가정할 경우 표면이자율이 높을수록 이자율의 변동에 따른 채권가격의 변동률이 크다.

② 만기일 채권가격은 액면가와 항상 일치한다.

③ 채권가격은 시장이자율과 같은 방향으로 움직인다.

④ 만기가 정해진 상태에서 이자율 하락에 따른 채권가격 상승폭과 이자율 상승에 따른 채권가격 하락폭은 항상 동일하다.

11 다음 내용을 바탕으로 빈칸 안에 들어갈 용어를 바르게 짝지은 것은?

> 은행과 보험회사, 은행과 증권회사 등 업종이 다른 금융기관들끼리의 업무제휴가 활발히 이루어지는 현상은 ___㉠___ 때문이다. 반면, 은행 간의 합병은 규모가 커짐에 따라 평균 비용이 낮아지는 효과인 ___㉡___ 때문이다.

	㉠	㉡
①	범위의 경제	규모의 경제
②	규모의 경제	범위의 경제
③	규모의 경제	규모의 불경제
④	범위의 경제	네트워크 외부성

12 다음 빈칸에 들어갈 경제 용어를 바르게 짝지은 것은?

> 구매력평가이론(Purchasing Power Parity Theory)은 모든 나라의 통화 한 단위의 구매력이 같도록 환율이 결정되어야 한다는 것이다. 구매력평가이론에 따르면 양국통화의 ___㉠___ 은 양국의 ___㉡___ 에 의해 결정되며, 구매력평가이론이 성립하면 ___㉢___ 은 불변이다.

	㉠	㉡	㉢
①	실질환율	물가수준	명목환율
②	명목환율	경상수지	실질환율
③	실질환율	경상수지	명목환율
④	명목환율	물가수준	실질환율

13 다음 중 빠른 시대 변화에 대응하기 위해 비정규 프리랜서 근로 형태가 확산되는 경제 현상은?

① 긱 이코노미
② 핑크슬립
③ ASP
④ SaaS

14 다음 중 온디맨드 경제에 해당되지 않는 것은?

① 프리랜서
② 카카오 택시
③ 에어비엔비
④ P2P 대출

15 다음 중 대출을 받으려는 사람의 소득 대비 전체 금융부채의 원리금 상환액 비율을 말하는 것으로, 연간 총부채 원리금 상환액을 연간 소득으로 나눠 산출하는 것은?

① DTI
② LTV
③ DSR
④ CDS

16 다음 중 시스템리스크 예방대책 마련, 파생금융상품 규제 강화, 금융소비자 보호장치 신설, 대형 금융회사들에 대한 각종 감독·규제책 신설을 골자로 한 법으로 시스템리스크 예방을 위해 시장의 금융안정감시위원회(FSOC)를 신설한 것은?

① 사베이즈 – 옥슬리법
② 글래스 – 스티걸법
③ 잡스법
④ 도드 – 프랭크법

교육은 우리 자신의 무지를 점차 발견해 가는 과정이다.

- 윌 듀란트 -

PART

주요 금융권 NCS 기출복원문제

01 2024년 주요 금융권 NCS 기출복원문제

정답 및 해설 p.066

┃ KB국민은행

01 다음 글의 내용으로 적절하지 않은 것은?

> 이제 은행은 단순히 금융에서 그치는 것이 아닌 이를 넘어서 비금융 영역에서도 다양한 서비스를 제공하고 있다. 대표적으로 KB국민은행의 'KB스타뱅킹'을 들 수 있다.
>
> KB스타뱅킹은 KB국민은행의 핵심 플랫폼으로 금융 및 비금융 영역에서 다양한 서비스를 제공하여 플랫폼 경쟁력을 더하고 있으며, 현재 월간활성고객(MAU) 1,240만 명을 넘어선 금융권 슈퍼앱으로 자리 잡았다. 또한 KB스타뱅킹은 KB금융그룹 계열사의 70여 개의 서비스를 한 번에 제공하고 있어 고객의 편의성도 높였다.
>
> KB스타뱅킹이 제공하는 금융 서비스인 'KB모임통장 서비스(구 KB국민총무 서비스)'는 고객이 별도로 계좌를 추가 개설하는 번거로운 과정을 없앨 수 있도록 기존에 사용하던 입출금계좌를 모임통장으로 변환할 수 있게 하였다.
>
> 또한 KB모임통장을 등록한 고객에게는 이를 손쉽게 관리할 수 있도록 KB스타뱅킹 홈화면 하단에 별도의 공간을 제공해 고객 편의성을 높였다. 이를 클릭하면 모임통장 전용화면으로 즉각 연결돼 모임 구성원을 초대할 수 있음은 물론, 정기회비 설정과 거래내역 확인까지 손쉽게 처리할 수 있다.
>
> KB스타뱅킹이 제공하는 비금융 서비스에서는 KB국민은행의 알뜰폰 브랜드 KB Liiv M(KB리브모바일)과 연계해 KB스타뱅킹에서 한 번에 가입할 수 있는 'KB스타뱅킹 요금제 LTE 15GB+'를 출시했다.
>
> 해당 요금제는 KB스타뱅킹에서만 가입·개통할 수 있으며, 이를 이용하고 싶은 고객은 다른 채널에 들어갈 필요 없이 KB스타뱅킹 내 테마별 서비스 중 '통신'에서 편리하게 가입 가능하다. 최대 24개월 동안 전용 할인 쿠폰이 매달 1회 제공되며, 최대 할인을 받게 되면 저렴한 가격인 월 2만 200원에 통신 서비스를 이용할 수 있다.

① KB스타뱅킹 앱을 통해 KB금융그룹 각 계열사 앱을 별도 설치 없이 서비스 이용이 가능하다.

② KB국민은행 신규고객이 KB모임통장 서비스를 이용하기 위해서는 별도로 계좌 개설 과정이 필요하다.

③ KB모임통장을 이용하는 고객은 별도로 모임원들에게 연락할 필요 없이 KB스타뱅킹 앱에서 모임원을 초대할 수 있다.

④ KB스타뱅킹 요금제를 이용하는 고객은 2년 동안 최대 2만 200원의 통신요금을 절감할 수 있다.

02 다음 문단을 논리적 순서대로 바르게 나열한 것은?

> (가) 이러한 관리 방식에 따른 차이에도 불구하고 공동주택에서 자치관리를 하느냐, 위탁관리를 하느냐는 이론적인 측면이 강한 것이 현실이다. 공동주택의 대형화 및 고급화와 더불어 단지 내 시설, 설비의 복잡화와 첨단화로 인해 공동주택 관리를 아웃소싱할 것인가에 대한 의사결정은 과거에 비해 그 중요성이 증가하고 있다.
>
> (나) 반면에 위탁관리 방식은 입주자대표회의가 공동주택 위탁관리를 업(業)으로 하는 주택관리업자에게 위탁관리 수수료를 지급하고 관리사무소의 운영권 전반을 맡기는 도급 방식이다. 주택관리업자는 관리사무소장과 관리 직원을 공동주택 관리사무소에 투입하여 운영한다.
>
> (다) 우리나라 주택 시장에서의 가장 대표적인 주택 유형은 공동주택이다. 1990년대 이전 양적 공급 확대 정책에 의해 공급된 공동주택은 노후화와 더불어 단지 내 각종 시설 등의 기능적 부재 문제를 겪고 있다. 이에 따라 입주민들의 쾌적성 및 안전성 확보를 위한 공동주택 관리의 중요성이 높아지고 있다.
>
> (라) 공동주택 관리는 두 가지 방식으로 제도화되어 있으며, 어떤 관리 방식을 택하느냐에 따라 공동주택 관리의 효율성과 효과성에 미치는 영향이 달라진다. 결과적으로 공동주택 관리 서비스의 품질과 입주민들이 부담하는 관리비에 직접적인 영향을 미칠 가능성이 크다.
>
> (마) 이러한 관리 방식에는 입주자대표회의가 공동주택을 직접 운영하는 자치관리 방식이 있으며, 다른 하나로는 주택관리업자에게 관리업무를 아웃소싱하는 형태인 위탁관리 방식이 있다. 자치관리 방식에서는 입주자대표회의가 관리사무소장을 자치관리기구의 대표자로 선임하고 관리 직원을 고용하여 관리 업무를 입주민이 스스로 결정하고 집행한다.

① (가) - (나) - (다) - (라) - (마)

② (나) - (라) - (마) - (다) - (가)

③ (다) - (라) - (마) - (나) - (가)

④ (다) - (마) - (나) - (가) - (라)

※ 다음 자료를 보고 이어지는 질문에 답하시오. [3~4]

보증회사의 회계팀 소속인 A사원은 신용보증과 관련된 온라인 고객상담 게시판을 담당하여 고객들의 문의사항을 해결하는 업무를 하고 있다.

■ 보증심사등급 기준표

CCRS 기반	SBSS 기반	보증료율
K5		1.1%
K6	SB1	1.2%
K7		1.3%
K8	SB2	1.4%
K9	SB3	1.5%
K11	SB5	1.7%

■ 보증료율 운용체계

① 보증심사등급별 보증료율		• CCRS 적용 기업(K5 ~ K11) • SBSS 적용 기업(SB1 ~ SB5)
② 가산요율	보증비율 미충족	0.2%p
	일부 해지 기준 미충족	0.4%p
	장기분할해지보증 해지 미이행	0.5%p
	기타	0.1 ~ 0.6%p
③ 차감요율	0.3%p	• 장애인기업(장애인 고용 비율이 5% 이상인 기업) • 창업초기기업(창업한 지 만 1년이 되지 않은 기업)
	0.2%p	녹색성장산업 영위기업, 혁신형 중소기업 중 혁신역량 공유 및 전파기업, 고용창출 기업, 물가 안정 모범업소로 선정된 기업
	0.1%p	혁신형 중소기업, 창업 5년 이내 여성기업, 전시 대비 중점관리업체, 회계투명성 제고기업
	기타	경쟁력 향상, 창업지원 프로그램 대상 각종 협약 보증
④ 조정요율	차감	최대 0.3%p

• 가산요율과 차감요율은 중복 적용이 가능하며, 조정요율은 상한선 및 하한선을 넘는 경우에 대해 적용
• (최종 적용 보증료율)=①+②-③±④=0.5%(하한선) ~ 2.0%(상한선)
  (단, 대기업의 상한선은 2.3%로 함)
※ (보증료)=(보증금액)×(최종 적용 보증료율)×(보증기간)÷365

03 A사원은 온라인 상담 게시판에 올라와 있는 어느 고객의 상담 요청을 확인하였다. 요청한 내용에 따라 보증료를 계산한다면 해당 회사의 보증료는 얼마인가?(단, 1백만 원 미만은 절사한다)

〈고객 상담 게시판〉

[1 : 1 상담 요청]
제목 : 보증료 관련 문의 드립니다.

안녕하십니까.
수도권에서 소기업을 운영하고 있는 사업자입니다.
보증료를 계산하는 데 어려움이 있어 문의를 남깁니다.
현재 우리 회사의 보증심사등급은 SBSS 기준 SB3 등급에 해당됩니다.
그리고 보증비율은 일부 해지 기준 미충족 상태이며, 작년에 혁신형 중소기업으로 지정되었습니다.
보증금액은 100억 원이고, 보증기간은 3개월(90일)로 요청 드립니다.

---

① 3,800만 원   ② 4,000만 원
③ 4,200만 원   ④ 4,400만 원

04 A사원은 다음 자료를 토대로 3개 회사의 보증료를 검토하게 되었다. 이 회사들의 보증료를 모두 계산하였을 때, 보증료가 높은 순서대로 3개 회사를 나열한 것은?(단, 주어진 내용 이외의 것은 고려하지 않는다)

구분	대기업 여부	심사등급	가산요율	특이사항	보증금액	보증기간
가	○	SB5	• 보증비율 미충족 • 장기분할해지보증 해지 미이행	–	150억	365일
나	○	K11	• 일부 해지 기준 미충족	• 녹색성장산업 영위기업	150억	365일
다	×	K7	–	• 장애인기업 • 고용창출 기업	100억	219일

① 가 – 나 – 다   ② 가 – 다 – 나
③ 나 – 가 – 다   ④ 나 – 다 – 가

※ 다음은 K회사의 여비규정에 대한 자료이다. 이어지는 질문에 답하시오. [5~6]

〈국내여비 정액표〉

구분		대상	가군	나군	다군
운임		항공운임	실비(1등석/비지니스)	실비(2등석/이코노미)	
		철도운임	실비(특실)		실비(일반실)
		선박운임	실비(1등급)	실비(2등급)	
	자동차운임	버스운임	실비		
		자가용승용차운임	실비		
	일비(1일당)		2만 원		
	식비(1일당)		2만 5천 원	2만 원	
	숙박비(1박당)		실비	실비(상한액 : 서울특별시 7만 원, 광역시·제주도 6만 원, 그 밖의 지역 5만 원)	

〈실비 단가(1일당 상한액)〉

구분	가군	나군	다군
항공운임	100만 원	50만 원	
철도운임	7만 원		3만 원
선박운임	50만 원	20만 원	
버스운임	1,500원		
자가용승용차운임	20만 원		
숙박비	15만 원	–	–

05 지난주 출장을 다녀온 A부장의 출장 내역이 다음과 같을 때, A부장이 받을 수 있는 최대 여비는?

> **〈A부장 출장 내역〉**
>
> • 2박 3일 동안 가군으로 출장을 간다.
> • 항공은 첫째 날과 셋째 날에 이용한다.
> • 철도는 첫째 날과 둘째 날에 이용한다.
> • 자가용은 출장 기간 동안 매일 이용한다.

① 315만 5천 원   ② 317만 원

③ 317만 5천 원   ④ 318만 원

06 영업팀 3명이 각각 다른 군으로 출장을 갈 때, 영업팀이 받는 총여비는?

> **〈영업팀 출장 내역〉**
>
> • 1박 2일 동안 출장을 간다.
> • 비용은 최대로 받는다.
> • 항공은 첫째 날에 이용한다.
> • 선박은 둘째 날에 이용한다.
> • 기차는 출장 기간 동안 매일 이용한다.
> • 버스는 출장 기간 동안 매일 이용한다.
> • 자가용은 출장 기간 동안 매일 이용한다.
> • 나군은 서울에 해당한다.
> • 다군은 제주도에 해당한다.

① 485만 9천 원   ② 488만 6천 원

③ 491만 6천 원   ④ 497만 9천 원

07 다음은 2023년 9 ~ 12월의 원/100엔 환율 변동을 나타난 그래프이다. 이에 대한 설명으로 옳지 않은 것은?

① 원/100엔 환율이 가장 높은 달은 2023년 12월이다.

② 원/100엔 환율이 가장 낮은 달은 2023년 11월이다.

③ 원/100엔 환율이 가장 큰 폭으로 증가한 시기는 2023년 9월과 2023년 10월 사이이다.

④ 원/100엔 환율이 가장 큰 폭으로 감소한 시기는 2023년 10월과 2023년 11월 사이이다.

08 다음은 2023년 9월과 2023년 12월의 원/달러 환율이다. 2023년 9월에 100만 원을 달러로 환전하고 2023년 12월에 다시 원화로 환전했을 때, 손해를 보는 금액은 얼마인가?(단, 환전수수료는 고려하지 않는다)

〈원/달러 환율〉		
구분	2023년 9월	2023년 12월
환율	1,327원/달러	1,302원/달러

※ 단, 원화에서 달러로 환전할 때에는 소수점 둘째 자리에서 반올림하고, 달러에서 원화로 환전할 때에는 백의 자리에서 반올림함

① 17,000원

② 19,000원

③ 21,000원

④ 23,000원

09 다음 글의 내용으로 적절하지 않은 것은?

> 현재 전해지는 조선 시대의 목가구는 대부분 조선 후기의 것들로 단단한 소나무, 느티나무, 은행나무 등의 곧은결을 기둥이나 쇠목으로 이용하고, 오동나무, 느티나무, 먹감나무 등의 늘결을 판재로 사용하여 자연스런 나뭇결의 재질을 살렸다. 또한 대나무 혹은 엇갈리거나 소용돌이 무늬를 이룬 뿌리 부근의 목재 등을 활용하여 자연스러운 장식이 되도록 하였다.
>
> 조선 시대의 목가구는 대부분 한옥의 온돌에서 사용되었기에 온도와 습도 변화에 따른 변형을 최대한 방지할 수 있는 방법이 필요하였다. 그래서 단단하고 가느다란 기둥재로 면을 나누고, 기둥재에 홈을 파서 판재를 끼워 넣는 특수한 짜임과 이음의 방법을 사용하였으며, 꼭 필요한 부위에만 접착제와 대나무 못을 사용하여 목재가 수축·팽창하더라도 뒤틀림과 휘어짐이 최소화될 수 있도록 하였다. 조선 시대 목가구의 대표적 특징으로 언급되는 '간결한 선'과 '명확한 면 분할'은 이러한 짜임과 이음의 방법에 기초한 것이다. 짜임과 이음은 조선 시대 목가구 제작에 필수적인 방법으로, 겉으로 드러나는 아름다움은 물론 보이지 않는 내부의 구조까지 고려한 격조 높은 기법이었다.
>
> 한편 물건을 편리하게 사용할 수 있게 해주며, 목재의 결합부위나 모서리에 힘을 보강하는 금속 장석은 장식의 역할도 했지만 기능상 반드시 필요하거나 나무의 질감을 강조하려는 의도에서 사용되어, 조선 시대 목가구의 절제되고 간결한 특징을 잘 살리고 있다.

① 조선 시대 목가구는 온도와 습도 변화에 따른 변형을 방지할 방법이 필요했다.
② 금속 장석은 장식의 역할도 했지만, 기능상 필요에 의해서도 사용되었다.
③ 나무의 곧은결을 기둥이나 쇠목으로 이용하고, 늘결을 판재로 사용하였다.
④ 접착제와 대나무 못을 사용하면 목재의 수축과 팽창이 발생하지 않게 된다.
⑤ 목재의 결합부위나 모서리에 힘을 보강하기 위해 금속 장석을 사용하였다.

10 평균 점수가 80점 이상이면 우수상을, 85점 이상이면 최우수상을 받는 시험이 있다. 현재 갑돌이는 70점, 85점, 90점을 받았고 나머지 1과목의 시험만을 남겨 놓은 상태라고 할 때, 갑돌이가 최우수상을 받으려면 몇 점 이상을 받아야 하는가?

① 85점   ② 90점
③ 95점   ④ 100점
⑤ 80점

11 다음 정보만으로 판단할 때, 기초생활수급자로 선정할 수 없는 경우는?

가. 기초생활수급자 선정 기준
 • 부양의무자가 없거나, 부양의무자가 있어도 부양능력이 없거나 또는 부양을 받을 수 없는 자로서 소득인정액이 최저생계비 이하인 자
  ※ 부양능력 있는 부양의무자가 있어도 부양을 받을 수 없는 경우란 부양의무자가 교도소 등에 수용되거나 병역법에 의해 징집·소집되어 실질적으로 부양을 할 수 없는 경우와 가족관계 단절 등을 이유로 부양을 거부하거나 기피하는 경우 등을 가리킴
나. 매월 소득인정액 기준
 • (소득인정액)=(소득평가액)+(재산의 소득환산액)
 • (소득평가액)=(실제소득)−(가구특성별 지출비용)
  1) 실제소득 : 근로소득, 사업소득, 재산소득
  2) 가구특성별 지출비용 : 경로연금, 장애수당, 양육비, 의료비, 중·고교생 입학금 및 수업료
다. 가구별 매월 최저생계비

1인	2인	3인	4인	5인	6인
42만 원	70만 원	94만 원	117만 원	135만 원	154만 원

라. 부양의무자의 범위
 • 수급권자의 배우자, 수급권자의 1촌의 직계혈족 및 그 배우자, 수급권자와 생계를 같이 하는 2촌 이내의 혈족

---

① 유치원생 아들 둘과 함께 사는 A는 재산의 소득환산액이 12만 원이고, 구멍가게에서 월 100만 원의 수입을 얻고 있으며, 양육비로 월 20만 원씩 지출하고 있다.

② 부양능력이 있는 근로소득 월 60만 원의 조카와 살고 있는 B는 실제소득 없이 재산의 소득환산액이 36만 원이며, 의료비로 월 30만 원을 지출한다.

③ 중학생이 된 두 딸을 혼자 키우고 있는 C는 재산의 소득환산액이 24만 원이며, 근로소득으로 월 80만 원이 있지만, 두 딸의 수업료로 각각 월 11만 원씩 지출하고 있다.

④ 외아들을 잃은 D는 어린 손자 두 명과 부양능력이 있는 며느리와 함께 살고 있다. D는 근로소득이 월 80만 원, 재산의 소득환산액이 48만 원이며, 의료비로 월 15만 원을 지출하고 있다.

⑤ 군대 간 아들 둘과 함께 사는 고등학생 딸을 둔 E는 재산의 소득환산액이 36만 원이며, 월 평균 60만 원의 근로소득을 얻고 있지만, 딸의 수업료로 월 30만 원을 지출하고 있다.

12 다음 글의 밑줄 친 단어 중 한글 맞춤법상 띄어쓰기가 옳지 않은 것은?

> 농림축산검역본부는 전국 공항 및 항만 등에서 국가를 위해 공헌한 검역탐지견이 민간 입양을 통해 <u>새 가족</u>을 만나 남은 삶을 행복하게 보낼 수 있도록 하겠다고 전했다.
>
> 검역탐지견은 전국 공항 및 항만 등에서 국내 반입이 금지된 축산물과 식물류 등을 찾아내는 작업을 해왔으며 마리당 연간 5,000건 이상의 반입금지 물품을 찾아내고 있다.
>
> 이처럼 국가를 위해 공헌한 검역탐지견은 은퇴 시기인 <u>만 8세</u>에 다다르거나, 능력 저하, 훈련탈락 등 더 이상 검역 탐지 업무가 불가능한 상황이 되면 민간 입양을 통해 <u>제2의</u> 삶을 시작하게 된다.
>
> 민간 입양은 <u>분기 별</u>로 연 4회 실시되며 입양을 원하는 가정은 농림축산검역본부 홈페이지에 올라온 안내문에 따라 입양을 신청할 수 있다. 입양 가정은 동물보호단체와 함께 2개월간 공평하고 투명한 서류 및 현장심사를 통해 선정되며, 선정이 끝나면 분기 말 마지막 주에 입양이 진행된다.
>
> 또한 농림축산검역본부는 입양 이후에도 매년 '홈커밍데이'를 개최해 민간에 입양된 검역탐지견과 그 가족을 초청하고 있으며, '해마루 반려동물 의료재단'과 업무협약을 맺어 진료비 30% 할인 등을 제공하고 있다.

① 새 가족
② 만 8세
③ 제2의
④ 분기 별

13 지영이의 생일을 맞이하여 민지, 재은, 영재, 정호는 함께 생일을 축하하고, 생일 케이크를 나눠 먹기로 하였다. 지영이가 다섯 조각으로 자른 케이크의 크기는 서로 다르며 각자 케이크 한 조각씩을 먹었다고 할 때, 먹은 케이크의 크기가 작은 순서대로 바르게 나열한 것은?

> • 생일 주인공이 가장 큰 조각의 케이크를 먹었다.
> • 민지의 케이크 조각은 가장 작지도 않고, 두 번째로 작지도 않다.
> • 재은이의 케이크 조각은 지영이의 케이크 조각보다 작지만, 민지의 케이크 조각보다는 크다.
> • 정호의 케이크 조각은 민지의 케이크 조각보다는 작지만, 영재의 케이크 조각보다는 크다.

① 지영 – 재은 – 민지 – 영재 – 정호
② 정호 – 재은 – 민지 – 영재 – 지영
③ 영재 – 정호 – 민지 – 재은 – 지영
④ 영재 – 재은 – 민지 – 정호 – 지영

14 다음은 N기관에 대한 SWOT 분석 결과이다. SWOT 분석 결과를 바탕으로 한 〈보기〉의 전략 중 적절한 것을 모두 고르면?

〈N기관에 대한 SWOT 분석 결과〉

강점(Strength)	약점(Weakness)
• 공공기관으로서의 신뢰성 • 국토의 종합적 이용 · 개발	• 국토개발로 인한 환경파괴 • 정부 통제 및 보수적 조직문화
기회(Opportunity)	위협(Threat)
• 정부의 해외 개발 사업 추진 • 환경친화적 디지털 신도시에 대한 관심 확대	• 환경보호 단체, 시민 단체와의 충돌 • 건설 경기 위축 및 침체

보기

ㄱ. 공공기관으로서의 높은 신뢰도를 바탕으로 정부의 해외 개발 사업에 적극적으로 참여한다.

ㄴ. 침체된 건설 경기를 회복하기 위해 비교적 개발이 진행되지 않은 산림, 해안지역 등의 개발을 추진한다.

ㄷ. 환경파괴를 최소화하면서도 국토를 효율적으로 이용할 수 있는 환경친화적 신도시를 개발한다.

ㄹ. 환경보호 단체나 시민 단체에 대한 규제 강화를 통해 공공기관으로서의 역할을 수행한다.

① ㄱ, ㄴ   ② ㄱ, ㄷ

③ ㄴ, ㄷ   ④ ㄴ, ㄹ

15 M펀드는 A, B, C주식에 각각 30%, 20%, 50%를 투자하였다. 매입가에서 A주식이 20%, B주식이 40%씩 각각 오르고, C주식이 20% 하락했다면, 이 펀드는 몇 %의 이익을 보았는가?

① 2%

② 4%

③ 6%

④ 8%

16 M은행은 다음과 같은 예·적금 상품을 판매하고 있다. 고객의 요청 사항이 제시된 바와 같을 때, 추천할 상품으로 가장 적절한 것은?

〈M은행 예·적금 상품〉

구분	특징
스마트폰 적금	• 가입기간 : 6 ~ 12개월 • 가입금액 : 매일 핸드폰으로 1,000원씩 자동입금 • 복잡한 우대금리 조건이 없는 스마트폰 전용 적금
나라지킴이 적금	• 가입기간 : 24개월 • 가입금액 : 최대 50만 원 • 군인인 경우에만 들 수 있음
우리 아이 정기예금	• 가입기간 : 12 ~ 36개월 • 가입금액 : 처음 예치 시 1,000만 원 이상 • 우대금리 : 신규 고객으로 한정하며, 최초 통장 개설 시 200만 원 이상 예치금이 있어야 함
우리 집 만들기 예금	• 가입기간 : 12 ~ 24개월 • 가입금액 : 제한 없음 • 우대금리 : 해당 은행 계열사 카드 전월 실적 30만 원 이상 은행 신규 고객을 대상으로 하며, 통장에 300만 원 이상 보유해야 함

> 저는 이번에 M은행 금융상품에 가입하고자 합니다. 가입기간은 24개월로 하고 싶습니다. 저는 M은행 계열사 카드를 매달 40만 원씩 쓰고 있고 통장에 500만 원 정도 있습니다. 현재 M은행에 가입한 이력이 없습니다. 제대는 이미 오래전에 했고요, 지금 나이는 30살입니다. 가입금액은 월 10만 원씩 넣고 싶습니다.

① 스마트폰 적금

② 나라지킴이 적금

③ 우리 아이 정기예금

④ 우리 집 만들기 예금

※ 다음은 M금고에서 근무하는 직원들의 대화 내용과 M금고 신입행원 직무 교육 자료의 일부이다. 이어지는 질문에 답하시오. [17~18]

〈K사원과 P대리의 대화 내용〉

K사원 : P대리님, 요즘 영업 실적이 좋지 않아서 고민입니다.

P대리 : 그렇군요. 어떤 이유에서일까요?

K사원 : 아무래도 적립식 예금 상품의 신규 거래 가입 실적이 조금 부진한 듯합니다.

P대리 : 잘 파악하고 있네요. 그렇다면 고객에게 _____㉠_____

K사원 : 역시 P대리님이십니다. 조언 감사합니다.

P대리 : 아니에요. 우수한 성적으로 직무 교육 과정을 통과한 K사원이니 잘할 수 있을 겁니다.

〈M금고 예금 신규 거래 절차 교육 자료〉

…

• 고객정보를 전산에 등록하거나 변경한다.
• 신규 거래 시 필요한 서류를 징구하여 확인한다.
• 고객 유형을 파악하여 유형별 실명 확인 방법에 따라 실명을 확인한다.
• 작성한 통장이나 증서에 고객의 인감 또는 서명날인을 받는다.
• 신규 거래되는 예금의 통장이나 증서를 작성한다.

…

| MG새마을금고 지역본부

17 다음 중 ㉠에 들어갈 말로 적절하지 않은 것은?

① 자유적립식 예금이 상대적으로 입출금이 자유로운 통장보다 이자가 높고, 수시로 입금하거나 중도인출이 가능하다는 점을 강조하여 권유해 보는 건 어떨까요?

② 기준금리가 떨어지고 있을 때, 서둘러 적립식 예금을 가입해야 조금이라도 높은 금리로 이자를 수령할 수 있음을 강조하여 가입을 권유해 보는 건 어떨까요?

③ 고객의 직업군에 특화된 금융 상품을 추천하는 등 상품별 특징을 잘 살펴 고객에게 적합한 생애주기별 특화 상품을 추천해 보는 건 어떨까요?

④ 적립식 예금의 경우 월 저축금을 약정한 납입일보다 지연하면 소정의 입금지연이자가 차감되므로 자동이체를 통해 정기 적립하도록 권유해 보는 건 어떨까요?

18 신입행원 직무 교육 당시 K사원은 교육을 담당하고 있던 P대리로부터 예금의 신규 거래 절차에 대해서 배우게 되었다. K사원은 부진했던 영업 실적을 고조하기 위해 교육 내용을 활용하여 예금 신규 거래를 진행하려고 한다. 다음은 K사원이 교육 자료를 도식화한 표이다. (C)에 들어갈 내용으로 옳은 것은?

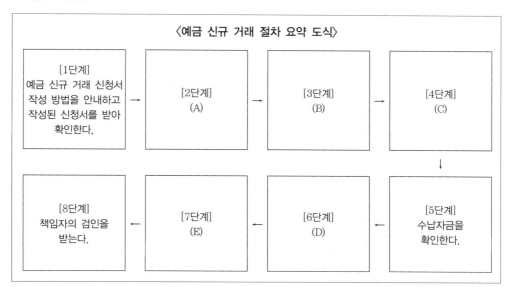

〈예금 신규 거래 절차 요약 도식〉

[1단계] 예금 신규 거래 신청서 작성 방법을 안내하고 작성된 신청서를 받아 확인한다.	→	[2단계] (A)	→	[3단계] (B)	→	[4단계] (C)
[8단계] 책임자의 검인을 받는다.	←	[7단계] (E)	←	[6단계] (D)	←	[5단계] 수납자금을 확인한다.

① 고객정보를 전산에 등록하거나 변경한다.
② 신규 거래되는 예금의 통장이나 증서를 작성한다.
③ 작성한 통장이나 증서에 고객의 인감 또는 서명날인을 받는다.
④ 신규 거래 시 필요한 서류를 징구하여 확인한다.

19 다음 글의 빈칸에 들어갈 내용으로 가장 적절한 것은?

육색사고모자기법(6 Thinking Hat)은 에드워드 드 보노가 개발한 창의적 사고 기법으로, 여섯 가지 색깔의 모자를 통해 다양한 사고방식을 훈련하는 방법이다. 육색사고모자기법의 핵심은 각 색깔의 모자가 특정 사고 유형을 대표한다는 점이다. 흰색 모자는 객관적 사실, 빨간색 모자는 감정과 직관, 노란색 모자는 긍정적 사고, 검은색 모자는 부정적 사고, 녹색 모자는 창의적 아이디어, 파란색 모자는 사고 과정의 통제를 나타낸다. 이 기법을 사용하면 한 번에 하나의 사고방식에 집중할 수 있어, 복잡한 문제를 체계적으로 접근할 수 있다.

창의성 발달에 있어 육색사고모자기법의 효과는 여러 연구를 통해 입증되었다. 육색사고모자기법은 다양한 관점에서 문제를 바라보고 해결책을 찾는 능력을 향상시킨다. 예를 들어, 녹색 모자를 사용할 때는 새로운 아이디어를 자유롭게 제시할 수 있고, 노란색 모자를 쓰면 긍정적인 측면을 찾아내는 데 집중할 수 있다. 이러한 과정을 통해 창의적 사고의 폭을 넓히고 깊이를 더할 수 있다.

육색사고모자기법은 특히 유아교육 분야에서 효과가 주목받고 있다. 이 기법을 활용한 활동은 유아의 언어표현력, 미술 감상능력, 사회적 기술능력을 향상시키는 데 도움을 준다. 또한 창의적 능력과 창의적 성격 발달에도 긍정적인 영향을 미치며, 명화 감상, 동화 듣기, 인성교육, 감정코칭, 문제해결 활동 등 다양한 상황에 적용하여 창의적 사고를 유도한다.

육색사고모자기법의 또 다른 장점은 협력적 사고를 촉진한다는 점이다. 이 기법을 그룹 활동에 적용하면, 참가자들이 서로 다른 관점을 이해하고 수용하는 태도를 기를 수 있어 창의적인 문제 해결과 의사결정 과정을 학습하는 데 효과적이다. 또한 검은색 모자를 사용할 때는 아이디어의 단점이나 위험을 분석하게 되는데, 이 과정에서 _____이 길러진다. 이는 창의성과 함께 균형 잡힌 사고를 하는 데 도움을 준다.

육색사고모자기법은 온라인 환경에서도 효과적으로 적용될 수 있다. 온라인 실시간 토론 도구를 개발하여 이 기법을 적용하면, 구조화된 상호작용과 의사소통을 촉진할 수 있다. 이는 디지털 시대의 창의성 교육에 새로운 가능성을 제시한다.

결론적으로, 육색사고모자기법은 다양한 사고방식을 체계적으로 훈련함으로써 창의성 발달에 크게 기여한다. 문제를 다각도로 바라보는 능력, 새로운 아이디어를 생성하는 능력, 협력적 사고 능력, 비판적 사고 능력 등을 종합적으로 향상시킬 수 있기 때문에 교육 현장이나 일상생활에서 이 기법을 적극적으로 활용한다면, 개인과 집단의 창의성을 효과적으로 발달시킬 수 있을 것이다.

---

① 객관적 사고력   ② 창의적 사고력

③ 과정적 사고력   ④ 비판적 사고력

20 다음 글에서 법학자 A의 견해로 가장 적절한 것은?

> 명예는 세 종류가 있다. 첫째는 인간으로서의 존엄성에 근거한 고유한 인격적 가치를 의미하는 내적 명예이며, 둘째는 실제 이 사람이 가진 사회적·경제적 지위에 대한 사회적 평판을 의미하는 외적 명예, 셋째는 인격적 가치에 대한 자신의 주관적 평가 내지는 감정으로서의 명예감정이다.
>
> 악성 댓글, 즉 악플에 의한 인터넷상의 명예훼손이 통상적 명예훼손보다 더 심하기 때문에 통상의 명예훼손행위에 비해서 인터넷상의 명예훼손행위를 가중해서 처벌해야 한다는 주장이 일고 있다. 이에 대해 법학자 A는 다음과 같이 주장하였다.
>
> 인터넷 기사 등에 악플이 달린다고 해서 즉시 악플 대상자의 인격적 가치에 대한 평가가 하락하는 것은 아니므로, 내적 명예가 그만큼 더 많이 침해되는 것으로 보기 어렵다. 또한, 만약 악플 대상자의 외적 명예가 침해되었다고 하더라도 이는 악플에 의한 것이 아니라 악플을 유발한 기사에 의한 것으로 보아야 한다. 오히려 악플로 인해 침해되는 것은 명예감정이라고 보는 것이 마땅하다. 다만 인터넷상의 명예훼손행위는 그 특성상 해당 악플의 내용이 인터넷 곳곳에 퍼져 있을 수 있어 명예감정의 훼손 정도가 피해자의 정보수집량에 좌우될 수 있다는 점을 간과해서는 안될 것이다. 구태여 자신에 대한 부정적 평가를 모를 필요가 없음에도 부지런히 수집·확인하여 명예감정의 훼손을 자초한 피해자에 대해서 국가가 보호해줄 필요성이 없다는 점에서 명예감정을 보호해야 할 법익으로 삼기 어렵다. 따라서 인터넷상의 명예훼손이 통상적 명예훼손보다 더 심하다고 보기 어렵다.

① 기사가 아니라 악플로 인해서 악플 피해자의 외적 명예가 침해된다.

② 악플 피해자의 명예감정의 훼손 정도는 피해자의 정보수집 행동에 영향을 받는다.

③ 인터넷상의 명예훼손행위를 통상적 명예훼손행위에 비해 가중해서 처벌하여야 한다.

④ 인터넷상의 명예훼손행위의 가중처벌 여부의 판단에서 세 종류의 명예는 모두 보호하여야 할 법익이다.

※ 다음은 비-REM수면과 REM수면에 대한 글이다. 이어지는 질문에 답하시오. [21~22]

수면은 피로가 누적된 심신을 회복하기 위해 주기적으로 잠을 자는 상태를 의미한다. 수면은 '비-REM수면'과 급속한 안구 운동을 동반하는 'REM(Rapid Eye Movement)수면'이 교대로 나타난다. 일반적으로 비-REM수면 이후 REM수면이 진행된다. 비-REM수면은 4단계로 진행되면서 깊은 잠에 빠져들게 되는 수면이다. 이러한 수면의 양상은 수면 단계에 따라 달리 측정되는 뇌파로 살펴볼 수 있다. (가)

먼저 막 잠이 들기 시작하는 1단계 수면 상태에서 뇌는 '세타파'를 내보낸다. 세타파란 옅은 잠을 자는 상태에서 나타나는 뇌파로, 이때는 언제든 깰 수 있을 정도의 수면 상태이다. 이 단계는 각성 상태에서 수면으로 넘어가는 과도기적 상태로 뇌파가 각성 상태보다 서서히 느려진다.

2단계 수면에서는 세타파 사이사이에 '수면방추'와 'K-복합체'라는 독특한 뇌파의 모습이 보인다. 수면방추는 세타파 중간마다 마치 실이 감겨 있는 것처럼 촘촘한 파동의 모습인데, 분당 2~5번 정도 나타나며 수면을 유지시켜 주는 역할을 한다. K-복합체는 2단계 수면에서 나타나는데, 세타파 사이사이에 아래위로 갑자기 삐죽하게 솟아오르는 모습을 보인다. 실험에 의하면 K-복합체는 수면 중 갑작스러운 소음이 날 때 활성화된다. (나)

깊은 수면의 단계로 진행되면 뇌파 가운데 가장 느리고 진폭이 큰 '델타파'가 나타난다. 3단계와 4단계는 '델타파'의 비중에 따라 구별된다. 보통 델타파의 비중이 20~50%일 때는 3단계로, 50%를 넘어서 더 깊은 수면에 빠지는 상태가 되면 4단계로 본다. 때문에 4단계 수면은 '서파수면(Slow-wave-sleep)'으로도 알려져 있다. (다)

서파수면은 대뇌의 대사율과 혈류량이 각성 수준의 75%까지 감소되는 깊은 잠의 상태이고, REM수면은 잠에 빠져 있음에도 정신 활동이 이루어지는 상태이다. 때문에 서파수면 상태에 있는 사람을 깨우면 정신을 못 차리고 비틀거리며 혼란스러워 하고, REM수면 상태의 사람을 깨우면 금세 각성 상태로 돌아온다. (라)

자극에 반응을 하지 않을 정도의 비-REM수면은 온전한 휴식을 통해 진정한 심신의 회복을 가져다준다. 자면서도 정신 활동이 이루어지는 REM수면은 인간의 뇌의 활동이나 학습에도 도움을 준다. 비-REM수면이든 REM수면이든 문제가 생기면 인간의 활동은 영향을 받게 된다.

┃ 하나은행

21 다음 중 윗글의 주된 내용 전개 방식으로 가장 적절한 것은?

① 현상의 과정을 단계별로 나누어 설명하고 있다.
② 현상에 대한 다양한 관점을 비교·분석하고 있다.
③ 구체적인 사례를 통해 관련 현상을 설명하고 있다.
④ 새로운 시각으로 현상을 분석하는 이론을 소개하고 있다.

┃ 하나은행

22 다음 중 〈보기〉의 문장이 들어갈 위치로 가장 적절한 곳은?

> **보기**
>
> 이를 통해 이것은 잠자는 사람이 깨는 것을 방지해 주는 역할을 하여 깊은 수면을 유도함을 알 수 있다.

① (가)　　　　　　　　　　② (나)
③ (다)　　　　　　　　　　④ (라)

23 A와 B가 직선 트랙을 달리려고 한다. A는 분속 180m의 속력으로 4분 동안 달린 후 2분 동안 제자리에서 쉬고, B는 분속 225m의 속력으로 8분 동안 달린 후 2분 동안 제자리에서 쉰다고 한다. A가 30분 먼저 출발하고 그 후에 B가 같은 시작점에서 뒤따라 출발할 때, A와 B가 처음으로 만나는 곳은 시작점으로부터 몇 m 떨어진 곳인가?

① 8,400m

② 9,600m

③ 10,800m

④ 12,000m

24 고등학생 8명이 래프팅을 하러 여행을 떠났다. 보트는 3명, 5명씩 두 팀으로 나눠 타기로 했다. 이때 8명 중 반장과 부반장은 서로 다른 팀이 된다고 할 때, 8명이 두 팀으로 나눠 타는 경우의 수는?(단, 반장과 부반장은 각각 1명이다)

① 15가지

② 18가지

③ 30가지

④ 32가지

25 다음과 같은 전개도를 가진 원뿔의 밑면의 넓이가 64cm^{2}일 때, 옆면의 넓이는?

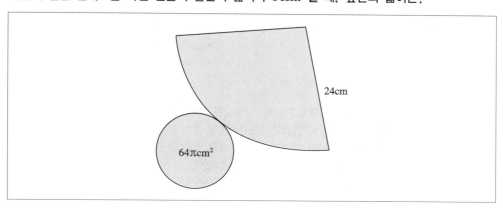

① 176πcm^2

② 182πcm^2

③ 188πcm^2

④ 192πcm^2

26 다음은 각 국가의 환율 및 미화환산율에 대한 자료이다. 이에 대한 설명으로 옳지 않은 것은?(단, 소수점 셋째 자리에서 반올림한다)

<국가별 환율 및 미화환산율>

구분	매매기준가(원)	구입 가격(원)	판매 가격(원)	미화환산율
미국(USD)	1,377	1,401.10	1,352.90	1.00
일본(100엔)	878.67	894.05	863.29	0.64
중국(CNY)	189.7	199.19	180.22	( )
영국(GBP)	1,721.94	1,755.86	1,688.02	1.25
호주(AUD)	( )	918.58	883.08	0.65

※ (구입 가격)=(매매기준가)×[1+(환전수수료)]
　(판매 가격)=(매매기준가)×[1-(환전수수료)]

① 중국의 미화환산율은 0.14이다.
② 호주의 매매기준가는 895.05원이다.
③ 미국과 일본의 구입할 때의 환전수수료는 같다.
④ 판매할 때의 환전수수료가 가장 적은 국가는 중국이다.

27 H은행에 입행한 신입행원 A ~ E 5명은 각각 2개 항목의 물품을 신청하였다. 5명의 신입행원 중 2명의 진술이 거짓일 때, 다음 중 신청 행원과 신청 물품이 바르게 연결된 것은?

신입행원이 신청한 항목은 4개이며, 항목별 신청 행원의 수는 다음과 같다.
• 필기구 : 2명　　　　　　　　　　• 의자 : 3명
• 복사용지 : 2명　　　　　　　　　• 사무용 전자제품 : 3명

• A : 나는 필기구를 신청하였고, E는 거짓말을 하고 있다.
• B : 나는 의자를 신청하지 않았고, D는 진실을 말하고 있다.
• C : 나는 의자를 신청하지 않았고, E는 진실을 말하고 있다.
• D : 나는 필기구와 사무용 전자제품을 신청하였다.
• E : 나는 복사용지를 신청하였고, B와 D는 거짓말을 하고 있다.

① A - 복사용지　　　　　　　　　② B - 사무용 전자제품
③ C - 필기구　　　　　　　　　　④ E - 필기구

28 다음은 A섬유회사에 대한 SWOT 분석 자료이다. 이에 따른 〈보기〉의 대응 전략 중 적절한 것을 모두 고르면?

• 첨단 신소재 관련 특허 다수 보유	• 신규 생산 설비 투자 미흡 • 브랜드의 인지도 부족
S 강점	**W 약점**
O 기회	**T 위협**
• 고기능성 제품에 대한 수요 증가 • 정부 주도의 문화 콘텐츠 사업 지원	• 중저가 의류용 제품의 공급 과잉 • 저임금의 개발도상국과 경쟁 심화

보기

ㄱ. SO전략으로 첨단 신소재를 적용한 고기능성 제품을 개발한다.
ㄴ. ST전략으로 첨단 신소재 관련 특허를 개발도상국의 경쟁업체에 무상 이전한다.
ㄷ. WO전략으로 문화 콘텐츠와 디자인을 접목한 신규 브랜드 개발을 통해 적극적 마케팅을 한다.
ㄹ. WT전략으로 기존 설비에 대한 재투자를 통해 대량생산 체제로 전환한다.

① ㄱ, ㄴ   ② ㄱ, ㄷ
③ ㄴ, ㄷ   ④ ㄴ, ㄹ

※ 다음은 H은행의 청년도약계좌의 상품설명서와 A씨의 가입 정보이다. 이어지는 질문에 답하시오.
[29~30]

〈H은행 청년도약계좌〉

구분	내용		
가입대상	• 가입일 현재 만 19세 이상 만 34세 이하인 자(병적증명서를 통해 병역 의무를 이행한 기록이 확인되는 경우, 현재 연령에서 병역을 이행한 기간을 최대 6년 제외한다) • 개인소득이 다음 기준을 만족하는 자(단, 육아휴직급여, 육아휴직수당, 병사 봉급을 제외한 비과세소득을 제외한다) − 직전년도 총급여액이 7,500만 원 이하인 자 − 직전 과세기간의 종합소득과세표준에 합산되는 종합소득금액이 6,300만 원 이하인 자 • 가입일 현재 직전 과세기간의 가구소득이 직전년도 기준중위소득의 250% 이하인 자 • 가입일이 속한 과세기간의 직전 3개 과세기간 중 1회 이상 금융소득종합과세대상자에 해당하지 않는 자		
가입기간	• 5년		
가입금액	• 1천 원 이상 70만 원 이하(1천 원 단위)		
적립한도	• 매월 1천 원 이상 70만 원 이하(1천 원 단위) • 연 840만 원 이하(가입일 기준으로 1년)		
이자지급방법	• 만기일시지급식, 단리식	적립방법	• 자유적립식
기본금리	• 연 4.5%(세전)		

우대금리	• 최대 연 1.5%p(세전)		

구분	우대금리	내용
급여(가맹점대금) 이체	연 0.6%p	해당 예금 가입 후 만기 전전월말 기준, 본인 명의 H은행 입출금통장을 통해 36회 이상 급여 입금 또는 가맹점(결제) 대금 입금 실적 보유(건당 50만 원 이상, 월 1회 인정)
카드 결제	연 0.2%p	해당 예금 가입 후 만기 전전월말 기준, 본인 명의 H은행 입출금통장을 통해 36회 이상 월 10만 원 이상의 H은행 카드 결제 실적 보유(신용/체크카드)
목돈마련 응원	연 0.1%p	해당 예금 가입일로부터 직전 1년간 적금 또는 예금 상품을 미보유한 경우(청년희망적금, 청년내일저축계좌, 청년도약계좌, 주택청약종합저축 예외)
마케팅 동의	연 0.1%p	해당 예금 가입 전 H은행 상품, 서비스 마케팅 동의 항목을 모두 동의한 경우
소득 플러스	최대 연 0.5%p	해당 예금 가입신청 및 가입 후 1년 주기로 심사한 개인소득금액의 소득요건 충족* 횟수에 따라 우대금리 제공 1회 : 0.1%p, 2회 : 0.2%p, 3회 : 0.3%p, 4회 : 0.4%p, 5회 : 0.5%p

*소득요건 충족 기준은 다음과 같다.
 − 총급여 2,400만 원 이하
 − 종합소득 1,600만 원 이하
 − 연말정산소득 1,600만 원 이하

비고	• 본 상품은 청년의 중장기 자산형성 지원을 위한 금융상품으로 비과세 혜택을 제공하는 적립식 상품이다. • 본 상품에 가입 후 만기 전에 나이를 초과하였어도, 중도해지하지 않았다면 가입일 당시 나이를 기준으로 금리를 적용한다.

〈A씨 청년도약계좌 가입 정보〉

- 가입일 기준 만 36세이다.
- 부사관으로서 3년간 복무한 병역 의무 이행 기록이 있다.
- 가입일 직전 과세기간의 종합소득과세표준 합산 종합소득금액은 연 6,000만 원이다.
- 가입일 직전 과세기간의 가구소득이 직전년도 기준중위소득의 200%이며, 가입일 기준 전체 과세기간 동안 금융소득종합과세대상자에 해당된 기록이 존재하지 않았다.
- 만기일까지 H은행 입출금통장에 월 150만 원 이상의 급여가 들어올 것이다.
- 만기일까지 H은행 신용카드로 월 15만 원 이상 고정 지출이 있을 예정이다.
- 가입일 기준 H은행의 K적금 상품에 가입 중이다.
- H은행 상품 · 서비스 마케팅 동의 항목에 동의하지 않은 항목이 있다.
- 가입일 당시 총급여는 연 2,300만 원이며, 매년 100만 원씩 증가할 예정이다.

┃ 하나은행

29 A씨의 청년도약계좌 가입 정보를 근거로 할 때, 만기일에 적용받는 금리는?

① 연 4.5% ② 연 5.5%

③ 연 6% ④ 가입할 수 없다.

┃ 하나은행

30 A씨가 이달 초에 청년도약계좌에 가입하면서 500,000원을 납입한 후 매월 초 500,000원씩 납입할 때, 가입 정보에 따라 만기일에 A씨가 받을 수 있는 원리금은?

① 30,000,000원 ② 33,431,250원

③ 34,193,750원 ④ 34,575,000원

31 다음 글의 내용에 대한 추론으로 적절하지 않은 것은?

> 지난해 경북 봉화군은 농기계임대사업소를 설치해 1,279농가에 6,135건의 농기계를 임대함으로써 농업의 인력난 해소와 더불어 농작업 편의성을 높였다.
>
> 올해는 무인 안내기 이른바 '키오스크'를 설치한 농기계임대사업소를 새롭게 확장 이전해 농업인 스스로 필요로 하는 농기계를 임대, 출고, 결제할 수 있는 편리한 서비스를 제공하고 있다. 이를 통해 농업인은 간편하게 농기계 임대를 진행할 수 있어 이전보다 대기하는 시간이 크게 감소하였음은 물론, 스마트폰 앱을 이용해 실시간으로 농기계 재고를 확인하고 예약할 수 있는 서비스까지 제공하고 있어 효율적 이용이 가능해졌다.
>
> 또한 KT인공지능(AI) 기술인 '보이스봇' 서비스를 도입하여 분주한 농업인들이 휴일 및 야간에 구애받지 않고 24시간 전화 상담 및 예약을 가능하게 하고 있으며, 농업인들이 임대한 농기계를 안전하게 사용할 수 있도록 이에 맞는 교육도 제공하고 있다.
>
> 봉화군은 앞으로도 지역 내 농업인들이 필요로 하는 농기계를 추가 구입해 지역 내 농업인들이 임대 농기계를 편하게 이용할 수 있도록 힘쓸 것은 물론, 경제적 어려움을 겪고 있는 농업인들에게는 저렴하게 임대할 수 있도록 하겠다고 밝혔다.

① 농업에 부족한 인력을 농기계가 대신하고 있어, 농업에서 농기계의 사용은 불가피하다.

② 지난해에는 직원을 통해서만 농기계 임대가 가능해 농기계 임대하기까지 많은 시간이 소요되었다.

③ 이전에는 실시간 농기계 재고 확인이 어려워 농기계임대사업소에 도착하더라도 바로 임대가 어려운 경우가 발생했다.

④ 올해는 농기계임대사업소를 직접 방문하지 않고도 임대농기계를 예약하고 현장에서 바로 사용할 수 있다.

⑤ 각 지역 농업 환경 특성에 따라 필요로 하는 농기계가 다를 수 있다.

32 다음 글의 내용으로 적절하지 않은 것은?

> 사과를 포함한 일부 과일 가격이 계속하여 상승하는 가운데, 농식품부는 비록 올해 2월에는 눈, 비가 자주 내린 기상상황 탓에 참외의 수확량이 적었지만, 최근 생육환경이 나아져 4월에 열린 과실량이 5월에 함께 공급될 것으로 예상돼, 특히 5월부터는 참외 수확량이 작년 수준만큼 회복될 것이라고 보인다고 하였다.
>
> 또한 올 여름 수박의 출하 면적이 지난해와 비교해 볼 때 소폭 상승해 생장기 기상상황이 안정적이라면, 수박 공급량 역시 작년과 비슷할 것으로 판단된다고 하였다. 이밖에도 토마토의 경우 생육이 회복하고 있어 긍정적으로 전망되지만, 멜론의 경우 재배면적이 작년보다 감소해 공급량이 줄어들 것으로 예상되고 있다. 사과 역시 햇과일이 나올 때까지는 계속하여 가격이 상승세를 유지할 것으로 보이지만, 여름에는 사과보다는 비교적 참외와 수박이 소비되는 경향이 있어 사과보다는 참외와 수박의 가격이 체감 물가로 이어질 것으로 보인다고 하였다.
>
> 이에 농식품부는 제철 과일 및 채소의 생육관리를 위해 농업인에 기술지도를 늘리고, 농작물 생장관리를 위한 영양제를 저렴하게 공급하겠다며, 농가에서도 농산물의 생육관리를 위해 수박은 15도 이상으로 참외는 30도 이하로 유지하는 등 각 과일 및 채소 재배환경에 맞는 적절한 온도 조절과 환기에 신경써달라고 당부했다.

① 과일 및 야채의 체감 물가와 수확량은 반비례한다.

② 소비자가 입장에서의 사과의 체감 물가는 증가할 것이다.

③ 5월에 비가 자주 내린다면, 참외 수확량은 적을 것이다.

④ 여름 제철 과일이라 하더라도, 각 과일 생장기에 따른 적절한 재배 온도는 다를 수 있다.

⑤ 참외, 수박, 토마토, 사과의 경우 올해 긍정적인 전망이 예상되는 반면, 멜론의 경우 그렇지 않다.

33 다음은 농협법에 대한 기사이다. 이에 대한 내용으로 가장 적절한 것은?

> 최근 농협법 개정안의 통과 여부에 대한 관심이 쏟아지고 있다. 이 개정안이 통과된다면 농협 금융지주는 농협중앙회에 명칭사용료 명목으로 매출액의 최대 5%를 지불하여야 한다.
>
> 이에 대해 일각에서는 농협금융의 설립 목적과 취약한 농촌 상황을 고려하면, 해당 개정안이 통과되어야한다고 주장하지만, 반대쪽 입장에서는 다른 금융지주들의 명칭사용료가 0.1 ~ 0.3% 수준인 것을 고려할 때 이는 타사 대비 최대 30배 가까운 수준의 비용을 지불하는 것이라며 우려하고 있다.
>
> 금융권에 의하면, 농협금융은 2012년 창사 이후 매년 매출액의 2.5%를 명칭사용료 명목으로 농협중앙회에 지불해왔고, 2016년 농협법에 따라 명칭사용료가 농업지원사업비로 그 명칭이 변경되었지만 비율은 이전과 동일한 2.5% 그대로였다고 밝혔다.
>
> 이로 인해 농협중앙회는 작년에 농협금융으로부터 4,927억 원을, 그 전년에는 4,505억 원을 명칭사용료 명목으로 거둬들였는데, 이는 전년 대비 약 9.4% 증액된 수치로, 이와 비교하여 농협금융의 당기순이익은 작년에 2조 2,343억 원, 전년에 2조 2,309억 원으로 약 0.2% 증가해 큰 차이가 보이지 않고 있다.

① 농협법 개정안이 통과된다면, 명칭사용료 금액이 이전보다 2배 증액된다.
② 농협금융의 명칭사용료 수준이 타사 대비 높은 이유는 농협금융의 설립 목적과 취약한 농촌 상황에 있다.
③ 농협금융이 농협은행에 지불하고 있는 명칭사용료는 창사 이후 매년 증가하고 있다.
④ 농협금융이 명칭사용료로 지불하는 금액은 증가하는 반면, 농협금융의 실적은 감소하고 있다.
⑤ 지금과 같은 상황에서 농협법 개정안이 통과된다면 농협금융의 실적은 후퇴될 것이다.

34 다음 문단을 논리적 순서대로 바르게 나열한 것은?

> (가) 왜냐하면 눈과 자율신경을 통한 인간의 정신적·생리적 삶의 리듬은 일별, 월별로 변화하는 주광에 영향을 받기 때문이다.
> (나) 인공광은 변화하는 주광과 달리 시간의 제약 없이 빛의 밝기를 원하는 대로 조절할 수 있지만, 인간의 건강과 안락감에 부정적 영향을 미치는 측면을 간과할 수 없다.
> (다) 우리가 전등이라고 부르는 인공광은 빛의 조도 조절, 야간 조명, 기후나 기상에 따른 변화 등에 대처하기 위해서 필요하다.
> (라) 하지만 인공광은 생리적 반응에 있어서 자연광과 일치하지 않기 때문에 인간의 시각적 적응 능력을 필요로 하며, 자연 채광이 차단된 밀폐된 공간에서는 상황 판단에 혼란을 일으키기 쉽다는 단점이 있다.

① (나) - (가) - (다) - (라) 　　② (나) - (다) - (가) - (라)
③ (다) - (나) - (가) - (라) 　　④ (다) - (라) - (나) - (가)
⑤ (라) - (가) - (나) - (다)

35 A와 B는 1.2km 떨어진 직선거리의 양 끝에서부터 12분 동안 마주 보고 달려 한 지점에서 만났다. B는 A보다 1.5배 더 빠르다고 할 때, A의 속도는?

① 28m/분

② 37m/분

③ 40m/분

④ 48m/분

⑤ 53m/분

36 다음은 2017 ~ 2023년 우리나라 지진 발생 현황에 대한 자료이다. 이에 대한 설명으로 옳은 것은?

〈우리나라 지진 발생 현황〉

구분	지진 횟수	최고 규모
2017년	42회	3.3
2018년	52회	4.0
2019년	56회	3.9
2020년	93회	4.9
2021년	49회	3.8
2022년	44회	3.9
2023년	492회	5.8

① 지진 횟수가 증가할 때 지진의 최고 규모도 커진다.

② 2020년에는 2019년보다 지진이 44회 더 발생했다.

③ 2017년 이후 지진 발생 횟수가 꾸준히 증가하고 있다.

④ 2020년에 일어난 규모 4.9의 지진은 2017년 이후 우리나라에서 발생한 지진 중 가장 강력한 규모이다.

⑤ 2023년에 발생한 지진 횟수는 2017년부터 2022년까지의 평균 지진 횟수에 비해 약 8.8배 급증했다.

37 다음 명제가 모두 참일 때, 빈칸에 들어갈 명제로 가장 적절한 것은?

> 전제1. 창의적인 문제해결을 하기 위해서는 브레인스토밍을 해야 한다.
> 전제2. 브레인스토밍을 하기 위해서는 상대방의 아이디어를 비판해서는 안 된다.
> 결론. _____

① 상대방의 아이디어를 비판하지 않으면 창의적인 문제해결이 가능하다.
② 상대방의 아이디어를 비판하지 않으면 브레인스토밍을 할 수 있다.
③ 브레인스토밍을 하면 창의적인 문제해결이 가능하다.
④ 창의적인 문제해결을 하기 위해서는 상대방의 아이디어를 비판해서는 안 된다.
⑤ 브레인스토밍을 하지 않으면 상대방의 아이디어를 비판해도 된다.

38 다음 명제가 모두 참일 때, 반드시 참인 명제는?

> • 갑과 을 앞에 감자칩, 쿠키, 비스킷이 놓여 있다.
> • 세 가지의 과자 중에는 각자 좋아하는 과자가 반드시 있다.
> • 갑은 감자칩과 쿠키를 싫어한다.
> • 을이 좋아하는 과자는 갑이 싫어하는 과자이다.

① 갑은 좋아하는 과자가 없다.
② 갑은 비스킷을 싫어한다.
③ 을은 비스킷을 싫어한다.
④ 갑과 을이 같이 좋아하는 과자가 있다.
⑤ 갑과 을이 같이 싫어하는 과자가 있다.

39 A ~ E 5명은 각각 월 ~ 금요일 중 하루씩 돌아가며 당직을 선다. 이 중 2명이 거짓말을 하고 있다고 할 때, 이번 주 수요일에 당직을 서는 사람은?

> • A : 이번 주 화요일은 내가 당직이야.
> • B : 나는 수요일 당직이 아니야. D가 이번 주 수요일 당직이야.
> • C : 나와 D는 이번 주 수요일 당직이 아니야.
> • D : B는 이번 주 목요일 당직이고, C는 다음 날인 금요일 당직이야.
> • E : 나는 이번 주 월요일 당직이야. 그리고 C의 말은 모두 사실이야.

① A   ② B
③ C   ④ D
⑤ E

40 해외지사에서 근무 중인 직원들 중 업무성과가 우수한 직원을 선발하여 국내로 초청하고자 한다. 다음의 자료를 토대로 각국 직원들이 국내에 도착하는 순서를 바르게 나열한 것은?

〈각국 해외지사 직원들의 비행 스케줄〉

구분	출발지 기준 이륙 시각	비행 시간 (출발지 → 대한민국)
독일(뮌헨)	2024년 11월 6일(수) 오후 04:20	11시간 30분
인도(뉴델리)	2024년 11월 6일(수) 오후 10:10	8시간 30분
미국(뉴욕)	2024년 11월 6일(수) 오전 07:40	14시간

〈동일 시점에서의 각국의 현지 시각〉

국가(도시)	현지 시각
대한민국(서울)	2024년 11월 6일(수) 오전 06:20
독일(뮌헨)	2024년 11월 5일(화) 오후 11:20
인도(뉴델리)	2024년 11월 6일(수) 오전 03:50
미국(뉴욕)	2024년 11월 5일(화) 오후 05:20

① 독일 – 인도 – 미국
② 독일 – 미국 – 인도
③ 미국 – 독일 – 인도
④ 인도 – 독일 – 미국
⑤ 인도 – 미국 – 독일

41 다음 글의 내용으로 가장 적절한 것은?

> 대출심사는 금융기관이 대출 신청자의 신용도와 상환 능력을 평가하는 중요한 과정으로 이 과정에서는 신청자의 소득, 직업, 자산, 부채, 신용 이력 등 다양한 요소를 종합적으로 고려한다. 최근에는 인공지능(AI)과 빅데이터 기술을 활용하여 더욱 정확하고 신속한 심사가 가능해졌으며, 이러한 기술의 도입으로 과거에는 파악하기 어려웠던 비정형 데이터까지 분석할 수 있게 되어, 심사의 정확도가 크게 향상되었다.
>
> 대출심사의 주요 목적은 금융기관의 리스크를 관리하고 건전한 대출 포트폴리오를 유지하는 것이다. 심사 결과에 따라 대출 승인 여부, 대출 한도, 이자율 등이 결정되며, 일반적으로 신용점수가 높고 안정적인 소득이 있는 신청자는 더 유리한 조건으로 대출을 받을 수 있다. 그러나 최근에는 신용점수 외에도 소득대비 대출비율(LTI; Lone To Income ratio), 총부채상환비율(DTI; Debt To Income ratio) 등 다양한 대안적 지표들을 활용하여 신청자의 상환 능력을 평가하는 추세이다.
>
> 많은 금융기관들은 대출심사 과정에서 신청자의 상환 의지와 능력을 판단하기 위해 면담을 실시하기도 한다. 면담 과정을 통해 신청자의 재무 상황과 대출 목적에 대해 더 자세히 파악할 수 있으며, 일부 기관에서는 비대면 화상 면담 시스템을 도입하여 신청자의 편의성을 높이고 있다.
>
> 대출심사는 금융기관뿐만 아니라 대출 신청자에게도 중요한 과정이다. 신청자는 자신의 재무 상황을 객관적으로 평가받고, 적절한 대출 상품을 선택하는 데 도움을 받을 수 있다. 또한, 일부 금융기관에서는 대출 거절 시 그 이유를 상세히 설명하고 개선 방안을 제시하여 신청자의 재무 건전성 향상을 돕고 있다.
>
> 최근에는 환경, 사회, 지배구조(ESG) 요소를 대출심사에 반영하는 금융기관들이 늘어나고 있다. 이는 기업의 지속가능성과 사회적 책임을 평가하여 장기적인 리스크를 관리하고자 하는 노력의 일환이다.

① 대출심사에서 신용점수는 여전히 유일한 평가 기준으로 사용되고 있다.

② 모든 금융기관은 대출 거절 시 그 이유와 개선 방안을 상세히 제공하고 있다.

③ ESG 요소의 반영은 대출심사의 객관성을 떨어뜨리는 요인으로 작용하고 있다.

④ 일부 금융기관에서는 비대면 화상 면담 시스템을 도입하여 신청자의 편의성을 높이고 있다.

42 다음 글의 내용으로 적절하지 않은 것은?

> 통화정책은 중앙은행이 경제 안정과 성장을 위해 통화량과 금리를 조절하는 정책이다. 통화정책의 주요 목표는 물가안정, 고용 증대, 경제성장 촉진 등이다. 이를 위해 중앙은행은 기준금리 조정, 지급준비율 변경, 공개시장조작 등의 수단을 활용하여 통화정책을 실행한다.
>
> 기준금리 조정은 가장 대표적인 통화정책 수단이다. 금리를 낮추면 대출이 늘어나고 소비와 투자가 증가하여 경기가 활성화되지만, 인플레이션이 발생할 위험이 있다. 반대로 금리를 올리면 대출과 투자가 줄어들어 경기가 위축되지만, 물가안정에 도움이 된다.
>
> 지급준비율은 은행이 예금의 일정 비율을 중앙은행에 예치해야 하는 비율이다. 이 비율을 높이면 은행의 대출 여력이 줄어들어 통화량이 감소하고, 낮추면 대출 여력이 늘어나 통화량이 증가한다.
>
> 공개시장조작은 중앙은행이 국채 등을 매매하여 시중 통화량을 조절하는 방법이다. 국채를 매입하면 시중에 유동성이 공급되어 통화량이 늘어나고, 매각하면 통화량이 줄어든다.
>
> 최근에는 전통적인 통화정책 수단 외에도 양적완화, 포워드 가이던스 등 비전통적 수단도 활용되고 있다. 양적완화는 중앙은행이 대규모로 자산을 매입하여 시중에 유동성을 공급하는 정책이며, 포워드 가이던스는 중앙은행이 미래의 통화정책 방향을 미리 제시하여 시장의 기대를 관리하는 정책이다.
>
> 통화정책의 효과는 즉각적으로 나타나지 않고 시차를 두고 나타나며, 그 영향력은 경제 상황에 따라 다르게 나타날 수 있다. 따라서 중앙은행은 경제 지표를 면밀히 분석하고 미래 전망을 고려하여 신중하게 정책을 결정해야 한다.

① 양적완화와 포워드 가이던스는 비전통적 통화정책 수단의 예시이다.

② 지급준비율을 높이면 은행의 대출 여력이 늘어나 통화량이 증가한다.

③ 통화정책의 주요 목표에는 물가안정, 고용 증대, 경제성장 촉진 등이 포함된다.

④ 기준금리를 낮추면 대출과 투자가 증가하여 경기가 활성화되지만, 인플레이션 위험이 있다.

43 다음 문단을 논리적 순서대로 바르게 나열한 것은?

> 주요국 다국적 기업에 글로벌 최저한세 제도가 도입되면서 국책은행들은 자문 용역을 발주하는 등 대책을 강구하는 데 몰두하고 있다.
>
> (가) 해당 제도가 적용되는 기업은 연결 재무제표상 매출액이 7억 5,000만 유로 이상인 곳으로 약 200여 개가 대상이며, 2025년부터 법인세가 부과될 방침이다.
>
> (나) 하지만 기획재정부는 2026년까지 전환기 적용면제 특례 규정을 적용하여 매출액·이익, 이익 대비 법인세 비중, 초과이익 요건 중 하나 이상을 충족한 기업에는 비록 올해부터 시행되는 제도이나 추가세액 납부 의무를 2026년까지 면제해주겠다고 밝혔다.
>
> (다) 글로벌 최저한세 제도란 우리나라에 모회사를 두는 다국적 기업의 해외 자회사가 현지 최저한 세율인 15%에 미치지 못하는 세금을 납부하면 지주사 등 모기업에서 추가 세액을 납부하도록 하는 것이다.

① (가) - (나) - (다)   ② (가) - (다) - (나)
③ (다) - (가) - (나)   ④ (다) - (나) - (가)

44 다음은 I은행의 2019 ~ 2023년 인터넷뱅킹 이용 실적 및 이용 금액에 대한 자료이다. 이에 대한 설명으로 옳지 않은 것은?

〈인터넷뱅킹 이용 실적〉

(단위 : 만 건)

구분	2019년	2020년	2021년	2022년	2023년
계(이체＋대출)	248	260	278	300	334
모바일뱅킹	177	190	214	238	272
이체	247.9	259.7	277.5	299.3	333.1
대출	0.1	0.3	0.5	0.7	0.9

〈인터넷뱅킹 이용 금액〉

(단위 : 억 원)

구분	2019년	2020년	2021년	2022년	2023년
계(이체＋대출)	96,164	121,535	167,213	171,762	197,914
모바일뱅킹	19,330	27,710	40,633	44,658	57,395
이체	95,677	120,398	165,445	169,368	195,151
대출	487	1,137	1,768	2,394	2,763

① 2020 ~ 2023년 동안 전년 대비 전체 인터넷뱅킹 이용 실적과 이용 금액 모두 매년 증가하였다.

② 2019 ~ 2023년 동안 전체 인터넷뱅킹 이용 실적 중 모바일뱅킹 이용 실적은 매년 70% 이상이었다.

③ 2019 ~ 2023년 동안 전체 인터넷뱅킹 이용 금액 중 모바일뱅킹 이용 금액은 매년 30% 미만이었다.

④ 2020 ~ 2023년 동안 전년 대비 인터넷뱅킹 대출 이용 실적 건수당 대출 금액은 매년 증가하였다.

45 I회사의 기획팀 부장 1명, 대리 2명, 주임 3명, 사원 2명이 회의실을 이용하고자 한다. 다음 〈조건〉
에 따라 자리에 앉을 수 있는 경우의 수는?

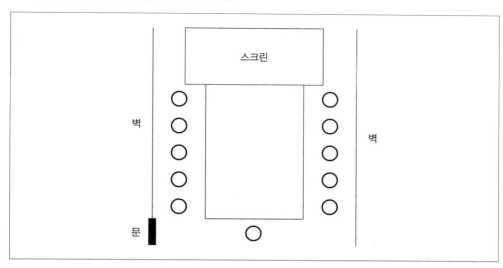

조건
- 스크린의 맞은편에는 부장이 앉지 않는다.
- 스크린과 가장 가까운 자리 중 하나는 노트북을 연결해야 하므로 앉을 수 없다.
- 대리 2명은 부장과 가장 가까운 자리에 앉는다.
- 사원은 대리 바로 옆에 앉아야 한다.

① 480가지

② 960가지

③ 2×9!가지

④ $\dfrac{11!}{2}$ 가지

46 다음은 2023년 7 ~ 12월의 미국, 중국, 일본의 환율에 대한 자료이다. 이에 대한 설명으로 옳은 것은?

〈2023년 7 ~ 12월 미국·중국·일본 환율〉

구분	2023년 7월	2023년 8월	2023년 9월	2023년 10월	2023년 11월	2023년 12월
미국 (원/달러)	1,308	1,346	1,357	1,375	1,331	1,329
중국 (원/위안)	188	191	192	193	190	192
일본 (원/엔)	9.27	9.3	9.19	9.2	8.88	9.23

① 2023년 8 ~ 12월 동안 미국의 전월 대비 환율은 꾸준히 상승하였다.
② 2023년 8 ~ 12월 동안 중국과 일본의 전월 대비 환율의 증감 추이는 같다.
③ 2023년 7 ~ 12월 동안 위안화 대비 엔화는 항상 20엔/위안 이상이다.
④ 2023년 7월 대비 12월의 환율 증가율이 가장 큰 국가는 미국이다.

47 다음은 I회사의 승진 규정과 승진후보자 정보이다. 이에 따를 때, 2024년 현재 직급이 대리인 직원은?

〈승진 규정〉
• 2023년까지 근속연수가 3년 이상인 자를 대상으로 한다.
• 출산휴가 및 병가 기간은 근속연수에서 제외한다.
• 평가연도 업무평가 점수가 80점 이상인 자를 대상으로 한다.
• 평가연도 업무평가 점수는 직전연도 업무평가 점수에서 벌점을 차감한 점수이다.
• 벌점은 결근 1회당 −10점, 지각 1회당 −5점이다.
• 직급은 사원 → 주임 → 대리 → 과장 순으로 높아진다.

〈승진후보자 정보〉

구분	근무기간	작년 업무평가	근태현황 지각	근태현황 결근	기타
A사원	1년 4개월	79점	1회	−	−
B주임	3년 1개월	86점	−	1회	출산휴가 35일
C대리	7년 1개월	89점	1회	1회	병가 10일
D과장	10년 3개월	82점	−	−	−

① A사원
② B주임
③ C대리
④ D과장

48 다음은 IBK기업은행의 채권 상품인 'IBK2024특판중금채'에 대한 상품설명서이다. 이에 대한 설명으로 옳은 것은?

〈IBK2024특판중금채〉

구분	세부사항
상품특징	• 우대조건이 쉬운 특판 거치식 상품 • 중소기업금융채권
상품과목	• 일시예치식, 채권
가입금액	• 1인당 1백만 원 이상 10억 원 이내(원 단위)
가입대상	• 실명의 개인(법인사업자, 외국인 비거주자 제외) ※ 계좌 수 제한 없음
계약기간	• 1년, 2년, 3년

금리	• 기본금리
	  − 12개월 : 연 3.74%
	  − 24개월 : 연 3.62%
	  − 36개월 : 연 3.62%
	• 우대금리 : 아래 조건 중 하나 이상을 충족하고 만기해지하는 경우 최대 연 0.2%p
	  (1) 최초신규고객
	    ㄱ. 실명등록일로부터 3개월 이내
	    ㄴ. 가입일 직전월 기준 6개월간 총수신평잔 0원
	  (2) 마케팅 동의
	    가입 시점에 상품서비스 마케팅 문자 수신이 동의 상태인 경우(기존 미동의 고객이 계좌신규 이후 동의한 경우는 불가)
	  (3) 'IBK청년희망적금' 만기해지고객
	    가입 시점에 IBK청년희망적금 만기해지 이력을 보유한 경우(중도해지 및 특별중도해지 인정 불가)

이자지급방법	• 만기일시지급식 • 만기 (후) 또는 중도해지 요청 시 이자를 지급
가입방법	• 영업점, i−ONE 뱅크
유의사항	• 비과세종합저축 가입 가능 • 계약기간 만료일 이후의 이자는 과세됨

① 가입 가능한 계좌 수의 제한은 없으며, 가입 가능한 금액은 계좌당 1백만 원 이상 10억 원 이내이다.

② 해당 상품은 법인사업자와 외국인의 가입은 불가능한 상품이다.

③ 해당 상품에 가입 시 적용받을 수 있는 최대 금리는 연 3.94%이다.

④ 최초 상품 가입일에 마케팅을 미동의한 고객은 최대 우대금리 혜택을 적용받을 수 없다.

PART 3 주요 금융권 NCS 기출복원문제

49 다음은 IBK기업은행의 예금상품인 'IBK 내사업처음통장'에 대한 상품설명서이다. 이에 대한 설명으로 옳은 것은?

<IBK 내사업처음통장>

구분	내용
상품특징	• 계좌 개설일로부터 최대 3년까지 잔액 500만 원 이하 금액에 대해 연 3.0% 금리 제공 (500만 원 초과 금액에 대해 연 0.1% 고시금리 적용)
가입금액	• 제한없음
가입대상	• 사업자등록증상의 사업개시일로부터 1년 이내 법인 및 개인사업자 • 사업자번호별 1개 계좌만 가입 가능
계약기간	• 제한없음
이자지급식 주기	• 예금의 이자는 매년 3월, 6월, 9월, 12월 3번째 주 토요일에 계산하여 그다음 일에 원금에 더함
이자지급방법	• 예금이자는 최초입금일(또는 지난 원가일)부터 원가일(또는 지급일) 전날까지를 이자계산으로 하고 매일 최종잔액을 평균하여 해당 이자율을 적용 및 계산
기타	• 법인은 영업점 창구에서 가입 가능 • 공동명의, 임의단체 가입 불가 • 양수도 불가
기본금리	• 연 0.1%
우대금리	• 통장 개설일로부터 3년 응당 도래일까지 잔액에 따른 우대금리 제공 　－500만 원 이하 : 연 3.0%(기본금리 포함) 　－500만 원 초과 : 연 0.1%(기본금리 적용) • 해당 기본금리와 우대금리는 변경될 수 있으며, 변경일로부터 변경이자율이 적용됨

① 생애 최초 창업을 시작한 사업자가 사업개시일로부터 1년 이내에 한해 가입 가능한 상품이다.

② 계좌 개설일로부터 3년이 경과하면 가입금액에 상관없이 이자 지급이 제한된다.

③ 한 사업자가 가입 가능한 계좌 수는 1개이다.

④ 500만 원을 초과하는 금액에 대해서는 우대금리 연 0.1%p를 포함해 연 3.1%의 우대금리를 제공한다.

50 다음은 I자동차 대리점에 근무하는 직원 5명의 2024년 2분기 자동차 판매 대수 및 판매 총액에 대한 자료이다. 성과급 지급 기준이 다음 〈조건〉과 같을 때, 직원들이 받는 성과급은 총 얼마인가?

〈2024년 2분기 자동차 판매 대수 및 판매 총액〉

구분	자동차 판매 대수	자동차 판매 총액
권○○	7대	9천 6백만 원
김○○	12대	1억 4천만 원
류○○	4대	9천만 원
오○○	6대	2억 2천만 원
표○○	1대	4천 8백만 원

조건

• 자동차 판매 대수에 따른 등급 및 자동차 판매 총액에 따른 등급은 다음과 같다.

〈자동차 판매 대수 및 판매 총액 등급표〉

구분	자동차 판매 대수	자동차 판매 총액
A$^+$	10대 이상	2억 5천만 원 이상
A	7대 이상 10대 미만	1억 5천만 원 이상 2억 5천만 원 미만
B	5대 이상 7대 미만	1억 원 이상 1억 5천만 원 미만
C	2대 이상 5대 미만	5천만 원 이상 1억 원 미만
D	2대 미만	5천만 원 미만

• 자동차 판매 대수 등급과 자동차 판매 총액 등급이 모두 B등급 이상일 때, 자동차 판매 총액 등급에 따라 성과급을 차등 지급한다.
 - B등급 : 자동차 판매 총액의 2%
 - A등급 : 자동차 판매 총액의 3%
 - A$^+$등급 : 자동차 판매 총액의 5%

① 868만 원   ② 904만 원
③ 940만 원   ④ 976만 원

※ 다음은 기존주택 전세임대주택에 대한 자료이다. 이어지는 질문에 답하시오. [51~52]

〈기존주택 전세임대주택〉

구분	내용
임대기간	• 2년(최대 20년 거주 가능하며, 최초 임대기간 경과 후 2년 단위로 최대 9회 재계약) • 신혼부부Ⅱ에 해당하는 경우, 2회 재계약으로 최대 6년 거주 가능하며, 자녀가 있는 경우 2회 추가 계약을 통해 최대 10년 거주 가능
면적	• 국민주택규모(전용 $85m^2$ 이하)이며, 다음과 같은 경우 예외로 함 – 1인 가구일 경우 $60m^2$ 이하 – 공고일 기준 태아 포함 세 명 이상의 다자녀 가구일 경우 $85m^2$ 초과 가능
종류	• 단독주택, 다가구주택, 공동주택, 주거용 오피스텔

지원한도액
• 기존주택, 신혼부부Ⅰ, 신혼부부Ⅱ로 구분하여 차등 적용

구분	기존주택	신혼부부Ⅰ	신혼부부Ⅱ
지원한도액	1억 3,000만 원 / 호	1억 4,500만 원 / 호	2억 4,000만 원 / 호
실지원금액	최대 1억 2,350만 원 / 호 (지원한도액의 95%)	최대 1억 3,775만 원 / 호 (지원한도액의 95%)	최대 1억 9,200만 원 / 호 (지원한도액의 80%)
입주자부담금	지원한도액 범위 내 전세보증금의 5% 해당액은 입주자 부담 (단, 신혼부부Ⅱ의 경우 지원한도액 범위 내 전세보증금의 20% 부담)		
보증금한도액	최대 3억 2,500만 원 / 호 (지원한도액의 250%)	최대 3억 6,250만 원 / 호 (지원한도액의 250%)	최대 6억 원 / 호 (지원한도액의 250%)

신청자격
• 기존주택, 신혼부부Ⅰ, 신혼부부Ⅱ로 구분하여 차등 적용
– 기존주택 유형

구분	대상
1순위	생계·의료 수급자, 한부모가족, 주거지원 시급가구, 만 65세 이상 고령자, 가구당 월평균소득 70% 이하 장애인
2순위	가구당 월평균소득 50% 이하, 가구당 월평균소득 100% 이하 장애인

– 신혼부부Ⅰ·Ⅱ 유형

구분	대상
1순위	공고일 기준 임신 및 출산·입양 등으로 미성년 자녀가 있는 신혼부부 및 예비신혼부부, 만 6세 이하 자녀가 있는 한부모가족
2순위	자녀가 없는 신혼부부 및 예비신혼부부
3순위	만 6세 이하 자녀가 있는 혼인가구

소득 및 자산보유기준
• 소득기준 및 자산기준을 초과할 경우 신청자격이 주어지지 않음
– 소득기준 : 전년도 도시근로자 가구당 월평균소득

구분	50%	70%	100%
1인 가구	1,741,482원	2,438,075원	3,482,964원
2인 가구	2,707,856원	3,790,998원	5,415,712원
3인 가구	3,599,325원	5,039,054원	7,198,649원
4인 가구	4,124,234원	5,773,927원	8,248,467원
5인 가구	4,387,536원	6,142,550원	8,775,071원

구분		내용
소득 및 자산보유기준		– 자산기준
	총자산	기존주택	세대구성원 전원이 보유하고 있는 총자산가액 합산기준 2억 4,100만 원 이하
		신혼부부	세대구성원 전원이 보유하고 있는 총자산가액 합산기준 3억 4,500만 원 이하
	자동차		세대구성원 전원이 보유하고 있는 개별 자동차가액 3,708만 원 이하 (단, 자동차를 보유하지 않는 경우 해당 항목은 자산 산정에서 제외한다)

❘ IBK기업은행

51 다음의 기존주택 전세임대주택 신청자 A ~ D 중 유형에 관계없이 우선순위 2순위에 해당하는 사람은?

〈기존주택 전세임대주택 신청자〉

구분	유형	가구 구성	가구당 월평균소득	비고
A	신혼부부Ⅰ	3인 가구	1,876,735원	만 5세, 만 3세 자녀가 있는 한부모가족
B	기존주택	1인 가구	2,257,385원	만 70세의 고령자
C	신혼부부Ⅱ	2인 가구	4,437,586원	자녀가 없는 예비신혼부부
D	신혼부부Ⅰ	4인 가구	6,678,032원	만 4세, 만 2세 자녀가 있는 혼인가구

① A
② B
③ C
④ D

❘ IBK기업은행

52 다음은 기존주택 전세임대주택의 신청자격이 주어지지 않은 사람의 정보이다. 신청자격이 주어지지 않은 이유로 가장 적절한 것은?

- 만 12세, 만 8세의 자녀가 있는 4인 혼인가구
- 월평균소득 4,057,786원인 기존주택 유형
- 총자산가액 3억 5,000만 원
- 자가용이 없어 대중교통 이용 중

① 한부모가족이 아니다.
② 가구당 월평균소득 3,790,998원을 초과하였다.
③ 총자산가액 2억 4,100만 원을 초과하였다.
④ 자동차를 보유하지 않아 정확한 자산 산정이 불가능하다.

53 다음 중 아이디어 발상 기법인 고든법에 대한 설명으로 옳지 않은 것은?

① 진행자는 해결할 과제를 최대한 구체적으로 참가자에게 제시한다.

② 진행자는 회의 중에 참가자들의 아이디어를 주제와 결합시켜 검토한다.

③ 습관적 사고의 틀을 벗어나기 위해 참가자끼리의 비판은 허용되지 않는다.

④ 고든법에 참가하는 사람들은 가급적 다양한 전공의 사람들을 모으는 것이 좋다.

54 다음은 A~E 5개 등산로의 길이, 평균 등산 속도, 완주 시간에 대한 자료이다. 가장 짧은 등산로와 완주 시간이 가장 짧은 등산로를 바르게 짝지은 것은?

〈등산로별 길이, 평균 등산 속도, 완주 시간〉

구분	길이	평균 등산 속도	완주 시간
A		3.6km/h	3시간 20분
B	16km	3.2km/h	
C	14.3km	3.9km/h	
D	12.35km	3.8km/h	3시간 15분
E		3.5km/h	3시간 30분

	가장 짧은 등산로	가장 짧은 완주 시간
①	A	C
②	A	D
③	D	A
④	D	D

55 다음 글의 내용으로 가장 적절한 것은?

미국의 사회이론가이자 정치학자인 로버트 엑셀로드의 저서 『협력의 진화』에서 언급된 팃포탯(Tit for Tat) 전략은 '죄수의 딜레마'를 해결할 가장 유력한 전략으로 더욱 잘 알려져 있는 듯하다.

죄수의 딜레마는 게임 이론에서 가장 유명한 사례 중 하나로, 두 명의 실험자가 참여하는 비제로섬 게임(Non Zero-sum Game)의 일종이다. 두 명의 실험자는 각각 다른 방에 들어가 심문을 받는데, 둘 중 하나가 배신하여 죄를 자백한다면 자백한 사람은 즉시 석방되는 대신 나머지 한 사람이 10년을 복역하게 된다. 다만 두 사람 모두가 배신하여 죄를 자백할 경우는 5년을 복역하며, 두 사람 모두 죄를 자백하지 않는다면 각각 6개월을 복역하게 된다.

죄수의 딜레마에서 실험자들은 개인에게 있어 이익이 최대화된다는 가정 아래 움직이기 때문에 결과적으로는 모든 참가자가 배신을 선택하는 결과가 된다. 즉, 자신의 최대 이익을 노리려던 선택이 오히려 둘 모두에게 배신하지 않는 선택보다 나쁜 결과를 불러오는 것이다.

팃포탯 전략은 1979년 엑셀로드가 죄수의 딜레마를 해결하기 위해 개최한 1·2차 리그 대회에서 우승한 프로그램의 짧고 간단한 핵심전략이다. 캐나다 토론토 대학의 심리학자인 아나톨 라포트 교수가 만든 팃포탯은 상대가 배신한다면 나도 배신을, 상대가 의리를 지킨다면 의리로 대응한다는 내용을 담고 있다. 이 단순한 전략을 통해 팃포탯은 총 200회의 거래에서 유수의 컴퓨터 프로그램을 제치고 우승을 차지할 수 있었다.

대회가 끝난 후 엑셀로드는 참가한 모든 프로그램들의 전략을 '친절한 전략'과 '비열한 전략'으로 나누었는데, 친절한 전략으로 분류된 팃포탯을 포함해 대체적으로 친절한 전략을 사용한 프로그램들이 좋은 성적을 냈다는 사실을 확인할 수 있었다. 그리고 그중에서도 팃포탯이 두 차례 모두 우승할 수 있었던 것은 비열한 전략을 사용하는 프로그램에는 마찬가지로 비열한 전략으로 대응했기 때문임을 알게 되었다.

① 엑셀로드가 만든 팃포탯은 죄수의 딜레마에서 우승할 수 있는 가장 유력한 전략이다.

② 죄수의 딜레마에서 자신의 이득이 최대로 나타나는 경우는 죄를 자백하지 않는 것이다.

③ 엑셀로드는 리그 대회를 통해 팃포탯과 같은 대체로 비열한 전략을 사용하는 프로그램이 좋은 성적을 냈다는 사실을 알아냈다.

④ 팃포탯 전략이 우승한 것은 비열한 전략에 마찬가지로 비열하게 대응했기 때문이다.

56 다음 글에서 '최적통화지역 이론'과 관련하여 고려하지 않은 것은?

최적통화지역은 단일 통화가 통용되거나 여러 통화들의 환율이 고정되어 있는 최적의 지리적인 영역을 지칭한다. 여기서 최적이란 대내외 균형이라는 거시 경제의 목적에 의해 규정되는데, 대내 균형은 물가 안정과 완전 고용, 대외 균형은 국제수지 균형을 의미한다.

최적통화지역 개념은 고정환율 제도와 변동환율 제도의 상대적 장점에 대한 논쟁 속에서 발전하였다. 최적통화지역 이론은 어떤 조건에서 고정환율 제도가 대내외 균형을 효과적으로 이룰 수 있는지 고려했다.

초기 이론들은 최적통화지역을 규정하는 가장 중요한 경제적 기준을 찾으려 하였다. 먼델은 노동의 이동성을 제시했다. 노동의 이동이 자유롭다면 외부 충격이 발생할 때 대내외 균형 유지를 위한 임금 조정의 필요성이 크지 않을 것이고 결국 환율 변동의 필요성도 작을 것이다. 잉그램은 금융시장 통합을 제시하였다. 금융시장이 통합되어 있으면 지역 내 국가들 사이에 경상수지 불균형이 발생했을 때 자본 이동이 쉽게 일어 날 수 있을 것이며 이에 따라 조정의 압력이 줄어들게 되므로 지역 내 환율 변동의 필요성이 감소하게 된다는 것이다. 이러한 주장들은 결국 고정환율 제도 아래에서도 대내외 균형을 달성할 수 있는 조건들을 말해 주고 있는 것이다.

이후 최적통화지역 이론은 위의 조건들을 종합적으로 판단하여 단일 통화 사용에 따른 비용 – 편익 분석을 한다. 비용보다 편익이 크다면 최적통화지역의 조건이 충족되며 단일 통화를 형성할 수 있다. 단일 통화 사용의 편익은 화폐의 유용성이 증대된다는 데 있다. 단일 화폐의 사용은 시장 통합에 따른 교환의 이익을 증대시킨다는 것이다. 반면에 통화정책 독립성의 상실이 단일 통화 사용에 따른 주요 비용으로 간주된다. 단일 통화의 유지를 위해 대내 균형을 포기해야 하는 경우가 발생하기 때문이다. 이 비용은 가격과 임금이 경직될수록, 전체 통화지역 중 일부 지역들 사이에 서로 다른 효과를 일으키는 비대칭적 충격이 클수록 증가한다. 가령 한 국가에는 실업이 발생하고 다른 국가에는 인플레이션이 발생하면, 한 국가는 확대 통화정책을, 다른 국가는 긴축 통화 정책을 원하게 되는데, 양 국가가 단일 화폐를 사용한다면 서로 다른 통화정책의 시행이 불가능하기 때문이다. 물론 여기서 노동 이동 등의 조건이 충족되면 비대칭적 충격을 완화하기 위한 독립적 통화정책의 필요성은 감소한다. 반대로 두 국가에 유사한 충격이 발생한다면 서로 다른 통화정책을 택할 필요가 줄어든다. 이 경우에는 독립적 통화정책을 포기하는 비용이 감소한다.

① 시장 통합으로 인한 편익의 계산 방식
② 환율 변동을 배제한 경상수지 조정 방식
③ 화폐의 유용성과 시장 통합 사이의 관계
④ 단일 화폐 사용에 따른 비용을 증가시키는 조건

57 다음은 대학생 300명을 대상으로 한 달 평균 생활비를 조사한 자료이다. 이에 대한 설명으로 옳은 것은?

<table>
<tr><td colspan="2" align="center">〈대학생 300명 한 달 평균 생활비〉</td></tr>
<tr><td colspan="2" align="right">(단위 : 명)</td></tr>
<tr><td align="center">구분</td><td align="center">누적도수</td></tr>
<tr><td align="center">0원 이상 20만 원 미만</td><td align="center">23</td></tr>
<tr><td align="center">20만 원 이상 40만 원 미만</td><td align="center">89</td></tr>
<tr><td align="center">40만 원 이상 60만 원 미만</td><td align="center">173</td></tr>
<tr><td align="center">60만 원 이상 80만 원 미만</td><td align="center">279</td></tr>
<tr><td align="center">80만 원 이상 100만 원 미만</td><td align="center">298</td></tr>
<tr><td align="center">100만 원 이상</td><td align="center">300</td></tr>
</table>

① 한 달 생활비가 100만 원 이상인 학생의 수가 가장 많다.

② 한 달 생활비가 60만 원 이상인 학생의 수는 전체의 50%를 넘는다.

③ 한 달 생활비가 20만 원 이상 40만 원 미만인 학생의 수는 40만 원 이상 60만 원 미만인 학생의 수보다 적다.

④ 한 달 생활비가 많을수록 불필요한 지출이 많다.

58 A ~ F 6명이 일렬로 된 6개의 좌석에 다음 〈조건〉과 같이 앉아 있다. 좌석은 왼쪽부터 1번으로 시작하는 번호가 매겨져 있고 C가 4번에 앉아 있다면, 항상 옳은 것은?

> **조건**
> • D와 E는 사이에 3명을 두고 있다.
> • A와 F는 인접할 수 없다.
> • D는 F보다 왼쪽에 있다.
> • F는 C보다 왼쪽에 있다.

① A는 C보다 오른쪽에 앉아 있다.

② E는 C보다 오른쪽에 앉아 있다.

③ E는 A보다 왼쪽에 앉아 있다.

④ D는 B보다 왼쪽에 앉아 있다.

59 월요일부터 금요일까지 소연이를 포함한 5명의 직원들이 1명씩 돌아가며 사무실 청소를 하기로 했다. 다음 〈조건〉을 바탕으로 지현이가 월요일에 청소를 한다면 승혜는 언제 청소하는가?

> **조건**
> • 주희는 월, 화, 수요일에는 청소를 할 수 없다.
> • 지현이와 승혜는 수요일에 청소를 할 수 없다.
> • 지영이는 금요일에 청소를 할 것이다.

① 월요일   ② 화요일

③ 수요일   ④ 목요일

60 S외식업체는 고객전용 주차장의 공간이 협소하여 외부 주차장을 활용하려고 한다. 외부 주차장을 이용하는 방식은 월 임대료를 내고 사용하는 방법과 주차권을 발행하여 계산하는 방법이 있다. 어떠한 방법이 더 경제적이며, 그 차액은 얼마인가?

> **■ 외부 주차장 이용방법**
> 1) 월 임대료 납부 시 : 월 1,500만 원 1회 납부, 주차 대수 무관
> 2) 주차권 발행 시 : 1회 주차권 3시간 이용 가능, 주차권 1장당 3,000원 납부
>
> **■ 요일별 방문고객 현황**
>
> | 구분 | 월요일 | 화요일 | 수요일 | 목요일 | 금요일 | 토요일 | 일요일 |
> |---|---|---|---|---|---|---|---|
> | 방문고객 수(평균) | 150명 | 180명 | 170명 | 175명 | 250명 | 400명 | 450명 |
> | 차량보유비율 | 62% | 55% | 50% | 68% | 80% | 92% | 88% |
>
> ※ 휴무일을 고려하여 1개월을 4주와 동일한 것으로 간주함
> ※ 방문고객 수 및 차량보유비율은 지난 1년간 수집한 통계치를 근거로 작성됨
> ※ 방문고객 1명당 1장의 주차권을 제공함

    더 경제적인 방법   차액
①   월 임대료 납부   920,000원
②   월 임대료 납부   1,320,000원
③   주차권 발행   920,000원
④   주차권 발행   1,320,000원

정답 및 해설 p.082

| 하나은행

01 다음 글의 주제로 가장 적절한 것은?

> 시중은행 대출금리가 가파르게 증가하자 경매에 넘어간 부동산이 2010년대 하락장 수준으로 증가하고 있다. 이는 대출금리의 인상으로 인한 이자 부담 가중으로 주택담보대출을 상환하지 못하는 경우와 이로 인한 부동산 경기 침체로 집값이 하락해 세입자의 보증금을 상환하지 못하는 경우가 대부분이다.
>
> 법원에 따르면 임의경매가 신청된 부동산은 2014년 10월 이후 최대치를, 강제경매가 신청된 부동산은 2020년 3월 이후 가장 많은 수치를 보이고 있다. 특히 이들 대부분은 집값 급등 시기에 대출을 받아 내 집을 마련한 이른바 '영끌족'이다. 하지만 이들이 계속된 고금리에 이자를 부담하기 어려워 집을 처분하려고 해도, 부동산 경기 침체로 인해 집을 사려는 사람이 없어 처분조차 어려운 상황이다. 실제로 서울부동산정보광장에 따르면 지난 4월 3,000건을 상회하던 거래량이 지난달인 10월에는 1,923건으로 하락한 반면, 매물은 늘어나는데 거래가 줄면서 계속 매물이 쌓여 현재 매물은 올해 초 대비 50% 이상 증가했다.

① 대출금리 인상으로 무너지는 내 집 마련
② 대출금리 인상으로 집을 사지 못하는 사람들
③ 대출금리 인상으로 인해 늘어난 부동산 선택지
④ 대출금리 인상으로 활발해진 부동산 경매시장

02 다음 문단을 논리적 순서대로 바르게 나열한 것은?

> (가) 회전문의 축은 중심에 있다. 축을 중심으로 통상 네 짝의 문이 계속 돌게 되어 있다. 마치 계속 열려 있는 듯한 착각을 일으키지만, 사실은 네 짝의 문이 계속 안 또는 밖을 차단하도록 만든 것이다. 실질적으로는 열려 있는 순간 없이 계속 닫혀 있는 셈이다.
>
> (나) 문은 열림과 닫힘을 위해 존재한다. 이 본연의 기능을 하지 못한다는 점에서 계속 닫혀 있는 문이 무의미하듯이, 계속 열려 있는 문 또한 그 존재 가치와 의미가 없다. 그런데 현대 사회의 문은 대부분의 경우 닫힌 구조로 사람들을 맞고 있다. 따라서 사람들을 환대하는 것이 아니라 박대하고 있다고 할 수 있다. 그 대표적인 예가 회전문이다. 가만히 회전문의 구조와 그 기능을 머릿속에 그려보라. 그것이 어떤 식으로 열리고 닫히는지 알고는 놀랄 것이다.
>
> (다) 회전문은 인간이 만들고 실용화한 문 가운데 가장 문명적이고 발전된 형태로 보일지 모르지만, 사실상 열림을 가장한 닫힘의 연속이기 때문에 오히려 가장 야만적이며 미개한 형태의 문이다.
>
> (라) 또한 회전문을 이용하는 사람들은 회전문의 구조와 운동 메커니즘에 맞추어야 실수 없이 문을 통과해 안으로 들어가거나 밖으로 나올 수 있다. 어린아이, 허약한 사람, 또는 민첩하지 못한 노인은 쉽게 그것에 맞출 수 없다. 더구나 휠체어를 탄 사람이라면 더 말할 나위도 없다. 이들에게 회전문은 문이 아니다. 실질적으로 닫혀 있는 기능만 하는 문은 문이 아니기 때문이다.

① (가) – (나) – (라) – (다)　　　　② (가) – (라) – (나) – (다)

③ (나) – (가) – (라) – (다)　　　　④ (나) – (다) – (라) – (가)

03 다음 글의 내용으로 가장 적절한 것은?

> 중국에서는 기원전 7 ~ 8세기 이후 주나라에서부터 청동전이 유통되었다. 이후 진시황이 중국을 통일하면서 화폐를 통일해 가운데 네모난 구멍이 뚫린 원형 청동 엽전이 등장했고, 이후 중국 통화의 주축으로 자리 잡았다. 하지만 엽전은 가치가 낮고 금화와 은화는 아직 주조되지 않았기 때문에 고액 거래를 위해서는 지폐가 필요했다. 결국 11세기경 송나라에서 최초의 법정 지폐인 교자(交子)가 발행되었다. 13세기 원나라에서는 강력한 국가 권력을 통해 엽전을 억제하고 교초(交鈔)라는 지폐를 유일한 공식 통화로 삼아 재정 문제를 해결했다.
>
> 아시아와 유럽에서 지폐의 등장과 발달 과정은 달랐다. 우선 유럽에서는 금화가 비교적 자유롭게 사용되어 대중들 사이에서 널리 유통되었다. 반면에 아시아의 통치자들은 금의 아름다움과 금이 상징하는 권력을 즐겼다는 점에서는 서구인들과 같았지만, 비천한 사람들이 화폐로 사용하기에는 금이 너무 소중하다고 여겼다. 대중들 사이에서 유통되도록 금을 방출하면 권력이 약화된다고 본 것이다. 대신에 일찍부터 지폐가 널리 통용되었다.
>
> 마르코 폴로는 쿠빌라이 칸이 모든 거래를 지폐로 이루어지게 하는 것을 보고 깊은 인상을 받았다. 사실상 종잇조각에 불과한 지폐가 그렇게 널리 통용되었던 이유는 무엇 때문일까? 칸이 만든 지폐에 찍힌 그의 도장은 금이나 은과 같은 권위가 있었다. 이것은 지폐의 가치를 확립하고 유지하는 데 국가 권력이 핵심 요소라는 사실을 보여준다.
>
> 유럽의 지폐는 그 초기 형태가 민간에서 발행한 어음이었으나, 아시아의 지폐는 처음부터 국가가 발행권을 갖고 있었다. 금속 주화와는 달리 내재적 가치가 없는 지폐가 화폐로 받아들여지고 사용되기 위해서는 신뢰가 필수적이다. 중국은 강력한 왕권이 이 신뢰를 담보할 수 있었지만, 유럽에서 지폐가 사람들의 신뢰를 얻기까지는 그보다 오랜 시간과 성숙된 환경이 필요했다. 유럽의 왕들은 종이에 마음대로 숫자를 적어 놓고 화폐로 사용하라고 강제할 수 없었다. 그래서 서로 잘 아는 일부 동업자들끼리 신뢰를 바탕으로 자체 지폐를 만들어 사용해야 했다. 하지만 민간에서 발행한 지폐는 신뢰 확보가 쉽지 않아 주기적으로 금융 위기를 초래했다. 정부가 나서기까지는 오랜 시간이 걸렸고, 17 ~ 18세기에 지폐의 법정화와 중앙은행의 설립이 이루어졌다. 중앙은행은 금을 보관하고 이를 바탕으로 금 태환(兌換)을 보장하는 증서를 발행해 화폐로 사용하기 시작했고, 그것이 오늘날의 지폐로 이어졌다.

① 유럽에서 금화의 대중적 확산은 지폐가 널리 통용되는 결정적인 계기가 되었다.

② 중국에서 청동으로 만든 최초의 화폐는 네모난 구멍이 뚫린 원형 엽전의 형태였다.

③ 유럽에서는 민간 거래의 신뢰를 기반으로 지폐가 중국에 비해 일찍부터 통용되었다.

④ 중국에서 지폐 거래의 신뢰를 확보할 수 있었던 것은 강력한 국가 권력이 있었기 때문이다.

※ 다음 글의 내용으로 적절하지 않은 것을 고르시오. [4~5]

| 하나은행

04

많은 사람들은 소비에 대한 경제적 결정을 내리기 전에 가격과 품질을 고려한다. 하지만 이러한 결정은 때로 소비자가 인식하지 못한 다른 요소에 의해 영향을 받는다. 바로 마케팅과 광고의 효과이다. 광고는 제품이나 서비스에 대한 정보를 전달하는 데 사용되는 매개체로 소비자의 구매 결정에 큰 영향을 끼친다.

마케팅 회사들은 광고를 통해 제품을 매력적으로 보이도록 디자인하고, 여러 가지 특징들을 강조하여 소비자들이 해당 제품을 원하도록 만든다. 예를 들어 소비자가 직면한 문제에 대해 자사의 제품이 효과적인 해결책이라고 제시하거나, 유니크한 디자인, 고급 소재 등을 사용한다고 강조하는 것이다. 이렇게 광고는 소비자들에게 제품에 대한 긍정적인 이미지를 형성하게 하여 구매 욕구를 자극해 제품의 판매량을 증가시킨다.

그러므로 현명한 소비를 하기 위해서는 광고에 의해 형성된 이미지에 속지 않고, 실제 제품의 가치와 품질을 충분히 검토해야 한다. 소비를 함에 있어 광고에만 의존한다면 실제로는 자신에게 필요하지 않은 제품이나 서비스를 마치 꼭 필요한 것처럼 착각하여 제품이나 서비스를 구매하게 될 수도 있다. 따라서 경제적인 결정을 내리기 전에 광고 외에도 가격, 품질, 필요성 등 다양한 요소를 종합적으로 고려해야 한다.

① 판매자는 광고를 통해 자사 제품의 긍정적인 이미지를 만들어 낼 수 있다.
② 자신에게 꼭 필요한 물건인지 파악하는 것은 현명하게 소비하는 것이다.
③ 광고는 현명한 소비를 함에 있어서 전혀 도움이 되지 않는다.
④ 광고는 소비자의 구매 결정에 큰 영향을 미친다.

05

『논어』 가운데 해석상 가장 많은 논란을 일으킨 구절은 '극기복례(克己復禮)'이다. 이 구절을 달리 해석하는 A학파와 B학파는 문장의 구절을 구분하는 것부터 다른 견해를 가지고 있다. A학파는 '극기'와 '복례'를 하나의 독립된 구절로 구분한다. 그들에 따르면, '극'과 '복'은 서술어이고, '기'와 '예'는 목적어이다. 이에 반해 B학파는 '극'을 서술어로 보고, '기복례'는 목적어구로 본다. 두 학파가 동일한 구절을 이와 같이 서로 다르게 구분하는 이유는 '극'과 '기' 그리고 '예'에 대한 이해가 다르기 때문이다.

A학파는 천리(天理)가 선천적으로 마음에 내재해 있다는 심성론에 따라 이 구절을 해석한다. 그들은 '극'은 '싸워서 이기다.'로, '복'은 '회복하다.'로 이해한다. 그리고 '기'는 '몸으로 인한 개인적 욕망'으로 '예'는 '천리에 따라 행위하는 것'으로 규정한다. 따라서 '극기'는 '몸의 개인적 욕망을 극복하다.'로 해석하고, '복례'는 '천리에 따라 행위하는 본래 모습을 회복하다.'로 해석한다.

이와 달리 B학파는 심성론에 따라 해석하지 않고 예를 중심으로 해석한다. 이들은 '극'을 '능숙하다.'로, '기'는 '몸'으로 이해한다. 또 '복'을 '한 번 했던 동작을 거듭하여 실천하다.'로 풀이한다. 그리고 예에 대한 인식도 달라서 '예'를 천리가 아닌 '본받아야 할 행위'로 이해한다. 예를 들면, 제사에 참여하여 어른들의 행위를 모방하면서 자신의 역할을 수행하는 것이 이에 해당한다. 따라서 이들의 해석에 따르면, '기복례'는 '몸이 본받아야 할 행위를 거듭 실행함'이 되고, '극'과 연결하여 해석하면 '몸이 본받아야 할 행위를 거듭 실행하여 능숙하게 되다.'가 된다.

두 학파가 동일한 구절을 달리 해석하는 또 다른 이유는 그들이 지향하는 철학적 관심이 다르기 때문이다. A학파는 '극기'를 '사욕의 제거'로 해석하면서, 용례상으로나 구문론상으로 "왜 꼭 그렇게 해석해야만 하는가?"라는 질문에 답하는 대신 자신들의 철학적 체계에 따른 해석을 고수한다. 그들의 관심은 악의 문제를 어떻게 설명할 것인가라는 문제에 집중되고 있다. B학파는 '극기복례'에 사용된 문자 하나하나의 용례를 추적하여 A학파의 해석이 『논어』가 만들어졌을 당시의 유가 사상과 거리가 있다는 것을 밝히려 한다. 그들은 욕망의 제거가 아닌 '모범적 행위의 창안'이라는 맥락에서 유가의 정통성을 찾으려 한다.

① A학파는 '기'를 극복의 대상으로 삼고, 천리를 행위의 기준으로 삼을 것이다.
② A학파에 의하면 '예'의 실천은 태어날 때부터 마음에 갖추고 있는 원리에 따라 이루어질 것이다.
③ B학파는 마음의 본래 모습을 회복함으로써 악을 제거하려 할 것이다.
④ B학파는 '기'를 숙련 행위의 주체로 이해하며, 선인의 행위를 모범으로 삼을 것이다.

'GDP(국내총생산)'는 국민경제 전체의 생산 수준을 파악할 수 있는 지표로, 한 나라 안에서 일정 기간 새로 생산된 최종 생산물의 가치를 모두 합산한 것이다. GDP를 계산할 때는 총생산물의 가치에서 중간 생산물의 가치를 빼며, 그 결과는 최종 생산물 가치의 총합과 동일하다. 다만, GDP를 산출할 때는 그해에 새로 생산된 재화와 서비스 중 화폐로 매매된 것만 계산에 포함하고, 화폐로 매매되지 않은 것은 포함하지 않는다. 그런데 상품 판매 가격은 물가 변동에 따라 오르내리기 때문에 GDP를 집계 당시의 상품 판매 가격으로 산출하면 그 결과는 물가 변동의 영향을 그대로 받는다. 올해에 작년과 똑같은 수준으로 재화를 생산하고 판매했더라도 올해 물가 변동에 따라 상품 판매 가격이 크게 올랐다면 올해 GDP는 가격 상승분만큼 부풀려져 작년 GDP보다 커진다. 이런 까닭으로 올해 GDP가 작년 GDP보다 커졌다 하더라도 생산 수준이 작년보다 실질적으로 올랐다고 볼 수는 없다. 심지어 GDP가 작년보다 커졌더라도 실질적으로 생산 수준이 떨어졌을 수도 있다.

그래서 실질적인 생산 수준을 판단할 수 있는 GDP를 산출할 필요가 있다. 그렇게 하려면 먼저 어느 해를 기준 시점으로 정해 놓고, 산출하고자 하는 해의 가격을 기준 시점의 물가 수준으로 환산해 GDP를 산출하면 된다. 기준 시점의 물가 수준으로 환산해 산출한 GDP를 '실질 GDP'라고 하고, 기준 시점의 물가 수준으로 환산하지 않은 GDP를 실질 GDP와 구분하기 위해 '명목 GDP'라고 부르기도 한다. 예를 들어 기준 시점을 1995년으로 하여 2000년의 실질 GDP를 생각해 보자. 1995년에는 물가 수준이 100, 명목 GDP는 3천 원이었으며, 2000년 물가 수준은 200, 명목 GDP는 6천 원이라고 가정하자. 이 경우 명목 GDP는 3천 원에서 6천 원으로 늘었지만, 물가 수준 역시 두 배로 올랐으므로 결국 실질 GDP는 동일하다.

경제가 실질적으로 얼마나 성장했는지 알려면 실질 GDP의 추이를 보는 것이 효과적이므로 실질 GDP는 경제성장률을 나타내는 공식 경제지표로 활용되고 있다. 금년도의 경제성장률은 다음과 같은 식으로 산출할 수 있다.

$$[\text{경제성장률}(\%)] = \frac{(\text{금년도 실질 GDP}) - (\text{전년도 실질 GDP})}{(\text{전년도 실질 GDP})} \times 100$$

GDP만큼 중요한 경제지표에는 'GNI(국민총소득)'라는 것도 있다. GNI는 GDP에 외국과 거래하는 교역 조건의 변화로 생기는 실질적 무역 손익을 합산해 집계한다. 그렇다면 ㉠ GDP가 있는데도 GNI를 따로 만들어 쓰는 이유는 무엇일까? 만약 수입 상품 단가가 수출 상품 단가보다 올라 대외 교역 조건이 나빠지면 전보다 많은 재화를 생산·수출하고도 제품·부품 수입 비용이 증가하여 무역 손실이 발생할 수도 있다. 이때 GDP는 무역 손실에 따른 실질 소득의 감소를 제대로 반영하지 못하기 때문에 GNI가 필요한 것이다. 결국 GDP가 국민경제의 크기와 생산 능력을 나타내는 데 중점을 두는 지표라면, GNI는 국민경제의 소득 수준과 소비 능력을 나타내는 데 중점을 두는 지표라고 할 수 있다.

06 다음 중 윗글의 내용으로 적절하지 않은 것은?

① GDP는 최종 생산물 가치의 총합으로 계산할 수 있다.

② 화폐로 매매되지 않은 것은 GDP 계산에 넣지 않는다.

③ 새로 생산된 재화와 서비스만이 GDP 계산의 대상이 된다.

④ GDP는 총생산물 가치에 중간 생산물 가치를 더하여 산출한다.

07 다음 중 윗글의 밑줄 친 ㉠에 대한 대답으로 가장 적절한 것은?

① 생산한 재화의 총량을 정확히 측정하기 위해

② 생산한 재화의 수출량을 정확히 측정하기 위해

③ 국가 간의 물가 수준의 차이를 정확히 재기 위해

④ 무역 손익에 따른 실질 소득의 증감을 정확히 재기 위해

08 A고객은 H은행 정기예금을 만기 납입했다. 정기예금의 조건이 다음과 같을 때, A고객이 만기 시 수령할 이자는 얼마인가?(단, 소수점 첫째 자리에서 반올림한다)

▲ 상품명 : H은행 정기예금

▲ 가입자 : 본인

▲ 계약기간 : 6개월

▲ 저축방법 : 거치식

▲ 저축금액 : 1,000만 원

▲ 이자지급방식 : 만기일시지급, 단리식

▲ 기본금리 : 연 0.1%

▲ 우대금리 : 최대 연 0.3%p

▲ 기타사항 : 우대금리를 최대로 받는다.

---

① 10,000원   ② 15,000원

③ 18,000원   ④ 20,000원

09 10명이 앉을 수 있는 원형 탁자에 국문학과 2명, 영문학과 2명, 수학과 2명, 전자과 2명, 회화과 2명이 앉고자 한다. 과가 같은 학생끼리 마주보도록 앉는 경우의 수는?

① 330가지   ② 348가지

③ 366가지   ④ 384가지

10 K씨는 저가항공을 이용하여 비수기에 제주도 출장을 가려고 한다. 1인 기준으로 작년에 비해 비행기 왕복 요금은 20% 내렸고, 1박 숙박비는 15% 올라서 올해의 비행기 왕복 요금과 1박 숙박비 합계는 작년보다 10% 증가한 금액인 308,000원이라고 한다. 이때, 1인 기준으로 올해의 비행기 왕복 요금은?

① 31,000원

② 32,000원

③ 33,000원

④ 34,000원

11 어떤 미생물이 다음과 같은 규칙으로 분열한다고 한다. 6월 7일에 미생물 3마리가 분열을 시작한다면, 이 미생물이 30억 마리가 되는 날은?

〈미생물 개체 수 변화〉

(단위 : 마리)

구분	6월 7일	6월 10일	6월 13일	6월 16일	6월 19일
개체 수	3	30	300	3,000	30,000

① 7월 1일

② 7월 4일

③ 7월 7일

④ 7월 10일

12 K씨는 올 겨울에 해외여행을 가고자 한다. 여행사에서 운영하는 여행패키지 A ~ F의 가격이 다음 과 같을 때, 〈조건〉에 따라 가장 저렴하게 이용할 수 있는 여행패키지의 가격은?

〈여행패키지 상품별 비용〉

구분	출발일	도착일	가격	비고
A	12.30	1.7	1,800,000원	–
B	1.4	1.30	2,100,000원	M멤버십 보유 시 30% 할인 Z카드 이용 시 25% 할인
C	1.15	1.22	1,600,000원	Z카드 이용 시 20% 할인
D	1.10	1.20	1,750,000원	M멤버십 보유 시 20% 할인 Z카드 이용 시 10% 할인
E	1.25	2.2	1,500,000원	M멤버십 보유 시 20% 할인
F	1.4	1.9	1,500,000원	M멤버십 보유 시 5% 할인 Z카드 이용 시 10% 할인

※ 중·고등학생은 청소년으로, 만 5세 이상 및 초등학생은 어린이로 티켓 가격을 책정함

조건

• 출발일과 도착일 모두 1월 이내여야 한다.
• 여행 기간은 15일 이내여야 한다.
• K씨는 M멤버십을 보유하고 있다.
• K씨는 Z카드를 갖고 있지 않다.

① 1,500,000원 　　　　　② 1,487,500원
③ 1,400,000원 　　　　　④ 1,372,500원

13 김대리는 이번 휴가에 여행을 갈 장소를 고르고 있다. 각 관광 코스에 대한 정보가 다음과 같을 때, 〈조건〉에 따라 김대리가 선택하기에 가장 적절한 관광 코스는?

〈관광 코스별 정보〉

구분	A코스	B코스	C코스	D코스
기간	3박 4일	2박 3일	4박 5일	4박 5일
비용	245,000원	175,000원	401,000원	332,000원
경유지	3곳	2곳	5곳	5곳
참여인원	25명	18명	31명	28명
할인	K카드로 결제 시 5% 할인	-	I카드로 결제 시 귀가셔틀버스 무료 제공	I카드로 결제 시 10% 할인
비고	공항 내 수화물 보관서비스 제공	-	경유지별 수화물 운송서비스 제공	-

조건

• 휴가기간에 맞추어 4일 이상 관광하되 5일을 초과하지 않아야 한다.
• 비용은 결제금액이 30만 원을 초과하지 않아야 한다.
• 모든 비용은 I카드로 결제한다.
• 참여인원이 30명을 넘지 않는 코스를 선호한다.
• 되도록 경유지가 많은 코스를 고른다.

① A코스   ② B코스
③ C코스   ④ D코스

14 김대리는 현재 소비습관에 따른 혜택 금액이 가장 큰 신용카드를 새로 신청하고자 한다. 김대리의 결제부문별 결제정보 및 신용카드별 혜택이 다음과 같을 때, 김대리가 신청하기에 가장 적절한 신용카드는?

〈김대리 결제정보〉

구분	결제금액	비고
외식	540,000원	T사 페이 결제 350,000원
쇼핑	290,000원	N사 페이 결제 150,000원
공과금	150,000원	자동이체
문화생활	95,000원	-
유류비	135,000원	-
총결제액	1,210,000원	1개 신용카드로 전체 금액을 결제함

〈신용카드별 혜택〉

구분	A카드	B카드	C카드	D카드
할인 부문	외식	쇼핑	공과금	유류비
이용실적별 할인 혜택	- 50만 원 이상 : 할인 부문 결제액의 10% 할인 - 100만 원 이상 : 할인 부문 결제액의 15% 할인			총결제액의 3% 할인
추가 혜택정보	페이 결제분에 대한 할인은 미적용	N사 페이 결제 시 5% 추가 할인	자동이체 설정 시 3% 추가 할인	-
월간 할인한도	28,000원	25,000원	-	30,000원

※ 이용실적은 총결제액을 기준으로 산정함

① A카드
③ C카드
② B카드
④ D카드

15 H공사에 근무하는 김대리는 국내 자율주행자동차 산업에 대한 SWOT 분석 결과에 따라 국내 자율주행자동차 산업 발달을 위한 방안을 고안하는 중이다. 김대리가 SWOT 분석에 의한 경영전략에 따라 판단하였다고 할 때, 그 내용으로 적절하지 않은 것을 〈보기〉에서 모두 고르면?

〈국내 자율주행자동차 산업에 대한 SWOT 분석 결과〉

구분	분석 결과
강점(Strength)	• 민간 자율주행기술 R&D지원을 위한 대규모 예산 확보 • 국내외에서 우수한 평가를 받는 국내 자동차기업 존재
약점(Weakness)	• 국내 민간기업의 자율주행기술 투자 미비 • 기술적 안전성 확보 미비
기회(Opportunity)	• 국가의 지속적 자율주행자동차 R&D 지원법안 본회의 통과 • 완성도 있는 자율주행기술을 갖춘 외국 기업들의 등장
위협(Threat)	• 자율주행차에 대한 국민들의 심리적 거부감 • 자율주행차에 대한 국가의 과도한 규제

〈SWOT 분석에 의한 경영전략〉

• SO전략 : 기회를 이용해 강점을 활용하는 전략
• ST전략 : 강점을 활용하여 위협을 최소화하거나 극복하는 전략
• WO전략 : 기회를 활용하여 약점을 보완하는 전략
• WT전략 : 약점을 최소화하고 위협을 회피하는 전략

보기

ㄱ. 자율주행기술 수준이 우수한 외국 기업과의 기술이전협약을 통해 국내 우수 자동차기업들의 자율주행기술 연구 및 상용화 수준을 향상시키려는 전략은 SO전략에 해당한다.
ㄴ. 민간의 자율주행기술 R&D를 적극 지원하여 자율주행기술의 안전성을 높이려는 전략은 ST전략에 해당한다.
ㄷ. 자율주행자동차 R&D를 지원하는 법률을 토대로 국내 기업의 기술개발을 적극 지원하여 안전성을 확보하려는 전략은 WO전략에 해당한다.
ㄹ. 자율주행기술개발에 대한 국내기업의 투자가 부족하므로 국가기관이 주도하여 기술개발을 추진하는 전략은 WT전략에 해당한다.

① ㄱ, ㄴ
② ㄱ, ㄷ
③ ㄴ, ㄷ
④ ㄴ, ㄹ

16 올해 H은행에 입사한 신입사원 갑 ~ 기 6명에 대한 정보와 이들이 배치될 부서에 대한 정보가 다음과 같을 때, 각 부서에 배치될 신입사원이 잘못 짝지어진 것은?

> - 신입사원들은 서로 다른 부서에 배치되며, 배치되지 않는 신입사원은 없다.
> - 신입사원들의 정보가 부서별 요구사항을 충족할 시 해당 부서에 배치된다.
> - 신입사원들에 대한 정보는 다음과 같다.
>
> | 구분 | 전공 | 학위 | 인턴 경험 | 업무 역량 | | |
> |---|---|---|---|---|---|---|
> | | | | | 데이터분석 | 재무분석 | 제2외국어 |
> | 갑 | 경영 | 학사 | 1회 | × | × | ○ |
> | 을 | 인문 | 석사 | – | ○ | × | × |
> | 병 | 공학 | 학사 | 1회 | × | ○ | × |
> | 정 | 사회 | 학사 | 2회 | × | ○ | ○ |
> | 무 | 공학 | 학사 | – | ○ | × | × |
> | 기 | 경영 | 박사 | – | × | ○ | × |
>
> - 부서별 신입사원 요구사항은 다음과 같다.
>
> | 구분 | 요구사항 |
> |---|---|
> | 총무부 | 경영 전공자, 인턴 경험 보유 |
> | 투자전략부 | 재무분석 가능, 석사 이상 |
> | 인사부 | 인턴 등 조직 경험 1회 이상 |
> | 대외협력부 | 제2외국어 가능자 |
> | 품질관리부 | 석사 이상, 데이터분석 역량 보유 |
> | 기술개발부 | 데이터분석 가능자 |

  부서 신입사원
① 투자전략부 기
② 대외협력부 갑
③ 품질관리부 을
④ 기술개발부 무

17 A ~ H 8명은 함께 여행을 가기로 하였다. 제시된 〈조건〉에 따라 호텔의 방을 배정받는다고 할 때, 다음 설명 중 옳지 않은 것은?

> **조건**
> • A ~ H는 모두 하나씩 서로 다른 방을 배정받는다.
> • 방이 상하로 이웃하고 있다는 것은 단면도상 방들이 위아래로 붙어있는 것을 의미한다.
> • A, C, G는 호텔의 왼쪽 방을 배정받는다.
> • B는 F의 위층 방을 배정받는다.
> • A는 다리를 다쳐 가장 낮은 층을 배정받는다.
> • F는 호텔의 오른쪽 방을 배정받는다.
> • D는 G와 같은 층의 방을 배정받는다.
> • 객실 번호가 적혀 있지 않은 곳은 이미 예약이 되어 방 배정이 불가능한 방이다.
>
> **〈호텔 단면도〉**
>
> | | 왼쪽 | 가운데 | 오른쪽 |
> |---|---|---|---|
> | 5층 | 501 | | 503 |
> | 4층 | 401 | | |
> | 3층 | | | 303 |
> | 2층 | | 202 | 203 |
> | 1층 | 101 | 102 | |

① B와 F가 배정받은 방은 서로 상하로 이웃하고 있다.
② E는 호텔의 가운데에 위치한 방을 배정받는다.
③ C는 4층에 위치한 방을 배정받는다.
④ E는 H보다 높은 층을 배정받는다.

18 H은행 인재연수부 김과장은 사내 연수 중 조별과제의 발표 일정을 수립하고자 한다. 다음 〈조건〉에 따라 각 조의 발표 날짜를 정한다고 할 때, B조가 발표할 날짜는?

조건

- 조별과제 발표를 수행할 조는 A조, B조, C조이다.
- 조별과제의 발표는 연수 시간에 이루어지며, 연수는 매주 화요일부터 금요일까지 진행된다.
- 달력에는 공휴일 및 창립기념일이 기록되어 있으며, 해당 일은 연수가 진행되지 않는다.
- 각 조는 3일간 발표를 수행한다.
- 조별 발표는 A조 → C조 → B조 순으로 진행되며, 각 조는 앞 순서 조의 마지막 발표일 이후, 가능한 한 가장 빠른 일자에 발표를 시작한다.
- 특정 조의 발표가 끝난 날의 다음 날에는 어느 조도 발표를 할 수 없다.
- 각 조의 발표는 3일간 연속하여 하는 것이 원칙이나, 마지막 날의 발표는 연속하지 않게 별도로 할 수 있다. 다만, 이 경우에도 가능한 한 가장 빠른 일자에 마지막 날의 발표를 하여야 한다.

〈5월 달력〉

일	월	화	수	목	금	토
	1	2	3	4	5 어린이날	6
7	8	9 A조 발표	10 A조 발표	11 A조 발표	12	13
14	15	16	17 창립기념일	18	19	20
21	22	23	24	25	26	27 석가탄신일
28	29 대체공휴일	30	31			

① 18 ~ 19, 22일 　　　　　② 22 ~ 24일

③ 24 ~ 26일 　　　　　　　④ 25 ~ 26, 30일

19 기태는 N은행의 적금 상품에 가입하여 2019년 1월 초부터 2022년 4월 초까지 매월 초에 일정한 금액을 적립한 후 2022년 4월 말에 2,211만 원을 지급받기로 하였다. 월이율 0.5%의 복리로 계산할 때, 매월 적립해야 하는 금액은?(단, $1.005^{40}=1.22$로 계산한다)

① 35만 원

② 40만 원

③ 45만 원

④ 50만 원

⑤ 55만 원

20 어느 유료 주차장의 요금이 다음과 같을 때, 이 주차장에 주차를 하고 5,000원 이하의 주차 요금을 지불하려고 한다. 가능한 최대 주차 시간은?

- 30분 이내인 경우에는 기본요금 1,500원을 낸다.
- 30분을 초과한 경우에는 10분마다 500원이 추가 된다.

① 100분

② 110분

③ 120분

④ 130분

⑤ 140분

21 다음은 은행별 적금 보험 상품에 대한 안내이다. A은행에서 3년 말에 받는 적립금과 B은행에서 2년 말에 받는 적립금을 비교할 때 어떤 은행에서 얼마 더 많은 금액을 받을 수 있는가?(단, $1.001^{36}=1.04$, $1.002^{24}=1.05$로 계산한다)

⟨A은행 및 B은행 적립금⟩

구분	상품
A은행	매월 초에 5만 원씩 월이율 0.1%의 복리로 3년 동안 적립
B은행	매월 초에 10만 원씩 월이율 0.2%의 복리로 2년 동안 적립

① A은행, 503,000원

② B은행, 503,000원

③ A은행, 403,000원

④ B은행, 403,000원

⑤ A은행, 303,000원

22 어느 학교 작년의 전체 학생 수는 2,000명이었다. 올해는 작년에 비하여 남학생은 5% 감소하고, 여학생은 5% 증가하여 전체적으로 14명이 줄었다. 이 학교의 작년 여학생 수는?

① 820명   ② 830명

③ 840명   ④ 850명

⑤ 860명

23 A ~ G 7명은 모두 사원, 대리, 과장, 차장, 팀장, 부부장, 부장 중 하나의 직급에 해당하며, 이 중 동일한 직급인 직원은 없다. A ~ G가 원형 테이블에 〈조건〉과 같이 앉아 있을 때, 다음 중 직급이 사원인 사람과 대리인 사람이 바르게 짝지어진 것은?

> **조건**
> • A의 왼쪽에는 부장이, 오른쪽에는 차장이 앉아 있다.
> • E는 사원과 이웃하여 앉지 않았다.
> • B는 부장과 이웃하여 앉아 있다.
> • C의 직급은 차장이다.
> • G는 차장과 과장 사이에 앉아 있다.
> • D는 A와 이웃하여 앉아 있다.
> • 사원은 부장, 대리와 이웃하여 앉아 있다.

	사원	대리
①	A	F
②	B	E
③	B	F
④	D	E
⑤	D	G

24 다음 중 짝지어진 단어 사이의 관계가 나머지와 다른 하나는?

① 밀집 – 산재　　　　　　　　② 좌시 – 방관

③ 훼방 – 협조　　　　　　　　④ 방만 – 절연

⑤ 옹색 – 윤택

25 다음 제시된 단어에서 공통으로 연상할 수 있는 단어는?

갤런, 배럴, 온스

① 무게　　　　　　　　　　　② 부피

③ 온도　　　　　　　　　　　④ 압력

⑤ 넓이

26 다음 빈칸에 들어갈 한자성어로 가장 적절한 것은?

최근 1명의 사망자와 1명의 부상자를 낸 ○○교 붕괴사고에 대한 뒤늦은 사태파악이 이루어지고 있다. 지반 약화 또는 불법·부실 시공이 있었는지 파악 중이지만, 30년도 더 된 자료와 당시 관계자의 진술을 확보하는 데 어려움을 겪는 것으로 알려졌다.

즉, 어떤 건물이든지 기초를 튼튼히 하기 위하여 지질을 검사하고, 지반부터 다져야 한다. 만약 _____한다면 오래가지 못할 것이며, 완성되기도 전에 무너질 수 있다.

① 혼정신성　　　　　　　　　② 표리부동

③ 철저성침　　　　　　　　　④ 격화소양

⑤ 사상누각

※ 다음은 NH진짜사나이(군간부)적금 상품 설명과 24개월 만기로 신청한 간부 A ~ D의 NH농협은행 금융거래 실적에 대한 자료이다. 이어지는 질문에 답하시오. [27~28]

〈NH진짜사나이(군간부)적금〉

상품특징 : 군간부 및 간부후보생 급여실적 및 교차거래에 따른 우대금리 제공 적립식 상품
가입대상 : 군간부(장교, 부사관, 군의관, 법무관 등) 및 간부후보생(사관생도 등)과 복무 중인 병역법 제5조
　　　　　제3항 나목의 보충역(사회복무요원 제외) 대상(1인 1계좌)
가입기간 : 12개월 이상 24개월 이내(월 단위)
가입금액 : 초입금 / 매회 1만 원 이상, 매월 50만 원 이하(1인당) 금액을 만기일 전까지 자유 적립
상품과목 : 자유로우대적금
적립방법 : 자유적립식
금리안내 : 기본 연 3.1%, 자유로우대적금 가입기간별 금리
우대금리 : 1. 최고 3.7%p(우대조건을 충족하는 경우 만기해지 시 적용)
　　　　　2. 「상품우대알림」 서비스 신청 대상 상품

구분	우대금리(%p)	상품우대알림
이 적금 가입기간 중 만기 전전월까지 "6개월 이상" 농협은행에 급여 이체 시	3.00	급여연금
가입 월부터 만기 전전월까지 기간 중 은행에서 발급한 NH농협 개인 신용카드·체크카드(채움) 월 평균 20만 원 이상 이용 시	0.20	카드이용
만기일 전전월 말 기준으로 농협은행의 주택청약종합저축(청약저축 및 청년우대형 포함) 가입 시	0.20	수신가입
만기일 전전월 말 기준으로 농협은행의 적립식(임의식)펀드 중 1개 이상 가입 시	0.10	수신가입
만기일 전전월 말 기준으로 농협은행의 대출 실적 보유 시	0.20	대출거래

〈간부 A ~ D의 NH농협은행 금융거래 실적〉

A	• 월 30만 원 적립 • 2021년 1월부터 2022년 12월까지 농협은행에 급여 입금 내역 존재 • 2022년 1월부터 2022년 12월까지 NH농협 개인신용카드 및 체크카드(채움) 월 평균 50만 원 사용 • NH농협은행의 주택청약종합저축 미가입 • NH농협은행의 적립식 펀드 미가입 • 2022년 12월 NH농협은행 대출 실적 보유
B	• 월 50만 원 적립 • 2021년 1월부터 2022년 12월까지 농협은행에 급여 입금 내역 없음 • 2021년 1월부터 2022년 12월까지 NH농협 개인신용카드 및 체크카드(채움) 사용 내역 없음 • 2022년 12월 NH농협은행의 주택청약종합저축 가입 • NH농협은행의 적립식 펀드 미가입 • NH농협은행 대출 실적 미보유
C	• 월 20만 원 적립 • 2022년 9월부터 2022년 12월까지 농협은행에 급여 입금 내역 존재 • 2021년 1월부터 2022년 12월까지 NH농협 개인신용카드 및 체크카드(채움) 월 70만 원 사용 • 2022년 6월 NH농협은행의 주택청약종합저축 가입 • 2022년 12월 NH농협은행의 적립식 펀드 가입 • 2021년 8월 NH농협은행 대출 실적 보유

D	• 월 40만 원 적립 • 2022년 1월부터 2022년 12월까지 농협은행에 급여 입금 내역 존재 • 2021년 1월부터 2022년 12월까지 NH농협 개인신용카드 및 체크카드(채움) 월 평균 15만 원 사용 • 2021년 3월 NH농협은행의 주택청약종합저축 가입 • 2021년 6월 NH농협은행의 적립식 펀드 가입 • 2021년 3월 NH농협은행 대출 실적 보유

▎지역농협 6급(70문항)

27 간부 A ~ D의 적금 가입일이 2021년 1월 1일로 모두 같을 때 2023년 1월 1일에 받는 월 이자 금액이 적은 사람부터 순서대로 나열한 것은?

① C – A – D – B
② C – B – A – D
③ C – B – D – A
④ C – D – A – B
⑤ C – D – B – A

▎지역농협 6급(70문항)

28 다음 중 간부 A ~ D의 만기 원리합계 금액이 바르게 짝지어진 것은?(단, 근삿값은 주어진 표를 따르고 소수점 셋째 자리에서 반올림하며, 이자는 월말에 발생한다)

$\left(1+\dfrac{0.031}{12}\right)^{24}$	1.064	$\left(1+\dfrac{0.062}{12}\right)^{24}$	1.131
$\left(1+\dfrac{0.033}{12}\right)^{24}$	1.068	$\left(1+\dfrac{0.063}{12}\right)^{24}$	1.133
$\left(1+\dfrac{0.036}{12}\right)^{24}$	1.075	$\left(1+\dfrac{0.066}{12}\right)^{24}$	1.141
$\left(1+\dfrac{0.037}{12}\right)^{24}$	1.077	$\left(1+\dfrac{0.068}{12}\right)^{24}$	1.145

	A	B	C	D
①	723.67만 원	1,206.38만 원	480.64만 원	970.15만 원
②	731.65만 원	1,224.68만 원	492.13만 원	1,017.25만 원
③	763.99만 원	1,241.91만 원	501만 원	1,031.09만 원
④	765.36만 원	1,237.2만 원	497.76만 원	1,023.36만 원
⑤	781.61만 원	1,295.94만 원	501.15만 원	1,051.66만 원

29 다음 글을 읽고 추론한 내용으로 적절하지 않은 것은?

> 우리는 도시화, 산업화, 고도성장 과정에서 우리 경제의 뒷방살이 신세로 전락한 한국 농업의 새로운 가치에 주목해야 한다. 농업은 경제적 효율성이 뒤처져서 사라져야 할 사양 산업이 아니다. 전 지구적인 기후 변화와 식량 및 에너지 등 자원 위기에 대응하여 나라와 생명을 살릴 미래 산업으로서 농업의 전략적 가치가 크게 부각되고 있다. 농본주의의 가치를 앞세우고 농업 르네상스 시대의 재연을 통해 우리 경제가 당면한 불확실성의 터널을 벗어나야 한다.
>
> 우리는 왜 이런 주장을 하는가? 농업은 자원 순환적이고 환경 친화적인 산업이기 때문이다. 땅의 생산력에 기초해서 한계적 노동력을 고용하는 지연(地緣) 산업인 동시에 식량과 에너지를 생산하는 원천적인 생명 산업이기 때문이다. 물질적인 부의 극대화를 위해서 한 지역의 자원을 개발하여 이용한 뒤에 효용 가치가 떨어지면 다른 곳으로 이동하는 유목민적 태도가 오늘날 위기를 낳고 키워 왔는지 모른다. 급변하는 시대의 흐름에 부응하지 못하는 구시대의 경제 패러다임으로는 오늘날의 역사에 동승하기 어렵다. 이런 맥락에서 지키고 가꾸어 후손에게 넘겨주는 문화적 지속성을 존중하는 농업의 가치가 새롭게 조명받는 이유에 주목할 만하다. 과학 기술의 눈부신 발전성과를 수용하여 새로운 상품과 시장을 창출할 수 있는 녹색성장 산업으로서 농업의 잠재적 가치가 중시되고 있는 것이다.

① 산업화를 위한 국가의 정책 추진 과정에서 농업은 소외되어 왔다.

② 농업의 성장을 위해서는 먼저 과학 기술의 문제점을 성찰해야 한다.

③ 지나친 경제적 효율성 추구로 세계는 현재 자원 위기에 처해 있다.

④ 자원 순환적·환경 친화적 산업의 가치가 부각되고 있다.

⑤ 기존의 경제 패러다임으로는 미래 사회에 적응할 수 없다.

30 다음 글에 나타난 '라이헨바흐의 논증'을 평가·비판한 내용으로 적절하지 않은 것은?

> 귀납은 현대 논리학에서 연역이 아닌 모든 추론, 즉 전제가 결론을 개연적으로 뒷받침하는 모든 추론을 가리킨다. 귀납은 기존의 정보나 관찰 증거 등을 근거로 새로운 사실을 추가하는 지식 확장적 특성을 지닌다. 이 특성으로 인해 귀납은 근대 과학 발전의 방법적 토대가 되었지만, 한편으로 귀납 자체의 논리적 한계를 지적하는 문제들에 부딪히기도 한다.
>
> 먼저 흄은 과거의 경험을 근거로 미래를 예측하는 귀납이 정당한 추론이 되려면 미래의 세계가 과거에 우리가 경험해 온 세계와 동일하다는 자연의 일양성(一樣性), 곧 한결같음이 가정되어야 한다고 보았다. 그런데 자연의 일양성은 선험적으로 알 수 있는 것이 아니라 경험에 기대어야 알 수 있는 것이다. 즉, "귀납이 정당한 추론이다."라는 주장은 "자연은 일양적이다."라는 다른 지식을 전제로 하는데, 그 지식은 다시 귀납에 의해 정당화되어야 하는 경험적 지식이므로 귀납의 정당화는 순환 논리에 빠져 버린다는 것이다. 이것이 귀납의 정당화 문제이다.
>
> 귀납의 정당화 문제로부터 과학의 방법인 귀납을 옹호하기 위해 라이헨바흐는 이 문제에 대해 현실적 구제책을 제시한다. 라이헨바흐는 자연이 일양적일 수도 있고 그렇지 않을 수도 있음을 전제한다. 먼저 자연이 일양적일 경우, 그는 지금까지의 우리의 경험에 따라 귀납이 점성술이나 예언 등의 다른 방법보다 성공적인 방법이라고 판단한다. 자연이 일양적이지 않다면, 어떤 방법도 체계적으로 미래 예측에 계속해서 성공할 수 없다는 논리적 판단을 통해 귀납은 최소한 다른 방법보다 나쁘지 않은 추론이라고 확언한다. 결국 자연이 일양적인지 그렇지 않은지 알 수 없는 상황에서는 귀납을 사용하는 것이 옳은 선택이라는 라이헨바흐의 논증은 귀납의 정당화 문제를 현실적 차원에서 해소하려는 시도로 볼 수 있다.

① 귀납이 지닌 논리적 허점을 완전히 극복한 것은 아니라는 비판의 여지가 있다.

② 귀납을 과학의 방법으로 사용할 수 있음을 지지하려는 목적에서 시도하였다는 데 의미가 있다.

③ 귀납과 다른 방법을 비교하기 위해 경험적 판단과 논리적 판단을 모두 활용한 것이 특징이다.

④ 귀납과 견주어 미래 예측에 더 성공적인 방법이 없다는 판단을 근거로 귀납의 가치를 보여 주고 있다.

⑤ 귀납이 현실적으로 옳은 추론 방법임을 밝히기 위해 자연의 일양성이 선험적 지식임을 증명한 데 의의가 있다.

31 다음 문단을 논리적 순서대로 바르게 나열한 것은?

> (가) 애그테크는 농업 산업의 생산성과 효율성을 높이고, 자원 사용을 최적화하며, 작물의 품질과 수량을 향상시키는 것을 목표로 한다. 다양한 기술을 활용하여 농작물 재배, 가축 사육, 작물 보호, 수확 및 포장 등 농업에 관련한 모든 단계에서 다양한 첨단 기술이 적용된다.
>
> (나) 애그테크는 농업의 효율화, 자동화 등을 위해 다양한 기술을 활용한다. 첫째, 센서 기술을 통해 토양 상태, 기후 조건, 작물 성장 등을 모니터링한다. 이를 통해 작물의 생장 상태를 실시간으로 파악하고 작물에 필요한 물과 비료의 양을 조절할 수 있다. 둘째, 드론과 로봇기술을 통해 농지 상태를 파악하고 작물을 자동으로 식별하여 수확할 수 있다. 이를 통해 농업에 필요한 인력을 절감하고 생산성을 높일 수 있다. 셋째, 센서나 로봇으로 수집한 데이터를 분석하는 빅 데이터 분석 기술을 통해 작물의 성장 패턴, 질병 예측, 수확 시기 등 최적의 정보를 얻을 수 있다. 이를 통해 농부는 더 효과적으로 작물을 관리하고 의사 결정을 내릴 수 있다. 넷째, 수직 농장, 수경 재배, 조직 배양 등 혁신적인 재배 기술을 통해 더 많은 작물을 작은 공간에서 생산하고 최적의 자원을 투입하여 낭비를 막을 수 있다. 마지막으로 생명공학 및 유전자 기술을 통해 작물의 생산성, 내구성 등을 개선할 수 있다. 이를 통해 수확량을 증대시키고, 재해에 대한 저항력을 향상시킬 수 있다.
>
> (다) 농협경제연구소는 2023년 주목해야 할 농업・농촌 이슈 중의 하나로 "애그테크(Ag-tech)의 성장"을 선정하였다. 애그테크는 농업(Agriculture)과 기술(Technology)의 융합을 뜻하는 것으로 정보기술(ICT), 생명과학, 로봇공학, 센서 기술 등 다양한 기술을 농업 분야에 적용하는 기술이다.
>
> (라) UN 식량농업기구(FAO)는 2050년에는 세계 인구가 90억 명으로 급증하여 식량부족현상이 일어날 수 있다고 경고한다. 농업에 종사하는 사람은 점점 적어지고 있으므로 애그테크는 자동화, 최적화, 효율화를 통해 급증하는 인구에 식량을 제공하고, 환경 문제를 해결하는 등 미래 사회를 위해 반드시 필요한 기술이다.

① (나) – (가) – (다) – (라) 　　② (나) – (다) – (가) – (라)
③ (다) – (가) – (나) – (라) 　　④ (다) – (나) – (가) – (라)
⑤ (다) – (라) – (가) – (나)

32 다음 글에서 〈보기〉의 문단이 들어갈 위치로 가장 적절한 곳은?

> 농림축산식품부는 농업·농촌의 공익기능 증진과 농업인의 소득 안정을 위해 '공익직불제'를 시행하고 있다. 공익직불제는 농업활동을 통해 환경보전, 농촌 공동체 유지, 먹거리 안전 등 공익을 창출할 수 있도록 농업인에게 보조금을 지원하는 제도이다.
>
> (가) 공익직불제는 기존 직불제의 한계점을 해결하기 위해 시행되었다. 먼저 모든 작물을 대상으로 동일금액을 지급하여 작물 간의 형평성을 제고하고 쌀 중심의 농정 패러다임을 전환하도록 유도하였다. 또한 경영규모가 작을수록 높은 단가를 적용하는 등 중·소규모 농가에 대한 소득안정기능을 강화하여 농가 간 형평성을 제고하였다. 마지막으로 다양한 준수사항을 설정하여 농업인의 공익 준수의무를 강화하였다.
>
> (나) 직불금을 받는 농업인은 공익을 위해 다음의 준수사항을 실천해야 한다. 첫째, 농지의 형상 및 기능을 유지하는 등 생태계 보전을 위해 노력해야 한다. 둘째, 농약 안전사용기준이나 농산물 출하제한 명령 등을 준수하여 먹거리 안전을 실현해야 한다. 셋째, 마을 공동체 활동 참여 등 공동체 활성화에 이바지해야 한다. 넷째, 영농일지 작성, 농업 증진 교육 이수 등 영농활동을 준수해야 한다. 다섯째, 화학비료, 하천·지하수 이용 기준을 준수하는 등 환경보호에 힘써야 한다. 이러한 준수사항을 위반할 경우 직불금의 총액이 감액될 수 있다.
>
> (다) 공익직불제는 실제 농사를 짓는 농업인이 직불금을 받을 수 있도록 규정되어 있다. 위조, 거짓 신청, 농지분할, 무단점유 등 부정수급을 막기 위하여 사업신청정보 통합관리 시스템으로 직불금 자격요건 검증 및 심사를 강화하고 있으며, 특별사법경찰관·명예감시원 등을 통해 관리·감독을 시행하고 있다. 이를 위반한 경우 부당이익금 전액이 환수되며, 최대 5배까지 제재부가금이 부과된다. 이 밖에도 부정수급 적발을 위해 신고포상금제도도 운영하고 있다.
>
> (라) 2023년 현재 공익직불제는 시행 4년 차를 맞아 더욱 다양한 농업인에게 폭넓은 혜택을 제공할 수 있도록 확대되었다. 공익직불제는 부정수급 관련 문제나, 제도 사각지대 등 여러 문제점이 아직 존재하지만 점차 개선 중에 있으며 농업의 다원적 기능과 공익적 역할을 유도하는 데 많은 도움을 주고 있다.

보기

> 2004년 WTO 재협상 이후 수입쌀이 값싼 가격에 들어오면서 정부는 농가 피해보전을 위해 쌀 소득보전 직불제를 도입하여 농가소득안정과 규모화 및 생산구조 효율화에 기여하였다. 그러나 이는 쌀의 과잉공급을 초래하였고 다른 작물을 재배하는 소규모 농가에 대한 소득안전망 기능 미흡 등 다양한 문제점이 있었다.

① (가)   ② (나)
③ (다)   ④ (라)

33 다음 글의 내용으로 적절하지 않은 것은?

생각만으로도 따뜻해지는 나의 고향에 힘을 보태주기 위한 고향사랑기부제가 2023년 1월 1일부터 행정안전부 주재로 시작되었다. 고향사랑기부제는 개인이 주소지 이외의 지방자치단체에 일정 금액을 기부하면 세액공제와 함께 답례품을 받는 제도이다. 행정안전부는 「고향사랑 기부금에 관한 법률」 및 같은 법 시행령, 지자체 조례에 따라 고향사랑기부제를 시행하고 있다.

기부금 한도는 개인당 연간 500만 원으로 주민등록상 주소지를 제외한 모든 지자체에 기부할 수 있다. 기부금액 10만 원 이하는 전액 세액공제가 되며, 10만 원 초과 시에는 16.5%를 공제받을 수 있다. 또 기부자에게는 기부금액의 30% 이내에 해당하는 답례품이 제공된다. 예를 들어 10만 원을 기부하면 세액공제 10만 원, 답례품 3만 원을 합해 13만 원의 혜택을 돌려받을 수 있다. 100만 원을 기부하면 54만 8,500원(세액공제 24만 8,500원, 답례품 30만 원)의 혜택을 받게 된다.

답례품은 해당 지역에서 생산되는 지역특산품 등으로, 지자체 간 과도한 경쟁이 일어나지 않도록 개인별 기부금 총액의 30% 이내로 정해져있다. 지자체는 답례품 및 답례품 공급업체의 공정한 선정을 위해 답례품선정위원회를 운영하여 농·축·수산물, 가공식품, 생활용품, 관광·서비스, 지역 상품권 등 2,000여 종의 답례품을 선정하여 기부자에게 증정하고 있다.

각 지자체는 정부 광고매체를 활용해 모금할 수 있다. 다만 법령에서는 개별적인 전화·서신, 호별방문, 향우회·동창회 등 사적 모임을 통한 모금의 강요나 권유·독려, 지자체가 주최·주관·후원하는 행사에 참석·방문해 적극적으로 권유·독려하는 방법을 금지하고 있으며 이를 위반했을 경우에는 최대 8개월까지 기부금 모금이 제한되고, 지자체의 모금이 제한된 경우에는 해당 기관의 누리집 등을 통해 알려야 한다.

고향사랑기부제는 국내에서는 올해 처음 시행된 제도로 모인 기부금은 지자체를 통해 주민복리 증진과 지역활성화에 사용된다. 지자체는 기부금으로 조성된 고향사랑기금을 투명하게 사용할 수 있도록 지방기금법에 따라 관리·운용하고 있으며, 여기서 기부금의 모집·운용 등에 쓸 수 있는 기금의 범위는 전년도 기부금의 15% 이내이다.

행정안전부는 기부자가 쉽고 편리하게 해당 제도를 이용할 수 있도록 원스톱 정보시스템인 '고향사랑e음'을 구축하여 운용하고 있다. 기부자는 고향사랑e음에서 전국 243개 지자체에 편리하게 기부할 수 있고, 국세청 연말정산시스템과 연계하여 자동으로 세액공제 혜택을 받을 수 있다. 또한 기부자가 원하는 시기에 원하는 답례품을 선택할 수 있도록 기부금의 30%를 포인트로 적립해 준다. '고향사랑e음' 시스템 외에도 전국 5,900여 개 농협 창구를 직접 방문해 기부할 수도 있다. 창구를 이용할 경우 본인 신분증(주민등록증·운전면허증 등)을 가지고 농협 근무시간(오전 9시 ~ 오후 3시 30분)에 방문해 현장에서 기부할 수 있다. 기부금액에 따른 답례품 선택 등도 안내받을 수 있다.

① 온라인 이외에도 은행에 방문하여 현장에서 기부할 수 있다.
② 고향사랑e음을 통해 기부하면 자동으로 세액공제 혜택을 받을 수 있다.
③ 기부금 모금 독려는 지자체가 주관하는 지방행사에서 가능하다.
④ 고향사랑e음을 통해 기부자는 답례품을 자신이 원하는 시기에 원하는 물건으로 받을 수 있다.

34 다음 글의 제목으로 가장 적절한 것은?

새마을금고중앙회는 대포통장 근절을 통해 보이스피싱 예방에 성과를 거두고 있다고 밝혔다.

대포통장은 명의자와 사용자가 일치하지 않는 통장으로, 대부분 금융사기에 이용된다. 보이스피싱의 경우도 피해자로부터 입금을 받는 계좌로 대포통장을 이용한다. 따라서 대포통장 근절은 보이스피싱 예방의 중요한 수단으로 여겨진다.

새마을금고는 요구불통장 발급전용 창구 개설, 발급전담자 지정, 금융거래목적확인 절차 강화, 현금IC카드 발급요건 강화, 고액현금 인출 사전예방 문진표 징구 등을 통해 대포통장 근절에 적극 나서고 있다.

그 결과 새마을금고의 대포통장 비율은 눈에 띄게 줄었다. 지난 5년간 전(全) 금융기관 대포통장 대비 새마을금고의 대포통장 비율은 2018년 11.7%, 2019년 9.0%, 2020년 5.6%, 2021년 3.7%, 2022년 4.3%로 크게 감소했고, 발생 건수 또한 2018년 6,002건에서 2022년 1,272건으로 감소했다.

한편 새마을금고중앙회는 피해·사기계좌에 대한 모니터링을 통해 자금 인출 전 계좌의 출금을 막아 피해를 예방하고 금융사기를 차단하고 있다고 전했다. 이러한 모니터링을 통한 예방 계좌 수는 2020년 644건, 2021년 761건, 2022년 1,402건으로 지속적으로 증가했고, 예방 금액은 지난 3년간 총 132억에 달한다고 한다.

새마을금고중앙회 관계자는 "적극적인 대포통장 근절로 보이스피싱 예방과 고객 보호에 최선을 다하겠다."라고 밝혔다.

① 대포통장, 보이스피싱의 대표적 수단

② 새마을금고중앙회의 보이스피싱 예방 성과

③ 새마을금고중앙회, 금융사기 피해자 지원

④ 사기계좌에 대한 지속적 모니터링 촉구

미래 성장동력이자 4차 산업혁명의 신산업 플랫폼인 '스마트시티' 분야에 대해 국가 차원의 체계적인 기술개발 투자가 이뤄진다. 국토교통부는 대통령 주재 제2차 과학기술 전략회의에서 9대 국가전략 프로젝트 중하나로 '세계 선도형 스마트시티 구축사업'이 최종 선정됐다고 밝혔다. 또한 이를 통해 우리의 강점인 도시개발 경험과 우수한 ICT를 연계한 핵심기술을 개발하고 맞춤형 실증모델을 구축하게 되면 글로벌 기술 우위를 확보하는 한편, 전 세계적으로 크게 확대되고 있는 스마트시티 시장을 선점할 수 있는 계기가 될 것으로 내다보았다.

이번 스마트시티 프로젝트의 핵심 과제는 개별 인프라 연계를 통한 요소기술 고도화, 도시 빅데이터 통합 관리ㆍ공개를 통한 서비스 질 향상, R&D(연구개발) 국내 실증 및 해외 진출 기반 강화 등이다. 주요 연구과제(안)로는 현행 개별 빌딩 위주의 에너지 관리시스템을 주변 시설물로 확대ㆍ연계하는 시스템 개발로 에너지 관리 효율을 향상시키고, 교통사고ㆍ범죄ㆍ응급의료 등 도시 내 각종 위험에 대한 위기대응 통합 솔루션을 개발하며, 물ㆍ에너지의 효율적 사용을 위한 실시간 양방향 계측(AMI) 통합관리 시스템 등을 개발하는 것이다. 또한 현행 텍스트 중심의 행정서비스를 공간정보가 연계된 클라우드 기반의 입체적 행정서비스로 전환하는 공간정보행정시스템 연계 등이 추진될 것으로 보인다. 그리고 현재 분야별로 단절된 도시 관리 데이터를 상호 연계해 빅데이터로 통합ㆍ관리하는 시스템을 구축하고 이를 공공부문 도시관리 의사결정과정에 활용하는 한편, 일반 시민, 기업 등에도 원활히 공개하는 기술을 개발한다.

공공 분야에서는 교통정체, 사고 등 도시 내 각종 상황을 실시간으로 감지ㆍ분석하고 도시 빅데이터에 기반해 의사결정 전 과정을 지원하는 '지능형 통합 의사결정 시스템'을 개발해 공공서비스 질을 향상시킬 방침이다. 민간 차원에서는 일반 시민, 기업 등이 도시 관리 데이터를 쉽게 활용할 수 있도록 개방형 운영체계 기술을 개발하고 정보 공개를 통해 민간의 다양한 수요자 맞춤형 생활편의 서비스 개발을 유도하여 스마트시티 관련 신산업 생태계를 조성한다.

아울러 R&D 성과물이 시민들의 도시 생활에 실제 활용될 수 있도록 실증 연구도 보다 내실화한다. 도시 유형별로 인프라 연계 등 R&D 결과를 풀 패키지로 실증하는 신도시형과 서비스 솔루션 중심의 기존도시형으로 각각 차별화하고 이를 실증에 적합한 인프라 등이 구축된 지자체에 적용해 국내 스마트시티를 더욱 고도화할 계획이다.

이와 함께 R&D를 통해 개발된 기술과 기존 기술을 결합해 해외국가 수준별 맞춤형 '해외 진출 표준 모델'을 마련하고 이를 바탕으로 대상국과의 R&D 공동투자, 도시개발 사업 공동참여 등 다각적인 해외 진출 방안도 모색할 예정이다.

이번 스마트시티 프로젝트가 차질 없이 수행되면 우선 도시 개별 인프라 간 연계ㆍ통합 등으로 상호 시너지가 발생해 각종 도시 관리 효율성이 15% 이상 향상될 것으로 전망된다. 분야별로는 전기료ㆍ수도료 및 에너지 사용 최대 20% 절감, 교통정체 최대 15% 해소, 이산화탄소 최대 15% 감축이 예상된다.

또한 글로벌 요소기술 우위 확보, 민간 참여 활성화를 통해 스마트시티 관련 고부가가치 신산업 생태계가 조성될 것으로 전망된다. 개방형 운영체계 구축 등으로 오픈 스트리트 맵, 스마트 로지스틱스 등 민간의 다양한 스마트 솔루션이 개발되고 일자리 창출 및 국내 경제 활성화에 기여할 수 있을 것으로 예상된다.

아울러 R&D를 통한 스마트시티 기술력 제고 및 해외 진출 확대로 전체 해외건설 수주에서 차지하는 도시개발 분야의 비중이 현재 약 10%에서 2025년 30% 수준까지 높아져 스마트시티가 우리나라의 새로운 성장동력으로 대두될 것으로 전망된다.

35 다음 중 윗글의 제목으로 가장 적절한 것은?

① 스마트시티 프로젝트의 필요성과 한계

② 스마트시티 프로젝트의 과제와 기대효과

③ 현 상황을 통해 살펴본 스마트시티 프로젝트의 미래

④ 해외 사례 연구를 통해 살펴본 스마트시티 프로젝트

36 다음 중 윗글을 읽고 스마트시티 프로젝트를 이해한 내용으로 적절하지 않은 것은?

① 스마트시티 프로젝트는 도시 내의 여러 가지 위험에 대한 위기대응에도 효과적일 것이다.

② 공공 분야에서는 도시 빅데이터에 기반해 의사결정과정을 지원하는 시스템을 개발할 계획이다.

③ 스마트시티 프로젝트로 도시 관리 효율성이 15% 이상 향상될 것으로 전망된다.

④ 국내 경제 활성화를 위한 다양한 스마트 솔루션 개발로 일자리는 줄어들 전망이다.

37 다음 글을 읽고 알 수 있는 내용으로 적절하지 않은 것은?

> 경찰청 국가수사본부(사이버수사국)는 2021년 5월 19일 오스트리아 빈에서 개최된 '제30회 유엔 범죄 예방 및 형사사법위원회*' 정기회의에 온라인으로 참석해, 가상자산 추적과 국제형사사법공조 등을 통해 '갠드크랩' 금품요구 악성 프로그램 유포사범을 국내 최초로 검거한 수사 사례를 발표했다.
>
> 경찰은 루마니아·필리핀·미국 등 10개국과 공조하며 2년간의 수사를 통해 경찰관서 등을 사칭하며 '출석통지서'를 위장한 갠드크랩 금품요구 악성 프로그램을 유포한 피의자들을 검거하였다. 이에 유엔 마약·범죄 사무소에서 고도화된 사이버범죄인 랜섬웨어 사건을 가상자산추적 및 국제공조를 통하여 성공적으로 해결한 한국 경찰의 수사를 모범사례로 선정하여, 정기회의에서의 발표를 요청한 것이다.
>
> 이 사건을 직접 수사한 발표자 J경사는 금품요구 악성 프로그램 유포사건의 착수 경위와 범행 수법, 사건 해결을 위한 수사 시 착안사항 등을 설명하였다. 특히 최근 사이버범죄에서 범행수익금이 가상자산으로 전달되는 특성상 국가 간 신속하고도 긴밀한 공조수사의 중요함을 강조하였다.
>
> J경사는 인터넷진흥원에서 침해사고를 담당하던 중 경찰의 경력직 특별채용에 지원해 2013년 사이버수사관이 되었으며, 지하웹(다크웹)에서 운영되던 아동성착취물 공유사이트 '웰컴투비디오'의 운영자를 검거하였다. 이렇게 검거한 수사 사례를 2018년 태국에서 개최된 유엔 마약·범죄 사무소, 동남아시아 가상자산 실무자 회의에서 발표한 경력도 있다.
>
> 경찰청 관계자는 "이번 유엔 발표를 통해 한국 경찰의 사이버수사 역량을 전 세계 수사기관에 알리는 좋은 기회가 되었다. 앞으로도 한국 경찰의 첨단 사이버 수사기법과 적극적인 국제공조를 통해 금품요구 악성 프로그램·디도스(DDoS) 등 최신 사이버범죄를 신속하게 해결하여 국민의 피해를 최소화하겠다."라고 강조하였다.
>
> *유엔 마약·범죄 사무소(UNODC; UN Office on Drugs and Crime)가 운영하는 위원회로, 범죄예방 및 사법분야에서 UN의 활동을 안내하는 정기회의를 매년 5월 오스트리아 빈에서 개최

① 한국 경찰은 해외 10개국과 공조하여 2년간 사이버범죄를 수사하였다.

② 유엔 마약·범죄 사무소에서는 선제적으로 한국 경찰에 정기회의에서의 발표를 요청하였다.

③ 한국 경찰은 사이버 성범죄 유포사범을 검거한 일로 유엔 정기회의를 통해 사이버수사 역량을 알리게 되었다.

④ 사이버범죄 해결을 위한 국제공조는 앞으로도 지속적으로 이루어질 것이다.

38 S사 기획팀은 신입사원 입사로 인해 자리 배치를 바꾸려고 한다. 다음 자리 배치표와 〈조건〉을 참고할 때, 배치된 자리와 직원의 연결로 가장 적절한 것은?

〈자리 배치표〉

출입문				
1 – 신입사원	2	3	4	5
6	7	8 – A사원	9	10

• 기획팀 기존 팀원 : A사원, B부장, C대리, D과장, E차장, F대리, G과장

조건
• B부장은 출입문과 가장 먼 자리에 앉는다.
• C대리와 D과장은 마주보고 앉는다.
• E차장은 B부장과 마주보거나 B부장의 옆자리에 앉는다.
• C대리는 A사원 옆자리에 앉는다.
• E차장 옆자리에는 아무도 앉지 않는다.
• F대리와 마주보는 자리에는 아무도 앉지 않는다.
• D과장과 G과장은 옆자리 또는 마주보고 앉지 않는다.
• 빈자리는 2자리이며 옆자리 또는 마주보는 자리이다.

① 2 – G과장
② 3 – B부장
③ 5 – E차장
④ 6 – F대리

39 A씨는 화씨온도를 사용하는 미국에 제품을 수출하기 위해 보관방법의 내용을 영어로 번역하려고 한다. 보관방법 설명서 중 밑줄 친 부분의 온도를 화씨온도로 환산한 것은?

〈보관방법〉

본 제품은 수분, 열에 의한 영향에 민감하므로 열원이나 직사 광선을 피해 서늘한 곳에 보관하십시오. 온도 30℃ 이상, 상대습도 75% 이상에서는 제품이 변형될 수 있습니다. 어린이 손에 닿지 않는 곳에 보관하십시오.

※ $℃ = \dfrac{5}{9}(℉ - 32)$

① 85℉
② 86℉
③ 87℉
④ 88℉

40 A고객은 S은행의 주택담보대출을 중도상환하고 대출금액을 정산하려고 한다. 〈조건〉이 다음과 같을 때, A고객의 중도상환수수료는?

> **조건**
> • 상품명 : S은행 주택담보대출
> • 가입자 : 본인
> • 대출금액 : 15,000만 원
> • 대출기간 : 4년
> • 가입기간 : 2년
> • 대출이율 : 5.0%
> • 중도상환금액 : 8,000만 원
> • 중도상환수수료율 : 2.5%
> • 중도상환수수료 : (중도상환금액)×(중도상환수수료율)×(잔여기간)÷(대출기간)

① 950,000원　　　　　　　　　② 1,000,000원
③ 1,200,000원　　　　　　　　④ 1,250,000원

41 서로 다른 2개의 주사위 A, B를 동시에 던졌을 때, 나온 눈의 곱이 홀수일 확률은?

① $\dfrac{1}{4}$　　　　　　　　　② $\dfrac{1}{5}$

③ $\dfrac{1}{6}$　　　　　　　　　④ $\dfrac{1}{8}$

42 B주임과 C과장은 S은행으로부터 만기환급금 안내를 받았다. 각각 가입한 상품의 정보가 다음과 같을 때, B주임과 C과장이 받을 만기환급금은?(단, $1.02^{\frac{1}{12}}=1.001$, $1.02^{\frac{25}{12}}=1.04$로 계산한다)

〈상품 정보〉

◎ B주임
- 상품명 : S은행 함께 적금
- 가입자 : 본인
- 가입기간 : 36개월
- 가입금액 : 매월 초 300,000원 납입
- 적용금리 : 연 2.4%
- 저축방법 : 정기적립식, 비과세
- 이자지급방식 : 만기일시지급, 단리식

◎ C과장
- 상품명 : S은행 목돈 만들기 적금
- 가입자 : 본인
- 가입기간 : 24개월
- 가입금액 : 매월 초 250,000원 납입
- 적용금리 : 연 2.0%
- 저축방법 : 정기적립식, 비과세
- 이자지급방식 : 만기일시지급, 복리식

	B주임	C과장
①	11,199,600원	9,750,000원
②	11,208,400원	9,475,000원
③	11,106,300원	9,685,000원
④	11,488,200원	9,895,500원

PART 3

주요 금융권 NCS 기출복원문제

43 A씨는 출국하기 전 인천국제공항의 S은행에서 달러 및 유로 환전 신청을 하였다. 다음 정보를 참고할 때, A씨가 내야 할 총환전 수수료는?

〈정보〉

- 신청 금액 : 미화 660달러, EUR 550유로
- 환전 우대율 : 미화 70%, EUR 50%
- 신청 날짜 : 2023. 02. 01.
- 장소 : S은행 인천국제공항지점
- 환율 고시표

구분	현금	
	매수	매도
원/달러	1,300	1,100
원/100엔	1,120	1,080
원/유로	1,520	1,450

※ (환전 수수료)=(매수 매도 차액)×(1-우대율)×(환전 금액)

① 56,650원
② 57,250원
③ 58,150원
④ 58,850원

※ 다음 중 밑줄 친 부분의 맞춤법이 옳지 않은 것을 고르시오. [44~45]

44 ① 그는 목이 메어 한동안 말을 잇지 못했다.
② 어제는 종일 아이를 치다꺼리하느라 잠시도 쉬지 못했다.
③ 왠일로 선물까지 준비했는지 모르겠다.
④ 노루가 나타난 것은 나무꾼이 도끼로 나무를 베고 있을 때였다.

45 ① 바리스타로서 자부심을 가지고 커피를 내렸다.
② 어제는 왠지 피곤한 하루였다.
③ 용감한 시민의 제보로 진실이 드러났다.
④ 점심을 먹은 뒤 바로 설겆이를 했다.

46 다음 글을 읽고 〈보기〉에 대한 독자의 반응으로 적절하지 않은 것은?

(가) 복제 양 돌리의 탄생을 계기로 복제 인간의 탄생 가능성이 제기되면서, 인간 복제는 윤리적으로 매우 잘못된 일이므로 이를 엄격하게 금지해야 한다는 의견이 대두하기 시작하였다. 지금까지 동물 복제의 실험 과정에서 알려진 여러 부작용을 생각할 때, 인간의 체세포를 복제해서 새로운 생명이 태어나게 하는 것은 엄격하게 규제해야 한다는 데는 이론(異論)이 있을 수 없다. 그렇다면 과학자들은 왜 굳이 인간의 배아를 복제하려고 노력하는 것일까?

인간 배아 연구를 통해 세포의 분화 과정에 관한 신비를 풀 수만 있다면 인간의 노화 현상을 규명할 수 있을 뿐만 아니라, 현대의 난치병인 암의 발생 원인을 밝혀낼 수도 있기 때문이다. 인간이 건강한 삶을 오랫동안 누리게 하는 것이 의학의 목적이라면 의학 본연의 목적에 맞게 연구를 수행하는 한편, 그 목적에서 벗어나지 않도록 감시하는 것이 과학자의 의무이다.

어떤 사람들은 인간 배아 연구의 윤리적인 문제를 제기하기도 한다. 하지만 인간 배아 연구는 일반적으로 수정 후 14일까지만 가능하도록 허용하고 있다. 14일 이후에는 장기 형성이 시작되기 때문이다. 결국, 이때까지의 인간 배아 연구는 윤리적으로 전혀 문제가 되지 않는 것이다. 많은 사람이 걱정하듯이 이 연구가 복제 인간을 만들어 내는 방향으로 가지는 않을 것이기에 인간 배아 복제 연구는 허용되어야 한다.

(나) 최근 영국 정부가 연내 의회에 제출키로 한 치료 목적의 인간 배아 복제 허용 계획에 대해 즉각적으로 반응하는 것은 어찌 보면 호들갑일 수도 있다. 그것은 무엇보다 이번 인간 배아 복제 기술이 개체로서의 인간을 복제하는 것은 아니기 때문이다. 그럼에도 불구하고, 이 문제가 지금 세계적으로 큰 반향을 불러일으키고 있는 이유는 그 기술의 잠재적 위험 때문이다.

인간 배아 복제 연구를 반대하는 가장 큰 이유는 배아 역시 생명을 가진 잠재적인 인간이기 때문에 이를 연구 재료로 삼아서는 안 된다는 것이다. 이것을 허용했을 경우 생명 경시 풍조가 만연할 것이 분명하다. 또한 인간 배아 복제의 연구는 질병 치료를 목적으로 하더라도 지금까지 발전해 온 과학 기술의 속성상 인간 개체 복제로 이어질 가능성이 매우 높다.

이 일을 우려하는 또 하나의 이유는 인간 배아 복제 기술이 상업적인 가치를 가지게 될 때, 과학자들이 기업가들의 유혹에 쉽게 흔들릴 수 있다는 것이다. 그 결과, 기업가들이 장차 이 기술을 장악하게 되고, 이를 상업적으로 이용하게 될 때 초래되는 부작용들은 우리가 우려하는 정도를 넘어설 수 있다.

결국, 생명 복제와 관련한 기술 문제는 단순한 과학이나 의학 차원의 문제가 아니다. 그것은 중대한 사회 문제인 동시에 인류의 미래를 결정짓는 문제이다. 그런데도 많은 사람이 이 문제를 과학자의 문제로만 생각하고 있다. 인류의 미래를 생각한다면 생명 복제 기술과 그 개발 정책에 대해 일반인들도 관심을 두고 감시해야 한다.

보기

과학기술부 생명윤리자문위원회가 발표한 생명윤리기본법 시안(試案)은 수정 순간부터 인간 생명이 시작된다는 것을 전제로 하고 있기에, 인간 개체 복제와 체세포 핵 이식 방식의 인간 배아 복제를 금지한다는 내용을 담고 있다.

---

① 생명 공학 분야의 국가 경쟁력이 강화될 거야.

② 정부는 배아 복제가 윤리적으로 문제가 있다고 생각하는군.

③ 과학의 연구 활동 분야에 제한을 두겠다는 것이군.

④ 앞으로 복제 기술 연구에 대한 정부의 통제가 심해지겠어.

47 다음 글의 주제로 가장 적절한 것은?

> 새마을금고는 사업자 고객 대상 모바일 앱 서비스 'MG더뱅킹기업'을 신규 출시한다고 밝혔다.
> MG더뱅킹기업은 개인 사업자 및 법인 고객 대상 모바일 앱으로서, 새마을금고 자체 최초의 기업용
> 스마트뱅킹 서비스이다. 기존 기업 인터넷뱅킹 사용자들의 요구 사항을 적극 반영하여 약 1년에 걸
> 쳐 신규 구축했다.
> 새마을금고는 '편리하게 또 안전하게'라는 방향성하에 앱을 출시했으며, 신규 출시되는 MG더뱅킹
> 기업의 주요 특징은 직관적인 UI/UX, 모바일 결재함, 간편인증, 비대면센터 등이다.
> UI/UX는 사용자 관점에서 직관적인 디자인을 추구했다. 사업자 유형별 맞춤형 메인 화면을 구성했
> 으며, 이체 등 주요 메뉴에서 페이지 이동 없이 단일 화면에서 완결할 수 있다. 또한 다양한 색상
> 및 아이콘을 사용하여 편의성을 강화했다.
> 기업의 내부통제를 지원하기 위한 모바일 결재함을 제공한다. 사업체 내 다수의 사용자가 금융업무
> 이용 시 결재 요청 및 승인을 통해 거래를 완결하는 서비스로서 앱을 통한 결재 처리 및 조회가 가능
> 하다.
> 개인사업자 대상 간편인증과 비대면센터도 제공한다. 1일 1,000만 원 이하의 소액 이체 거래에 대
> 하여 추가 인증 절차를 배제한 '간편패스'를 도입했으며 간편 로그인 및 간편 출금 등이 가능하다.
> 또한 비대면센터를 통하여 디지털 OTP 발급 및 예적금 상품 개설 등이 가능하다.
> 새마을금고중앙회장은 "기존의 개인용 MG더뱅킹에 금번 출시되는 사업자용 MG더뱅킹기업으로 새
> 마을금고의 비대면 채널이 다각화될 것으로 기대되며, 새마을금고의 모든 개인 및 기업 고객을 위한
> 맞춤형 서비스를 제공할 계획"이라고 전했다.
> 새마을금고는 2021년 개인 고객 대상 MG더뱅킹 앱 리뉴얼 출시, 2022년 기업 고객 대상 MG더뱅
> 킹기업 앱 신규 출시 등 비대면 서비스를 확대하고 있으며, 향후 개인뱅킹 전면 재구축, 마이데이터
> 서비스 등 지속적인 디지털 혁신 사업을 추진할 예정이다.

① 모바일 앱 서비스 'MG더뱅킹기업'에 대한 고객평가
② 새마을금고 모바일 앱 서비스의 종류
③ 모바일 앱 서비스 'MG더뱅킹기업'의 출시
④ 모바일 앱 서비스의 보안 규정

48 다음 글을 이해한 내용으로 가장 적절한 것은?

> 기준금리는 중앙은행이 경제를 조절하고 통화정책을 시행하기 위해 설정하는 핵심적인 금리이다. 중앙은행은 경제의 안정과 성장을 도모하기 위해 노력하며, 기준금리는 이를 위한 주요한 도구로 사용된다.
>
> 기준금리는 경제의 주요 지표와 금융시장의 조건 등을 고려하여 결정된다. 주로 인플레이션, 경제성장, 고용상황 등과 같은 경제 지표를 분석하고, 금융시장의 유동성과 안정성을 고려하여 중앙은행이 적절한 수준의 기준금리를 결정한다. 이를 통해 중앙은행은 경기 변동에 따른 위험을 완화하고 금융시장의 원활한 운영을 돕는 역할을 수행한다.
>
> 또한 기준금리는 주로 중앙은행이 자금공급 및 대출을 조절하여 경제의 동향을 조절하기 위해 설정된다. 일반적으로 경제가 성장하고 인플레이션이 심해지면 중앙은행은 기준금리를 인상시켜 자금을 제한하고 대출을 어렵게 만든다. 이는 소비와 투자를 저하시키는 효과를 가지며, 경기 과열을 억제하는 역할을 한다.
>
> 반대로 경제가 침체되면 중앙은행은 기준금리를 낮춰 자금을 유동성 있게 공급하고 대출을 유도한다. 이는 경기 활성화와 경제 확장을 촉진하며 기업과 개인의 대출 활동을 유도하여 경제에 활력을 불어넣는 효과를 가진다.
>
> 중앙은행은 기준금리를 결정할 때 정책 목표와 관련된 다양한 요소를 고려한다. 대표적으로 인플레이션 목표율, 경제 성장률, 고용률, 외환 시장 상황, 금융시장 안정성 등 다양한 요인이 있으며 국제 경제 상황과 금융시장의 변동성, 정책 변화의 시너지 효과 등도 고려한다.
>
> 기준금리는 중앙은행의 중요한 정책 수단으로서, 정부와 기업, 개인들의 경제 활동에 직간접적인 영향을 준다. 따라서 중앙은행은 신중하고 적절한 기준금리 조정을 통해 경제의 안정과 균형을 유지하려는 노력을 계속해야 한다. 이를 위해 경제 지표와 금융시장의 변동을 면밀히 관찰하고, 정책 목표에 맞는 조치를 취하며, 투명한 커뮤니케이션을 통해 경제 주체들에게 예측 가능한 환경을 제공해야 한다.

① 경기가 과열될 경우 중앙은행은 기준금리를 인하한다.
② 중앙은행이 기준금리를 인상하면 개인과 기업의 소비와 투자가 촉진된다.
③ 기준금리는 경기 변동에 따른 위험을 완화하는 장치이다.
④ 기준금리 설정에서 가장 중요한 요인은 국제 경제 상황이다.

PART 3 주요 금융권 NCS 기출복원문제

49 다음 제시된 협상 대화에 들어갈 대답으로 가장 적절한 말을 한 사람을 〈보기〉에서 고르면?

S사 : 안녕하세요. 다름이 아니라 현재 단가로는 더 이상 귀사에 납품하는 것이 어려울 것 같아 자재의 단가를 조금 올리고 싶어서요. 이에 대해 어떻게 생각하시나요?

대답 : _____

보기

A : 지난달 자재의 불량률이 너무 높은데 단가를 더 낮춰야 할 것 같습니다.

B : 저희도 이 정도 가격은 꼭 받아야 해서요. 단가를 지금 이상 드리는 것은 불가능합니다.

C : 불량률을 3% 아래로 낮춰서 납품해 주시면 단가를 조금 올리도록 하겠습니다.

D : 단가를 올리면 저희 쪽에서 주문하는 수량이 줄어들 텐데, 귀사에서 괜찮을까요?

① A   ② B

③ C   ④ D

※ 다음 문단을 논리적 순서대로 바르게 나열한 것을 고르시오. [50~51]

50

(가) 근대에 접어들어 모든 사물이 생명력을 갖지 않는 일종의 기계라는 견해가 강조되면서, 아리스토텔레스의 목적론은 비과학적이라는 이유로 많은 비판에 직면한다.

(나) 대표적인 근대 사상가인 갈릴레이는 목적론적 설명이 과학적 설명으로 사용될 수 없다고 주장했고, 베이컨은 목적에 대한 탐구가 과학에 무익하다고 평가했으며, 스피노자는 목적론이 자연에 대한 이해를 왜곡한다고 비판했다.

(다) 일부 현대 학자들은 근대 사상가들이 당시 과학에 기초한 기계론적 모형이 더 설득력이 있다는 일종의 교조적 믿음에 의존했을 뿐, 아리스토텔레스의 목적론을 거부할 충분한 근거를 제시하지 못했다고 비판한다.

(라) 이들의 비판은 목적론이 인간 이외의 자연물도 이성을 갖는 것으로 의인화한다는 것이다. 그러나 이런 비판과는 달리 아리스토텔레스는 자연물을 생물과 무생물로, 생물을 식물·동물·인간으로 나누고, 인간만이 이성을 지닌다고 생각했다.

① (가) – (나) – (라) – (다)   ② (가) – (라) – (나) – (다)

③ (나) – (다) – (라) – (가)   ④ (나) – (라) – (다) – (가)

51

(가) 이와 같이 임베디드 금융의 개선을 위해서는 효과적인 보안 시스템과 프라이버시 보호 방안을 도입하여 사용자의 개인정보를 안전하게 관리하는 것이 필요하다. 또한 디지털 기기의 접근성을 개선하고 사용자들이 편리하게 이용할 수 있는 환경을 조성해야 한다.

(나) 임베디드 금융은 기업과 소비자 모두에게 이점을 제공한다. 기업은 제품과 서비스에 금융 기능을 통합함으로써 자사 플랫폼 의존도를 높이고, 수집한 고객의 정보를 통해 매출을 증대시킬 수 있으며, 고객들에게 편리한 금융 서비스를 제공할 수 있다. 소비자의 경우는 모바일 앱을 통해 간편하게 금융 거래를 할 수 있고, 스마트기기 하나만으로 다양한 금융 상품에 접근할 수 있어 편의성과 접근성이 크게 향상된다.

(다) 그러나 임베디드 금융은 개인정보 보호와 안전성에 대한 관리가 필요하다. 사용자의 금융 데이터와 개인정보가 디지털 플랫폼이나 기기에 저장되므로 해킹이나 데이터 유출과 같은 사고가 발생할 수 있다. 이는 사용자의 프라이버시 침해와 금융 거래 안전성에 대한 심각한 위협이 될 수 있다. 또한 모든 사람들이 안정적인 인터넷 연결과 임베디드 금융이 포함된 최신 기기를 보유하고 있지는 않기 때문에 디지털 기기에 익숙하지 않은 사람들은 임베디드 금융 서비스를 제공받는 데 제한을 받을 수 있다.

(라) 임베디드 금융은 비금융 기업이 자신의 플랫폼이나 디지털 기기에 금융 서비스를 탑재하는 것을 뜻한다. S페이나 A페이 같은 결제 서비스부터 대출이나 보험까지 임베디드 금융은 제품과 서비스에 금융 기능을 통합하여 사용자에게 편의성과 접근성을 높여준다.

① (나) – (가) – (다) – (라)   ② (나) – (라) – (다) – (가)

③ (라) – (가) – (나) – (다)   ④ (라) – (나) – (다) – (가)

※ 다음은 IBK 탄소제로적금에 대한 자료이다. 이어지는 질문에 답하시오. [52~53]

〈IBK 탄소제로적금〉

구분	세부내용
상품특징	• 거주세대의 전기사용량 절약 여부에 따라 금리혜택을 제공하는 적금상품
가입금액	• 신규금액 : 최소 1만 원 이상 • 납입한도 : 매월 100만 원 이하(천 원 단위)
계약기간	• 1년제
가입대상	• 실명의 개인(개인사업자 제외) • 1인 1계좌
이자지급방법	• 만기일시지급식
기본금리	• 연 3.0%
우대금리	• 최고 연 4.0%p • 계약기간 동안 다음 조건을 충족하고 만기해지 시 우대이자율 제공 　① 에너지 절감 : 적금가입월부터 10개월 동안 적금가입월의 전기사용량(kWh) 대비 월별 전기사용량 　　(kWh) 절감횟수가 다음에 해당하는 경우("아파트아이" 회원가입을 통해 등록된 주소에 대한 관리비 　　명세서의 전기사용량(kWh)만 인정되며 주소가 변경될 경우 "아파트아이"에서 주소변경을 완료해야 　　만 변경된 주소의 실적이 반영 가능하며, 주소변경은 연 3회로 제한한다) 　　 － 3회 이상 : 연 1.0%p 　　 － 5회 이상 : 연 2.0%p 　② 최초거래고객 : 가입 시 다음 조건 중 1가지 충족 시 연 1.0%p 　　 － 실명등록일로부터 3개월 이내 　　 － 가입일 직전월 기준 6개월간 총수신평잔 0원 　③ 지로/공과금 자동이체 : 본인 명의 입출금식 통장에서 지로/공과금 자동이체 실적이 3개월 이상인 　　 경우 연 1.0%p
중도해지금리	• 만기일 이전에 해지할 경우 입금액마다 입금일부터 해지일 전일까지의 기간에 대하여 가입일 당시 IBK 　적립식중금채의 중도해지금리를 적용 • 납입기간 경과비율 　 － 10% 미만 : 가입일 현재 계약기간별 고시금리×5% 　 － 10% 이상 20% 미만 : 가입일 현재 계약기간별 고시금리×10% 　 － 20% 이상 40% 미만 : 가입일 현재 계약기간별 고시금리×20% 　 － 40% 이상 60% 미만 : 가입일 현재 계약기간별 고시금리×40% 　 － 60% 이상 80% 미만 : 가입일 현재 계약기간별 고시금리×60% 　 － 80% 이상 : 가입일 현재 계약기간별 고시금리×80% 　 ※ 모든 구간 최저금리 연 0.1% 적용
만기 후 금리	• 만기일 당시 IBK 적립식중금채의 만기 후 금리를 적용 　 － 만기 후 1개월 이내 : 만기일 당시 IBK 적립식중금채의 계약기간별 고시금리×50% 　 － 만기 후 1개월 초과 6개월 이내 : 만기일 당시 IBK 적립식중금채의 계약기간별 고시금리×30% 　 － 만기 후 6개월 초과 : 만기일 당시 IBK 적립식중금채의 계약기간별 고시금리×20%

52 다음 중 위 자료의 내용으로 옳지 않은 것은?

① 신규금액을 제외하고 최대 납입 가능한 금액은 1,200만 원이다.

② 계약기간 동안에 주소변경을 하기 위해서는 아파트아이 계정이 필요하다.

③ 자신이 세대주가 아닐 경우, 지로/공과금 자동이체 우대금리를 적용받기 위해서는 세대주 명의의 입출금식 통장을 개설하여야 한다.

④ 최대 이율을 적용받는 사람이 납입기간 50%를 경과하고 중도해지 할 경우 적용받는 금리는 이전보다 5.8%p 적다.

53 다음은 IBK 탄소제로적금에 가입한 A고객의 가입정보이다. A고객이 지급받을 이자는?(단, A는 "아파트아이"에 회원가입하여 주소를 등록하였으며, 계약기간 동안 주소변경은 하지 않았으며, 만기일 당시 IBK 적립식중금채의 고시금리는 연 3.0%이다)

〈A고객의 가입정보〉

• 가입상품 : IBK 탄소제로적금
• 가입금액
  − 최초 납입금액 : 30만 원
  − 추가 납입금액 : 70만 원(2022.11.1)
• 계약기간 : 1년(2022.5.1 ~ 2023.4.30)
• 우대금리 관련 사항
  ① 월별 전기사용량

구분	22/5	22/6	22/7	22/8	22/9	22/10
전기사용량(kWh)	448	436	478	481	442	430
구분	22/11	22/12	23/1	23/2	23/3	23/4
전기사용량(kWh)	452	466	485	447	440	447

  ② 최초거래고객 : 실명등록일(2022.3.25)
  ③ 지로/공과금 자동이체 : 본인 명의 입출금식 통장으로 월 아파트관리비 총 5회 자동이체
• 적금 실제 해지일 : 2023.10.31

① 64,500원

② 50,000원

③ 45,500원

④ 43,500원

※ 다음은 김대리가 자택에서 사무실로 출근할 때 이동수단별 소요 시간에 대한 자료이다. 이어지는 질문에 답하시오. [54~55]

〈김대리의 이동수단별 소요 시간〉

구분	버스	지하철	자가용
자택에서 인근 정류장 / 역까지 걸리는 시간	도보 1분	도보 3분	–
인근 정류장 / 역에서 사무실까지 걸리는 시간	도보 3분	도보 2분	–
이동수단별 이동시간	정류장당 4분	지하철역당 2분	19분
비고	환승이 불필요하며, 탑승 후 4번째로 도착하는 정거장에서 하차	탑승 후 2번째로 도착하는 역에서 1회 환승하여 4번째로 도착하는 역에서 하차 (환승으로 2분 추가)	도착 후 주차로 인해 2분 추가

| IBK기업은행

54 다음 중 김대리가 자택에서 사무실까지 지하철을 이용하여 출근할 때 걸리는 시간은?

① 15분 ② 17분
③ 19분 ④ 21분

| IBK기업은행

55 다음 중 김대리의 자택에서 사무실까지의 편도 이동시간이 가장 짧은 이동수단을 순서대로 바르게 나열한 것은?

① 버스 – 지하철 – 자가용 ② 지하철 – 버스 – 자가용
③ 지하철 – 자가용 – 버스 ④ 자가용 – 버스 – 지하철

56 다음은 개발부에서 근무하는 K사원의 4월 근태기록이다. 규정을 참고할 때, K사원이 받을 시간외 근무수당은?(단, 정규근로시간은 09:00 ~ 18:00이다)

〈시간외근무규정〉

• 시간외근무(조기출근 포함)는 1일 4시간, 월 57시간을 초과할 수 없다.
• 시간외근무수당은 1일 1시간 이상 시간외근무를 한 경우에 발생하며, 1시간을 공제한 후 매분 단위까지 합산하여 계산한다(단, 월 단위 계산 시 1시간 미만은 절사함).
• 시간외근무수당 지급단가 : 사원(7,000원), 대리(8,000원), 과장(10,000원)

〈K사원의 4월 근태기록(출근시간 / 퇴근시간)〉

• 4월 1일부터 4월 15일까지의 시간외근무시간은 12시간 50분(1일 1시간 공제 적용)이다.

18일(월)	19일(화)	20일(수)	21일(목)	22일(금)
09:00 / 19:10	09:00 / 18:00	08:00 / 18:20	08:30 / 19:10	09:00 / 18:00
25일(월)	26일(화)	27일(수)	28일(목)	29일(금)
08:00 / 19:30	08:30 / 20:40	08:30 / 19:40	09:00 / 18:00	09:00 / 18:00

※ 주말 특근은 고려하지 않음

① 112,000원
② 119,000원
③ 126,000원
④ 133,000원

※ 다음은 IBK W소확행통장에 대한 설명이다. 이어지는 질문에 답하시오. [57~58]

<table>
<tr><td colspan="2" align="center">〈IBK W소확행통장〉</td></tr>
<tr><td>구분</td><td>세부내용</td></tr>
<tr><td>상품특징</td><td>• 레저업종(BC 가맹점기준)에서 기업은행카드 사용 시 사용건수 또는 이용대금에 따라 금리우대</td></tr>
<tr><td>가입금액</td><td>• 신규금액 : 최소 1만 원 이상
• 납입한도 : 매월 100만 원 이하(1만 원 단위)</td></tr>
<tr><td>계약기간</td><td>• 1년제, 2년제, 3년제</td></tr>
<tr><td>기본금리</td><td>• 12개월 이상 24개월 미만 : 연 3.40%
• 24개월 이상 36개월 미만 : 연 3.50%
• 36개월 이상 : 연 3.65%</td></tr>
<tr><td rowspan="2">우대금리</td><td>• 최대 연 2.40%p
• 당행 BC카드(체크・신용 모두 포함) 및 자동이체로 1회 이상(금액제한 없음) 납입하고, 연평균하여 다음 조건을 충족한 경우 만기해지 시 해당 우대금리 제공(2가지 중 1가지만 충족해도 해당 우대금리 제공)</td></tr>
</table>

<table>
<tr><td colspan="4" align="center">우대조건</td></tr>
<tr><td colspan="1" align="center">'금액' 조건

(온누리상품권 구매금액＋
레저업종 카드사용금액)</td><td rowspan="4" align="center">또는</td><td align="center">'건수' 조건

(레저업종 카드사용 건수)</td><td align="center">제공 우대금리</td></tr>
<tr><td align="center">20만 원 이상</td><td align="center">5건 이상</td><td align="center">연 1.00%p</td></tr>
<tr><td align="center">50만 원 이상</td><td align="center">15건 이상</td><td align="center">연 1.70%p</td></tr>
<tr><td align="center">100만 원 이상</td><td align="center">30건 이상</td><td align="center">연 2.40%p</td></tr>
</table>

※ 단, 온누리상품권 구매금액의 경우 본인 명의의 구매 건만 인정
※ BC카드 가맹점 분류기준에 따라 아래 나열된 경우를 '레저업종'으로 인정 : 헬스클럽, 골프연습장, 수영장, 볼링장, 당구장, 테니스장, 스키장(통상 헬스클럽 기준으로 요가, 필라테스, 기타업종으로 VR, 스크린야구 등 업종이 포함될 수도 있음)
※ BC카드 레저업종 실적인정 기준(다음 3가지 항목을 모두 충족한 경우 유효한 카드실적으로 인정)
  1) 당행계좌를 결제계좌로 등록한 당행 개인카드(체크・신용)를 사용
  2) 상기 명시된 국내 레저업종 가맹점에서 직접 결제한 경우(단, 카카오페이, 네이버페이 등 일부 간편결제 및 PG・소셜커머스를 통한 결제 등 가맹점 직접 결제가 아닌 경우 실적인정 불가)
  3) 당일자, 당일가맹점 사용실적은 최대 1회(금액은 최대금액 1건) 인정

<table>
<tr><td>중도해지금리</td><td>• 만기일 이전에 해지할 경우 입금액마다 입금일부터 해지일 전일까지의 기간에 대하여 가입일 당시 IBK 적립식중금채의 중도해지금리를 적용
• 납입기간 경과비율
　－10% 미만 : 가입일 현재 계약기간별 고시금리×5%
　－10% 이상 20% 미만 : 가입일 현재 계약기간별 고시금리×10%
　－20% 이상 40% 미만 : 가입일 현재 계약기간별 고시금리×20%
　－40% 이상 60% 미만 : 가입일 현재 계약기간별 고시금리×40%
　－60% 이상 80% 미만 : 가입일 현재 계약기간별 고시금리×60%
　－80% 이상 : 가입일 현재 계약기간별 고시금리×80%
　※ 모든 구간 최저금리 연 0.1% 적용</td></tr>
<tr><td>만기 후 금리</td><td>• 만기일 당시 IBK 적립식중금채의 만기 후 금리를 적용
　－만기 후 1개월 이내 : 만기일 당시 IBK 적립식중금채의 계약기간별 고시금리×50%
　－만기 후 1개월 초과 6개월 이내 : 만기일 당시 IBK 적립식중금채의 계약기간별 고시금리×30%
　－만기 후 6개월 초과 : 만기일 당시 IBK 적립식중금채의 계약기간별 고시금리×20%</td></tr>
</table>

57 다음 중 위 자료에 대한 설명으로 옳지 않은 것은?

① 만기해지 시 위 상품에서 적용 가능한 최대금리와 최저금리의 차이는 2.65%p이다.

② 온누리상품권을 구입하는 것보다는 레저업종에 카드를 사용하는 것이 우대금리 적용에 더 유리하다.

③ 당일에 동일 가맹점에서 레저업종에 100만 원 이상 사용 시에는 한 번에 결제하는 것보다 나눠서 결제하는 것이 우대금리 적용에 더 유리하다.

④ 1년제 상품 만기 후 1개월 이내 해지 시 적용되는 만기 후 금리는 만기 후 6개월 초과 후 해지 시 적용되는 만기 후 금리의 2.5배이다.

58 다음은 IBK W소확행통장에 가입한 A고객의 가입정보이다. 위 자료를 근거로 할 때, A고객이 지급받을 이자는?(단, 10원 미만은 절사한다)

〈A고객의 가입정보〉

• 가입상품 : IBK W소확행통장
• 최초 납입금액 : 50만 원
• 추가 납입금액
  - 100만 원(21.8.1)
  - 100만 원(22.2.1)
• 계약기간 : 2년제(20.8.1 ~ 22.7.31)
• 결제내역
  - 매 짝수 월 초 30만 원 헬스클럽 결제
  - 매월 초 20만 원 골프연습장 결제
  - 매 연말 본인 명의 온누리상품권 100만 원 구매
  - 매 연초 가족 명의 온누리상품권 100만 원 구매
  - 매년 3, 6, 9, 12월 월말 수영장 이용료 30만 원 결제
  ※ 단, A고객은 모든 결제 건을 보유하고 있는 당행 BC신용카드로 결제하고, 자동이체로 납입함
• 해지일 : 22.10.31

① 65,000원
② 70,270원
③ 135,250원
④ 136,560원

59 다음은 I은행의 여비규정에 대한 자료이다. 대구로 출장을 다녀 온 B과장의 지출내역을 토대로 여비를 정산했을 때, B과장은 총 얼마를 받는가?

제1조(여비의 종류)
여비는 운임·숙박비·식비·일비 등으로 구분한다.
1. 운임 : 여행 목적지로 이동하기 위해 교통수단을 이용함에 있어 소요되는 비용을 충당하기 위한 여비
2. 숙박비 : 여행 중 숙박에 소요되는 비용을 충당하기 위한 여비
3. 식비 : 여행 중 식사에 소요되는 비용을 충당하기 위한 여비
4. 일비 : 여행 중 출장지에서 소요되는 교통비 등 각종 비용을 충당하기 위한 여비

제2조(운임의 지급)
1. 운임은 철도운임·선박운임·항공운임으로 구분한다.
2. 국내운임은 [별표 1]에 따라 지급한다.

제3조(일비·숙박비·식비의 지급)
1. 국내 여행자의 일비·숙박비·식비는 국내 여비 지급표에 따라 지급한다.
2. 일비는 여행일수에 따라 지급한다.
3. 숙박비는 숙박하는 밤의 수에 따라 지급한다. 다만, 출장 기간이 2일 이상인 경우의 지급액은 출장기간 전체의 총액 한도 내 실비로 계산한다.
4. 식비는 여행일수에 따라 지급한다.

〈국내 여비 지급표〉

철도운임	선박운임	항공운임	일비(1인당)	숙박비(1박당)	식비(1일당)
실비 (일반실)	실비 (2등급)	실비	20,000원	실비 (상한액 40,000원)	20,000원

〈B과장의 지출내역〉

(단위 : 원)

구분	1일 차	2일 차	3일 차	4일 차
KTX운임(일반실)	43,000	–	–	43,000
대구 시내 버스요금	5,000	4,000	–	2,000
대구 시내 택시요금	–	–	10,000	6,000
식비	15,000	45,000	35,000	15,000
숙박비	45,000	30,000	35,000	–

① 286,000원
② 304,000원
③ 328,000원
④ 356,000원

60 K씨는 미국에서 사업을 하고 있는 지인으로부터 투자 제의를 받았다. 투자성이 높다고 판단한 K씨는 5월 3일에 지인에게 1,000만 원을 달러로 환전하여 송금하였다. 이후 5월 20일에 지인으로부터 원금과 투자수익 10%를 달러로 돌려받고 당일 원화로 환전하였다. K씨는 원화기준으로 원금 대비 몇 %의 투자수익을 달성하였는가?(단, 매매기준율로 환전하며 기타수수료는 발생하지 않고, 환전 시 소수점은 절사한다)

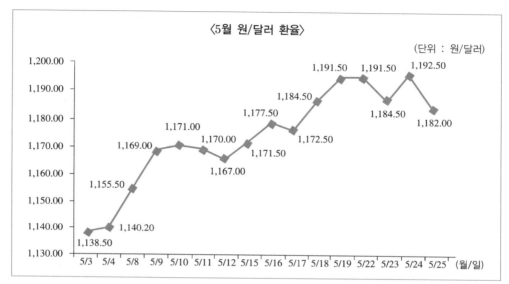

〈5월 원/달러 환율〉

(단위 : 원/달러)

① 10% ② 13%

③ 15% ④ 18%

인생이란 결코 공평하지 않다. 이 사실에 익숙해져라.

– 빌 게이츠 –

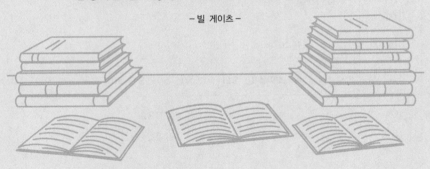

앞선 정보 제공! 도서 업데이트

언제, 왜 업데이트될까?

도서의 학습 효율을 높이기 위해 자료를 추가로 제공할 때!
공기업 · 대기업 필기시험에 변동사항 발생 시 정보 공유를 위해!
공기업 · 대기업 채용 및 시험 관련 중요 이슈가 생겼을 때!

01 시대에듀 도서
www.sdedu.co.kr/book
홈페이지 접속

02 상단 카테고리
「도서업데이트」
클릭

03 해당
기업명으로
검색

참고자료, 시험 개정사항 등 정보 제공으로 학습효율을 높여 드립니다.

시대에듀

금융권 필기시험

시리즈

알차다!
꼭 알아야 할 내용을
담고 있으니까

친절하다!
핵심내용을 쉽게
설명하고 있으니까

명쾌하다!
상세한 풀이로 완벽하게
익힐 수 있으니까

핵심을 뚫는다!
시험 유형과 흡사한
문제를 다루니까

"신뢰와 책임의 마음으로 수험생 여러분에게 다가갑니다."

"농협" 합격을 위한 시리즈

농협 계열사 취업의 문을 여는
Master Key!

※도서의 이미지 및 구성은 변동될 수 있습니다.

2025 최신판

| NCS 핵심이론 및 대표유형 무료 PDF · 온라인 모의고사 무료쿠폰

기출이 답이다

신한은행

SLT

정답 및 해설

편저 | SDC(Sidae Data Center)

SDC

SDC는 시대에듀 데이터 센터의 약자로 약 30만 개의 NCS · 적성 문제 데이터를 바탕으로 최신 출제경향을 반영하여 문제를 출제합니다.

7개년 기출복원문제 + **주요 금융권 기출복원문제** + **무료 NCS 특강**

출제영역별 유형풀이 TIP으로 필기시험 대비!

PART

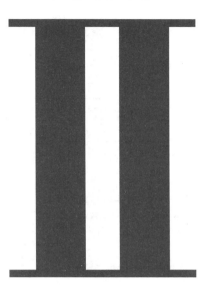

기출복원문제
정답 및 해설

01 2024년 하반기 기출복원문제

01	02	03	04	05	06	07	08	09	10	11	12	13	14	15	16	17	18	19	20
④	④	⑤	⑤	①	⑤	⑤	⑤	④	③	③	③	④	④	④	③	④	②	⑤	③

01 정답 ④

기존에 없던 금융투자에 대한 소득세가 '금융투자소득세 도입'을 통해 생겨나면서 새로운 세원을 마련할 기회가 열렸고, 금융투자 상위 1%에 해당하는 투자자들에게서 세금을 걷으며 부의 재분배 효과를 기대할 수 있었으나, '금융투자소득세의 폐지'로 민생이 아닌 부의 양극화를 가져오며 동시에 새로운 세원을 막아버리는 결과를 초래했다.

오답분석

① 제시문에 따르면 금융투자소득세 폐지가 '부자감세'라고 하였으며, 금융투자소득세는 전체 투자자의 상위 1%에 해당하는 투자자들에게 부과되는 제도라 하였으므로 제시문의 내용으로 적절하다.

② 금융투자소득세는 국내 금융투자소득은 연간 5,000만 원 이상, 해외 투자소득은 연간 250만 원 이상일 때 부과된다.

③ 해외 주식에 대한 공제한도는 250만 원으로 국내 주식인 5,000만 원에 비해 낮기 때문에 발생할 수 있을 것으로 예측되는 현상이다.

⑤ 금융투자소득세는 국내의 경우 금융투자소득이 연간 5,000만 원 이상일 때 부과된다. 따라서 수익률이 20%라면 투자원금은 최소 $5,000 \div 0.2 = 25,000$만 원을 초과해야 한다.

02 정답 ④

2023과 2024년의 총 학자금 대출 신청건수를 구하면 다음과 같다.
• 2023년 : $1,921 + 2,760 + 2,195 + 1,148 + 1,632 + 1,224 = 10,880$건
• 2024년 : $2,320 + 3,588 + 2,468 + 1,543 + 1,927 + 1,482 = 13,328$건

따라서 2024년 총 학자금 대출 신청건수는 2023년 대비 $\frac{13,328 - 10,880}{10,880} \times 100 = 22.5\%$ 증가하였다.

오답분석

① 학자금 대출 신청건수가 가장 많은 지역은 2023년은 2,760건으로 인천이고, 2024년도 3,588건으로 인천이다.

② 학자금 총 대출금액은 (대출 신청건수)×(평균 대출금액)으로 구할 수 있으므로 2024년 대구와 부산의 학자금 총 대출금액을 구하면 다음과 같다.
• 대구 : $2,320 \times 688 = 1,596,160$만 원
• 부산 : $2,468 \times 644 = 1,589,392$만 원
따라서 2024년 학자금 총 대출금액은 대구가 부산보다 많다.

③ 대전의 2024년 학자금 평균 대출금액은 376만 원으로 전년인 235만 원 대비 $\frac{376}{235} = 1.6$배 증가하였다.

⑤ 2023년 전체 학자금 대출 신청건수는 10,880건으로 그중 광주 지역이 차지하는 비율은 $\frac{1,632}{10,880} \times 100 = 15\%$이다.

03 정답 ⑤

리디노메이션을 할 경우 지하경제의 자금이 빠르게 실물경제로 넘어와 양성화되는 효과를 기대할 수 있다.

오답분석

① 리디노메이션이란 액면가를 조정한다는 의미로 화폐가치는 유지하되 단위는 낮추는 화폐개혁이다.
② 리디노미네이션은 소비 심리 변화와 경제활동 편의성 증가로 인해 소비 활성화 및 경기부양 효과를 기대할 수 있다.
③ 화폐단위 축소로 인해 회계 및 재무제표 작성이 간소화되고, 국제적으로 원화의 위상이 상승한다.
④ 가격 조정이 비례적으로 일어나지 않거나, 화폐단위 변경으로 인한 불안감으로 인해 물가가 상승할 우려가 있다.

04 정답 ⑤

특별중도해지는 상품 가입일 이후 발생한 긴급자금 마련일 경우에만 적용되는 서비스이다.

오답분석

① 가입기간이 6개월인 고객이 정기적립식 방식을 택했을 경우 적용되는 기본금리는 연 2.5%이고, 자유적립식을 택했을 때의 금리는 여기서 연 0.50%p가 차감된 연 2.0%이므로 전자가 후자보다 약 $2.5 \div 2.0 = 1.25$배 더 높다.
② 모범납세자 우대금리를 적용받기 위해서는 만기해지 전에 모범납세자 증명서상의 유효기간이 경과하지 않은 모범납세자 증명서를 영업점에 제출하여야 한다.
③ 우대금리는 가입기간이 12개월 이상인 경우 적용받는 혜택이므로, 가입기간이 '1년 이하'가 아닌 '1년 미만'인 고객이 우대금리 혜택을 적용받을 수 없다고 하는 것이 옳다.
④ 특별중도해지 시 우대금리를 적용받으려면 해당 우대금리가 신규시점에 확정된 것이어야 하며, 신규시점에 조건충족 시 확정될 수 있는 우대금리는 장기고객, 신규금액, 비대면채널 항목으로 최대 연 0.3%p이다.

05 정답 ①

A씨의 조건을 바탕으로 기본금리와 우대금리를 구하면 다음과 같다.
• 기본금리(48개월 자유적립식) : $3.15 - 0.5 = 2.65\%$
• 우대금리 : 총 0.4%p
 – 비대면채널 : $+0.1\%p$
 – 신규금액 : $+0.1\%p$
 – 모범납세자 : $+0.2\%p$

A씨는 40개월 차에 주택구입을 목적으로 해지하였고, 사유발생일로부터 3개월 이내에 증빙서류를 제출하였으므로 특별중도해지에 해당한다. 이 경우 신규시점에 적용된 기본금리에 최초 신규시점에 확정된 우대금리를 포함하여 적용하므로 가입 38개월 차에 제출하여 받은 모범납세자 우대금리는 제외된다. 따라서 최종금리는 $2.65 + 0.2 = $ 연 2.85%이다.

06 정답 ⑤

보이스피싱 등 사기에 따라 송금한 경우는 착오송금 반환제도를 신청할 수 없다.

07 정답 ⑤

a	n
$\dfrac{1}{4}$	28
$2 \times \dfrac{1}{4} + 2 = \dfrac{5}{2}$	$\dfrac{1}{2} \times 28 = 14$
$2 \times \dfrac{5}{2} + 2 = 7$	$\dfrac{1}{2} \times 14 = 7$

$\therefore \ 7 + 7 = 14$

08 정답 ⑤

제시문은 생성형 AI 기술이 창작, 의료 등 다양한 분야에서 가져온 긍정적인 변화와 함께 허위 정보 확산, 딥페이크 문제, 직업 대체 가능성 등 여러 사회적 문제를 언급하고 있다. 그러나 이러한 문제점에도 불구하고 생성형 AI가 가진 잠재력과 이를 책임감 있게 활용해야 할 필요성을 강조하며 글을 마무리하고 있다. 따라서 이 글의 주제는 생성형 AI의 가능성과 이를 책임감 있게 활용하는 것의 중요성이다.

09 정답 ④

ⅰ) 의자 6개에 5명이 앉는 경우의 수 : $_6P_5 = 6 \times 5 \times 4 \times 3 \times 2 = 720$가지
ⅱ) 여학생이 이웃하여 앉는 경우의 수 : $5! \times 2 = (5 \times 4 \times 3 \times 2 \times 1) \times 2 = 240$가지
따라서 구하고자 하는 경우의 수는 $720 - 240 = 480$가지이다.

10 정답 ③

A사원의 3박 4일간 교통비, 식비, 숙박비를 계산하면 다음과 같다.
• 교통비 : $39,500 + 38,150 = 77,650$원
• 식비 : $(8,500 \times 3 \times 2) + (9,100 \times 3 \times 2) = 105,600$원
• 숙박비
 – 가 : $(75,200 \times 3) \times 0.95 = 214,320$원
 – 나 : $(81,100 \times 3) \times 0.90 = 218,970$원
 – 다 : $(67,000 \times 3) = 201,000$원
 A사원은 숙박비가 가장 저렴한 다 숙소를 이용하므로 숙박비는 201,000원이다.
따라서 A사원의 출장 경비는 총 $77,650 + 105,600 + 201,000$원$= 384,250$원이다.

11 정답 ③

IF 함수의 함수식은 =IF(조건식,식이 참일 때 돌려줄 값,식이 거짓일 때 돌려줄 값)이고 AND 함수의 함수식은 =AND(조건1,조건2, …)이며, 조건들이 모두 만족되면 TRUE를 반환하고, 하나라도 만족되지 않으면 FALSE를 반환한다.
따라서 [E3] 셀에 들어갈 올바른 함수식은 =IF(AND(C2>=80,D2>=80),"합격","불합격")이다.

12 정답 ③

주어진 조건에 따라 직원 A∼H가 앉을 수 있는 경우는 'A−B−D−E−C−F−H−G'이다. 여기서 D와 E의 자리를 서로 바꿔도 모든 조건이 성립하고, 'A−G−H'와 'D−E−C'의 자리를 바꿔도 모든 조건이 성립한다. 따라서 경우의 수는 총 2×2＝4가지이다.

13 정답 ④

[1번 알림창]은 정지된 계정일 경우 출력되는 것이다.

14 정답 ④

로보어드바이저는 투자의 판단근거, 투자자의 궁금점 등에 대한 개별상담이 어렵고 언어표현 능력이 부족하다는 단점이 있다.

15 정답 ④

상품명이 'A'로 끝나는 제품의 실제 판매량의 값의 평균을 구하는 수식은 ♡(A2:A5, "*A", C2:C5)이다.

16 정답 ③

첫 번째로 1965년 경제학자이자 노벨상 수상자인 게리 베커에 대한 내용으로 이야기를 도입하며 베커가 주장한 '시간의 비용' 개념을 소개하는 (라) 문단이 위치하고, (라) 문단을 보충하는 내용으로 베커의 '시간의 비용이 가변적'이라는 개념을 언급한 (가) 문단, 베커와 같이 시간의 비용이 가변적이라고 주장한 경제학자 린더의 주장을 소개한 (다) 문단, 마지막으로 베커와 린더의 공통적 전제인 사람들에게 주어진 시간이 고정된 양이라는 사실과 기대수명이 늘어남으로써 시간의 가치가 달라질 것이라는 내용의 (나) 문단 순으로 나열하는 것이 적절하다.

17 정답 ④

유가증권 인수 및 투자 업무, 환매조건부채권 매매, 지급보증 업무 등은 은행의 부수업무에 해당한다.

18 정답 ②

평가표 협동심 점수(C2:C4) 중 가장 높은 점수인 87과 가장 낮은 점수인 65의 합인 152가 표시되므로 선택지 중에서 출력값이 가장 작다.

오답분석

① 평가표 평균(F2:F4) 중 1번째로 큰 값인 81.5와 1번째로 작은 값인 77.5의 합인 159가 표시된다.
③ 이름이 '김'으로 시작하는 직원들의 평가표 평균(F2:F4)의 합인 77.5＋81.5＝159가 표시된다.
④ 이름이 '석'으로 끝나는 직원들의 평가표 평균(F2:F4)의 합인 77.5＋77.5＝155가 표시된다.
⑤ 팀원들의 성실성(B2:B4) 평균과 적극성(D2:D4) 평균의 합인 85.3＋67.6＝152.9가 표시된다.

19 　정답　⑤

ㄱ. 2022년 대비 2024년 의사 수의 증가율은 $\frac{11.40-10.02}{10.02} \times 100 ≒ 13.77\%$이며, 간호사 수의 증가율은 $\frac{19.70-18.60}{18.60} \times 100$

≒ 5.91%이다. 따라서 의사 수의 증가율은 간호사 수의 증가율보다 $13.77-5.91=7.86$%p 높다.

ㄷ. 2015 ~ 2019년 동안 의사 1명당 간호사 수를 구하면 다음과 같다.

- 2015년 : $\frac{11.06}{7.83} ≒ 1.41$명
- 2016년 : $\frac{11.88}{8.45} ≒ 1.40$명
- 2017년 : $\frac{12.05}{8.68} ≒ 1.38$명
- 2018년 : $\frac{13.47}{9.07} ≒ 1.48$명
- 2019년 : $\frac{14.70}{9.26} ≒ 1.58$명

따라서 2019년의 의사 1명당 간호사 수가 약 1.58명으로 가장 많다.

ㄹ. 2018 ~ 2021년까지 간호사 수 평균은 $\frac{13.47+14.70+15.80+18.00}{4} ≒ 15.49$만 명이다.

오답분석

ㄴ. 2016 ~ 2024년 동안 전년 대비 의사 수 증가량이 2천 명 이하인 해는 2019년이다. 따라서 2019년의 의사와 간호사 수의 차이는 $14.70-9.26=5.44$만 명이다.

20 　정답　③

인증서 인증 과정을 거치지 못하였을 때, [4번 알림창]이 출력된다.

오답분석

① 수취 계좌가 존재하지 않을 때, [2번 알림창]이 출력된다.
② 이체 한도를 초과하였을 때, [3번 알림창]이 출력된다.
④ 은행 업무 시간이 아닐 때, [1번 알림창]이 출력된다.
⑤ 인증서 인증 과정을 거쳤을 때, [5번 알림창]이 출력되며, 계좌 송금 진행이 가능하다.

01	02	03	04	05	06	07	08	09	10	11	12	13	14	15	16	17	18	19	20
⑤	④	⑤	③	④	⑤	③	②	⑤	③	④	⑤	④	③	⑤	②	④	③	①	⑤

01 　정답　 ⑤

재산이 많은 사람은 약간의 세율 변동에도 큰 영향을 받는다. 따라서 '영향이 크기 때문에'로 수정해야 한다.

02 　정답　 ④

방카슈랑스는 수수료가 저렴하며, 은행직원의 안내로 쉽게 가입할 수 있지만, 전문 보험설계사의 상담을 받기 어렵다.

03 　정답　 ⑤

은진이가 예상한 '브라질, 불가리아, 이탈리아, 루마니아'는 서로 대결할 수 없으며 수린이가 예상한 팀은 은진이가 예상한 팀과 비교했을 때, '스웨덴과 독일'이 다르다. 그러므로 '불가리아와 스웨덴 또는 불가리아와 독일', '루마니아와 스웨덴 또는 루마니아와 독일'이 대결함을 알 수 있다. 여기서 민수가 예상한 팀에 루마니아와 독일이 함께 있으므로, '루마니아와 스웨덴', '불가리아와 독일'이 대결함을 알 수 있다. 또한 수린이가 예상한 팀과 비교했을 때, 이탈리아 대신에 스페인이 있으므로 '이탈리아와 스페인'이 대결함을 알 수 있다.

따라서 네덜란드와 상대할 팀은 브라질이다.

04 　정답　 ③

알.쏠 적금의 36개월 기본금리는 연 3.2%로 A씨가 최대로 기본금리를 받을 수 있는 상품이다.

　오답분석　
① · ② A씨의 희망 가입기간보다 짧다.
④ A씨의 희망 가입기간에 포함되지만, 기본금리는 연 2.9%로 가장 높지 않다.
⑤ 기본금리는 최대이지만, 가입기간이 A씨의 희망 가입기간보다 짧다.

05 정답 ④

우대금리를 최대로 적용한 연이율이 가장 높은 적금을 찾고, 최대 연이율을 적용한 원리합계를 구하면 다음과 같다.
- 청년 처음 적금 : 3.5+3.0=6.5%
- 2024 프로야구 적금 : 2.5+1.7=4.2%
- 알.쏠 적금 : 3.0+1.3=4.3%
- 정기 적금 : 2.7%
- 스마트 적금 : 3.6%

청년 처음 적금의 연이율이 최대이므로 B씨는 청년 처음 적금에 가입하고, 만기 시 B씨가 받는 원리합계는 연이율 6.5% 단리로 적용한다.

따라서 [월이율(r)]$=\dfrac{0.065}{12}$ 이므로 원리합계(S)를 구하는 식은 다음과 같다.

$$S=(250,000\times12)+\left(250,000\times\dfrac{12\times13}{2}\times\dfrac{0.065}{12}\right)=3,000,000+105,625=3,105,625$$

그러므로 구하고자 하는 원리합계는 3,105,625원이다.

06 정답 ⑤

가계대출과 기업대출 모두 금리인하요구권을 갖는다.

07 정답 ③

[F21] 셀은 차△△의 국어, 수학, 영어의 평균 점수 순위이므로, 평균 점수 순위를 구하는 함수로 =◇(E21,$E$2:$E$21)가 들어가야 한다.

오답분석

① [E21] 셀이 [E2:E21]의 평균보다 클 때 1을 출력하고 작거나 같을 때 0을 출력하는 함수다.
② [E21] 셀이 [E2:E21]의 최솟값일 때 0을 출력하고 아닐 때 1을 출력하는 함수다.
④ [B21:D21]의 최댓값이 [B2:D21]에서 몇 번째로 큰 값인지 구하는 함수다.
⑤ [E21] 셀이 [E2:E21]에서 네 번째 수 이하의 수일 때 1을 출력하고, 아닐 때 0을 출력하는 함수다.

08 정답 ②

네 번째 문단에 언급된 손 모양이 생겨나는 과정을 통해 추론할 수 있는 내용이다.

오답분석

① 몸의 상처가 회복되는 것은 세포의 재생과 관련이 있으므로 적절한 추론이 아니다.
③ 아포토시스를 이용한 항암제는 이미 유전자 변형으로 생겨난 암세포의 죽음을 유발하므로 유전자 변형을 막는다는 추론은 적절하지 않다.
④ 화학약품은 유전자 변형을 일으키고 오히려 아포토시스가 일어나는 과정을 방해하므로 적절하지 않다.
⑤ 아포토시스는 염증을 발생시키지 않으므로 적절하지 않은 추론이다.

09 정답 ⑤

ㄱ. 면적이 넓은 유형의 주택일수록 공사 완료 후 미분양된 민간부문 주택이 많은 지역은 인천, 경기 두 곳이다.

ㄴ. 부산의 공사 완료 후 미분양된 민간부문 주택 중 면적이 $60\sim85m^2$에 해당하는 주택이 차지하는 비중은 $\dfrac{161}{350}\times100=46\%$로,
면적이 $85m^2$를 초과하는 주택이 차지하는 비중인 $\dfrac{119}{350}\times100=34\%$보다 10%p 이상 높다.

ㄷ. 면적이 60m^2 미만인 공사 완료 후 미분양된 민간부문 주택 수 대비 면적이 $60\sim85\text{m}^2$에 해당하는 공사 완료 후 미분양된 민간부문 주택 수의 비율은 광주는 $\dfrac{28}{16}\times100=175\%$이고, 울산은 $\dfrac{54}{36}\times100=150\%$이므로 광주가 울산보다 높다.

10 정답 ③

ⅰ) 연봉 3천만 원인 S사원의 월 수령액은 3천만 원÷12＝250만 원이고 월평균 근무시간은 200시간이므로 시급은 250만 원÷200＝12,500원이다.

ⅱ) S사원이 평일에 야근한 시간은 2＋3＋3＋2＝10시간이므로 야근수당은 (12,500＋5,000)×10＝175,000원이다.

ⅲ) S사원이 주말에 특근한 시간은 3＋5＝8시간이므로 특근수당은 (12,500＋10,000)×8＝180,000원이다.

따라서 식대는 야근 및 특근수당에 포함되지 않으므로 S사원의 한 달간 야근 및 특근수당의 총액은 175,000＋180,000＝355,000원이다.

11 정답 ④

S은행 100세 플랜 적금상품은 예금자보호가 적용되는 상품이나, 예금자보호법에 따라 S은행에 있는 고객의 모든 예금보호대상 금융상품에 적용되므로 다른 상품과 구별하여 보호받는다는 것은 고객의 이해를 돕기 위한 설명으로 옳지 않다.

12 정답 ⑤

해당 적금의 만기시점 세전금리는 기본금리에 우대금리를 가산해 구한다.

기본금리는 상품설명서 내 [만기금리] → [기본금리] 항목에서 확인할 수 있는데, A고객의 계약기간이 5년이므로 연 3.00%임을 확인할 수 있다.

우대금리는 A고객의 상담내역에서 [우대금리] 중 우대조건 항목에 해당하는 것이 있는지 비교한 후, 해당하는 항목의 우대금리를 모두 합하면 된다.

• 우대조건 ① : A고객은 S은행과 이전에 거래한 적이 없으며, 해당 적금상품만을 가입하였으므로 우대조건에 해당하지 않는다.
• 우대조건 ② : A고객은 배우자와 함께 가입하였고, 신규금액이 10만 원 이상이므로 우대조건에 해당한다.
• 우대조건 ③ : A고객은 매월 20만 원씩 납입, 계약기간 5년이고 만기까지 연체 없이 납입할 예정이므로 우대조건에 해당한다.
• 우대조건 ④ : A고객은 행원의 추천에 따라 「S은행 100세 플랜 연금」을 신규로 가입하여 6개월 이상 보유할 예정이므로 우대조건에 해당한다.
• 우대조건 ⑤ : A고객은 S은행에 방문하여 행원과 해당 적금에 대해 상담을 받아 계약하였으므로, 우대조건에 해당하지 않는다.

따라서 우대조건 ②·③·④를 충족하였으므로 우대금리는 0.1＋0.2＋0.2＝0.5%p이며 A씨가 만기시점에 받을 수 있는 세전금리는 3.00＋0.5＝3.50%이다.

13 정답 ④

파손면책 동의서를 작성하지 않았을 경우, [4번 알림창]이 출력된다.

오답분석

① 가로, 세로, 높이의 합이 80cm을 초과하였을 경우, [1번 알림창]이 출력된다.
② 소포 무게가 20kg를 초과하였을 경우, [2번 알림창]이 출력된다.
③ 물품가액이 50만 원 미만일 경우, [3번 알림창]이 출력된다.
⑤ 모든 과정을 거쳐 택배 예약 서비스를 성공했을 경우, [5번 알림창]이 출력된다.

14 정답 ③

을이 오전 7시 30분에 일어나고, 갑이 오전 6시 30분 전에 일어나면 갑이 이길 수도 있고 질 수도 있다.
예 갑이 6시 29분에 일어나면 6+2+9>7+3+0 → 17>10이므로 갑이 진다.

오답분석
① 갑이 오전 6시 정각에 일어나면 을이 오전 7시 정각에 일어나도 갑의 합산 결과가 6으로 이긴다.
② 4개의 숫자를 합산하여 제일 큰 수를 만들 때는 을은 오전 7시 59분으로 21, 갑은 오전 6시 59분으로 20이다. 따라서 을이 오전 7시 59분에 일어나면 을은 반드시 진다.
④ 갑과 을이 정확히 1시간 간격으로 일어나면 뒤에 두 자리는 같다. 따라서 앞의 숫자가 작은 갑이 이기게 된다.
⑤ ④에서 1시간 차이가 났을 땐 1 차이로 갑이 이겼으나, 10분 차이가 나는 50분 간격으로 일어나면 1시간 차이가 났을 때보다 을은 10분 빨리 일어나게 되어 1의 차이가 없어진다. 따라서 갑과 을은 비기게 된다.

15 정답 ⑤

뱅크런이 발생하면 원화가치가 상승하여 금융소비자뿐만 아니라 정부 등에서도 대출금을 회수하려고 하기 때문에 시중에 유통되는 통화량이 급격하게 감소하여 디플레이션이 발생할 수 있다.

16 정답 ②

화장품과 등산복 가격의 합은 260,000원이다. 가맹점이기 때문에 10% 할인이 되어 234,000원이 되고, 포인트 2만 점을 사용할 수 있기 때문에 214,000원을 결제해야 한다. 5개월 할부이기 때문에 수수료율 12%에 해당되며 할부수수료를 정리하면 다음과 같다.

구분	이용원금	할부수수료	할부잔액
1회차	42,800원	214,000원×(0.12÷12)=2,140원	171,200원
2회차	42,800원	171,200원×(0.12÷12)=1,712원	128,400원
3회차	42,800원	128,400원×(0.12÷12)=1,284원	85,600원
4회차	42,800원	85,600원×(0.12÷12)=856원	42,800원
5회차	42,800원	42,800원×(0.12÷12)=428원	0원
합계	214,000원	6,420원	-

따라서 S대리가 지불할 총금액은 214,000+6,420=220,420원이다.

17 정답 ④

세 번째 문단에서 '상품에 응용된 과학기술이 복잡해지고 첨단화되면서 상품 정보에 대한 소비자의 정확한 이해도 기대하기 어려워졌다.'는 내용을 통해 적절한 내용임을 알 수 있다.

18 정답 ③

아동수당 제도 첫 도입에 따라 초기에 아동수당 신청이 한꺼번에 몰릴 것으로 예상되어 연령별 신청기간을 운영한다. 그러므로 만 5세 아동은 7월 1～5일 사이에 접수를 하거나 연령에 관계없는 7월 6일 이후에 신청하는 것으로 안내하는 것이 적절하다. 또한 아동수당 관련 신청서 작성요령이나 수급 가능성 등 자세한 내용은 아동수당 홈페이지에서 확인 가능한데, 어떤 홈페이지로 접속해야 하는지 안내를 하지 않았다. 따라서 (라), (마)는 옳지 않은 답변이다.

19 정답 ①

영국의 2022년 1분기 고용률은 2021년보다 하락했고, 2022년 2분기에는 1분기의 고용률이 유지되었다.

오답분석

② • 2022년 2분기 OECD 전체 고용률 : 65.0%
  • 2023년 2분기 OECD 전체 고용률 : 66.3%

  따라서 2023년 2분기 OECD 전체 고용률의 전년 동분기 대비 증가율은 $\dfrac{66.3-65}{65} \times 100 = 2\%$이다.

③ · ⑤ 제시된 자료를 통해 확인할 수 있다.

④ 2023년 1분기 고용률이 가장 높은 국가인 독일의 고용률은 74.0%이고, 가장 낮은 국가인 프랑스의 고용률은 64.0%이다. 따라서 두 국가의 고용률의 차이는 74−64=10%p이다.

20 정답 ⑤

'요리'를 p, '설거지'를 q, '주문받기'를 r, '음식 서빙'을 s라고 하면 '$p \to {\sim}q \to {\sim}s \to {\sim}r$'이 성립한다. 따라서 항상 참이 되는 진술은 ⑤이다.

03 2023년 기출복원문제

※ 상황판단 평가는 정답 및 해설이 제공되지 않습니다.

01	02	03	04	05	06	07	08	09	10	11	12	13	14	15	16	17	18		
④	④	⑤	④	⑤	②	③	③	②	②	④	⑤	③	⑤	⑤	④	③	③		

01 　정답 ④

제시문에 따르면 항구에 도착하기 전에 정어리들이 죽는 문제를 해결하기 위해 노르웨이 어부들은 수조에 메기를 풀어놓았고, 정어리들은 도망다니며 끊임없이 움직여 살아남았다. 따라서 노르웨이 어부들은 ④와 달리 보다 많은 정어리가 신선한 상태로 살아남아 높은 가격을 받음으로써 얻는 이익의 증가량이 메기가 일부 정어리를 잡아먹어 발생하는 손실을 상쇄하고도 남을 것이라고 확신했을 것이다.

　오답분석

① 제시문 내 '환경의 새로운 강자'와 토인비의 주장인 '가혹한 조건'은 역경이 도리어 발전의 기폭제가 될 수 있다는 점에서 일맥상통한다.
② '메뚜기 효과'는 메뚜기가 어디로 튈지 알 수 없는 것처럼, 오염으로 인한 피해가 전 세계 어떤 지역에서 어느 정도로 나타날지 전혀 예측할 수 없음을 비유한 표현이다.
③ '메기 효과'와 '메뚜기 효과'는 의도성, 예상 가능성, 결과의 긍정성 혹은 부정성 등에 있어 정반대를 의미한다.
⑤ 다수의 기업들은 조직의 정체 현상 극복, 생산성 개선, 동기부여 효과, 즉 '메기 효과'를 기대하며 조직 구성원 사이의 경쟁 구도를 일부러 조성한다. 그러나 의도적인 경쟁 구도 조성으로 스트레스가 감내 가능한 수준을 넘어서게 되어 도리어 조직의 발전이 저해된다면, 이는 예상하지 못한 역효과를 초래했다는 점에서 일종의 '메뚜기 효과'가 나타난 것으로 볼 수 있다.

02 　정답 ④

퇴직소득은 비경상소득에 해당한다.

　소득
　1) 정의 : 가구의 실질적인 자산의 증가를 가져온 모든의 현금 및 현물의 수입을 의미한다.
　2) 구분
　　① 경상소득 : 일상적인 경제활동을 통해 얻게 되는 소득으로, 정기적·상시적이고 재현 가능성이 높은 소득
　　　예 근로소득, 사업소득, 재산소득, 이전소득 등
　　② 비경상소득 : 일정하지 않고 확실하지 않으며, 일시적으로 발생하는 소득
　　　예 퇴직소득, 경조소득 등

03 　정답 ⑤

영국 1파운드를 구매하기 위해 필요한 원화는 $1,670 \times 1.02 = 1,703.4$원이다.

따라서 600,000원으로 살 수 있는 영국 파운드는 $\frac{600,000}{1,703.4} = 352.24$파운드이다.

04 정답 ④

500달러를 원화로 환전할 때, 환전수수료는 1.75%이므로 $500 \times 1,310 \times (1-0.0175)=643,537.5$원이다.

따라서 643,537.5원을 베트남 동으로 환전할 때, 환전수수료는 10%이므로 $643,537.5 \times \dfrac{100}{6 \times 1.1} ≒ 9,750,568$동이다.

05 정답 ⑤

시장 내 경쟁이 가장 치열한 업체는 동일 혜택을 제공하는 카드 수가 가장 많은 E카페로, E카페의 혜택 제공 기간은 2년(24개월)이다.

오답분석

① B서점의 경우 E카페보다 동일 혜택을 제공하는 카드 수가 적지만, 혜택 제공 기간은 더 길다.
② 선호도 점수 가장 높은 혜택은 C통신사의 '매월 통신요금 10% 할인' 혜택이다.
③ 매월 모든 업체가 부담해야 하는 혜택 비용이 동일하다면, 혜택에 대한 총부담 비용이 가장 큰 업체는 혜택 제공 기간이 가장 긴 B서점이다.
④ 혜택 제공 기간이 가장 긴 업체는 B서점이지만, 선호도 점수가 가장 높은 업체는 C통신사이다.

06 정답 ②

제시문의 '이 서비스'는 리볼빙(Revolving)이다.

ㄱ. 리볼빙 서비스를 이용할 때 잔고가 설정된 최소 결제비율보다 적을 경우 연체 처리된다. 따라서 고객은 결제계좌의 잔고가 최소 결제금액 이상을 유지하도록 관리해야 연체 상황을 피할 수 있다.
ㄷ. 장기적인 이월이 반복되면 원금과 이자가 급증하게 되어 채무를 불이행, 신용불량 평가, 개인신용 평가점수 하락, 리볼빙 연장 이용 불가 등을 초래해 고액의 채무를 한꺼번에 갚아야 하는 위험이 발생할 수 있다. 따라서 필요한 기간과 범위 내에서 제한적으로 이용하되, 가능한 한 약정결제 비율을 높게 설정해 다음 달로 이월되는 부채를 줄이는 것이 바람직하다.

오답분석

ㄴ. 리볼빙 서비스를 이용하면 대금을 일시불로 결제해야 하는 부담이 없기에 자금 유동성 확보가 가능하지만, 이용 수수료율이 평균 15 ~ 20% 정도로, 신용카드 할부 이자율보다 상대적으로 높다. 따라서 리볼빙은 이월 금액을 고금리로 대출하는 계약으로 볼 수 있다.
ㄹ. 리볼빙 잔액이 지나치게 커지면 고객의 입장에서는 수수료 부담이 커져 상환 불가능 상황이 발생하고, 카드회사 입장에서도 재정 부실화를 겪을 수 있다. 이에 따라 재무건전성 악화에 대비한 충당금 적립 등 위험 관리 비용의 증가를 초래해 카드회사는 수익성에 악영향을 받게 된다.
ㅁ. '약정결제 비율 40%, 매달 사용액 250만 원' 등의 조건에서 첫째 달의 채무잔액은 250만 원-(250만 원×40%)=150만 원이고, 둘째 달에는 240만 원으로 급증한다. 즉, '(해당 월의 이월 원금)=(사용액)-[(사용액)×(약정결제 비율)]'의 공식을 도출할 수 있고, 다음과 같이 첫째 달의 이월 원금은 둘째 달에 결제금액에 가산됨(250+150)을 알 수 있다.

(단위 : 만 원)

구분	결제금액	이월 원금
첫째 달	250×40%=100	250-100=150
둘째 달	(250+150)×40%=160	(250+150)-160=240

위 계산 방식을 ㅁ의 경우에 적용해보자. 약정결제 비율이 20%이고, 매달 카드 사용액이 평균 280만 원이라고 할 때 결제금액과 이월 원금을 계산한 다음 표에서 셋째 달 경과 후의 이월 원금 잔액은 약 546만 원 이상이다.

(단위 : 만 원)

구분	결제금액	이월 원금
첫째 달	280×20%=56	280-56=224
둘째 달	(280+224)×20%=100.8	(280+224)-100.8=403.2
셋째 달	(280+403.2)×20%=136.64	(280+403.2)-136.64=546.56

리볼빙(Revolving)
1) 정의 : 'Revolving'은 기한이 지나 한 바퀴 회전하듯 다시 시작한다는 의미로, 리볼빙은 신용카드 이용 금액의 일정 비율만 갚으면 나머지 금액은 다음 결제 대상으로 연장함으로써 이용자를 연체자로 분류하지 않고 계속해서 카드를 사용할 수 있게 하는 제도이다. 우리말로 흔히 '회전결제 방식'이라 부르기도 하는데, 표준약관상 명칭은 '일부결제금액 이월약정'이다.
2) 구분
   ① 정률식 리볼빙 : 일정 비율만큼 결제
   ② 정액식 리볼빙 : 일정 금액을 결제

07 　정답　③

제시문의 '가입요건 – (2)'를 살펴보면, 다주택자인 경우에도 보유주택 합산가격이 9억 원 이하이면 가입요건이 충족됨을 확인할 수 있다. 3년 이내에 1주택 처분이 조건인 것은 보유주택 합산가격이 9억 원을 초과하는 경우이다.

08 　정답　③

• B고객 : 단독소유일 경우 주택소유자가 만 60세 이상이어야 하는데, B고객은 만 57세이므로 가입요건을 충족하지 못한다.
• D고객 : 임대사업을 목적으로 보유한 주택은 보유주택 수에 포함되므로, 총주택가액은 14억 원으로 9억 원을 초과하여 가입요건을 충족하지 못한다.
• E고객 : 만 60세 이상이며, 2개 주택가액이 9억 원이므로 요건에 부합하나, $20m^2$ 이하의 아파트는 주택으로 보므로 총주택가액은 10억 원으로 9억 원을 초과하여 가입요건을 충족하지 못한다.

　오답분석　
• A고객 : 만 60세 이상이며, 주택가액 9억 원 이하의 1주택을 보유하고 있으므로 가입대상이 된다.
• C고객 : 부부 중 연장자가 만 60세 이상(부부 공동소유)이며, 총주택가액이 9억 원 미만이므로 가입대상이 된다.

09 　정답　②

제시문에 따르면 무차별곡선은 효용을 측정할 수 없다고 보며, 서수적 효용의 개념을 토대로 소비자 이론을 설명한다.
따라서 ②는 서수적 효용이 아닌 기수적 효용(Cardinal Utility)에 대한 설명이므로 적절하지 않다.

　오답분석　

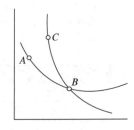

① 제시문에 나타난 그래프와 달리 서로 다른 무차별곡선이 교차하는 경우를 가정해 보자. A와 B는 같은 곡선 위에 있기에 동일한 효용을 제공하고, B와 C도 같은 곡선 위에 있기에 동일한 효용을 준다. 그렇다면 A와 C의 효용도 같아야 한다($A = B$이고, $B = C \rightarrow A = C$). 그러나 C는 A보다 더 바깥에 있어 더 많은 소비를 할 수 있으므로 C와 A가 주는 효용이 같을 수는 없다($A \neq C$). 즉, 서로 다른 무차별곡선이 교차하게 되면 논리적 모순이 발생한다. 또한 제시문에서 서로 다른 무차별곡선은 서로 교차하지 않는다고 설명하였다. 따라서 ①의 진술처럼 무차별곡선은 '소비가 적은 것보다는 많은 것을 선호한다.'는 가정을 전제로 함을 알 수 있으며, 서로 다른 무차별곡선이 교차할 경우에는 '소비가 적은 것보다는 많은 것을 선호한다.'는 가정과 모순되는 것이다.
③ 제시문에 따르면 무차별곡선은 몇 가지의 재화가 소비자에게 주는 효용이 같은 수량끼리 묶은 조합을 나타내는 곡선을 의미한다. 이때 '무차별'은 그 곡선 위 점들의 집합으로 이루어진 조합이 실현되면 어느 조합이나 소비자에게 같은 만족을 주기 때문에 차별이 없다는 의미이다.
④ 제시문에 따르면 무차별곡선은 원점에서 떨어질수록 효용 수준이 높아진다. 또한 그래프에서 Y 재의 소비량은 일정하고 X 재의 소비량이 증가할 경우(점 B에서 점 C로 이동할 경우) 효용은 종전의 수준(IDC_B)보다 높은 수준(IDC_A)으로 이동한다. 즉, 원점으로부터의 거리가 상대적으로 더 먼 IDC_A는 IDC_B보다 효용 수준이 높은 무차별곡선이다.
⑤ 제시문에 따르면 무차별곡선은 우하향으로 기울어진 형태를 취하게 된다. 이는 한 재화의 소비량이 감소(증가)하면 동일한 만족을 유지하기 위해 다른 재화의 소비량이 증가(감소)해야 하기 때문이다.

10 정답 ②

5명 중에서 3명을 순서와 상관없이 뽑을 수 있는 경우의 수는 $_5C_3 = \dfrac{5 \times 4 \times 3}{3 \times 2 \times 1} = 10$가지이다.

11 정답 ④

제시문의 핵심 내용은 '미국의 양적완화로 인한 경제가치의 변화와 그에 따른 우리 경제의 변화요인'이고 선택지의 주 내용은 우리 경제의 변화 추이이므로 이에 따른 명제를 설정한다. 즉, 핵심 명제는 '미국이 양적완화를 중단하면 미국 금리가 상승한다.'에 따른 우리 경제의 변동 사항으로, '우리나라 금리가 상승하고 가계부채 문제가 심화되며 국내소비는 감소한다.'이다.
'우리나라 경제는 대외 의존도가 높기 때문에 경제의 주요지표들이 개선되기 위해서는 수출이 감소하면 안 된다.'를 전제로 도출한 명제인 '수출이 증가하지 않으면 지표들이 개선되지 않는다.'와 '달러 환율이 하락하면 우리나라의 수출이 감소한다.'를 통합하면 '달러 환율이 하락하면 지표들이 개선되지 않는다.'가 되기 때문에 이의 대우인 '우리나라 경제의 주요지표들이 개선되었다면 우리나라의 달러 환율이 하락하지 않았을 것이다.'는 반드시 참이 된다.

오답분석
① 제시문의 '달러화의 가치가 하락하면 우리나라 달러 환율도 하락한다. 달러 환율이 하락하면 우리나라의 수출이 감소한다.'에 상반되므로 참이 아니다.
② 제시문의 명제인 '미국이 양적완화를 중단하면 가계부채 문제가 심화된다.'의 역이므로 반드시 참이라고 할 수 없다.
③ 제시문의 명제인 '우리나라에 대한 외국인 투자가 증가하면 경제의 전망이 어두워진다.'와 어긋나므로 참이 아니다.
⑤ 제시문의 이(易)이므로 반드시 참이 될 수 없다.

12 정답 ⑤

우선 1인 가구를 대상으로 하는 든든적금이 제외된다. 또한 1년 안에 중도해지를 하더라도 금리가 2.5% 이상인 상품을 원하므로 가족적금과 알쏠적금이 제외된다. 그러므로 쏠쏠적금과 우수적금의 우대금리를 적용한 중도해지 시 최종 적용금리를 비교하면 다음과 같다.

구분	기본금리	우대금리	최종 적용금리
쏠쏠적금	3.8%	• 예금통장 보유 : 0.5%p • 월 급여통장 보유 : 1.3%p • 자동이체 6건 : 0.6%p(∵ 최대 3건)	6.2%
우수적금	2.8%	• 예금통장 보유 : 1.5%p • 자동이체 6건 : 2.4%p	6.7%

따라서 고객에게 추천해 줄 가장 적절한 상품은 '우수적금'이다.

13 정답 ③

고객은 만 30세에 1인 가구이므로 쏠쏠적금과 가족적금은 가입할 수 없다. 그러므로 고객이 가입할 수 있는 알쏠적금, 든든적금, 우수적금의 우대금리를 적용하여 최종 적용금리를 비교하면 다음과 같다.

구분	기본금리	우대금리	최종 적용금리
알쏠적금	4.4%	• 예금통장 보유 : 0.5%p • 자동이체 3건 : 0.9%p • 10년 가입 : 0.8%p	6.6%
든든적금	3.5%	• 예금통장 보유 : 1.1%p • 자동이체 3건 : 0.4%p(∵ 최대 2건)	5.0%
우수적금	2.8%	• 예금통장 보유 : 1.5%p • 자동이체 3건 : 1.2%p	5.5%

따라서 직원이 고객에게 추천해 줄 상품으로 가장 적절한 것은 '알쏠적금'이다.

14 정답 ⑤

확정기여형(DC) 및 개인형(IRP) 퇴직연금은 〈예금자보호법〉에 따른 예금보호 대상 금융상품으로, 운용되는 적립금에 대하여 다른 보호상품과는 별도로 1인당 5,000만 원까지(운용되는 금융상품 판매회사별 보호상품 합산) 보호된다. 그러나 확정급여형(DB) 퇴직 연금은 〈예금자보호법〉에 따른 예금보험공사의 보호 대상에서 제외된다.

오답분석

① DB형은 연금운용 회사가, DC형은 근로자 각자가 퇴직연금을 운용하는 방식이다. IRP형은 소득이 있다면 누구나 자율로 가입할 수 있는 유형이며, DB · DC형 퇴직연금을 쌓던 중에 퇴사하면 IRP 계좌로 이어받아 계속 적립 · 운용할 수 있다.
② 확정기여형 퇴직연금 제도의 가입자는 적립금의 운용방법을 스스로 정할 수 있고, 반기마다 1회 이상 적립금의 운용 방법을 변경할 수 있다(근로자퇴직급여 보장법 제21조 제1항).
③ 확정급여형 퇴직연금은 55세 이상으로서 가입기간이 10년 이상인 가입자에게 지급하여야 하며, 이 경우 연금의 지급기간은 5년 이상이어야 한다(근로자퇴직급여 보장법 제17조 제1항 제1호).
④ 다음 각호의 어느 하나에 해당하는 사람은 개인형 퇴직연금 제도를 설정할 수 있다(근로자퇴직급여 보장법 제24조 제2항).
  1. 퇴직급여 제도의 일시금을 수령한 사람
  2. 확정급여형 퇴직연금 제도, 확정기여형 퇴직연금 제도 또는 중소기업퇴직연금기금 제도의 가입자로서 자기의 부담으로 개인 형 퇴직연금 제도를 추가로 설정하려는 사람
  3. 자영업자 등 안정적인 노후소득 확보가 필요한 사람으로서 대통령령으로 정하는 사람

15 정답 ⑤

㉠ ROA(총자산이익률) : 기업이 총자산으로 순이익을 얼마나 창출하였는가 판단하는 척도로서, 높을수록 양호한 것으로 해석한다. 따라서 당기순이익을 자산총액으로 나누어 구한다.

$$\frac{당기순이익}{자산총액} \times 100 = \frac{55조\ 6,000억\ 원}{448조\ 4,000억\ 원} \times 100 = 12.40\%$$

㉡ PER(주가수익비율) : 주가가 실제 기업의 가치에 비해 고평가 또는 저평가되어 있는지 여부를 판단할 때 활용하는 대표적인 지표로서, 현재 주가를 주당순이익(EPS)으로 나누어 구한다. 따라서 EPS가 많을수록 당연히 PER이 낮아지므로 PER 수치가 낮을수록 긍정적이며, 이는 투자 회수 기간이 짧아짐을 의미한다.

$$EPS = 8,298원 \left(= \frac{55조\ 6,000억\ 원}{6,700,000,000주} \right) \rightarrow PER = \frac{현재\ 주가}{EPS} = \frac{75,000원}{8,298원} = 9.04배$$

㉢ PBR(주가순자산비율) : 주가가 그 회사의 1주당 순자산의 몇 배인가를 나타내는 지표로서, 장부상의 가치로 회사 청산 시 주주가 배당받을 수 있는 자산의 가치(청산가치)를 의미한다. 기업의 주가를 주당순자산(BPS)으로 나누어 구한다. PBR이 낮을 수록 자산가치가 저평가되었다고 볼 수 있다. PER이 기업의 수익성 측면에서 주가를 판단하는 지표라면, PBR은 기업의 재무구 조 측면에서 주가를 판단하는 지표이다.

$$BPS = 52,955원 \left(= \frac{354조\ 8,000억\ 원}{6,700,000,000주} \right) \rightarrow PBR = \frac{현재\ 주가}{BPS} = \frac{75,000원}{52,955원} = 1.42배$$

16 정답 ④

ⅰ) 출금 : S은행 자동화기기 이용 · 영업시간 외 10만 원 이하 → 500원
ⅱ) 이체 : S은행 자동화기기 이용 · 다른 은행으로 송금 · 영업시간 외 10만 원 이하 → 800원
ⅲ) 현금 입금 : S은행 자동화기기 이용 · 영업시간 외 타행카드 현금입금 → 1,000원
따라서 지불해야 하는 총수수료는 2,300원이다.

17 정답 ③

제시된 내용을 정리하면 다음과 같다.
ⅰ) 갑순 ○ ∨ 정순 ○
ⅱ) 갑순 × → 병순 ○
∴ 병순 ○

'병순'이 급식 지원을 받게 된다는 결론이 도출되기 위해서는 ⅱ)에 따라 '갑순'이 지원을 받지 못한다는 중간 결론이 필요하며, 이것이 성립한다면 결과적으로 ⅰ)에 의해 '정순'도 급식 지원을 받게 된다는 것을 알 수 있다. 이 같은 내용을 바탕으로 '갑순'이 지원을 받지 못한다는 중간 결론을 도출하기 위해서 보기에 제시된 전제를 살펴보면 다음과 같다.
ㄴ·ㄷ 두 전제가 결합될 경우 '갑순'이 급식 지원을 받지 못한다는 중간 결론이 도출되므로 옳다.
따라서 추가해야 할 전제는 ㄴ·ㄷ으로, 총 2개이다.

오답분석

ㄱ. '갑순'이 급식 지원을 받지 못한다는 내용이 필요하므로 옳지 않다.
ㄹ. 이미 복지사 A가 '갑순'이 지원을 받지 못할 경우 '병순'은 지원을 받게 된다고 하였으므로 이에 모순되는 전제이다.

18 정답 ③

입력키워드에 '신용 점수 조회'를 넣으면 첫 번째 분기인 신용 점수 조회에서 Yes가 나오므로 '데이터 기반 신용 점수 조회 서비스 메뉴'가 출력되고 색상은 빨강으로 표시된다.

[19~20]

상황판단 평가는 정답 및 해설이 제공되지 않습니다.

※ 상황판단 평가는 정답 및 해설이 제공되지 않습니다.

01	02	03	04	05	06	07	08	09	10	11	12	13	14	15	16	17	18	19	
②	③	③	③	①	②	④	④	③	②	③	②	①	③	③	③	①	④	④	

01 정답 ②

첫 번째 문단은 최근 행동주의펀드가 기업의 주가에 영향을 미치고 있다는 내용을 담고 있으므로, 이어지는 내용은 행동주의펀드가 어떻게 기업에 그 영향을 미치는지에 대해 서술하는 (나) 문단이 적절하고, 다음에는 이에 대한 대표적인 사례를 서술하는 (가) 문단이 이어지는 것이 자연스럽다. 또한 (다) 문단을 살펴보면 일부 은행에서는 A자산운용의 제안을 수락했고 특정 은행에서는 이를 거부했다는 내용을 언급하고 있으므로 해당 제안에 대한 구체적인 내용을 다루고 있는 (라) 문단이 먼저 이어지는 것이 적절하다. 따라서 (가) ~ (라) 문단을 논리적 순서대로 나열하면 (나) – (가) – (라) – (다)가 된다.

02 정답 ③

'상회하다'란 '어떤 기준보다 위에서 웃돌다'라는 뜻으로, 시장 상황의 긍정적인 평가로 볼 때 그 쓰임이 적절하다.

오답분석

① 제시문은 부실 우려가 있는 사업장에 정책자금을 지원해 부실 상황을 해결한다는 내용이므로 (가)에는 어떤 상황을 계속한다는 뜻의 '지속화'보다는 그 상황을 해결해 안정화시킨다는 뜻의 '정상화'가 더 적절하다.

② 회사채는 사업에 필요한 자금을 조달하는 채무로, 금융시장의 상황이 개선된다는 내용으로 보아 (나)에 들어갈 말로는 '상승세'보다는 '하락세'가 더 적절하다.

④ '확장정책'은 정부가 경기회복을 위해 재정지출을 증가시키는 정책이고, 반대로 '긴축정책'은 재정 지출을 줄이는 정책을 말한다. 따라서 '다만'이라는 접속어로 볼 때, 앞서 언급한 금융시장의 긍정적 상황과는 반대되는 상황이 나타날 것이므로 (라)에 들어갈 말은 '긴축정책'이 적절하다.

03 정답 ③

작년 A제품의 생산량을 a개, B제품의 생산량을 b개라고 하면 다음과 같다.

$a+b=1,000$

$\rightarrow a=1,000-b \cdots \bigcirc$

올해 A제품의 생산량을 2%, B제품의 생산량을 3% 증가시켜 총 1,024개를 생산하면 다음과 같다.

$(a\times1.02)+(b\times1.03)=1,024 \cdots \bigcirc\!\bigcirc$

이때 $\bigcirc$과 $\bigcirc\!\bigcirc$을 연립하면, 다음과 같다.

$[(1,000-b)\times1.02]+(b\times1.03)=1,024$

$1,020-1.02b+1.03b=1,024$

$\rightarrow 0.01b=4$

$\therefore b=400$

따라서 올해 생산하는 B제품의 수량은 $400\times1.03=412$이다.

04 　정답 　③

2022년 X지역과 Y지역의 매출합계는 3,396억 원이므로 그의 65%를 구하는 식은 다음과 같다.

3,396×0.65=2,207.4억 원

따라서 2022년 Z지역의 매출은 동년 X지역과 Y지역 매출합계의 65% 이상이다.

오답분석

① X지역의 2022년 매출은 1,795억 원이고, 2021년 매출은 2,001억 원이므로 증감률을 구하면 다음과 같다.

$$\frac{1,795-2,001}{2,001}\times100 ≒ -10.3\%$$

　따라서 2022년 매출은 전년 대비 10% 이상 감소하였다.

② X지역의 연도별 증감률을 구하면 다음과 같다.

- 2019년 : $\frac{1,680-1,751}{1,751}\times100 ≒ -4.05\%$

- 2020년 : $\frac{2,121-1,680}{1,680}\times100 = 26.25\%$

- 2021년 : $\frac{2,001-2,121}{2,121}\times100 ≒ -5.66\%$

- 2022년 : $\frac{1,795-2,001}{2,001}\times100 ≒ -10.29\%$

　따라서 전년 대비 증감률이 가장 적은 연도는 2019년이다.

④ Z지역의 2018년 매출은 1,947억 원이고, 2022년 매출은 2,412억 원이다.

　2,412×0.7=1,688.4억 원

　따라서 2018년 매출은 2022년 매출의 70% 이상이다.

05 　정답 　①

화요일은 재무팀 소속인 C의 출장이 불가하며, 수요일은 영업팀의 정기 일정으로 A, B의 출장이 불가하다. 또한 목요일은 B가 휴가 예정이다. 따라서 세 사람이 동시에 출장을 갈 수 있는 날은 월요일뿐이다.

오답분석

② 회계감사로 인해 재무팀 소속인 C는 본사에 머물러야 한다.

③ 수요일에는 영업팀의 정기회의가 있다.

④ B가 휴가 예정이므로 세 사람이 함께 출장을 갈 수 없다.

06 　정답 　②

- A호텔 예약 시
  - 스위트룸 1실, 2박 : 200만 원 / 디럭스룸 2실, 2박 : 100만 원 / 싱글룸 4실, 2박 : 144만 원
  - 조식요금 4인, 2식 : 28만 원(스위트룸, 디럭스룸에 투숙한 4명의 조식요금 무료)
  → 총 472만 원
- B호텔 예약 시
  - 스위트룸 1실, 2박 : 171만 원 / 디럭스룸 2실, 2박 : 108만 원 / 싱글룸 4실, 2박 : 108만 원(객실 5개 이상 예약으로 숙박비 10% 할인)
  - 조식요금 7인, 2식 : 63만 원
  → 총 450만 원
- C호텔 예약 시
  - 스위트룸 1실, 2박 : 180만 원(스위트룸 2박 이상 연박으로 10% 할인) / 디럭스룸 2실, 2박 : 120만 원 / 싱글룸 4실, 2박 : 96만 원
  - 조식요금 7인, 2식 : 56만 원
  → 총 452만 원

따라서 B호텔과 450만 원이 바르게 짝지어진 ②가 정답이다.

07 정답 ④

예치기간에 따라 차등적인 차감율을 적용하여 중도해지금리를 산출하는데, 산출값이 연 0.1% 미만인 경우에는 0.1%의 중도해지금리를 적용한다.

오답분석

① 신한 쏠(SOL)을 통해 신청 가능하다고 명시된 부분은 만기일연장 서비스에 대한 것이다.
② 만기일연장은 최장 3개월까지만 가능하다.
③ 만기 후에는 기본금리가 아닌 만기 후 금리가 적용된다.

08 정답 ④

이 상품의 가입기간은 1 ~ 60개월로, 1년은 이 기간 내에 해당하므로 D씨에게 적절하다.

오답분석

① 쏠편한 정기예금은 거치식 상품으로 정기적인 납입을 위한 상품이 아니다.
② 이 상품의 최대 가입기간은 60개월(5년)로 B씨의 저축 목적에 맞지 않는다.
③ 이 상품은 원금이 보장되고 정액의 이자를 지급하는 상품으로 높은 수익률을 원하는 C씨에게는 적합하지 않다.

09 정답 ③

A씨는 월평균 지출이 40만 원이고, B씨는 연회비 3만 원 이하의 카드를 원하므로 신한카드 Air One은 두 사람 모두의 선택 대상에서 제외된다. 두 사람에게 각각 다른 카드를 추천하였기 때문에, 간편결제의 활용 빈도가 높은 A씨에게 #Pay 신한카드를, 차량을 보유하고 외식을 선호하는 B씨에게 신한카드 Mr. Life를 추천하는 것이 합리적이다.

10 정답 ②

국내 사용금액의 경우 일시불과 할부 모두 마일리지 적립 대상이나, 해외 사용금액의 경우 일시불만 마일리지 적립 대상이라는 점에 유의해야 한다. 국내 사용금액 100만 원 전체에 대해 1천 원당 1마일리지, 해외 사용금액 중 일시불 50만 원에 대해 1천 원당 1마일리지가 적립된다. 문제에 언급된 내용만으로는 항공 / 면세업종에서 사용된 금액을 알 수 없으므로, 항공 / 면세업종에서 사용한 금액이 0원인 경우를 기준으로 예상 적립 마일리지를 구하면, 적립되는 항공마일리지의 최솟값이 된다.
(100만 원÷1,000원×1마일리지)＋(50만 원÷1,000원×1마일리지)＝1,500마일리지
따라서 Air One 카드를 보유한 고객에게 적립되는 항공마일리지는 최소 1,500마일리지이다.

11 정답 ③

범위의 평균을 구하는 함수는 「＝AVERAGE(셀 범위)」이다.
따라서 [F7]에 들어갈 함수는 「＝AVERAGE(C7:E7)」이다.

12 정답 ②

범위의 최댓값을 구하는 함수는 「＝MAX(셀 범위)」이다.
따라서 [C7]에 들어갈 함수는 「＝MAX(C2:C6)」이다.

13 　정답 ①

○(B2*C2)는 인수가 오류이면 참을 반환한다.
①은 오류이면 인수1 자리에 있는 B2*C2 값을, 오류가 아니면 인수2 자리에 있는 "만기"를 반환하기 때문에 [D3]에 들어갈 수 없다.

오답분석

② ▲(B2)는 값이 숫자이면 참을 반환한다.
　 따라서 값이 숫자가 아닌 3행은 "만기"로 출력되고, 금액이 숫자인 나머지 행은 B2*C2의 결과가 출력된다.
③ ○(B2*C2)는 인수가 오류이면 참을 반환한다.
　 따라서 함수 ◎의 인수1 자리에는 "만기", 인수2 자리에는 B2*C2가 들어가야 한다.
④ ▼(B2)는 값이 텍스트가 아니면 참을 반환한다.
　 따라서 값이 텍스트인 3행은 인수2 자리에 있는 "만기", 나머지 행은 인수1 자리에 있는 B2*C2의 결과가 출력된다.

14 　정답 ③

ㄴ. IRA는 개인퇴직계좌로, 근로자가 퇴직 혹은 퇴직금 중간정산 시 일시적으로 자금을 보관하는 저축계좌의 기능을 수행하였다.
　 이러한 IRA의 운용이 사실상 경직적이었던 점을 보완하여 근로자퇴직급여보장법에 따라 등장한 것이 IRP이다.
ㄷ. 근로자의 퇴직금을 회사가 운용한 후 근로자에게 지정 금액을 지급하는 것은 DB형(확정급여형)에 대한 설명이다.

15 　정답 ③

채권형 ETF, 상품형 ETF 등의 경우 배당소득세를 면제받지 못한다.

오답분석

① ETF는 실시간 매매 및 원하는 매매가에 대한 설정이 가능하므로, 주식형 펀드에 비해 매매시기 및 매매가에 대한 투자자의 의사결정이 자유롭다.
② ETF는 주식투자 혹은 펀드투자와 달리, 매도 시 증권거래세를 전면 면제받는다.
④ 인버스 ETF에 투자하는 경우, 추종하는 지수가 하락하더라도 수익을 얻을 수 있다.

16 　정답 ③

오답분석

① 헤지펀드 : 소수의 투자자로부터 자금을 모집한 다음 투자하여 수익을 달성하는 사모펀드의 일종이다.
② 주가연계증권 : 개별 주식의 가격 혹은 주가지수에 연계되어 투자 수익이 결정되는 유가증권이다.
④ 랩어카운트 : 자산운용과 관련된 여러 가지 서비스를 종합하여 제공하고, 고객재산에 대해 자산구성·운용·투자자문까지 통합적으로 관리하는 서비스이다.

17 　정답 ①

오답분석

② 프로젝트 파이낸싱 : 사회기반시설 건설이나 택지개발과 같은 대규모 사업에 필요한 자금을 조달하기 위해 동원되는 대출 등의 금융수단이나 투자기법을 가리킨다.
③ D−테스트베드 : 핀테크 스타트업이 사업아이디어 등을 검증할 수 있도록 금융권 데이터 및 테스트 환경을 제공하는 사업을 가리킨다.
④ 테크핀 : IT기업이 기술을 바탕으로 금융서비스를 제공하는 것을 가리키는 용어이다.

18 정답 ④

ㄷ. 래퍼 곡선은 적정세율에서 최대 조세수입을 보이는 포물선 형태를 띠고 있으므로, 세율이 적정세율에 가까울수록 조세수입의 변화율이 작아 그래프가 완만하다.

ㄹ. 래퍼 곡선은 적정세율까지는 세율을 인상할수록 조세수입이 증가하나, 적정세율을 초과하는 순간부터 과세대상이 세율이 낮은 타 조세권역으로 이탈하여 과세대상의 감소에 따라 세수가 감소한다는 것을 나타내는 곡선이다.

오답분석

ㄱ. 래퍼 곡선에 따르면, 적정세율을 초과하면 세수가 감소하기 시작한다.

ㄴ. 적정세율 이하의 세율 구간에서는 세율을 인상할수록 조세수입이 증가한다.

19 정답 ④

오답분석

① TRS : 증권사가 일정 증거금을 담보로 주식·채권·메자닌 등 자산을 운용사 대신 매입해주는 스왑 계약을 가리킨다.

② PEF : 사모펀드로, 일정 수 이하의 제한된 투자자들을 모집하여 비공개적으로 운영되는 펀드이다.

③ MMF : 단기금융집합투자기구로, 펀드 재산을 단기금융상품에 주로 투자하고 수시입출금이 가능한 펀드이다.

[20~21]

상황판단 평가는 정답 및 해설이 제공되지 않습니다.

01   NCS 직업기초능력평가

01	02	03	04	05	06	07	08	09	10	11	12	13	14	15					
③	③	③	②	④	④	①	③	①	②	③	③	②	④	②					

01   정답 ③

'의사'와 '병원'은 직업과 직장의 관계이다.
따라서 빈칸에 들어갈 단어는 '교사'라는 직업의 직장으로 '학교'이다.

02   정답 ③

먼저 이산화탄소 흡수원의 하나인 연안 생태계를 소개하는 (다) 문단이 오는 것이 적절하며, 다음으로 이러한 연안 생태계의 장점을 소개하는 (나) 문단이 오는 것이 적절하다. 다음으로는 (나) 문단에서 언급한 연안 생태계의 장점 중 갯벌의 역할을 부연 설명하는 (가) 문단이 오는 것이 적절하며, (가) 문단 뒤로는 '또한'으로 시작하며 연안 생태계의 또 다른 장점을 소개하는 (라) 문단이 오는 것이 적절하다. 따라서 (다) – (나) – (가) – (라) 순으로 나열하는 것이 적절하다.

03   정답 ③

'한국에서는 1명의 변사가 영화를 설명하는 방식을 취하였으며, 영화가 점점 장편화되면서부터는 2명 내지 4명이 번갈아 무대에 등장하는 방식으로 바뀌었다.'라는 부분을 통해 ③의 내용이 적절한 것을 알 수 있다.

오답분석

① 한국과 일본은 모두 변사의 존재가 두드러졌다.
② 한국에서 변사가 본격적으로 등장한 것은 극장가가 형성된 1910년부터이다.
④ 자막과 반주 음악이 등장하면서 오히려 변사들의 역할이 미미해져 그 수가 줄어들었다.

04   정답 ②

직계존비속 증여의 경우 5,000만 원까지만 증여세를 면제받을 수 있다.

오답분석

① 부부간 증여의 경우 6억 원까지 증여세를 면제받을 수 있다.
③ 정부의 '12 · 16 부동산 대책'에 따라 투기과열지구에서 9억 원을 초과하는 주택을 구매한 경우 자금조달계획서와 함께 증빙서류를 제출해야 한다.
④ 기존에는 현금과 그와 비슷한 자산은 '현금 등'으로 뭉뚱그려 기재하였으나, 앞으로는 현금과 기타자산을 나누고 기타자산은 무엇인지 구체적으로 밝혀야 한다.

05 정답 ④

ㄱ. 현재 주택을 소유한 노년층은 대부분 소득 축적 기회가 적었고, 현재도 특별한 소득이 없는 금융소비자이므로 역모기지론 정책이 효과적으로 시행될 수 있다.

ㄴ. 만 65세 이상인 가구주의 주택 소유 비율이 높을수록 역모기지론 정책이 효과적으로 시행될 수 있다.

ㄷ. 역모기지론을 이용할 수 있는 대상자는 공시가격 8억 원 이하의 주택을 한 채만 소유하고 있는 만 65세 이상의 중산·서민층이므로, 만 65세 이상의 노인들이 보유하고 있는 주택의 공시가격이 대부분 8억 원 이하라면 역모기지론 정책이 효과적으로 시행될 수 있다.

ㄹ. 86%에 달하는 노인들이 양로원이나 기타 사회복지시설을 이용하는 것보다 자기 집에 그대로 머물러 살기를 원한다고 응답했다면 노인들의 집을 담보삼아 금융을 소비하는 역모기지론 정책이 효과적으로 시행될 수 있다.

06 정답 ④

나열된 수를 각각 A, B, C, D라고 하면 다음과 같은 식이 성립한다.

$$\underline{A\ \ B\ \ C\ \ D} \rightarrow \frac{A \times C}{B} = D$$

따라서 (　)$=75 \times 5 \div 15 = 25$이다.

07 정답 ①

홀수 항은 $+0.5$, $+1.5$, $+2.5$, $\cdots$, 짝수 항은 $+\frac{1}{2}$, $+\frac{1}{4}$, $+\frac{1}{6}$, $\cdots$ 인 수열이다.

따라서 (　)$=-5+0.5=-4.5$이다.

08 정답 ③

감의 개수를 x개라고 할 때, 사과는 $(20-x)$개이므로 다음과 같은 식이 성립한다.

$400x + 700 \times (20-x) \leq 10,000$

$\rightarrow 14,000 - 300x \leq 10,000$

$\therefore x \geq \frac{40}{3} = 13.333\cdots$

따라서 감은 최소 14개를 사야 한다.

09 정답 ①

합격률을 $x\%$라고 한다면 불합격률은 $(1-x)\%$이다.

평균점수에 대한 방정식을 세우면 다음과 같다.

$90x + 40(1-x) = 45$

$\rightarrow 50x = 5$

$\therefore x = 0.1$

따라서 합격률은 10%이다.

10 정답 ②

2040년의 고령화율이 2010년 대비 2배 이상 증가하는 나라는 ㄱ. 한국(3.0배), ㄹ. 브라질(2.5배), ㅁ. 인도(2.0배)이다.

ㄱ. 한국 : $\dfrac{33.0}{11.0}=3.0$배

ㄴ. 미국 : $\dfrac{21.2}{13.1}≒1.6$배

ㄷ. 일본 : $\dfrac{34.5}{23.0}=1.5$배

ㄹ. 브라질 : $\dfrac{17.6}{7.0}≒2.5$배

ㅁ. 인도 : $\dfrac{10.2}{5.1}=2.0$배

11 정답 ③

2017년의 차이는 115,820천 장으로 가장 크다.

오답분석

① 2018년에는 기념우표가 전년에 비해 증가했지만 나만의 우표는 감소했으며, 2020년에는 그 반대 현상을 보였으므로 적절하지 않다.

② 기념우표의 경우에는 2021년이 가장 낮다.

④ 2019년 전체 발행 수는 113,900천 장인데 나만의 우표는 1,000천 장으로 그 비중은 약 0.88%이므로, 1%가 안 된다.

12 정답 ③

어떤 남자는 경제학을 좋아하고, 경제학을 좋아하는 남자는 국문학을 좋아한다. 따라서 국문학을 좋아하는 남자는 영문학을 좋아하므로, 어떤 남자는 영문학을 좋아한다.

13 정답 ②

여름은 겨울보다 비가 많이 내림 → 비가 많이 내리면 습도가 높음 → 습도가 높으면 먼지와 정전기가 잘 일어나지 않음
비가 많이 내리면 습도가 높고 습도가 높으면 먼지가 잘 나지 않으므로 비가 많이 오지 않는 겨울이 여름보다 먼지가 잘 난다.

14 정답 ④

B는 8장의 응모권을 받은 A보다 2장 적게 받으므로 6장의 응모권을 받는다. 이때, C는 응모권을 A의 8장보다는 적게, B의 6장보다는 많이 받으므로 7장의 응모권을 받은 것을 알 수 있다.

15 정답 ②

ⅰ) 김대리의 말이 참인 경우 : 김대리는 호프집, 박주임은 호프집, 이과장은 극장에 가므로 커피숍에 간 사람이 없어 모순이다.
ⅱ) 박주임의 말이 참인 경우 : 김대리는 커피숍 또는 극장, 박주임은 커피숍 또는 극장, 이과장은 극장에 가므로 호프집에 간 사람이 없어 모순이다.
ⅲ) 이과장의 말이 참인 경우 : 김대리는 커피숍 또는 극장, 박주임은 호프집, 이과장은 커피숍 또는 호프집에 간다.
따라서 이과장의 말이 참이며, 커피숍, 호프집, 극장에 간 사람은 차례로 이과장, 박주임, 김대리이다.

※ 상황판단 평가는 정답 및 해설이 제공되지 않습니다.

01	02	03	04	05	06	07	08											
①	①	③	③	④	①	②	③											

01 정답 ①

함수 ▲를 사용해 번호(A2)가 홀수(■)이면 '30% 할인'을, 그렇지 않으면 '20% 할인'을 출력하는 수식이다.

오답분석

② 함수 ▲를 사용해 번호(A2)가 짝수(♡)이면 '30% 할인'을, 그렇지 않으면 '20% 할인'을 출력하는 수식이다.

③ 품명(B2:B7)이 '복숭아'인 단가(C2:C7)의 평균을 구하는 수식이다.

④ 함수 ▲를 사용해 번호(A2)가 홀수(■)이면 '20% 할인'을, 그렇지 않으면 '30% 할인'을 출력하는 수식이다.

02 정답 ①

클레임 사유(C2:C7) 중 '지연'("*지연*")이 포함된 경우가 몇 건인지 세는 수식이다.

오답분석

② 클레임 사유(C2:C7) 중 '지연'("지연*")으로 시작하는 경우가 몇 건인지 세는 수식이다.

③ 클레임 사유(C2:C7)에서 오른쪽을 기준으로 두 글자를 반환하는 수식이다.

④ 클레임 사유(C2:C7)에서 오른쪽을 기준으로 반환한 두 글자가 '지연'일 경우 '+1'을, 그렇지 않으면 공백을 출력하는 수식이다.

03 정답 ③

일자(A2)의 월(月)이 11월 전이면 '완료', 그렇지 않으면 공백을 출력하는 수식이다.

오답분석

① 일자(A2:A7)가 2021년 10월 30일 후인 제품의 수량(C2:C7) 평균을 구하는 수식이다.

② 일자(A2)의 월(月)이 11월 후이면 '완료', 그렇지 않으면 공백을 출력하는 수식이다.

④ 일자(A2)의 년(年)이 11월 전이면 '완료', 그렇지 않으면 공백을 출력하는 수식이다.

04 정답 ③

평균이 높은 순으로 순위를 표시하려면 내림차순으로 정렬해야 하므로 정렬 기준에 1이 아니라, 0이 들어가거나 생략해야 한다.

05 정답 ④

최고기온(B2:B8)에서 최저기온(C2:C8)을 뺀 값 중 가장 큰 값을 함수 ▲를 사용해서 구하는 수식이다.

오답분석

① 월요일의 최저기온 합을 구하는 수식이다.

② 월요일의 일교차를 구하는 수식이다.

③ 월요일의 최고기온과 최저기온 합을 구하는 수식이다.

06 정답 ①

- 하원 : 정시에서 3분 지난 시간에 태그했으므로(Yes → Yes →) '경고&출석' 출력
- 지은 : 정시에서 13분 지난 시간에 태그했으며(Yes → No → Yes →) 지각 사유가 있으므로(Yes →) '출석 인정' 출력
- 정석 : 정시에서 21분 지난 시간에 태그했으며(Yes → No → No →) 결석 사유가 없으므로(No →) '결석' 출력

07 정답 ②

제시된 순서도는 1차 필기를 응시한 사람을 대상으로 1차 필기 점수가 90점 이상이면 실기 응시자 수에, 90점 미만이면 2차 필기 응시자 수에 누적되는 순서도이다.
따라서 @는 x, ⓑ는 $y \geq 90$이다.

08 정답 ③

한영이가 도서관에 방문한 이유는 독후감에 쓸 책을 빌리기 위해서이며(Yes → Yes →), 한영이가 찾는 도서는 '대출 가능' 상태이다 (Yes →).
도서 검색(10분)+도서를 찾음(10분)+대출(5분)=25분
따라서 한영이는 책을 빌리기 위해 최소 25분간 도서관에 머물러야 한다.

[9~11]

상황판단 평가는 정답 및 해설이 제공되지 않습니다.

PART 2

기출복원문제 정답 및 해설

CHAPTER 05 2021년 기출복원문제 • 27

01	02	03	04	05	06	07	08	09	10	11	12	13	14	15	16	17	18	19	20
③	①	②	④	③	③	①	④	④	④	③	③	④	①	④	③	③	④	④	③

21	22	23																	
④	④	④																	

01 정답 ③

망양지탄(望洋之歎)이란 넓은 바다를 보고 탄식한다는 뜻으로, 다른 사람의 위대함을 보고 자신의 미흡함을 부끄러워한다는 의미이다.

오답분석

① 만시지탄(晚時之歎) : 때늦은 한탄이라는 뜻으로, 시기가 늦어 기회를 놓친 것이 원통해서 탄식함을 이르는 말
② 풍수지탄(風樹之歎) : 부모님을 모시고자 하나 이미 돌아가셔서 그 뜻을 이룰 수 없어 한탄함을 이르는 말
④ 맥수지탄(麥秀之歎) : 보리가 무성하게 자란 것을 탄식한다는 뜻으로, 나라의 멸망을 탄식함을 이르는 말

02 정답 ①

외래어 표기법에 따라 sickness[siknis]의 자음 [n] 앞의 [k]는 '으'를 붙여 표기하므로 '시크니스'가 옳은 표기이다.

03 정답 ②

제시문의 첫 번째 문단에서는 이론에서 설명하는 것과 달리 한 기업이 더 효율적이 되는 현상을 이야기하고 있으므로 먼저 효율적인 생산 과정의 의미에 대해 설명하는 (가)가 오는 것이 적절하다. 다음으로는 (가)에서 제기한 문제의 사례에 해당하는 (라)와 이 사례를 통해 알 수 있는 X-효율성에 대해 설명하는 (다)가 차례로 오는 것이 적절하다. 마지막으로 이러한 X-효율성을 극대화할 수 있는 사람이 훌륭한 경영자라는 내용의 (나)가 오는 것이 적절하다.

04 정답 ④

기업 내의 생산 과정에는 X-효율성과 같이 겉으로는 잘 드러나지 않지만 실제로 생산성에 중요한 영향을 미치고 있는 요인들이 존재한다.

오답분석

① 경제 이론에 의하면 생산 요소와 생산 기술이 동일한 두 기업의 생산량은 똑같아야 하지만, 실제 현실에서는 생산성에서 큰 차이를 보이는 경우가 흔하게 나타난다.
② 생산 과정에 적절한 비율의 노동과 자본이 투입된다고 해서 반드시 최대한의 효율성이 도출되는 것은 아니다.
③ 전통적 이론에서 규정하는 효율성은 근로자들이 열성적으로 일해 생긴 효율성이고, X-효율성은 이와 별개로 덤(Extra)으로 존재하는 효율성이다.

05 정답 ③

제시문에서는 신용카드 관련 신용불량자가 늘어나고 있는 문제 상황에 대하여 글쓴이의 경험이 아닌 경제학적 관점에서 그 원인을 분석하고 있다.

오답분석

① 신용카드의 부정적 측면을 강조하여 그로 인한 문제점을 분석하고 있다.
② 경제학자의 주장을 인용하여 신용카드 남발이 사회의 신뢰와 관계 있음을 주장하고 있다.
④ 신용카드 관련 신용불량자 증가 현상의 문제점을 분석하고, 이에 대해 신용카드 회사, 정부, 개인 측면에서의 해결방안을 제시하고 있다.

06 정답 ③

ㄴ의 중고차 판매원과 소비자의 정보량 차이와 ㄷ의 용왕과 토끼의 정보량 차이는 정보의 비대칭성 사례에 해당한다.

오답분석

ㄱ. 원하지 않는 정보가 과잉 유출되는 사례에 해당한다.
ㄹ. 지나치게 많은 정보에 노출되는 사례에 해당한다.

07 정답 ①

소비자잉여(CS)란 소비자가 상품에 대해 지불할 용의가 있는 금액(WTP)에서 실제로 지불한 가격(P)을 뺀 것이다. 따라서 구매에서 소비자가 얻는 이득을 의미하므로 CS=WTP−P로 정리할 수 있다.

오답분석

② 생산자잉여(PS)는 생산자가 시장에서 실제로 받은 금액(P)에서 생산자가 최소한 받아야 하겠다고 생각하는 금액(WTS)을 뺀 것과 같으므로 PS=P−WTS로 정리할 수 있다.
③ 총잉여(TS)는 소비자잉여(CS)와 생산자잉여(PS)를 합친 것이므로 TS=CS+PS로 정리할 수 있다.
④ 총잉여(TS)는 소비자가 부여한 가치(WTP)에서 생산자가 최소한 받아야 하겠다고 생각하는 금액(WTS)을 뺀 것과 같으므로 TS=WTP−WTS로 정리할 수 있다.

08 정답 ④

갑과 을은 각각 5천 원과 3천 원의 소비자잉여가 발생하고, 병은 2천 원의 소비자잉여가 발생한다.
그러나 시장 가격이 5천 원으로 형성되어도 정의 소비자잉여는 발생하지 않으므로 소비자잉여의 합은 다음과 같다.
5,000+3,000+2,000=10,000원
따라서 소비자잉여의 합은 1만 원이다.

09 정답 ④

명제들을 통해서 적극적인 사람은 활동량이 많으며 활동량이 많을수록 잘 다치고 면역력이 강화된다는 것을 알 수 있다.
또한, 활동량이 많지 않은 사람은 적극적이지 않은 사람이며, 적극적이지 않은 사람은 영양제를 챙겨먹는다는 것을 알 수 있다.
따라서 영양제를 챙겨먹으면 면역력이 강화되는지는 알 수 없다.

오답분석

① 1번째 명제, 2번째 명제의 대우를 통해 추론할 수 있다.
② 1번째 명제, 3번째 명제를 통해 추론할 수 있다.
③ 2번째 명제, 1번째 명제의 대우, 4번째 명제를 통해 추론할 수 있다.

10 정답 ④

모든 조건을 조합하면 다음 두 가지 경우의 수가 있다.

ⅰ)

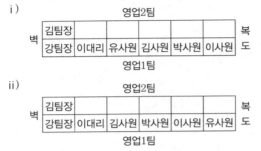

영업2팀

벽	김팀장					복
	강팀장	이대리	유사원	김사원	박사원	이사원	도

영업1팀

ⅱ)

영업2팀

벽	김팀장					복
	강팀장	이대리	김사원	박사원	이사원	유사원	도

영업1팀

두 가지 경우에서 강팀장과 이대리는 항상 인접하므로 항상 옳은 것은 ④이다.

오답분석

① 유사원과 이대리는 인접할 수도, 그렇지 않을 수도 있다.
② 박사원의 자리는 유사원의 자리보다 왼쪽에 있을 수도, 그렇지 않을 수도 있다.
③ 이사원은 복도 옆에 위치할 수도, 그렇지 않을 수도 있다.

11 정답 ③

대표의 옆방에는 부장이 묵어야 하므로 대표는 오직 111호에만 묵을 수 있으며, 110호에는 총무팀 박부장이 배정받는다.
따라서 111호에는 생산팀 장과장은 묵을 수 없다.

오답분석

① 두 번째 조건에서 같은 부서는 마주보는 방을 배정받을 수 없으므로 인사팀 유과장은 105호에 배정받을 수 없다.
② 만약 105호에 생산팀 장과장이 배정받으면, 인사팀 유과장은 102호 또는 107호에 배정받을 수 있으므로 104호는 빈방으로 남을 수 있다.
④ 111호에 대표가 묵는다고 했으므로 총무팀 박부장은 110호로 배정받는다.

12 정답 ③

해결해야 할 전략 과제란 취약한 부분에 대해 보완해야 할 과제를 말한다. 따라서 이미 우수한 고객서비스 부문을 강화한다는 것은 전략 과제로 삼기에 적절하지 않다.

오답분석

① 해외 판매망이 취약하다고 분석되었으므로 중국시장의 판매유통망을 구축하는 전략 과제를 세우는 것은 적절하다.
② 중국시장에서 제품의 구매 방식이 대부분 온라인으로 이루어지는 데 반해, 자사의 온라인 구매시스템은 미흡하기 때문에 온라인 구매시스템을 강화한다는 전략 과제는 적절하다.
④ 제품에 대해 중국기업들 간의 가격 경쟁이 치열하다는 것은 제품의 가격이 내려가고 있다는 의미인데, 자사는 생산원가가 높다는 약점이 있다. 따라서 원가 절감을 통한 가격경쟁력 강화 전략은 적절하다.

13 정답 ④

WO전략은 약점을 극복함으로써 기회를 활용할 수 있도록 내부 약점을 보완해 좀 더 효과적으로 시장 기회를 추구한다.
따라서 바로 옆에 유명한 프랜차이즈 레스토랑이 생겼다는 사실을 이용하여 홍보가 미흡한 점을 보완할 수 있도록 레스토랑과 제휴하여 레스토랑 내에 홍보물을 비치하는 방법은 WO전략으로 적절하다.

14 정답 ①

두 빵집은 서로의 결정에 대해 알 수 없으므로 각자 최고의 이익을 얻을 수 있는 최선의 선택을 할 것이다.
따라서 A빵집과 B빵집 모두 가격을 인하할 가능성이 높다.

15 정답 ④

DB 마케팅(Data Base Marketing)이란 목표고객의 개념을 도입한 마케팅 기법이다. 이는 불특정 다수에서 우량고객을 골라내기 위한 마케팅 기법으로, 잠재고객에 대한 각종 정보를 마케팅 수단으로 활용하는 것을 뜻한다. DB 마케팅의 도입을 이른바 '80 대 20'의 법칙에서 찾기도 한다. 이는 상위 20%의 고객이 매출의 80%를 차지한다는 것으로 기업 입장에선 소비자 1백 명을 대상으로 1백의 마케팅 노력을 기울이는 것보다 표적 고객 20명에게 80의 마케팅 노력을 하는 것이 효율적이다.

오답분석

① 코즈 마케팅(Cause Marketing) : 기업이 사회 구성원으로서 마땅히 해야 할 책임을 다함으로써 긍정적인 이미지를 구축하고, 이를 마케팅에 활용하는 전략
② 퍼포먼스 마케팅(Performance Marketing) : 온라인에서 다양한 경로를 통해 노출시킨 광고에 따라 기업 웹사이트나 쇼핑몰에 유입된 고객들이 매출을 일으키는 과정을 체크하고 개선하는 일련의 마케팅 과정
③ 니치 마케팅(Niche Marketing) : 타 기업들이 이미 주목하고 있는 포화상태의 레드오션에 참여하지 않고, 기존시장을 세분화하여 주목이 적은 블루오션을 공략하는 마케팅 기법

16 정답 ③

조건 ㄱ ~ ㄷ에서 일차에 따른 먹이의 무게는 다음과 같다.

(단위 : kg)

1일 차	2일 차	3일 차	4일 차	5일 차	6일 차	7일 차	…
$3m$	$3m+1$	$3m-1$	$3m$	$3m-2$	$3m-1$	$3m-3$	…

홀수일은 -1의 규칙을 가지고 있으므로, 13일 차에는 $(3m-6)$kg의 먹이를 준다.
13일 차에 줄 먹이의 무게가 0이 되므로 다음과 같은 식이 성립한다.
$3m-6=0$
$\therefore m=2$
또한 두 항씩 묶어서 계산하면, (1일 차)+(2일 차)=$6m+1$, (3일 차)+(4일 차)=$6m-1$, …이므로 첫 번째 항이 $(6m+1)$이고, 공차가 -2인 등차수열임을 알 수 있다.
12일 차까지는 6개의 항이 되며, 각 항을 모두 더하면 다음과 같다.
$6\times6m+(1-1-3-5-7-9)=36m-24$
따라서 12일 차까지 어항에 준 먹이의 무게의 합은 $36\times2-24=48$kg이다.

17 정답 ③

삼각형 ABC의 넓이는 $\dfrac{1}{2}\overline{AB}\times\overline{BC}\times\sin\theta$ 로 계산할 수 있다.

$3\sqrt{2}=\dfrac{1}{2}\times3\times4\times\sin\theta$

$\rightarrow \sin\theta=\dfrac{3\sqrt{2}}{6}=\dfrac{\sqrt{2}}{2}$

따라서 $\theta=\dfrac{\pi}{4}$ 이다.

18 정답 ④

$\log_a c : \log_b c = 4 : 1$

$\rightarrow \log_a c = 4\log_b c$

1보다 큰 임의의 실수 x, y, z에 대해서 $\log_y x = \dfrac{\log_z x}{\log_z y}$와 같으므로 $4\log_b c = 4\dfrac{\log_a c}{\log_a b}$가 되는 것을 알 수 있다.

$\log_a c = 4\dfrac{\log_a c}{\log_a b}$

따라서 $\log_a b = 4(\because \log_a c \neq 0)$이다.

19 정답 ④

단 한 명이 거짓말을 하고 있으므로 C와 D 중 한 명은 반드시 거짓말을 하고 있음을 알 수 있다.

ⅰ) D의 말이 거짓일 경우

C와 B의 말이 참이므로 A와 D가 모두 1등이 되므로 모순이다.

ⅱ) C의 말이 거짓일 경우

A는 1등 당첨자가 되지 않으며, 나머지 진술에 따라 D가 1등 당첨자가 된다.

따라서 C가 거짓을 말하고 있으며, 1등 당첨자는 D이다.

20 정답 ③

대진표를 살펴보면 여섯 팀 중 네 팀은 총 두 번 경기하여 결승전에 진출할 수 있지만, 나머지 두 팀은 한 번의 경기로 결승전에 진출할 수 있다.

그러므로 여섯 팀을 네 팀과 두 팀으로 나누어 경우의 수를 구한다. 또한 분할된 네 팀은 다시 두 팀으로 나누어지므로 해당 경우의 수를 구한다(단, 네 팀에서 분할된 두 개의 팀은 구분이 필요 없으므로 2를 나눈다).

$_6C_4 \times {}_2C_2 \times {}_4C_2 \times {}_2C_2 \div 2 = 45$

따라서 토너먼트 경기가 가능한 경우의 수는 45가지이다.

21 정답 ④

매달 1.5%의 이자가 붙으므로 철수가 갚아야 하는 금액은 $30 \times 1.015^{12} = 30 \times 1.2 = 36$만 원이다.

이때, 철수가 이달 말부터 a만 원씩 갚는다고 하면 이자를 포함하여 갚는 금액은 다음과 같다.

$a + a \times 1.015 + \cdots + a \times 1.015^{11} = \dfrac{a(1.015^{12} - 1)}{1.015 - 1} = \dfrac{a(1.2 - 1)}{0.015} = \dfrac{0.2a}{0.015} = \dfrac{40}{3}a$

$\rightarrow \dfrac{40}{3}a = 36$

$\therefore a = \dfrac{27}{10} = 2.7$

따라서 철수가 매달 갚아야 하는 금액은 27,000원이다.

22 정답 ④

- 기본요금 : 1,600원
- 전력량요금
  - 처음 200kWh까지 : $200 \times 93.3 = 18,660$원
  - 다음 200kWh까지 : $200 \times 187.9 = 37,580$원

부가가치세는 총요금의 10%이므로 전기요금은 다음과 같다.

$(1,600 + 18,660 + 37,580) \times 1.1 ≒ 63,620$원($∵$ 10원 미만 절사)

따라서 전기요금은 63,620원이다.

23 정답 ④

국내은행에서 외화를 다른 외화로 환전할 경우에는 우선 외화를 원화로 환전한 후 해당 원화를 다시 다른 외화로 환전하는 방식으로 이루어진다. 그러므로 환전수수료가 있다면 두 번에 거쳐 수수료가 발생한다.

④와 같이 위안화를 엔화로 국내은행에서 환전한다면 위안화 ¥3,500을 은행에 파는 것이므로 '파실 때' 환율이 적용되어 다음과 같은 식이 성립한다.

$173.00 \times ¥3,500 = 605,500$원

그리고 엔화는 원화를 대가로 은행에서 사는 것이므로 '사실 때' 환율이 적용되어 다음과 같은 식이 성립한다.

$605,500 \div 1,070.41 ≒ 565.6711$원

그러나 외화거래에서의 엔화단위는 100엔이므로 1엔 기준으로 변경하면 다음과 같다.

$565.6711 \times 100 = ¥56,567.11$

따라서 ¥56,567.11을 받을 수 있다.

07 2019년 하반기 기출복원문제

01 NCS 직업기초능력평가

01	02	03	04	05	06	07	08	09	10	11	12	13	14	15	16				
④	④	①	②	③	②	③	②	③	②	④	④	①	④	①	③				

01 정답 ④

㉠의 앞에서는 일반적인 사람들이 위기상황에서 공황발작을 느끼는 것은 정상적인 생리 반응이라고 하였으나, 뒤에서는 공황장애에서의 공황발작은 아무런 이유 없이 아무 때나 예기치 못하게 발생한다고 하였으므로 빈칸에는 역접을 의미하는 '그러나'가 적절하다. ㉡의 앞에서는 특별한 위기상황이 아니어도 공황발작이 발생할 수 있고, 뒤에서는 이렇게 공황발작이 나타나면 행동의 변화가 생기게 된다고 하였으므로 빈칸에는 앞 내용의 양상을 받아 뒤의 문장을 이끄는 말인 '이와 같이'가 적절하다.

02 정답 ④

제시문에 따르면 현대의 상류층은 다른 상류층 사이에 있을 때는 경쟁적으로 사치품을 소비하며 자신을 과시하고, 차별해야 할 아래 계층이 있을 때는 소비하지 않기를 통해 서민들처럼 소박한 생활을 한다는 것을 과시함으로써 오히려 자신을 더 드러낸다.

오답분석

① 현대의 상류층은 서민들처럼 소박한 생활을 한다는 것을 과시함으로써 서민들에게 친근감을 주지만, 사실 이는 극단적인 위세의 형태로 이를 통해 오히려 자신을 한층 더 드러낸다.
② 겸손한 태도로 자신을 한층 더 드러내는 소비행태를 보이는 것은 현대의 서민이 아닌 상류층이며, 서민들은 상류층을 따라 사치품을 소비한다.
③ 현대의 상류층은 차별화해야 할 아래 계층이 없거나 경쟁 상대인 다른 상류층 사이에 있을 때 경쟁적으로 고가품을 소비하며 자신을 과시한다.

03 정답 ①

화폐 통용을 위해서는 화폐가 유통될 수 있는 시장이 성장해야 하고, 농업생산력이 발전해야 한다. 그러나 서민들은 물품화폐를 더 선호하였고, 일부 계층에서만 화폐가 유통되었다. 따라서 광범위한 동전 유통이 실패한 것이다. 화폐의 수요량에 따른 공급은 화폐가 유통된 이후의 조선 후기에 해당하는 내용이다.

04 정답 ②

진희의 집부터 어린이집까지의 거리를 x km라고 하면, 어린이집부터 회사까지의 거리는 $(12-x)$ km이다.
어린이집부터 회사까지 진희의 속력은 10km/h의 1.4배이므로 14km/h이다.
집에서 회사까지 1시간이 걸렸으므로 다음과 같은 식이 성립한다.

$$\frac{x}{10}+\frac{12-x}{14}=1$$

→ $7x+5(12-x)=70$

→ $2x=10$

∴ $x=5$

어린이집을 가는 데 걸린 시간은 $\frac{5}{10}=\frac{1}{2}$ 시간=30분이다.

따라서 어린이집에서 출발한 시간은 8시 30분이다.

05 정답 ③

작년 TV와 냉장고의 판매량을 각각 $3k$, $2k$대, 올해 TV와 냉장고의 판매량을 각각 $13m$, $9m$대라고 하자.
작년 TV와 냉장고의 총판매량은 $5k$대, 올해 TV와 냉장고의 총판매량은 $22m$대이다.
올해 총판매량이 작년보다 10% 증가했으므로 다음과 같은 식이 성립한다.

$$5k\left(1+\frac{10}{100}\right)=22m$$

→ $\frac{11}{2}k=22m$

∴ $k=4m$

작년 냉장고 판매량은 $2\times4m=8m$대이다.

따라서 냉장고의 판매량은 작년보다 $\frac{9m-8m}{8m}\times100=12.5\%$ 증가했다.

06 정답 ②

8월은 $\frac{1,180}{1,320}≒0.89$유로/달러이고 12월은 $\frac{1,154}{1,470}≒0.79$유로/달러이다.

따라서 8월의 유로/달러의 값이 더 크다.

오답분석

① 8~12월 중 원/달러와 원/100엔의 전월 대비 변화량이 가장 큰 달은 9월이므로 8월 대비 9월의 변화량은 각각 다음과 같다.
  • 원/달러 변화량 : $|1,112-1,180|=68$원
  • 원/100엔의 변화량 : $1,048-1,012=36$원
  따라서 원/달러의 최대 변화량이 원/100엔의 최대 변화량보다 크다.

③ 7월 대비 12월의 원/유로 환율 증가율은 다음과 같다.

  $$\frac{1,470-1,300.5}{1,300.5}\times100≒13.0\%$$

  따라서 18% 미만으로 증가하였다.

④ 8~12월의 원/달러의 증감 추이는 '감소 – 감소 – 증가 – 증가 – 증가'이고, 원/100엔의 증감 추이는 '감소 – 증가 – 증가 – 증가 – 증가'이다. 따라서 증감 추이는 동일하지 않다.

07 정답 ③

Q4에 대한 답에 따르면 S페이는 휴대폰 기종이나 제조사, 통신사 등의 제한이 없다고 했으므로 옳지 않다.

08 정답 ②

① S페이는 휴대폰 기종이나 제조사, 통신사 등의 제한 없이 사용할 수 있다.
③ S페이는 S모바일카드의 앱카드 기능을 분리하여 제작된 것이므로 S페이를 이용하고자 하는 경우 신규 설치 후 카드 등록을 해야 한다.
④ 카드 수의 제한 없이 소지하고 있는 모든 S은행카드를 등록할 수 있다.

09 정답 ③

B고객의 예금이 만기되어 찾으면 받을 수 있는 이율은 기본금리 3%와 우대금리 0.2%p로, 3+0.2=3.2%이다.
5년 예금이 만기됐을 때 B고객이 받을 수 있는 금액은 다음과 같다.

$$1,000,000 \times \left(1+0.032 \times \frac{60}{12}\right) = 1,160,000원$$

예금을 중도에 해지할 경우, 최초 가입 시 설정된 (기본금리)+(우대금리)가 아닌 중도해지이율이 적용된다. B고객은 해당 예금상품을 1년 동안 보유했으므로 중도해지이율 중 18개월 미만인 기본금리의 30%가 적용된다.
중도해지 시 B고객이 받을 수 있는 금액은 다음과 같다.

$$1,000,000 \times \left(1+0.03 \times 0.3 \times \frac{12}{12}\right) = 1,009,000원$$

따라서 B고객에게 안내할 금액은 1,160,000-1,009,000=151,000원이다.

10 정답 ②

단리식인 경우 만기 시 수령할 이자를 계산하면 다음과 같다.

$$100,000 \times \frac{12 \times 13}{2} \times \frac{0.02}{12} = 13,000원$$

월 복리식인 경우 만기 시 수령할 이자를 계산하면 다음과 같다.

$$100,000 \times \left\{\frac{\left(1+\frac{0.02}{12}\right)^{13} - \left(1+\frac{0.02}{12}\right)}{\left(1+\frac{0.02}{12}\right)-1}\right\} - 12 \times 100,000$$

$$\rightarrow 100,000 \times \left\{\frac{1.022 - \left(1+\frac{0.02}{12}\right)}{\frac{0.02}{12}}\right\} - 12 \times 100,000$$

$$\rightarrow 100,000 \times \left(\frac{\frac{22}{1,000} - \frac{2}{1,200}}{\frac{2}{1,200}}\right) - 12 \times 100,000$$

$$\rightarrow 100,000 \times \left(\frac{12 \times 22 - 20}{20}\right) - 12 \times 100,000$$

$$\rightarrow 100,000 \times \frac{61}{5} - 12 \times 100,000$$

$$\rightarrow 1,220,000 - 1,200,000 = 20,000원$$

따라서 만기 시 A가 수령하는 이자액이 바르게 연결된 것은 ②이다.

11 정답 ④

④는 교통사고·화재·산업재해 피해금의 비중이 아닌 사망자 수의 비중을 나타낸 그래프이다.
한편, 피해금액별 교통사고·화재·산업재해 비중의 올바른 수치는 다음과 같다.

- 교통사고 : $\dfrac{1,290}{1,290+6,490+1,890} \times 100 = \dfrac{1,290}{9,670} \times 100 = 13.3\%$

- 화재 : $\dfrac{6,490}{9,670} \times 100 = 67.1\%$

- 산업재해 : $\dfrac{1,890}{9,670} \times 100 = 19.5\%$

12 정답 ④

주어진 명제를 정리하면 다음과 같다.

명제	문자화
아침에 시리얼을 먹는 사람은 두뇌 회전이 빠르다.	$A \rightarrow B$
아침에 토스트를 먹는 사람은 피곤하다.	$C \rightarrow D$
에너지가 많은 사람은 아침에 밥을 먹는다.	$E \rightarrow F$
피곤하면 회사에 지각한다.	$D \rightarrow G$
두뇌 회전이 빠르면 일 처리가 빠르다.	$B \rightarrow H$

'$A \rightarrow B \rightarrow H$, $C \rightarrow D \rightarrow G$, $E \rightarrow F$'이므로, $C \rightarrow G$가 참이다. 따라서 이의 대우 명제인 $\sim G \rightarrow \sim C$가 참인 것을 알 수 있다.

오답분석

① 주어진 명제만으로는 추론할 수 없다.
② '두뇌 회전이 느리면 아침에 시리얼을 먹는다.'는 $\sim B \rightarrow A$이므로 주어진 명제에서 추론할 수 없다.
③ '아침에 밥을 먹는 사람은 에너지가 많다.'는 $F \rightarrow E$로 세 번째 명제의 역이다. 따라서 항상 참이라고 할 수 없다.

13 정답 ①

ⅰ) ㄱ의 경우
B, C의 진술이 모두 참이거나 거짓일 때 영업팀과 홍보팀이 같은 층에서 회의를 할 수 있다. 그러나 B, C의 진술은 A에 의해 동시에 참이 될 수 없으므로, A·B·C 진술 모두 거짓이 되어야 한다. 따라서 기획팀은 5층, 영업팀과 홍보팀은 3층에서 회의를 진행하고, E는 5층에서 회의를 하는 기획팀에 속하게 되므로 ㄱ은 항상 참이 된다.

ⅱ) ㄴ의 경우
기획팀이 3층에서 회의를 한다면 A의 진술은 항상 참이 되어야 한다. 이때 B와 C의 진술은 동시에 거짓이 될 수 없으므로, 둘 중 하나는 반드시 참이어야 한다. 또한 2명만 진실을 말하므로 D와 E의 진술은 거짓이 된다. 따라서 D와 E는 같은 팀이 될 수 없으므로 ㄴ은 참이 될 수 없다.

ⅲ) ㄷ의 경우
- 두 팀이 5층에서 회의를 하는 경우 : (A·B 거짓, C 참), (A·C 거짓, B 참)
- 두 팀이 3층에서 회의를 하는 경우 : (A·B 참, C 거짓), (A·C 참, B 거짓), (A·B·C 거짓)
두 팀이 5층보다 3층에서 회의를 하는 경우가 더 많으므로 ㄷ은 참이 될 수 없다.

14 정답 ④

일남이와 삼남이의 발언을 통해 일남이와 삼남이 중 적어도 1명은 거짓을 말한다는 것을 알 수 있다. 만약 일남이와 삼남이가 모두 거짓말을 하고 있다면 일남이는 경찰이고, 자신이 경찰이라고 말한 이남이의 말이 거짓이 되면서 거짓말을 한 사람이 3명 이상이 되므로 조건에 부합하지 않는다. 그러므로 일남이는 경찰이 아니며, 일남이나 삼남이 중에 1명만 거짓을 말한다.

i) 일남이가 거짓, 삼남이가 진실을 말한 경우
   일남이는 마피아이고, 오남이가 마피아라고 말한 이남이의 말은 거짓이므로, 이남이는 거짓을 말하고 있고 이남이는 경찰이 아니다. 즉, 남은 사남이와 오남이는 모두 진실을 말해야 한다. 두 사람의 말을 종합하면 사남이는 경찰도 아니고 시민도 아니게 되므로 마피아여야 한다. 그러나 이미 일남이가 마피아이고 마피아는 1명이라고 했으므로 모순이다.

ii) 일남이가 진실, 삼남이가 거짓을 말한 경우
   일남이는 시민이고, 이남·사남·오남 중 1명은 거짓, 다른 2명은 진실을 말한다. 만약 오남이가 거짓을 말하고 이남이와 사남이가 진실을 말한다면 이남이는 경찰, 오남이는 마피아이고 사남이는 시민이어야 하는데, 오남이의 말이 거짓이 되려면 오남이가 경찰이 되므로 모순이다. 또한, 만약 사남이가 거짓을 말하고 이남이와 오남이가 진실을 말한다면 이남이와 사남이가 모두 경찰이므로 역시 모순된다. 즉, 이남이가 거짓, 사남이와 오남이가 진실을 말한다.

따라서 사남이는 경찰도 시민도 아니므로 마피아이고, 이남이와 오남이가 모두 경찰이 아니므로 삼남이가 경찰이다.

15 정답 ①

규칙에 따라 사용할 수 있는 숫자는 1, 5, 6을 제외한 나머지 2, 3, 4, 7, 8, 9의 총 6개이다.
(한 자리 수)×(두 자리 수)=156을 만족하는 수를 알기 위해서는 156의 소인수를 구해야 한다.
156의 소인수는 3, 2^2, 13으로 여기서 156이 되는 수의 곱 중에 조건을 만족하는 것은 2×78과 4×39이다.
따라서 선택지 중에 A팀 또는 B팀에 들어갈 수 있는 암호배열은 39이다.

16 정답 ③

김과장이 2주 차 월요일에 단식을 했기 때문에, 1주 차 토요일과 일요일은 반드시 세 끼 식사를 해야 한다. 또한 목요일은 업무약속으로 점심식사를 했으므로 단식을 할 수 없다.

구분	월	화	수	목	금	토	일
아침	○		○	○	○	○	○
점심				○		○	○
저녁				○		○	○

i) 월요일에 단식을 했을 경우
   화·수요일은 세 끼 식사를 해야 한다. 그러면 금요일이 단식일이 되는데, 이 경우 네 번째 조건을 만족하지 못한다.

ii) 화요일(아침에 식사)에 단식을 했을 경우
   월·수·목요일은 세 끼 식사를 해야 한다. 그러면 금요일이 단식일이 되는데, 이 경우 네 번째 조건을 만족하지 못한다.

iii) 화요일(저녁에 식사)에 단식을 했을 경우
   월·수·목요일은 세 끼 식사를 해야 한다. 그러면 금요일이 단식일이고, 아침에 식사를 했으므로 모든 조건을 만족한다.
따라서 김과장은 화요일 저녁과 금요일 아침에 식사를 했다.

01	02	03	04	05	06	07	08	09	10	11	12	13	14	15	16	17	18	19	20
②	④	③	①	②	②	②	①	②	②	④	③	②	③	④	④	③	①	④	①

01 정답 ②

BCG 매트릭스에서 물음표에 해당하는 사업부는 시장의 성장률이 높고, 상대적 시장점유율은 낮다.

02 정답 ④

롱테일 법칙 또는 역파레토 법칙은 상대적으로 판매량이 적은 상품의 총합이 전체의 매출에서 더 큰 가치를 창출하게 된다는 이론이다. 과거에는 유통비용과 진열공간의 한계로 인해 소수의 잘 팔리는 상품이 필요했다면, 인터넷 공간에서는 매장에 진열되지 못했던 제품들도 모두 공간을 갖게 될 길이 열려 매출에 기여했다는 것이다.

오답분석

① 파킨슨 법칙 : 공무원의 수는 해야 할 업무량에 관계없이 일정 비율로 증가한다는 법칙
② 하인리히 법칙 : 대형사고는 우연하고 갑작스럽게 발생하는 것이 아니며, 이 사고가 발생하기 이전에 이와 관련된 경미한 사건들과 징후가 수도 없이 발생했었을 것을 밝힌 법칙
③ 파레토 법칙 : '80 대 20 법칙'이라고도 불리며, 이른바 '핵심적 소수'와 '사소한 다수'에 대한 이론으로, 기업의 전체 매출은 소수의 상품이 좌우한다는 결론을 도출해낸 법칙

03 정답 ③

- 부채비율 : $\dfrac{(\text{부채})}{(\text{자기자본})} \times 100 = \dfrac{60\text{억 원}}{80\text{억 원}} \times 100 = 75\%$

- ROA : $\dfrac{(\text{당기순이익})}{(\text{자산총액})} \times 100 = \dfrac{28\text{억 원}}{140\text{억 원}} \times 100 = 20\%$

- 총자본회전율 : $\dfrac{(\text{매출액})}{(\text{총자본})} = \dfrac{168\text{억 원}}{140\text{억 원}} = 1.2$

04 정답 ①

㉠ : ELD(주가지수연동예금, Equity Linked Deposit)
㉡ : ELS(주가연계증권, Equity Linked Securities)
㉢ : ELF(주가연계펀드, Equity Linked Fund)

- **주식워런트증권(ELW; Equity Linked Warrant)**
  당사자 일방의 의사표시 때문에 특정 주권의 가격 또는 주가지수의 변동과 연계하여 미리 약정된 방법에 따라 주권의 매매 또는 금전을 수수하는 권리가 부여된 증서
- **상장지수펀드(ETF; Exchange Traded Funds)**
  특정지수를 모방한 포트폴리오를 구성하여 산출된 가격을 상장시킴으로써 주식처럼 자유롭게 거래되도록 설계된 지수상품

05 정답 ②

(유동비율)$=\dfrac{(유동자산)}{(유동부채)}\times100$이므로 유동비율 120%, 유동부채 100억 원을 대입하면 유동자산 120억 원을 구할 수 있다.

(당좌비율)$=\dfrac{(유동자산)-(재고자산)}{(유동부채)}\times100$이므로 유동자산 120, 재고자산 40, 유동부채 100을 대입하면 $\dfrac{120-40}{100}\times100=80\%$이다.

따라서 당좌비율은 80%이다.

06 정답 ②

VaR은 최대예상손실액으로 위험요소인 주가, 금리, 환율 등의 변동성을 분석하여 산출한 자산가치의 최대 손실을 의미한다. 회사 전체의 VaR은 각 상품의 개별 VaR의 합계액보다 적게 나타나는데 그 이유는 각 상품의 상관관계로 인해 전체 VaR이 줄어들기 때문이다.

07 정답 ②

$[실업률(\%)]=\dfrac{(실업자)}{(경제활동인구)}\times100$

$\therefore \dfrac{150}{1,800}\times100≒8.3\%$

따라서 실업률은 8.3%이다.

08 정답 ①

오답분석

② 인덱스 펀드 : 주가지표의 변동과 동일한 투자성과를 목표로 하여 포트폴리오를 구성하는 펀드
③ 엄브렐러 펀드 : 전환형 펀드의 일종으로 우산살처럼 하나의 펀드 아래 유형이 다른 여러 개의 하위 펀드를 갖추고 있는 형태의 펀드
④ 머니마켓 펀드 : 초단기금융상품으로 투자신탁회사가 고객의 돈을 모아 단기금융상품에 투자하여 수익을 얻는 펀드

09 정답 ②

허시와 블랜차드(P. Hersey & K. H. Blanchard)의 상황적 리더십

• 기본가정
  리더십의 효과가 구성원의 성숙도라는 상황요인에 의하여 달라질 수 있다는 상황적 리더십 모델을 제안하였다.
• 리더십 모델
  구성원의 성숙도란 구성원의 업무에 대한 능력과 의미하는데, 구체적으로는 달성 가능한 범위 내에서 높은 목표를 세울 수 있는 성취욕구, 자신의 일에 대해서 책임을 지려는 의지와 능력, 과업과 관련된 교육과 경험을 종합적으로 지칭하는 변수가 된다.
  – 지시형 리더십 : 업무의 구체적 지시, 밀착 감독
  – 코치형 리더십 : 의사결정에 대해 구성원이 그 내용을 이해하고 납득할 수 있도록 기회 부여
  – 지원적 리더십 : 의사결정에서 정보와 아이디어를 공유
  – 위임적 리더십 : 결정과 실행책임을 구성원에게 위임

10 정답 ②

매출액을 X원이라고 하면 다음과 같은 식이 성립한다.

- (연평균 매출채권)$=\dfrac{(기초)+(기말)}{2}=\dfrac{295,000+420,000}{2}=357,500$원

- (매출채권회전율)$=\dfrac{(매출액)}{(연평균\ 매출채권)}=\dfrac{X}{357,500}=3$회

∴ $X=357,500\times3=1,072,500$

손익계산서

<table>
<tr><td></td><td style="text-align:right">2018년 1월 1일부터 12월 31일까지</td></tr>
<tr><td>매출액</td><td style="text-align:right">₩1,072,500</td></tr>
<tr><td>매출원가</td><td style="text-align:right">(₩380,000)</td></tr>
<tr><td>매출총이익</td><td style="text-align:right">₩692,500</td></tr>
<tr><td>관리비</td><td style="text-align:right">(₩30,000)</td></tr>
<tr><td>금융원가</td><td style="text-align:right">(₩10,000)</td></tr>
<tr><td>법인세비용차감전순이익</td><td style="text-align:right">₩652,500</td></tr>
<tr><td>법인세비용</td><td style="text-align:right">(₩16,000)</td></tr>
<tr><td>당기순이익</td><td style="text-align:right">₩636,500</td></tr>
</table>

배당성향은 $\dfrac{(배당금)}{(당기순이익)}\times100$이다. 배당금을 Y원이라고 하면 다음과 같은 식이 성립한다.

$\dfrac{Y}{636,500}\times100=30\%$

∴ $Y=\dfrac{30}{100}\times636,500=190,950$

따라서 배당금액은 ₩190,950이다.

11 정답 ④

이자율의 변화는 수요곡선상의 수요량 변화를 가져오지만, 채권가격의 하락은 이자율 상승을 유발하고 이는 자산의 변화를 가져와 수요곡선의 이동을 통한 화폐수요의 감소를 유발한다.
따라서 점 a는 점 g 방향으로 이동한다.

12 정답 ③

고전학파 화폐수량설의 교환방정식 $MV=PY$를 증가율로 나타내면 다음과 같다.

$\dfrac{\Delta M}{M}+\dfrac{\Delta V}{V}=\dfrac{\Delta P}{P}+\dfrac{\Delta Y}{Y}$

- (통화량증가율)+(화폐유통속도 증가율)=(인플레이션율)+(실질경제성장률)
  → $30\%+0\%=$(인플레이션율)$+20\%$
  ∴ (인플레이션율)$=10\%$
- (명목이자율)=(실질이자율)+(인플레이션율)
  ∴ (명목이자율)$=10\%+10\%=20\%$

따라서 인플레이션율은 10%이고, 명목이자율은 20%이다.

13 정답 ②

한계기업(좀비기업)이란 회생할 가능성이 없음에도 정부 또는 채권단의 지원을 받아 간신히 파산을 면하고 있는 기업을 말하는데, 우리나라에서는 3년 연속 이자보상배율이 1 미만인 기업을 한계기업으로 간주한다.

오답분석

① 중소기업 : 자본금, 종업원 수, 총자산, 자기 자본 및 매출액 따위의 규모가 대기업에 비하여 상대적으로 작은 기업
③ 매판기업 : 식민지나 반식민지 또는 후진국에서 외국 자본과 결탁하여 사사로운 이익을 탐하고 제 나라의 이익을 해치는 기업
④ 블랙기업 : 직원에게 낮은 임금, 장시간 노동, 임금 미지급 등 불합리한 근무 조건에서의 노동을 강요하는 기업

14 정답 ③

키코(KIKO)는 녹인 녹아웃(Knock-In, Knock-Out)의 첫 글자를 따서 만든 말로 환율변동에 따른 위험을 피하기 위한 환헤지 상품이다. 약정환율과 변동의 상한(Knock-In) 및 하한(Knock-Out)을 정해놓고 환율이 일정한 구간 안에서 변동한다면 약정환율을 적용받는 대신, 하한 이하로 떨어지면 계약을 무효로 하고, 상한 이상으로 올라가면 약정액의 1 ~ 2배를 오른 환율(시장가)로 매입하여 은행에 약정환율로 매도하는 방식이다.

오답분석

① 통화옵션(Money Option) : 미래의 특정 시점(만기일)에 특정 통화를 미리 약정한 가격(행사 가격)으로 사거나 팔 수 있는 권리가 부여된 파생상품
② 금리스왑(Interest Rate Swap) : 금융시장에서 차입자의 기존부채 또는 신규부채에 대한 금리 위험성의 헤징이나 차입비용의 절감을 위해서 두 차입자가 각자의 차입조건을 상호 간에 교환하는 계약
④ 리비드(LIBID) : 런던 금융시장에서 자금 수요 측이 제시하는 예금금리

15 정답 ④

오답분석

① 가산세금 : 규정한 세금을 납부하지 않았을 때 본래 부과된 금액에 일정 비율로 금액을 부과하는 세금
② 올랑드세금 : 프랑스의 프랑수아 올랑드 대통령이 자본 취득에 대한 대가로 부자들에게 부과한 세금
③ 스텔스세금 : 부가가치세, 판매세 등과 같이 납세자들이 세금을 내면서도 그 사실을 쉽게 알아차리지 못하도록 만든 세금

16 정답 ④

치킨의 공급량이 증가하면 가격은 하락할 것이다. 치킨의 가격이 하락했을 때 수요가 함께 증가한 맥주는 치킨의 보완재이고, 수요가 감소한 햄버거는 치킨의 대체재이다. 따라서 대체 관계에서 교차탄력성은 0보다 작다.

17 정답 ③

풋옵션을 매수한 사람은 시장에서 해당 상품이 사전에 정한 가격보다 낮은 가격에서 거래될 경우, 그 권리를 행사함으로써 비싼 값에 상품을 팔 수 있다. 그러나 해당 상품의 시장 가격이 사전에 정한 가격보다 높은 경우는 권리를 행사하지 않을 수도 있다.

18 정답 ①

페이스북은 리브라를 통해 새로운 글로벌 화폐의 근간을 마련해 낮은 환전·송금 수수료로 전 세계 어디서든 결제할 수 있는 서비스를 개발하는 중이다.

오답분석

② 블록체인 : 가상 화폐로 거래할 때 발생할 수 있는 해킹을 막는 기술
③ 캄테크 : 조용함(Calm)과 기술(Technology)의 합성어로, 사람들이 인지하지 못한 상태에서 편리한 서비스를 제공하는 기술
④ 비트코인 : 지폐나 동전과 달리 물리적인 형태가 없는 온라인 가상화폐(디지털 통화)이자 디지털 결제 시스템

19 정답 ④

수요의 가격탄력성이 높다는 것은 가격의 변화에 따라 수요량이 쉽게 변할 수 있다는 의미이다. 따라서 구매자들이 대체품의 가격을 쉽게 비교할 수 있을 때에는 대체품의 가격에 따라 수요량이 쉽게 변할 수 있다.

20 정답 ①

수직적 통합에는 전방통합과 후방통합이 있다. 전방통합은 기업이 현재 실행하는 기업 활동으로부터 최종구매자 쪽의 방향의 활동들을 기업의 영역 내로 끌어들이는 것을 말한다. 반면, 후방통합은 기업이 현재 실행하는 기업 활동으로부터 원재료 쪽의 방향의 활동들을 그 영역 안으로 끌어들이는 것을 말한다.

오답분석

② 전방통합에 대한 설명이다.
③ 수평적 통합에 대한 설명이다.
④ 다각화에 대한 설명이다.

08 2019년 상반기 기출복원문제

01 NCS 직업기초능력평가

01	02	03	04	05	06	07	08	09	10	11	12	13	14	15					
①	②	④	④	②	①	②	③	①	③	②	④	③	④	②					

01 정답 ①

문맥의 흐름상 '겉에 나타나 있거나 눈에 띄다.'의 의미를 지닌 '드러나다'가 옳다. 한편, '들어나다'는 사전에 등록되어 있지 않은 단어로 '드러나다'의 잘못된 표현이다.

02 정답 ②

ㄱ. 남한의 도로 부문 관련 법규는 도로법, 고속국도법, 한국도로공사법, 유료도로법, 사도법, 도로교통법, 교통안전법으로 총 7개이며, 북한의 도로 부문 관련 법규는 도로법, 도로교통법, 차량운수법으로 총 3개이다. 따라서 남한의 도로 부문 관련 법규의 수는 북한의 2배인 6개 이상이므로 옳은 설명이다.

ㄹ. 남한의 교통 관련 법규는 도로법, 고속국도법, 한국도로공사법, 유료도로법, 사도법, 도로교통법, 교통안전법, 철도건설법, 도시철도법, 철도안전법, 항공ㆍ철도 사고조사에 관한 법률, 철도사업법, 한국철도공사법으로 총 13개이므로 옳은 설명이다.

오답분석

ㄴ. 자료에 명시된 법규 중 남한과 북한이 동일한 명칭을 사용하는 교통 관련 법규는 도로법, 도로교통법으로 총 2개이다.

ㄷ. 북한의 철도 부문 관련 법규는 철도법, 지하철도법, 철도차량법 3개이며, 북한의 교통수단의 운영과 관련된 법규는 도로법, 도로교통법, 차량운수법, 철도법, 지하철도법, 철도차량법으로 총 6개이므로 옳지 않은 설명이다.

03 정답 ④

(라) 문단에서 인도네시아 왐푸 수력발전소를 준공하였다는 내용을 확인할 수 있으나, 연간 순이익 377억 원 달성이라는 구체적인 내용은 확인할 수 없다. 따라서 (라) 문단의 주제로 적절하지 않다.

04 정답 ④

새로운 여신심사 가이드라인으로 인해 대출심사가 까다로워진 것은 신문기사에서 확인할 수 있다. 그러나 '은행권에서는 무작정 대출받기가 어려워지는 것은 아니다.'라고 설명하면서, '실수요자들이 대출받기 어려워지는 부작용은 발생하지 않을 것'이라는 부분을 참고했을 때 Q대리는 기사를 바르게 이해한 것이라고 볼 수 없다.

05 정답 ②

제시문은 애덤 스미스의 '보이지 않는 손'에 대해 반박하기 위해 정부가 개인의 이익 활동을 제한하지 않으면 발생할 수 있는 문제점을 예를 들어 설명하고 있다. 수용 한계를 넘은 상황에서 개인의 이익을 위해 상대방의 이익을 침범한다면, 상대방도 자신의 이익을 늘리기 위해 사육 두수를 늘릴 것이다. 이러한 상황이 장기화된다면 두 번째 문단에서 말했던 것과 같이 목초가 줄어들어 그 목초지에서 양을 키워 얻을 수 있는 전체 생산량이 줄어든다. 따라서 농부들의 총이익은 기존보다 감소할 것이고, 이는 한 사회의 전체 이윤이 감소하는 결과를 초래한다.

06 정답 ①

홀수 항은 $\times(-3)$을 하는 수열이고, 짝수 항은 $\div 5$인 수열이다.
따라서 (   )$=10 \div 5 = 2$이다.

07 정답 ②

앞의 항에 $+0.2$, $+0.25$, $+0.3$, $+0.35$, …인 수열이다.
따라서 (   )$=4.6+0.4=5$이다.

08 정답 ③

나열된 수를 각각 A, B, C라고 하면 다음과 같은 식이 성립한다.
$\underline{A\ B\ C} \rightarrow A-B-1=C$
따라서 (   )$=-2+7-1=4$이다.

09 정답 ①

A씨의 월 급여는 $3,480만 \div 12 = 290만$ 원이다.
• 국민연금, 건강보험료, 고용보험료를 제외한 금액
  $290만 - [290만 \times (0.045 + 0.0312 + 0.0065)]$
  → $290만 - (290만 \times 0.0827)$
  → $290만 - 239,830 = 2,660,170$원
• 장기요양보험료
  $(290만 \times 0.0312) \times 0.0738 \fallingdotseq 6,670$원($\because$ 십 원 단위 미만 절사)
• 지방세
  $68,000 \times 0.1 = 6,800$원
A씨의 월 실수령액은 $2,660,170 - (6,670 + 68,000 + 6,800) = 2,578,700$원이다.
따라서 A씨의 연 실수령액은 $2,578,700 \times 12 = 30,944,400$원이다.

10 정답 ③

한국의 2016년 가구당 월간 전기요금은 200×320=64,000원이고, 2017년은 192×335=64,320원이다.
따라서 2017년에 월간 전기요금이 320원 더 높으므로 옳지 않은 내용이다.

오답분석

① 2017년 주택용 전기요금이 가장 높은 국가는 일본이며, 같은 해 월간 주택용 전기사용량은 한국 – 일본 – 프랑스 – 미국 순서로 일본이 두 번째로 적은 양을 사용했다.

② 2016 ~ 2018년 주택용 전기요금이 가장 낮은 국가는 미국이며, 미국의 주택용 월간 전기사용량은 네 국가 중 가장 많다.

④ 2017년 일본 월간 전기사용량 대비 프랑스 월간 전기사용량은 $\frac{366-341}{341} \times 100 = 7.33\%$이므로 2017년 프랑스의 월간 주택용 전기사용량은 같은 해 일본의 월간 주택용 전기사용량의 5% 이상이다.

11 정답 ②

자음과 모음을 규칙에 따라 치환하면, 다음과 같다.

1. 자음

ㄱ	ㄲ	ㄴ	ㄷ	ㄸ	ㄹ	ㅁ	ㅂ	ㅃ	ㅅ	ㅆ	ㅇ	ㅈ	ㅉ	ㅊ	ㅋ	ㅌ	ㅍ	ㅎ
a	b	c	d	e	f	g	h	i	j	k	l	m	n	o	p	q	r	s

2. 모음

ㅏ	ㅐ	ㅑ	ㅒ	ㅓ	ㅔ	ㅕ	ㅖ	ㅗ	ㅘ	ㅙ	ㅚ	ㅛ	ㅜ	ㅝ	ㅞ	ㅟ	ㅠ	ㅡ	ㅢ	ㅣ
1	2	3	4	5	6	7	8	9	10	11	12	13	14	15	16	17	18	19	20	21

- 자 : m1
- 전 : m5C
- 거 : a5

∴ 1+5+5=11 → 1+1=2

12 정답 ④

- 마 : g1
- 늘 : c19F
- 쫑 : n9L

∴ 1+19+9=29 → 2+9=11 → 1+1=2

13 정답 ③

- e5A : 떡
- h9B : 복
- l21 : 이

14 정답 ④

주어진 조건들을 정리하면 다음과 같다.

구분	A (빨간색 입지 않음)	B	C (초록색 입지 않음)	D
모자	-	-	-	-
티셔츠	-	-	-	노란색
바지	-	-	빨간색	

우선 티셔츠의 경우를 살펴보면, C의 경우는 빨간색, 파란색, 초록색에서 빨간색은 바지를 이미 입고 있으므로 해당되지 않으며, 초록색을 입지 않았으므로 C의 티셔츠는 파란색이 된다. 다음으로 A는 빨간색을 입지 않았으므로 A의 티셔츠는 초록색이 되며, B의 티셔츠는 빨간색이 된다. 이를 정리하면 다음과 같다.

구분	A (빨간색 입지 않음)	B	C (초록색 입지 않음)	D
모자	-	-	-	-
티셔츠	초록색	빨간색	파란색	노란색
바지	-	-	빨간색	-

다음으로 모자의 경우를 살펴보면, C의 경우는 초록색을 입지 않으므로 C의 모자는 노란색이 된다. 다음으로 A의 경우 빨간색을 입지 않았고, 초록색 티셔츠를 입었으므로 A의 모자는 파란색이 된다. 그리고 B는 빨간색 티셔츠를 입고 있으므로, B의 모자는 초록색이 되며, D의 모자는 빨간색이 된다. 이를 정리하면 다음과 같다.

구분	A (빨간색 입지 않음)	B	C (초록색 입지 않음)	D
모자	파란색	초록색	노란색	빨간색
티셔츠	초록색	빨간색	파란색	노란색
바지	-	-	빨간색	-

마지막으로 바지의 경우를 살펴보면, A의 경우는 빨간색을 입지 않으므로 A의 바지는 노란색이 된다. B는 초록색 모자를 쓰고 있으므로 B의 바지는 파란색이 되며, D의 바지는 초록색이 된다.

구분	A (빨간색 입지 않음)	B	C (초록색 입지 않음)	D
모자	파란색	초록색	노란색	빨간색
티셔츠	초록색	빨간색	파란색	노란색
바지	노란색	파란색	빨간색	초록색

따라서 'B의 모자와 D의 바지 색상은 서로 같다.'는 항상 참이다.

15 정답 ②

한 명만 거짓말을 하고 있기 때문에 모두의 말을 참이라고 가정하고, 모순이 어디서 발생하는지 생각해 본다.
다섯 명의 말에 따르면, 1등을 할 수 있는 사람은 C밖에 없는데, E의 진술과 모순이 생기는 것을 알 수 있다.
따라서 E의 진술을 거짓이라고 가정하면 C - E - B - A - D의 순서임을 알 수 있다.

01	02	03	04	05	06	07	08	09	10	11	12	13	14	15	16	17	18	19	
②	①	③	①	②	②	②	④	①	④	④	③	②	①	④	②	④	③	③	

01 　정답 ②

갈라파고스 증후군은 게이오 대학 교수이자 휴대전화 인터넷망 I-mode의 개발자인 나쓰노 다케시가 만든 용어로, 다양한 기능 등 최고의 기술을 가지고 있는 일본의 휴대전화가 세계 시장과는 거리가 먼 상황을 말한다.

오답분석

① ADD 증후군 : 직장 등에서의 대규모 구조조정 후 기업에 남은 조직 구성원들에게 나타나는 정신적 장애 및 황폐현상을 말한다.
③ 파랑새 증후군 : 벨기에의 작가인 마테를링크의 동화극 『파랑새 L'Oiseau Bleu』의 주인공에게서 유래한 것으로, 현실에 만족하지 못하고 새로운 이상만을 추구하는 병적인 증세를 말한다.
④ 닌텐도 증후군 : TV나 컴퓨터 등에 지나치게 몰입하면서 오랜 시간 불규칙적으로 깜박거리는 빛에 자극받아 생기는 광과민성 발작현상을 말한다.

02 　정답 ①

오답분석

② 그레셤의 법칙 : 소재가치가 낮은 악화와 소재가치가 높은 양화가 동일한 화폐가치를 가지고 함께 유통될 경우, 악화만이 그 명목가치로 유통되고 양화는 유통되지 않는 현상을 말한다.
③ 파레토 법칙 : 흔히 80 : 20 법칙이라고도 하며, 상위 20% 사람들이 전체 부의 80%를 가지고 있거나, 상위 20% 고객이 매출의 80%를 창출하는 것을 말한다.
④ 지브라의 법칙 : 소득분포가 대수정규분포를 따른다는 법칙으로, 1931년 프랑스의 통계학자 R. 지브라에 의해 제시된 이론을 말한다.

03 　정답 ③

화웨이 기업의 사업 분야는 정보통신으로 데이터 통신 장비, 소프트웨어, 시스템의 연구ㆍ개발 및 판매를 하는 업체이다.

04 　정답 ①

오답분석

② 트롤리 딜레마 : 윤리학 분야의 사고실험으로, 사람들에게 일정한 상황을 제시하고 다수를 구하기 위해 소수를 희생할 수 있는지를 판단하게 하는 문제 상황을 말한다.
③ 유동성 딜레마 : 준비통화의 원활한 공급과 준비통화의 가치안정 간의 모순을 말한다.
④ 트리핀 딜레마 : 브레튼우즈 체제하에서 전 세계 기축통화국인 미국이 직면했던 범세계적ㆍ보편적 가치와 국가적 이해관계 간 상충관계를 말한다.

05 정답 ②

플랫폼 노동(Platform Labor)은 디지털 플랫폼을 매개로 노동이 거래되는 새로운 고용 형태를 말한다. 예를 들어 배달대행앱, 대리운전앱, 우버 택시 등이 있으며, 고객이 디지털 플랫폼에 서비스를 요청하면 그 정보를 노동 제공자가 보고 고객에게 서비스를 제공한다.

오답분석

① 그림자 노동(Shadow Work) : 노동을 했지만 보수를 얻지 못하는 무급 활동으로, 비용을 아낄 수 있지만 시간을 할애해야 한다는 단점이 있다. 예를 들어 셀프 주유소, 비대면 거래를 위해 각종 인증 절차를 거쳐야 하는 모바일 뱅킹, 저렴한 상품을 사기 위해 정보 수집을 하는 행위 등이 있다.

③ 워크셰어링(Work Sharing) : 전체 국민경제에서 일의 총량을 되도록 많은 사람에게 분담시켜 실업자를 줄이는 정책 전반을 말한다. 예를 들어 노동시간의 감축, 작업량의 축소, 휴일 · 휴가 증가 등이 있다.

06 정답 ②

ㄱ. 콜금리가 내려가면 대출 이자도 내려가게 되므로 대출량이 많아질 수 있다. 즉, 통화량이 늘어나 신규 투자가 증가한다.
ㄷ. 콜금리가 올라가면 대출 금리도 올라가게 되며, 시중 통화량이 줄어든다.

오답분석

ㄴ. 콜금리가 안정됐다고 경기가 위축되지는 않는다.
ㄹ. 콜금리가 올라가면 은행 대출 이율은 점차 올라간다.

07 정답 ②

오답분석

① 주가지수연계펀드(ELF; Equity Linked Fund) : 채권, 주식 등 기초자산과 옵션을 조합하여 다양한 형태의 수익을 내는 금융상품을 말한다.

③ 주가지수연동예금(ELD; Equity Linked Deposit) : 특정지수를 모방한 포트폴리오를 구성하여 산출된 가격을 상장시킴으로써 주식처럼 자유롭게 거래되도록 설계된 지수상품을 말한다.

④ 주식워런트증권(ELW; Equity Linked Warrant) : 당사자 일방의 의사표시 때문에 특정 주권의 가격 또는 주가지수의 변동과 연계하여 미리 약정된 방법에 따라 주권의 매매 또는 금전을 수수하는 권리가 부여된 증서를 말한다.

08 정답 ④

플랫폼이 갖고 있는 네트워크 효과는 핀테크 관련 사업에서 큰 영향을 미친다. 따라서 소수 과점 형태로 운영되고 있고 특정 영역의 선도사업자만 이를 보유할 수 있는 것이 현재의 상황이다.

09 정답 ①

GDP는 영토를 기준으로, GNP는 국적을 기준으로 총생산을 측정하는 경제 지표이다. 따라서 A영역은 외국인이 국내에서 벌어들인 소득, B영역은 우리나라 국민이 국내에서 벌어들인 소득, C영역은 우리나라 국민이 외국에서 벌어들인 소득을 의미한다.

10 　정답　④

① 출구전략 : 경기 침체기에 경기 부양을 위해 취했던 각종 완화정책을 경제에 부작용 없이 단계적으로 거두어들이는 전략을 말한다.
② 오퍼레이션 트위스트 : 장기국채는 사고 단기국채는 파는 방식으로 금리를 조절하는 공개시장 조작방식을 말한다.
③ 섀도보팅 : 정족수 미달로 주주총회가 무산되지 않도록 하기 위해서 주주가 주주총회에 참석하지 않아도 다른 주주들의 투표 비율을 의안 결의에 그대로 적용하는 제도를 말한다.

11 　정답　④

헤지펀드란 투자 위험 대비 고수익을 추구하는 투기성 자본으로, 소수의 고액투자자를 대상으로 하는 사모 투자자본이다. 다수의 소액투자자를 대상으로 공개모집하는 펀드는 뮤추얼펀드이다.

12 　정답　③

환율이란 한 나라의 통화를 다른 나라 통화와 바꿀 때 적용되는 교환 비율이다. 제시된 그래프를 보면 원화 가치 상승, 환율 인하 추세가 지속되고 있음을 알 수 있다. 따라서 우리나라 돈의 가치는 올라가고, 미국 달러화의 가치는 떨어지고 있는 것이다.

ㄱ. 외화를 우리나라 원화로 환전할 경우, 1달러당 950원 이하로 떨어지고 있으므로 늦출수록 손해를 보게 된다.
ㄹ. 수입 대금을 지불하기 위해 우리나라 원화를 미 달러로 환전할 경우, 원화의 가치가 1달러당 950원 이하로 떨어지고 있으므로 늦출수록 이익을 보게 된다.

13 　정답　②

회계기말에 기업의 순손익을 계산하는 방법은 다음과 같다.
• 재산법 : (기말자본)−(기초자본)＝[순이익('−'인 경우는 순손실)]
• 손익법 : (총수익)−(총비용)＝[순이익('−'인 경우는 순손실)]
휴대 전화 고리 판매액 60,000원(매출액)에서 판매된 휴대 전화 고리 구입액(매출원가) 35,000원을 차감하면 매출총이익이 25,000원이며, 이 금액에서 상품 발송 택배비와 포장비를 차감하면 순이익은 15,000원이다.

14 　정답　①

빅배스(Big Bath)는 과오를 과거의 CEO에게 모두 돌리고 앞으로의 실적향상 등의 긍정적인 요소는 자기의 공으로 돌릴 수 있기 때문에 회사의 CEO가 교체될 때 종종 행해진다.

② 어닝서프라이즈(Earning Surprise) : 발표된 기업의 실적이 예상치를 뛰어넘는 경우를 말한다.
③ 윈도드레싱(Window Dressing) : 기관투자가들이 월말이나 분기 말에 수익률을 높이기 위해 보유 중인 주식을 추가 매수하거나 매도하여 인위적으로 당해 주식의 종가를 관리하는 것을 말한다.
④ 분식회계 : '분식(粉飾)'은 실속 없이 겉만 보기 좋게 꾸민다는 뜻으로, '분식회계'는 회사의 실적을 좋게 보이게 하기 위해 회사의 장부를 조작하는 것을 말한다. 이는 주주와 채권자들의 판단을 왜곡시켜 손해를 끼치기 때문에 법으로 금지되어 있다.

15 정답 ④

기계적 조직은 집권적이며 규칙과 절차가 많고 엄격하다. 반면 유기적 조직은 분권적이며 융통성이 높고 제약이 적은 편이다.

16 정답 ②

오답분석

① 롤링 효과(Rolling Effect) : 채권의 금리수준이 일정하더라도 잔존기간이 짧아지면 그만큼 수익률이 떨어지게 되는데, 이같이 잔존기간이 단축됨에 따라 수익률이 하락하고, 가격은 상승하는 효과를 말한다.
③ 구글 효과(Google Effect) : 구글이 인터넷・IT산업・미디어산업을 넘어 우리 개개인의 삶에까지 미치고 있는 영향력을 말한다.
④ 아마존 효과(Amazon Effect) : 세계 최대의 유통기업인 아마존이 사업을 확장하면 해당 산업을 주도하는 기업들의 주가가 추락하고 투자자들이 패닉에 빠지는 현상을 말한다.

17 정답 ④

오답분석

① 시리 : 2011년 아이폰4S와 함께 세상에 소개된 시리는 지능형 개인 비서 기능을 수행하는 애플의 음성인식서비스로, 자연어 처리를 기반으로 질문에 대한 답변을 추천하거나 웹 검색을 수행한다.
② 씽큐 : 2018년 LG전자가 공개한 G7 씽큐(ThinQ)는 프리미엄 전략 스마트폰으로, 한층 업그레이드된 스마트폰의 핵심 기능과 생활의 편리함을 더한 인공지능(AI)을 담은 것이 특징이다.
③ 빅스비 : 2017년 삼성전자의 갤럭시S8에 탑재되어 공개된 인공지능(AI) 가상 비서로, 텍스트와 터치는 물론 음성까지 인식한다.

18 정답 ③

금융통화위원회는 한국은행의 통화신용정책에 대한 주요 사항을 심의・의결하는 정책결정기구이다.

오답분석

① 중앙경제위원회 : 1946년 5월 미국 군정청 내에 설치되어 우리나라의 경제통제 및 관리를 총괄한 기구이다. 대한민국 정부 수립 이후 중앙경제위원회의 업무는 국무총리 산하의 기획처로 이관되었다.
② 국민경제자문회의 : 국민경제의 발전을 위한 중요정책 수립에 대한 대통령의 자문에 응하기 위하여 설립한 기구로서 1999년 11월에 설립되었다.
④ 정책금융공사 : 한국산업은행의 민영화 과정에서 발생할 수 있는 정책금융 공백에 대한 우려를 해소하고자, 한국산업은행의 정책금융역할을 승계하고 시장친화적인 방식으로 중소기업을 지원하기 위한 목적으로 2009년 설립되었다.

19 정답 ③

ㄱ. KOSPI 지수가 지속적으로 하락하고 있기 때문에 주식시장이 매우 침체되어 있다고 볼 수 있다. 이 경우 주식에 대한 수요와 증권시장의 약세 장세 때문에 주식 발행을 통한 자본 조달은 매우 어려워진다.
ㄷ. 원・달러 환율이 지속적으로 상승하게 되면 원화의 약세로 수출제품의 외국에서의 가격은 달러화에 비해 훨씬 저렴하게 된다. 따라서 상대적으로 외국제품에 비하여 가격 경쟁력이 강화되는 효과가 발생한다.

오답분석

ㄴ. 이자율이 지속적으로 상승하면 대출 금리도 따라 상승하게 되어 기업의 부담이 커지게 되고 이에 따라 기업의 대출 수요는 감소하게 된다.

01 NCS 직업기초능력평가

01	02	03	04	05	06	07	08	09	10	11	12	13	14	15	16				
①	③	④	①	①	③	④	②	④	④	①	①	②	②	④	②				

01 정답 ①

공헌이익을 구하기 위해 제품개수를 a라 가정하고 총변동원가를 구하면 다음과 같다.

$$(매출액) - (제품단위당\ 변동원가) \times (제품개수) - (총고정원가) = (세전이익) = \frac{(세후이익)}{1 - (단일세율)}$$

$$3,000,000 - 800 \times a - 275,000 = \frac{260,000}{1 - 0.2} = 325,000원$$

$\rightarrow 800 \times a = 2,400,000원$

$\therefore a = 3,000개$

총변동원가는 $800 \times 3,000 = 2,400,000$원이고, 공헌이익은 매출액에서 총변동원가를 뺀 금액이다.

$\rightarrow 3,000,000 - 2,400,000 = 600,000원$

$$(공헌이익률) = \frac{(공헌이익)}{(매출액)} \times 100$$

$$\frac{600,000}{3,000,000} \times 100 = 20\%$$

따라서 공헌이익률은 20%이다.

02 정답 ③

제품별 단위 공헌이익은 단위당 판매가격에서 변동원가를 제외한 금액이다.
- K볼펜 : $6,500 - 2,000 = 4,500원$
- A만년필 : $36,000 - 10,000 = 26,000원$
- P연필 : $2,500 - 500 = 2,000원$

또한 제품별 전체 판매수량에서 차지하는 비율은 $2:2:6 = 1:1:3$이며, 각 제품의 손익분기점 판매량을 a, a, $3a$라고 할 경우 손익분기점은 공헌이익과 고정비가 같으므로 다음과 같은 식이 성립한다.

$(4,500 \times a) + (26,000 \times a) + (2,000 \times 3a) = 7,300,000원$

$\rightarrow 36,500 \times a = 7,300,000원$

$\therefore a = 200개$

따라서 제품별 손익분기점 판매량은 K볼펜과 A만년필은 200개이고, P연필은 $3 \times 200 = 600$개이다.

03 　정답　④

1) 샌드위치 가게 운영 시
- 예상매출 : $6{,}000 \times 30 \times 28 \times 12 = 6{,}048$만 원
- 예상비용 : (월세)＋(판매비용)＋(대출이자)
 $= (90만 \times 12) + (2{,}000 \times 30 \times 28 \times 12) + (3{,}000만 \times 0.04)$
 $= 1{,}080만 + 2{,}016만 + 120만$
 $= 3{,}216$만 원
- 순수익 : $6{,}048 - 3{,}216 = 2{,}832$만 원
2) 무역회사를 계속 다닐 시
- 연봉 : 3,500만 원
- 자기자금 예금이자 : $5{,}000만 \times 0.025 = 125$만 원
- 순수익 : $3{,}500 + 125 = 3{,}625$만 원

따라서 무역회사를 계속 다니는 경우가 793만 원 더 이익이다.

04 　정답　①

고슴도치와 거북이가 경주한 거리는 다음과 같은 두 가지 방법으로 구할 수 있다.
1) 고슴도치의 속력과 걸린 시간(경현이의 예상시간, 30초)을 곱하여 거리를 구한다.
 $3 \times 30 = 3 \times \dfrac{30}{60} = 1.5$m
2) 거북이의 속력과 걸린 시간(영수의 예상시간, 2.5분)을 곱하여 거리를 구한다.
 $3 \times \dfrac{1}{5} \times 2.5 = 0.6 \times 2.5 = 1.5$m

따라서 고슴도치와 거북이가 경주한 거리는 1.5m이다.

05 　정답　①

제시된 수열은 $\times(-1)$과 ＋(4의 배수)를 번갈아 반복하는 수열이다.
따라서 (　　)$=(-1) \times (-1) = 1$이다.

06 　정답　③

홀수 항은 ÷2, 짝수 항은 ÷4가 적용되는 수열이다.
따라서 (　　)$= 20 \div 4 = 5$이다.

07 　정답　④

앞의 항에 5의 제곱수(5^0, 5^1, 5^2, 5^3, 5^4, 5^5, $\cdots$)를 계속 더하는 수열이다.
따라서 (　　)$= 38 + 5^3 = 38 + 125 = 163$이다.

08 　정답　②

(앞의 항)$\times 3 - 2 =$(뒤의 항) 규칙을 적용하는 수열이다.
따라서 (　　)$= 34 \times 3 - 2 = 100$이다.

09 정답 ④

앞의 항에 각 자리 숫자를 합한 값을 뺀 수열이다.
따라서 (   )＝36－(3+6)＝27이다.

10 정답 ④

앞의 항에 각 자리 숫자를 합한 값을 더하는 수열이다.
따라서 (   )＝115+(1+1+5)＝122이다.

11 정답 ①

나열된 수를 각각 A, B, C라고 하면 다음과 같은 식이 성립한다.
$\underline{A\ B\ C} \rightarrow A+B=C$
따라서 (   )＝4+7＝11이다.

12 정답 ①

(앞의 항)－(12의 배수)＝(뒤의 항) 규칙을 적용하는 수열이다.

426	→	414	→	390	→	354	→	306	→	(246)
	−12		−24		−36		−48		−60	

따라서 (   )＝306－12×5＝246이다.

13 정답 ②

계차수열은 인접하는 항의 차로 이루어진 수열이다. 항 사이의 차이를 나열해 보면 6, 11, 21, 36이다.
여기서 규칙을 찾으면 5의 배수를 더한 값이다.

13	→	19	→	30	→	51	→	87	→	(143)
	+6	→	+11	→	+21	→	+36	→	+56	
		+5		+10		+15		+20		

따라서 (   )＝87+36+(5×4)＝143이다.

14 정답 ②

K씨가 원화로 환전했다고 했으므로 '현찰 팔 때'의 환율로 계산해야 한다.
엔화 환율 차이로 얻은 수익은 다음과 같다.

$(1{,}004.02-998)\times800{,}000\times\dfrac{1}{100}$

→ 6.02×8,000＝48,160원
미국 USD 달러도 똑같은 수익이 났다고 했으므로 2주 전 현찰 살 때의 환율(x)은 다음과 같다.
$(1{,}110.90-x)\times7{,}000=48{,}160$
→ $1{,}110.90-x=6.88$
∴ $x=1{,}104.02$
따라서 2주 전 달러 환율은 1,104.02원/달러이다.

15 정답 ④

금리 인하, 재할인율 인하, 지급준비율 인하는 시장의 통화량을 늘리려는 방법이므로 통화량과 서로 반비례 관계이다. 따라서 중앙은행이 금리, 재할인율, 지급준비율을 인하하면 시장의 통화량은 늘고, 반대로 인상할 경우에는 시장의 통화량이 줄어든다.

16 정답 ②

조건에 따라 배정된 객실을 정리하면 다음과 같다.

301호	302호	303호	304호
C, D, F사원(영업팀) / H사원(홍보팀)			
201호	202호	203호	204호
–	사용 불가	–	–
101호	102호	103호	104호
I사원	A사원(영업팀) / B, E사원(홍보팀)		

※ 홍보팀 G사원은 201, 203, 204호 중 한 곳에 묵음

먼저 주어진 조건에 따르면 A, C, D, F사원은 영업팀이며, B, E, G, H사원은 홍보팀임을 알 수 있다.
첫 번째와 네 번째 조건에 따르면 3층의 한 객실에는 반드시 홍보팀 직원이 묵어야 하는데 세 번째 조건과 다섯 번째 조건에 따라 3층 객실을 사용하는 홍보팀 직원은 H사원임을 알 수 있다. 또한 홍보팀 G사원은 H사원 바로 아래층 객실에 묵어야 한다는 조건에 따라 G사원은 반드시 2층 객실을 사용해야 한다. 따라서 '홍보팀 G사원이 2층에 묵는다.'는 항상 참이다.

오답분석

① 주어진 조건만으로는 I사원의 소속팀을 확인할 수 없으므로 워크숍에 참석한 영업팀의 직원 수는 정확히 알 수 없다.
③ 주어진 조건만으로는 C사원이 사용하는 객실 호수와 2층 객실을 사용하는 G사원의 객실 호수를 정확히 알 수 없으므로 항상 참이 될 수 없다.
④ 1층 객실을 사용하는 A, B, E, I사원을 제외한 C, D, F, G, H사원은 객실에 가기 위해 반드시 엘리베이터를 이용해야 한다. 따라서 이들 중 C, D, F사원은 영업팀이므로 영업팀의 수가 더 많다.

01	02	03	04	05	06	07	08	09	10	11	12	13	14	15	16	17	18	19	20
①	②	①	③	②	④	③	④	②	①	③	③	④	④	②	④	③	④	②	③

01 　정답　①

마찰적 실업이란 이직을 하는 과정에서 일시적으로 발생하는 실업을 의미한다. 마찰적 실업은 경기침체로 인해 발생하는 비자발적 실업이 아닌 자발적 실업이며, 경기변동 과정에서 발생하는 경기적 실업이나 특정 산업의 침체 등으로 발생하는 구조적 실업과는 구분된다.

오답분석

② 계절적 실업 : 계절적 요인에 의해 발생하는 실업으로, 계절에 따라 고용 기회가 줄어들면서 발생한다.
③ 구조적 실업 : 산업구조의 변화로 발생하는 장기적・대량적・만성적 실업으로, 기술의 발전으로 인해 어떤 산업이 장기적으로 사양화됨에 따라 해당 산업 노동자들의 실업이 발생한다.
④ 경기적 실업 : 경기 변동 과정에서 생기는 실업 형태로, 경기침체에 수반하여 발생하는 비자발적 실업을 의미한다.

02 　정답　②

DSR(Debt Service Ratio)은 총부채원리금상환비율의 약자로, 대출을 받으려는 사람의 총소득에서 금융부채의 원리금 상환액이 차지하는 비율을 말한다.

오답분석

① DST(Debt Service Ratio) : 주택담보대출의 원리금 상환액과 더불어 모든 금융권의 대출 원리금을 반영한 것을 의미한다.
③ LTV(Loan To Value ratio) : 주택의 담보가치에 따른 대출금의 비율인 주택담보대출비율을 의미한다.
④ DTI(Debt To Income) : 연간 총소득에서 금융회사에 갚아야 하는 주택담보대출의 원금과 이자가 차지하는 비율인 총부채상환비율을 의미한다.

03 　정답　①

셰일가스는 오랜 세월 모래와 진흙이 쌓여 형성된 퇴적암에 매장되어 있는 천연가스이다. 과거 기술적 제약으로 인해 오랫동안 채굴이 이루어지지 못했으나, 새로운 시추공법의 개발을 통해 생산성을 확보함에 따라 미래의 새로운 에너지원으로 주목받고 있다.

04 　정답　③

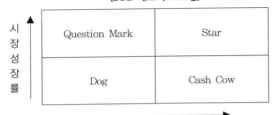

〈BCG 매트릭스 모형〉

- Star(별) : 시장점유율과 성장성이 모두 좋아 전망이 밝은 사업
- Question Mark(물음표) : 시장점유율이 낮아 불안정한 수익을 보이지만, 성장률은 높아 전망을 쉽게 예측하기 어려운 사업
- Dog(개) : 시장점유율과 성장률이 모두 낮은 사양사업
- Cash Cow(자금젖소) : 시장점유율이 높아 지속적인 수익을 가져다주지만, 시장의 성장가능성은 낮은 사업

05 정답 ②

로보어드바이저(Robo-adviser)란 로봇(Robot)과 전문 자산운용가를 의미하는 어드바이저(Advisor)의 합성어로, 컴퓨터 인공지능으로 이루어진 소프트웨어 알고리즘을 통해 고객의 포트폴리오를 구성하고 관리하는 온라인 자산관리 서비스를 일컫는다.

06 정답 ④

오답분석

① 앰부시마케팅 : 교묘히 규제를 피해 가는 마케팅 전략
② 노이즈마케팅 : 상품을 각종 구설에 휘말리도록 하여 소비자들의 이목을 집중시키고, 이를 통해 판매를 늘리려는 마케팅 전략
③ 마이크로마케팅 : 상권 내 소비자들의 특성, 취향, 생활양식 등에 대한 종합적 자료를 활용하여 지역 소비자의 욕구를 충족시키려는 마케팅 전략

07 정답 ③

영화 아이언맨에 등장하는 자비스는 주인공인 토니 스타크의 옆에서 도움을 주는 인공지능 비서로, 아이언맨의 일정을 관리하고 집안의 사물들을 제어하며 실제 인격체와 같이 다른 사람과 대화를 하기도 한다.

08 정답 ④

오답분석

① 시리 : 애플 AI
② 코타나 : 마이크로소프트 AI
③ 어시스턴트 : 구글 AI

09 정답 ②

오답분석

① 승수효과 : 정부 지출을 늘릴 경우, 지출한 금액보다 많은 수요가 창출되는 현상
③ 구축효과 : 정부가 지출을 늘려도 총수요가 늘어나지 않는 현상
④ 분수효과 : 저소득층의 소비 증대가 전체 경기를 부양시키는 현상

10 정답 ①

미국의 재테크 전문가 데이비드 바흐(David Bach)가 쓴 책에서 처음 소개되어 알려진 개념으로, 하루에 카페라테 한 잔씩 마시는 돈을 절약하여 목돈을 마련한다는 의미를 담고 있다. 데이비드 바흐에 의하면 카페라테 한 잔의 가격을 약 4달러(약 4,200원)로 가정하고 이를 30년 이상 저축하면 약 18만 달러(약 2억 원) 이상의 목돈을 마련할 수 있다.

11 정답 ③

오답분석

① 안정형 펀드 : 주식편입비율 30% 이내의 상품으로 원금손실 가능성이 거의 없거나 확정금리를 지급하는 상품을 말한다.
② 안정성장형 펀드 : 주식편입비율 50% 내외인 상품으로 성장형에 비해 주가 상승 시 수익률 상승 폭은 작지만 주가 하락 시 급격한 수익률 하락을 방지할 수 있다.
④ 자산배분형 펀드 : 주식, 채권, 파생상품, 인프라 등 여러 자산에 분산투자하는 상품으로 시장 변동성의 영향을 덜 받으면서도 안정적인 수익을 낼 수 있다.

12 정답 ③

젠트리피케이션(Gentrification)이란 낙후됐던 구도심이 재건축 등으로 인해 환경이 변하고 활성화되자 중산층 이상의 사람들이 유입되면서 주거비용이 상승하고, 이를 감당할 수 없는 주민들이 다른 지역으로 내몰리는 현상을 말한다. 2000년대 이후 서울의 서촌, 망원동, 상수동, 삼청동 등에서 젠트리피케이션 현상이 나타나고 있다.

13 정답 ④

네덜란드병은 천연가스·석유 등 보유한 천연자원의 가격 상승으로 급성장을 이룬 국가가 이후 물가 상승 및 환율 하락 등으로 경쟁력을 잃고 경기침체를 맞는 현상을 의미하며, '자원의 저주'라고 불리기도 한다. 이는 1950년대 말 대규모 천연가스로 막대한 수입을 올렸지만, 이후 극심한 경제적 침체를 맞은 네덜란드의 사례에서 유래하였다.

14 정답 ④

리보금리(London Inter-Bank Offered Rate)란 국제금융시장의 중심지인 영국 런던의 은행 등 금융기관끼리 단기자금을 거래할 때 적용하는 금리를 지칭하였으나, 현재는 고유명사화되어 각 시장의 이름을 붙여 함께 사용되며 뉴욕의 리보금리가 세계 각국의 국제 간 금융거래에 기준금리로 활용되고 있다.

오답분석

① 리비드(LIBID) : 런던은행 간 자금시장에서 자금 수요 측이 제시하는 금리
② 코픽스(COFIX) : 국내 은행연합회가 발표하는 은행권 자금조달비용지수로, 주택담보대출의 기준금리
③ 콜금리(Call Rate) : 금융기관 간에 이루어지는 단기간의 자금 거래에서 적용되는 금리

15 정답 ②

브룸(Vroom)은 개인의 동기화 정도가 기대, 수단, 유인가에 따라 결정된다고 보았다. 개인의 노력은 노력의 결과 성과가 주어질 것이라는 신념, 즉 기대에 의해 좌우된다는 것이다. 따라서 노력에 대한 성과가 주어지지 않는다면 그 행동에 대한 동기가 작용하지 않으므로 사람들은 더 이상 노력하지 않게 된다. 또한 브룸은 사람마다 성과에 대한 선호가 다르므로 어떤 보상이 주어지느냐에 따라 동기화 정도도 달라진다고 주장했다.

16 정답 ④

앱투앱(App to App) 결제는 카드 결제 시스템을 관리하는 중개업체를 거쳐야 하는 신용카드나 체크카드와 달리, 중개업체를 거치지 않고 스마트폰 앱을 통해 소비자와 판매자가 직접 연결되는 결제 시스템을 말한다.

17 정답 ③

매파는 자신의 이념과 주장을 관철하기 위해 상대방과 타협하지 않고, 강경히 사태에 대처하려는 사람들을 말한다.

오답분석

① 올빼미파 : 어떤 분쟁에 있어서 판단을 미루면서 사태의 진전을 지켜보는 경향을 가진 사람들
④ 비둘기파 : 정책을 추진하는 면에서 성향이 부드럽고 평화적이며 온건한 세력

18 정답 ④

오답분석

① 대체탄력성 : 생산량을 일정한 수준에 유지한 상태에서 생산요소 간 대체 정도를 나타내는 지표
② 공급탄력성 : 상품의 가격이 변화할 때, 그에 대한 공급량이 얼마나 변화하느냐를 나타내는 지표
③ 소득탄력성 : 소비자의 소득이 변화했을 때, 재화나 서비스의 수요량에 어떤 변화를 주는가를 보여주는 지표

19 정답 ②

RBC(Risk-Based Capital)란 위험기준자기자본제도로 보험·금리·신용 등 보험사가 가진 각종 위험을 정밀히 측정해 손실이 발생했을 경우 이에 상응하는 자기자본을 보유하도록 요구하는 제도이다.

오답분석

① RAAS(Risk Assessment and Application System) : 보험회사 경영활동에 수반되는 리스크의 규모 및 관리능력을 계량적이고 체계적으로 평가하고, 취약부문을 발굴하여 감독 및 검사업무에 활용하는 선진화된 금융감독시스템
③ ALM(Asset and Liability Management) : 자산과 부채의 구조를 조정함으로써 금융회사의 리스크 대비 수익을 최적화하여 회사의 가치를 극대화하려는 일련의 관리 활동
④ RADARS(Risk Assessment and Dynamic Analysis Rating System) : 은행의 영업활동을 세분화하고, 부문별 리스크를 상시 평가하여 취약 부분에 감독·검사 역량을 집중하는 리스크 중심 감독 수단의 하나

20 정답 ③

NFC(Near Field Communication)는 13.56MHz 대역의 주파수를 사용하여 약 10cm 이내의 근거리에서 데이터를 교환할 수 있는 비접촉식 무선통신 기술로, 다양한 분야에서 활용될 수 있다.

오답분석

① WLAN(Wireless LAN) : 기존 케이블 대신에 전파를 이용해 컴퓨터 간의 네트워크를 구축하는 방식
② 블루투스(Bluetooth) : 휴대폰, 노트북 등의 휴대기기를 서로 연결해 정보를 교환하는 근거리 무선 기술 표준
④ MST(Magnetic Secure Transmission) : 마그네틱 신용카드가 정보를 무선으로 전송시켜 결제하는 마그네틱 보안 전송 방식

10 2018년 상반기 기출복원문제

01 직무수행능력평가

01	02	03	04	05	06	07	08	09	10	11	12	13	14	15	16				
④	④	④	②	③	①	③	①	①	②	①	④	①	①	③	④				

01 정답 ④

자본자산가격결정모형(CAPM)이란 자산의 균형가격이 어떻게 결정되어야 하는지를 설명하는 이론으로, 구체적으로 자본시장이 균형상태가 되면 위험과 기대수익률 사이에 어떤 관계가 성립하는지 설명하는 이론이다.

> **CAPM의 가정**
> • 모든 투자자는 위험회피형이며, 기대효용을 극대화할 수 있도록 투자한다.
> • 모든 투자자는 평균 – 분산 기준에 따라 투자한다.
> • 모든 투자자의 투자기간은 단일기간이다.
> • 자신의 미래수익률 확률분포에 대하여 모든 투자자가 동질적으로 기대한다.
> • 무위험자산이 존재하며, 모든 투자자는 무위험이자율로 제한 없이 차입, 대출이 가능하다.
> • 세금, 거래비용과 같은 마찰적 요인이 없는 완전자본시장을 가정한다.

02 정답 ④

체계적 위험(Systematic Risk)이란 경제성장률, 이자율, 인플레이션, 환율, 국제유가 등 경제 전반에 영향을 미치는 요인들의 변동에 따른 위험을 말한다. 이는 모든 주식에 공통적으로 영향을 미치기 때문에 여러 주식으로 포트폴리오를 구성해서 투자해도 제거할 수 없다.

03 정답 ④

최저임금제는 정부가 노동시장에 개입하여 임금의 최저수준을 정하는 가격하한제의 한 예이다. 가격하한제란 시장가격보다 높은 수준에서 최저가격을 설정하는 가격규제 방법이다. 최저임금이 시장균형 임금보다 높은 수준에서 책정되면 노동시장에서 초과공급이 발생하고 그만큼의 비자발적 실업이 발생하게 된다. 이 경우 이미 고용된 노동자들은 혜택을 받을 수 있지만 취업 준비생들은 계속 실업자로 남을 가능성이 크다.

04 정답 ②

재화의 특성에 따른 분류를 정리하면 다음과 같다.

구분	경합성	비경합성
배제성	사적재	요금재
비배제성	공유재	공공재

따라서 공유지의 비극현상이 나타나기 쉬운 재화는 공유재에 해당된다. 이와 같이 경합성은 있지만 배제성이 없는 재화로는 목초지나 바다어장과 같은 공유지가 있다.

05 정답 ③

불확실한 상황에서 지혜의 재산의 기대 수익과 기대효용을 계산해보면 각각 다음과 같다.

- $E(X) = \left(\dfrac{3}{10} \times 400\right) + \left(\dfrac{7}{10} \times 900\right) = 120 + 630 = 750$

- $E(U) = \left(\dfrac{3}{10} \times \sqrt{400}\right) + \left(\dfrac{7}{10} \times \sqrt{900}\right) = 6 + 21 = 27$

재산의 크기가 900만 원이고, 재산의 기대 수익이 750만 원이므로 기대손실액(Pl)은 150만 원($=0.3 \times 500$)이다. 이제 불확실한 상황에서와 동일한 효용을 얻을 수 있는 확실한 현금의 크기인 확실성등가(CE)를 구하면 $\sqrt{CE} = 27$이므로 CE$=729$만 원임을 알 수 있다. 이를 그래프로 나타내면 다음과 같다.

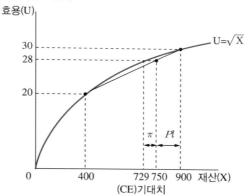

따라서 지혜가 지불할 용의가 있는 최대 보험료는 기대손실액(Pl)과 위험프리미엄(π)을 합한 171만 원이다.

06 정답 ①

- (유동비율)$=$[(유동자산)$\div$(유동부채)]$\times 100 = (100 \div 50) \times 100 = 200\%$
- (당좌비율)$=$[(당좌자산)$\div$(유동부채)]$\times 100 =$[(유동자산)$-$(재고자산)]$\div$(유동부채)$\times 100 = 80 \div 50 \times 100 = 160\%$
- (부채비율)$=$[(부채)$\div$(자기자본)]$\times 100 = (100 \div 100) \times 100 = 100\%$
- (자기자본비율)$=$[(자기자본)$\div$(총자산)]$\times 100 = (100 \div 200) \times 100 = 50\%$
- [총자산순이익률(ROA)]$=$[(당기순이익)$\div$(총자산)]$\times 100 = (10 \div 200) \times 100 = 5\%$

따라서 유동비율이 50%라는 ①은 옳지 않다.

07 정답 ③

재고자산회전율이 산업평균보다 낮은 경우 재고부족으로 인한 기회비용이 나타난다.

08　정답 ①

㉠ 인과의 오류 : 어떤 현상의 선후관계와 인과관계를 혼동하여 서로 무관한 사실을 관련짓는 오류
㉡ 구성의 오류 : 어떤 원리가 부분에서는 성립하는 경우 이를 전체로 확장하면 성립하지 않는 경우에 발생하는 오류

오답분석
• 강조의 오류 : 문장의 어느 한 부분을 강조하여 발생하는 오류

09　정답 ①

통화가 공급되면 단기적으로 유동성효과로 금리를 떨어뜨리나 중장기적으로 소득효과와 피셔효과로 인해 금리가 상승한다.

10　정답 ②

오답분석
① 표면이자율이 낮을수록 현재로부터 가까운 시점에 발생하는 현금흐름의 비중이 상대적으로 적어지고 현재로부터 먼 시점에 발생하는 현금흐름의 비중이 상대적으로 많아지므로, 이자율 변동에 따른 가격변동률이 크게 나타난다.
③ 채권가격은 시장이자율과 역의 관계이므로 시장이자율이 상승하면 채권가격은 하락하고, 시장이자율이 하락하면 채권가격은 상승한다.
④ 만기가 정해진 상태에서 이자율 하락으로 인한 채권가격 상승폭이 이자율의 상승으로 인한 채권가격 하락 폭보다 크다.

11　정답 ①

㉠ 범위의 경제(Economies of Scope) : 한 기업이 두 가지 이상의 상품을 동시에 생산함으로써 하나의 상품만을 생산하는 기업보다 낮은 비용으로 생산할 수 있는 경우
㉡ 규모의 경제(Economies of Scale) : 하나의 재화를 생산할 때 많은 양을 생산할 경우 이로 인해 평균 생산비용이 하락하는 현상

12　정답 ④

일물일가의 법칙을 가정하는 구매력 평가설에 따르면 두 나라에서 생산된 재화의 가격이 동일하므로 '명목환율'은 두 나라의 '물가수준'의 비율로 나타낼 수 있다. 한편, 구매력 평가설이 성립하면 '실질환율'은 불변한다.

13　정답 ①

오답분석
② 핑크슬립 : 미국에서 해고통지를 뜻하는 말로, 20세기 초에 분홍색 종이에 해고통지서를 인쇄한 것에서 유래한 용어
③ ASP : 애플리케이션 서비스 임대를 뜻하는 말로, 네트워크를 통해 각종 응용 프로그램을 공급하는 사업
④ SaaS : 소프트웨어의 기능 중 유저가 필요로 하는 것만을 서비스로 배포해 이용이 가능하도록 한 소프트웨어의 배포형태

14　정답 ①

온디맨드 경제(On-Demand Economy)는 플랫폼과 기술력을 가진 회사가 수요자의 요구에 즉각적으로 대응하여 서비스 및 제품을 제공하는 경제 전략 혹은 활동을 일컫는다.

15 정답 ③

DSR(Debt Service Ratio)은 주택대출 원리금 외에 모든 신용대출 원리금을 포함한 총대출 상환액이 연간 소득액에서 차지하는 비중으로, DSR은 대출의 원리금뿐만 아니라 모든 대출의 원금과 이자를 모두 더한 원리금 상환액으로 대출 상환 능력을 심사한다.

오답분석

① DTI(Debt To Income) : 주택담보대출의 연간 원리금의 상환액과 기타 부채에 대해 연간 상환한 이자의 합을 연소득으로 나눈 비율
② LTV(Loan To Value ratio) : 주택을 담보로 돈을 빌릴 때 인정되는 자산가치의 비율
④ CDS(Credit Default Swap) : 부도가 발생하여 채권이나 대출 원리금을 돌려받지 못할 위험에 대비한 신용파생상품

16 정답 ④

오답분석

① 사베이즈 – 옥슬리법 : 전 세계적으로 영향을 미치고 있는 미국의 기업 회계 개혁 및 투자 보호법
② 글래스 – 스티걸법 : 상업은행에 관한 법률로서 서로 다른 금융업종 간에 상호진출을 금함
③ 잡스법 : 신생기업들의 자금 조달을 용이하게 하여 일자리를 창출하기 위한 목적의 미국의 신생기업 지원법

얼마나 많은 사람들이 책 한 권을 읽음으로써
인생에 새로운 전기를 맞이했던가.

- 헨리 데이비드 소로 -

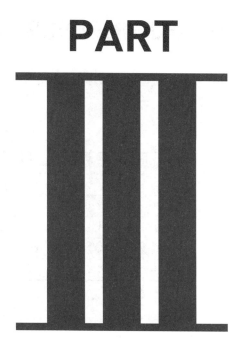

PART III

주요 금융권 NCS
기출복원문제
정답 및 해설

01	02	03	04	05	06	07	08	09	10	11	12	13	14	15	16	17	18	19	20
④	③	④	①	③	④	③	②	④	③	④	④	③	②	②	④	④	①	④	②
21	22	23	24	25	26	27	28	29	30	31	32	33	34	35	36	37	38	39	40
①	②	③	③	④	④	②	②	②	③	④	⑤	⑤	④	③	⑤	④	③	②	⑤
41	42	43	44	45	46	47	48	49	50	51	52	53	54	55	56	57	58	59	60
④	②	③	④	①	③	③	③	②	③	③	③	①	②	④	①	③	②	②	②

01 정답 ④

마지막 문단에 따르면 KB스타뱅킹 요금제 이용 고객은 최대 24개월 동안 최대로 할인받을 경우 월 2만 200원에 통신 서비스를 이용할 수 있다.

오답분석

① 두 번째 문단의 'KB스타뱅킹은 KB금융그룹 계열사의 70여 개의 서비스를 한 번에 제공하고 있어'라는 내용을 통해 확인할 수 있다.

② 세 번째 문단에 따르면 기존에 사용하던 입출금계좌를 모임통장으로 변환할 수 있다. 하지만 신규고객인 경우 입출금계좌가 없기 때문에 이 방식을 이용할 수 없다.

③ 네 번째 문단에 따르면 KB스타뱅킹 홈화면 하단 KB모임통장 공간을 통해 모임원을 초대할 수 있음은 물론, 정기회비 설정과 거래내역 확인도 손쉽게 처리할 수 있다.

02 정답 ③

제시문은 공동주택 관리 방식에 대한 글이다. 먼저 공동주택 관리의 중요성을 언급하는 (다) 문단이 오는 것이 적절하며, 이러한 공동주택 관리 방식의 선택에 따른 영향을 설명하는 (라) 문단이 그 뒤에 오는 것이 적절하다. 이어서 두 가지 공동주택 관리인 자치관리 방식과 위탁관리 방식을 각각 설명하는 (마) 문단과 (나) 문단이 차례대로 오는 것이 적절하며, 마지막으로 공동주택 관리 방식에 대한 의사결정의 중요성이 증가하고 있다는 (가) 문단 순으로 나열하는 것이 적절하다.

03 정답 ④

문의를 요청한 회사는 SB3 등급에 해당하므로, 1.5%의 보증료율을 적용받는다. 또한 일부 해지 기준 미충족에 해당하므로 0.4%p가 가산되며, 혁신형 중소기업에 지정되어 0.1%p를 차감받는다.

해당 조건을 적용하면 보증료는 $100억 \times (0.015 + 0.004 - 0.001) \times \frac{90}{365} ≒ 4,438만$ 원이다.

따라서 해당 회사의 보증료는 1백만 원 미만을 절사한 4,400만 원이다.

04 정답 ①

가. 최종 적용 보증료율은 $1.7+0.2+0.5=2.4\%$이지만, 대기업의 상한선 2.3%를 적용받는다.

그러므로 보증료는 $150억 \times 0.023 \times \dfrac{365}{365} = 34,500$만 원이다.

나. 최종 적용 보증료율은 $1.7+0.4-0.2=1.9\%$를 적용받는다.

그러므로 보증료는 $150억 \times 0.019 \times \dfrac{365}{365} = 28,500$만 원이다.

다. 최종 적용 보증료율은 $1.3-0.3-0.2=0.8\%$를 적용받는다.

그러므로 보증료는 $100억 \times 0.008 \times \dfrac{219}{365} = 4,800$만 원이다.

따라서 보증료가 높은 순서대로 정렬하면 '가 – 나 – 다'이다.

05 정답 ③

- 일비 : $2만 \times 3 = 6만$ 원
- 항공운임 : $100만 \times 2 = 200만$ 원
- 철도운임 : $7만 \times 2 = 14만$ 원
- 자가용승용차운임 : $20만 \times 3 = 60만$ 원
- 숙박비 : $15만 \times 2 = 30만$ 원
- 식비 : $2.5만 \times 3 = 7.5만$ 원

따라서 A부장이 받을 수 있는 최대 여비는 $6+200+14+60+30+7.5=317.5$만 원이다.

06 정답 ④

- 가군
  - 일비 : $2만 \times 2 = 4만$ 원
  - 선박운임 : $50만 \times 1 = 50만$ 원
  - 버스운임 : $1,500 \times 2 = 3,000$원
  - 숙박비 : $15만 \times 1 = 15만$ 원
  - 항공운임 : $100만 \times 1 = 100만$ 원
  - 철도운임 : $7만 \times 2 = 14만$ 원
  - 자가용승용차운임 : $20만 \times 2 = 40만$ 원
  - 식비 : $2.5만 원 \times 2 = 5만$ 원

  그러므로 $4+100+50+14+0.3+40+15+5=228$만 3천 원이다.

- 나군
  - 일비 : $2만 \times 2 = 4만$ 원
  - 선박운임 : $20만 \times 1 = 20만$ 원
  - 버스운임 : $1,500 \times 2 = 3,000$원
  - 숙박비 : $7만 \times 1 = 7만$ 원
  - 항공운임 : $50만 \times 1 = 50만$ 원
  - 철도운임 : $7만 \times 2 = 14만$ 원
  - 자가용승용차운임 : $20만 \times 2 = 40만$ 원
  - 식비 : $2만 \times 2 = 4만$ 원

  그러므로 $4+50+20+14+0.3+40+7+4=139$만 3천 원이다.

- 다군
  - 일비 : $2만 \times 2 = 4만$ 원
  - 선박운임 : $20만 \times 1 = 20만$ 원
  - 버스운임 : $1,500 \times 2 = 3,000$원
  - 숙박비 : $6만 \times 1 = 6만$ 원
  - 항공운임 : $50만 \times 1 = 50만$ 원
  - 철도운임 : $3만 \times 2 = 6만$ 원
  - 자가용승용차운임 : $20만 \times 2 = 40만$ 원
  - 식비 : $2만 \times 2 = 4만$ 원

  그러므로 $4+50+20+6+0.3+40+6+4=130$만 3천 원이다.

따라서 영업팀이 받는 총여비는 $228.3+139.3+130.3=497$만 9천 원이다.

07 정답 ③

그래프의 기울기가 클수록 환율 변동 폭이 크다. 따라서 증가 폭이 가장 큰 시기인 2023년 11월과 2023년 12월 사이에 원/100엔 환율이 가장 큰 폭으로 증가하였다.

오답분석
① 원/100엔 환율이 가장 높은 달은 2023년 12월이고, 환율은 100엔당 약 920원이다.
② 원/100엔 환율이 가장 낮은 달은 2023년 11월이고, 환율은 100엔당 약 860원 미만이다.
④ 그래프의 기울기가 클수록 환율 변동 폭이 크므로, 감소 폭이 가장 큰 시기인 2023년 10월과 2023년 11월 사이에 원/100엔 환율이 가장 큰 폭으로 감소하였다.

08 정답 ②

2023년 9월에 100만 원을 달러로 환전한 후 같은 금액을 2023년 12월에 원화로 환전한다.

- 2023년 9월 원화에서 달러로 환전 : $1,000,000 \times \dfrac{1달러}{1,327원} ≒ 753.6달러$

- 2023년 12월 달러에서 원화로 환전 : $753.6달러 \times \dfrac{1,302원}{1달러} ≒ 981,000원$

따라서 손해를 본 금액은 $1,000,000 - 981,000 = 19,000원$이다.

09 정답 ④

두 번째 문단의 '꼭 필요한 부위에만 접착제와 대나무 못을 사용하여 목재가 수축·팽창하더라도 뒤틀림과 휘어짐이 최소화될 수 있도록 하였다.'라는 문장을 볼 때, 접착제와 대나무 못을 사용하면 수축과 팽창이 발생하지 않게 된다는 내용은 적절하지 않다.

10 정답 ③

최우수상을 받으려면 4과목의 평균 점수가 85점 이상이어야 하므로 총점은 $85 \times 4 = 340점$ 이상이어야 한다.
따라서 갑돌이는 최소 $340 - (70 + 85 + 90) = 95점$을 받아야 한다.

11 정답 ④

D는 부양능력이 있는 며느리와 함께 살고 있으므로 기초생활수급자 선정 기준에 해당하지 않는다.

오답분석
① A의 소득인정액은 $(100 - 20) + 12 = 92만$ 원인데, 이는 3인 가구의 최저생계비인 94만 원보다 적으므로 기초생활수급자에 해당한다.
② B의 소득인정액은 $(0 - 30) + 36 = 6만$ 원인데, 이는 1인 가구의 최저생계비인 42만 원보다 적으므로 기초생활수급자에 해당한다 (가구 수 산정 시 부양의무자가 아닌 조카는 제외).
③ C의 소득인정액은 $(80 - 22) + 24 = 82만$ 원인데, 이는 3인 가구의 최저생계비인 94만 원보다 적으므로 기초생활수급자에 해당한다.
⑤ E의 소득인정액은 $(60 - 30) + 36 = 66만$ 원인데, 이는 2인 가구의 최저생계비인 70만 원보다 적으므로 기초생활수급자에 해당한다.

12 정답 ④

'-별'은 명사 뒤에 붙어 '그것에 따른'의 뜻을 더하는 접미사이다. 따라서 앞말과 붙여 쓰는 것이 올바른 표기법이므로, '분기 별'이 아닌 '분기별'로 표기되어야 한다.

① 새 가족 : '새'는 이전의 것이 아닌 처음 생기거나 다시 생긴 또는 사용하거나 구매한 지 얼마 안 된 것을 뜻하는 관형사로 사전에 한 단어로 등재된 새해, 새집, 새것, 새댁 등을 제외하고는 원칙적으로 뒷말과 띄어 쓰므로 올바르게 표기되었다.
② 만 8세 : 나이 앞에 쓰이는 '만'은 정해진 시기나 햇수가 꽉 참을 뜻하는 관형사로 뒷말과 띄어 써야 하므로 올바르게 표기되었다.
③ 제2의 : 어떠한 숫자에 해당하는 차례 또는 순서의 뜻을 더하는 접두사인 '제-'는 뒷말과 붙여 써야 하므로 올바르게 표기되었다.

13 정답 ③

생일 주인공인 지영이가 먹은 케이크 조각이 가장 크고, 민지가 먹은 케이크 조각은 가장 작지도 않고 두 번째로 작지도 않으므로 민지는 세 번째 또는 네 번째로 작은 케이크를 먹었을 것이다. 이때 재은이가 먹은 케이크 조각은 민지가 먹은 케이크 조각보다 커야 하므로 민지는 세 번째로 작은 케이크 조각을, 재은이는 네 번째로 작은 케이크 조각을 먹었음을 알 수 있다. 또한 정호와 영재의 관계에서 영재의 케이크 조각이 가장 작음을 알 수 있다. 따라서 먹은 케이크 조각의 크기가 작은 순서대로 나열하면 '영재 – 정호 – 민지 – 재은 – 지영'이다.

14 정답 ②

ㄱ. 강점인 공공기관으로서의 신뢰성을 바탕으로 해외 개발 사업에 참여하는 것은 강점을 살려 기회를 포착하는 SO전략으로 적절하다.
ㄷ. 약점인 환경파괴를 최소화하는 방향의 환경친화적 신도시 개발은 약점을 보완하여 기회를 포착하는 WO전략으로 적절하다.

ㄴ. 국토개발로 인한 환경파괴라는 약점과 환경보호 단체 등과의 충돌을 겪고 있는 위험을 고려했을 때 적절한 전략으로 볼 수 없다.
ㄹ. 환경보호 단체나 시민 단체와의 충돌을 규제 강화라는 강압적 방법으로 해결하는 것은 적절한 전략으로 볼 수 없으며, 공공기관의 역할 수행으로도 볼 수 없다.

15 정답 ②

전체 투자 가격을 a라 하면, A, B, C주식에 투자한 금액은 각각 0.3a, 0.2a, 0.5a이다.
• A주식 최종 가격 : $0.3a \times 1.2 = 0.36a$
• B주식 최종 가격 : $0.2a \times 1.4 = 0.28a$
• C주식 최종 가격 : $0.5a \times 0.8 = 0.4a$
따라서 A, B, C주식의 최종 가격 총합은 1.04a이므로, 투자 대비 4%의 이익을 보았다.

16 정답 ④

가입기간이 24개월이기 때문에 '스마트폰 적금'은 제외된다. 또한 현재 군 복무 중이 아니기 때문에 '나라지킴이 적금'도 가입할 수 없다. '우리 아이 정기예금'의 경우 처음 예치할 때 1,000만 원 이상부터 가능하지만 500만 원밖에 없다고 했으므로 불가능하다. 따라서 해당 은행 계열사 카드 전월 실적 30만 원 이상과 은행 신규 고객에 속하며, 통장에 300만 원 이상 보유한 조건을 갖춰 우대금리를 적용받을 수 있고 가입기간을 24개월로 할 수 있는 '우리 집 만들기 예금'이 가장 적절하다.

17 정답 ④

적립식 예금 상품의 신규 거래 가입 영업보다는 기존 고객에게 제안하는 내용에 가깝다.

①·②·③ 고객에게 혜택 또는 이익이 돌아가거나 고객의 니즈에 맞춰 추천하는 방식의 영업 노하우이다.

18 정답 ①

4단계인 (C)에는 '고객정보 등록(변경)'의 내용이 들어가야 한다.

예금 신규 거래 절차
- 1단계 : 신규 거래 신청서 받아 확인하기
- 2단계 : 실명 확인하기
- 3단계 : 신규 거래 필요 서류 징구하기
- 4단계 : 고객정보 등록(변경)하기
- 5단계 : 수납자금 확인하기
- 6단계 : 통장 또는 증서 작성하기
- 7단계 : 고객의 거래인감 또는 서명날인 받기
- 8단계 : 책임자 검인하기
- 9단계 : 서류 보관하기

---

19 정답 ④

육색사고모자기법에서 검은색 모자는 부정적 사고에 집중하여 아이디어의 단점이나 위험을 분석하는 것이다. 따라서 빈칸에 들어갈 내용으로 가장 적절한 것은 비판적 사고력이다.

---

20 정답 ②

제시문에서 인터넷상의 명예훼손행위는 그 특성상 해당 악플의 내용이 인터넷 곳곳에 퍼져 있을 수 있어 명예감정의 훼손 정도가 피해자의 정보수집량에 좌우될 수 있다고 하였으므로 ②는 적절한 내용이다.

오답분석

① 악플 대상자의 외적 명예가 침해되었다고 하더라도 이는 악플에 의한 것이 아니라 악플을 유발한 기사에 의한 것으로 보아야 한다고 하였으므로 적절하지 않은 내용이다.
③ 인터넷상의 명예훼손이 통상적 명예훼손보다 더 심하다고 보기 어렵다고 하였으므로 적절하지 않은 내용이다.
④ 세 종류의 명예 중 명예감정에 대해서는 구태여 자신에 대한 부정적 평가를 모을 필요가 없음에도 부지런히 수집·확인하여 명예감정의 훼손을 자초한 피해자에 대해서 국가가 보호해줄 필요성이 없다는 점에서 보호해야 할 법익으로 삼기 어렵다고 하였으므로 적절하지 않은 내용이다.

---

21 정답 ①

제시문은 비-REM수면의 수면 진행 과정을 측정되는 뇌파에 따라 4단계로 나누어 설명하고 있다. 따라서 전개 방식으로 ①이 가장 적절하다.

---

22 정답 ②

수면 단계에서 측정되는 뇌파들을 고려할 때 보기의 사람이 잠에서 깨는 것을 방지해 주는 역할을 하여 깊은 수면을 유도하는 '이것'은 (나) 앞에서 설명하는 'K-복합체'임을 알 수 있다. 즉, K-복합체는 수면 중 갑작스러운 소음이 날 때 활성화되어 잠자는 사람이 소음으로 인해 깨는 것을 방지해 준다. 따라서 보기의 문장은 (나)에 들어가는 것이 가장 적절하다.

23　정답　③

A가 30분 동안 달린 거리는 $180 \times 4 \times \dfrac{30}{4+2} = 3,600$m이다. 이후 A는 6분마다 720m씩, B는 10분마다 $225 \times 8 = 1,800$m씩 달리므로 각각 쉬지 않고 1분 동안 120m, 180m를 달리는 것과 같다.

B가 출발하고 t분 후 두 사람이 만난다고 하면 다음과 같은 식이 성립한다.

$3,600 + 120t = 180t$

$\therefore \ t = 60$

따라서 A와 B가 처음으로 만나는 곳은 시작점으로부터 $180 \times 60 = 10,800$m 떨어진 곳이다.

24　정답　③

반장과 부반장을 서로 다른 팀에 배치하는 경우는 2가지이다. 8명 중 2명을 제외한 인원을 2명, 4명으로 나누는 경우는 먼저 6명 중 2명을 뽑는 방법과 같으므로 ${}_6 C_2 = \dfrac{6 \times 5}{2} = 15$가지이다.

따라서 보트를 두 팀으로 나눠 타는 경우의 수는 $2 \times 15 = 30$가지이다.

25　정답　④

원뿔의 옆면의 넓이는 호도법과 각도법을 이용하여 구할 수 있다.

ⅰ) 호도법

- 밑면의 원의 넓이 : $S = \dfrac{1}{2} r^2 \theta = \dfrac{1}{2} \times r^2 \times 2\pi = 64\pi \, \text{cm}^2$
- 반지름의 길이 : $r = \sqrt{64} = 8$cm
- 둘레의 길이 : $l = r\theta = 8 \times 2\pi = 16\pi$cm이다.

원뿔의 옆면 부채꼴의 호의 길이와 밑면의 원의 둘레의 길이는 같으므로 다음과 같은 식이 성립한다.

$16\pi = 24\theta'$

$\therefore \ \theta' = \dfrac{2}{3}\pi$

따라서 원뿔의 옆면의 넓이는 $\dfrac{1}{2} \times 24^2 \times \dfrac{2}{3}\pi = 192\pi \, \text{cm}^2$ 이다.

ⅱ) 각도법

- 밑면의 원의 넓이 : $S = \pi r^2 = 64\pi \, \text{cm}^2$
- 반지름의 길이 : $r = \sqrt{64} = 8$cm
- 둘레의 길이 : $l = 2\pi r = 2\pi \times 8 = 16\pi$cm

원뿔의 옆면 부채꼴의 호의 길이와 밑면의 원의 둘레의 길이는 같으므로 부채꼴의 중심각을 $a°$라고 하면 다음과 같은 식이 성립한다.

$16\pi = 2\pi \times 24 \times \dfrac{a}{360}$

$\therefore \ a = \dfrac{16\pi}{2\pi} \times \dfrac{360}{24} = 120°$

따라서 원뿔의 옆면의 넓이는 $\pi \times 24^2 \times \dfrac{120}{360} = 192\pi \, \text{cm}^2$ 이다.

26 정답 ④

(판매 가격)=(매매기준가)×[1-(환전수수료)]이므로 (환전수수료)=$1-\dfrac{(판매\ 가격)}{(매매기준가)}$이다.

그러므로 각 국가의 판매할 때의 환전수수료를 구하면 다음과 같다.

- 미국 : $1-\dfrac{1,352.90}{1,377}≒0.02$

- 일본 : $1-\dfrac{863.29}{878.67}≒0.02$

- 중국 : $1-\dfrac{180.22}{189.7}≒0.05$

- 영국 : $1-\dfrac{1,688.02}{1,721.94}≒0.02$

- 호주 : $1-\dfrac{883.08}{895.05}≒0.01$(∵ 호주의 매매기준가는 1,377×0.65=895.05원이다)

따라서 중국은 판매할 때의 환전수수료가 가장 많은 국가이므로 ④는 옳지 않은 설명이다.

오답분석

① 중국의 미화환산율은 $\dfrac{189.7}{1,377}≒0.14$이다.

② 호주의 매매기준가는 1,377×0.65=895.05원이다.

③ (구입 가격)=(매매기준가)×[1+(환전수수료)]이므로 (환전수수료)=$\dfrac{(구입\ 가격)}{(매매기준가)}-1$이다.

  따라서 미국의 구입할 때의 환전수수료는 $\dfrac{1,401.10}{1,377}-1≒0.02$이고, 일본의 구입할 때의 환전수수료는 $\dfrac{894.05}{878.67}-1≒0.02$로

서로 같다.

27 정답 ②

A ~ E의 진술에 따르면 B와 D의 진술은 반드시 동시에 진실 또는 거짓이 되어야 하며, B와 E의 진술은 동시에 진실이나 거짓이 될 수 없다.

ⅰ) B와 D의 진술이 거짓인 경우
    참이어야 하는 A와 C의 진술이 서로 모순되므로 성립하지 않는다. 그러므로 B와 D의 진술은 모두 진실이다.

ⅱ) B와 D의 진술이 참인 경우
    A, C, E 중에서 1명의 진술은 참, 2명의 진술은 거짓인데, 만약 E가 진실이면 C도 진실이 되어 거짓을 말하는 사람이 1명이 되므로 성립하지 않는다. 그러므로 C와 E는 거짓을 말하고, A는 진실을 말한다.

A ~ E의 진술에 따라 정리하면 다음과 같다.

구분	필기구	의자	복사용지	사무용 전자제품
신청 행원	A, D	C		D

의자를 신청한 행원의 수는 3명이므로 필기구와 사무용 전자제품을 신청한 D와 의자를 신청하지 않은 B를 제외한 A, E가 의자를 신청했음을 알 수 있다. 또한, 복사용지를 신청했다는 E의 진술이 거짓이므로 E가 신청한 나머지 항목은 사무용 전자제품이 된다. 이와 함께 남은 항목의 개수에 따라 신청 행원을 배치하면 다음과 같다.

구분	필기구	의자	복사용지	사무용 전자제품
신청 행원	A, D	A, C, E	B, C	B, D, E

따라서 신청 행원과 신청 물품이 바르게 연결된 것은 ②이다.

28 정답 ②

ㄴ. ST전략에서 경쟁업체에 특허 기술을 무상 이전하는 것은 경쟁이 더 심화될 수 있으므로 적절하지 않다.

ㄹ. WT전략에서 기존 설비에 대한 재투자보다는 수요에 맞게 다양한 제품을 유연하게 생산할 수 있는 신규 설비에 대한 투자가 필요하다.

29 정답 ②

가입일 기준 만 36세이지만, 3년의 병역 의무 이행 기록이 있으므로 해당 기간을 제외하면 $36-3=33$세로 나이 기준에 포함된다.

또한, 개인소득 및 가구소득 등이 가입 기준을 만족하므로 A씨는 청년도약계좌상품에 가입할 수 있다.

이때 월 급여 및 월 지출이 우대금리 지급 기준에 부합하므로 각각 $0.6\%p$, $0.2\%p$의 우대금리가 적용되고, 소득 플러스 항목은 2회 적용받으므로 $0.2\%p$의 우대금리가 추가로 적용된다.

따라서 A씨가 만기일에 적용받는 금리는 연 $4.5+0.6+0.2+0.2=5.5\%$이다.

30 정답 ③

원금이 a원, 납입기간이 n개월, 연이율이 $r\%$로 단리식일 때 만기 시 이자는 $a \times \dfrac{n(n+1)}{2} \times \dfrac{r}{12}$ 원이다.

제시된 상품은 납입기간이 5년이고 금리는 연 5.5%가 적용되므로 만기 시 이자는 다음과 같다.

$$a \times \frac{n(n+1)}{2} \times \frac{r}{12}$$

$$\rightarrow 500,000 \times \frac{60 \times 61}{2} \times \frac{0.055}{12} = 4,193,750원$$

따라서 A씨가 만기 시 받을 수 있는 원리금은 $500,000 \times 60 + 4,193,750 = 34,193,750$원이다.

31 정답 ④

농기계임대사업소를 직접 방문하지 않고 스마트폰 앱을 통해 실시간으로 임대농기계를 예약할 수 있지만, 임대한 농기계를 현장에서 바로 사용할 수 있도록 한다는 내용은 제시문에서 찾을 수 없다.

① 첫 번째 문단의 '농기계를 임대함으로써 농업의 인력난 해소와 더불어'라는 내용을 통해 추론할 수 있다.

② 두 번째 문단의 '올해는 농업인 스스로 키오스크를 통해 간편한 농기계 임대를 진행할 수 있어 이전보다 대기하는 시간이 크게 감소하였다.'라는 내용과 세 번째 문단의 '보이스봇 서비스를 통해 24시간 예약이 가능하게 하고 있으며'라는 내용을 통해 이전에는 직원을 통해서만 농기계 임대를 진행했음을 추론할 수 있다.

③ 두 번째 문단의 '스마트폰 앱을 이용해 실시간으로 농기계 재고를 확인하고 예약할 수 있어 효율적 이용이 가능해졌다.'라는 내용을 통해 이전에는 현장에 도착하더라도 재고가 없어 바로 임대가 안 되는 경우도 있었음을 추론할 수 있다.

⑤ 마지막 문단의 '지역 내 농업인들이 필요로 하는 농기계를 추가 구입해 지역 내 농업인들이 임대 농기계를 편하게 이용할 수 있도록 힘쓸 것'이라는 내용을 통해 지역마다 필요로 하는 농기계가 다를 수 있음을 추론할 수 있다.

32 정답 ⑤

참외, 수박, 토마토의 경우 지금 상황으로는 작년 수준만큼 수확량이 회복될 것으로 예상되는 반면, 멜론의 경우는 작년보다 재배면적이 줄어 그렇지 못할 것으로 보인다고 하였으므로 제시문의 내용으로 적절하다. 하지만 사과의 경우 햇과일이 나올 때까지는 지금 상황이 지속될 것으로 보인다고 하였으므로 올해 긍정적인 전망이 예상된다고 보기 어렵다.

오답분석

① 과일 및 야채의 수확량이 많아질수록 가격은 하락해 체감 물가는 감소하겠지만, 수확량이 감소한다면 가격은 상승하기 때문에 체감 물가는 증가한다.
② 비록 여름 대표 과일인 참외와 수박의 가격은 작년만큼 회복되겠지만, 사과 자체의 가격은 계속 상승세를 유지할 것으로 예상된다고 하였으므로, 소비자 입장에서 사과의 체감 물가 역시 증가할 것이다.
③ 2월에 눈과 비가 자주 내려 참외의 수확량이 적었으므로, 이와 마찬가지로 5월에도 비가 자주 내린다면 참외의 수확량이 적을 것이다.
④ 마지막 문단의 '수박은 15도 이상으로 참외는 30도 이하로 유지'라는 내용을 통해 여름 제철 과일이라 하더라도, 각 과일 생장기에 따른 적절한 재배 온도는 다를 수 있음을 알 수 있다.

33 정답 ⑤

마지막 문단에 따르면, 농협금융의 당기순이익은 약 0.2% 수준으로 소폭 증가한 반면, 명칭사용료는 약 9.4% 대폭 증가하였다. 따라서 이 상황에서 농협법 개정안이 통과되어 명칭사용료 비율이 2.5%에서 5%로 증가한다면, 이는 농협금융의 실적 후퇴로 이어질 것이다.

오답분석

① 농협법 개정안이 통과된다면, 명칭사용료 비율이 2.5%에서 5%로 2배 증가하므로 금액이 산술적으로 2배 증가하는 것은 아니다.
② 농협금융의 명칭사용료 수준이 타사 대비 높은 이유에 대해서는 제시문에 언급되어 있지 않다. 다만 일각에서 농협금융의 설립 목적과 취약한 농촌 상황을 고려하여 농협법 개정안이 통과되어야 한다고 주장하고 있다.
③ 농협금융이 창사 이후 지금까지 매년 매출액의 2.5%의 명칭사용료로 농협은행에 지불하고 있음은 제시문을 통해 알 수 있으나, 이 지불액이 매년 증가했는지에 대한 내용은 언급하고 있지 않다.
④ 마지막 문단에서 알 수 있듯이 농협금융의 실적 또한 증가하였으나, 이에 비해 명칭사용료로 지불하는 금액이 눈에 띄게 증가하였다.

34 정답 ④

제시문은 인공광의 필요성과 한계점, 부정적 측면에 대해 설명하고 있다. 따라서 (다) 인공광의 필요성 – (라) 인공광의 단점 – (나) 간과할 수 없는 인공광의 부정적 영향 – (가) 인공광의 부정적 영향을 간과할 수 없는 이유 순으로 나열하는 것이 적절하다.

35 정답 ③

A의 속도를 xm/분이라 하면 B의 속도는 $1.5x$m/분이다.
A, B가 12분 동안 이동한 거리는 각각 $12x$m, $12 \times 1.5x = 18x$m이고, 두 사람이 이동한 거리의 합은 1,200m이므로 다음과 같은 식이 성립한다.
$12x + 18x = 1,200$
$\therefore x = 40$
따라서 A의 속도는 40m/분이다.

36 정답 ⑤

2017 ~ 2022년 평균 지진 발생 횟수는 $(42+52+56+93+49+44) \div 6 = 56$회이다.

2023년에 발생한 지진은 2017 ~ 2022년 평균 지진 발생 횟수에 비해 $492 \div 56 = 8.8$배 증가했으므로 옳은 설명이다.

오답분석

① 2018년보다 2019년에 지진 횟수는 증가했지만 최고 규모는 감소했으므로 옳지 않은 설명이다.

② 2020년의 지진 발생 횟수는 93회이고 2019년의 지진 발생 횟수는 56회이다. 2020년에는 2019년보다 지진이 $93-56=37$회 더 발생했으므로 옳지 않은 설명이다.

③ 2021 ~ 2022년의 지진 횟수는 감소했으므로 옳지 않은 설명이다.

④ 2023년에 일어난 규모 5.8의 지진이 2017년 이후 우리나라에서 발생한 지진 중 가장 강력한 규모이므로 옳지 않은 설명이다.

37 정답 ④

'창의적인 문제해결'을 A, '브레인스토밍을 한다.'를 B, '상대방의 아이디어를 비판한다.'를 C라고 하면, 전제1은 A → B, 전제2는 B → ~C이므로 A → B → ~C가 성립한다.

따라서 빈칸에 들어갈 명제는 A → ~C인 '창의적인 문제해결을 하기 위해서는 상대방의 아이디어를 비판해서는 안 된다.'이다.

38 정답 ③

명제가 참이면 대우 명제도 참이다. 즉, '을이 좋아하는 과자는 갑이 싫어하는 과자이다.'가 참이면 '갑이 좋아하는 과자는 을이 싫어하는 과자이다.'도 참이다.

따라서 갑은 비스킷을 좋아하고, 을은 비스킷을 싫어한다.

39 정답 ②

A ~ E의 진술에 따르면 C와 E는 반드시 동시에 참 또는 거짓이 되어야 하며, B와 C는 동시에 참이나 거짓이 될 수 없다.

ⅰ) A와 B가 거짓일 경우

B의 진술이 거짓이 되므로 이번 주 수요일 당직은 B이다. 그러나 D의 진술에 따르면 B는 목요일 당직이므로 이는 성립하지 않는다.

ⅱ) B와 D가 거짓인 경우

B의 진술이 거짓이 되므로 이번 주 수요일 당직은 B이다. 또한 A, E의 진술에 따르면 E는 월요일, A는 화요일에 각각 당직을 선다. 이때 C는 수요일과 금요일에 당직을 서지 않으므로 목요일 당직이 되며, 남은 금요일 당직은 자연스럽게 D가 된다.

ⅲ) C와 E가 거짓인 경우

A, B, D의 진술에 따르면 A는 화요일, D는 수요일, B는 목요일, C는 금요일 당직이 되어 남은 월요일 당직은 E가 된다. 이때 E의 진술이 참이 되므로 이는 성립하지 않는다.

따라서 B와 D가 거짓인 경우에 의해 이번 주 수요일 당직은 B이다.

40 정답 ⑤

각국에서 출발한 직원들이 국내(대한민국)에 도착하는 시간을 계산하기 위해서는 먼저 시차를 구해야 한다. 동일 시점에서의 각국의 현지 시각을 살펴보면 국내의 시각이 가장 빠르다는 점을 알 수 있다. 즉, 국내의 현지 시각을 기준으로 각국의 현지 시각을 빼면 시차를 구할 수 있다. 시차는 계산 편의상 24시를 기준으로 한다.

구분	계산식	시차
대한민국 → 독일	6일 06:20－5일 23:20	7시간
대한민국 → 인도	6일 06:20－6일 03:50	2시간 30분
대한민국 → 미국	6일 06:20－5일 17:20	13시간

각국의 직원들이 국내에 도착하는 시간은 출발지 기준 이륙 시각에서 비행 시간과 시차를 더하여 구할 수 있다. 계산 편의상 24시 기준으로 한다.

구분	계산식	대한민국 도착 시각
독일	6일 16:20+11:30+7:00	7일 10:50
인도	6일 22:10+08:30+2:30	7일 09:10
미국	6일 07:40+14:00+13:00	7일 10:40

따라서 인도에서 출발하는 직원이 가장 먼저 도착하고, 미국, 독일 순서로 도착하는 것을 알 수 있다.

41 정답 ④

세 번째 문단의 마지막 부분에 따르면 일부 기관에서 비대면 화상 면담 시스템을 도입하여 신청자의 편의성을 높이고 있다고 하였으므로 적절하다.

오답분석
① 두 번째 문단에서 최근에 신용점수 외에도 LTI, DTI 등 다양한 대안적 지표를 활용한다고 하였으므로 적절하지 않다.
② 네 번째 문단에서 일부 금융기관에서 대출 거절 시 그 이유를 상세히 설명하고 개선 방안을 제시하고 있다고 하였으므로 모든 금융기관에서 서비스를 제공하고 있지는 않다.
③ 마지막 문단에서 ESG 요소를 대출심사에 반영하는 것은 기업의 지속가능성과 사회적 책임을 평가하여 장기적인 리스크를 관리하기 위함이라고 하였으므로 ESG 요소 심사는 대출심사의 객관성을 높이는 요인으로 작용한다.

42 정답 ②

세 번째 문단에서 지급준비율의 비율을 높이면 은행의 대출 여력이 줄어들어 통화량이 감소하고, 낮추면 대출 여력이 늘어나 통화량이 증가한다고 하였으므로 ②는 적절하지 않다.

43 정답 ③

제시문의 첫 번째 문단은 '글로벌 최저한세 제도'에 대해 언급하고 있다. 그러므로 이어질 내용으로 가장 적절한 문단은 글로벌 최저한세 제도에 대해 설명하는 (다) 문단이며, 구체적으로 해당 제도가 적용되는 대상이 누구인지를 제시하는 (가) 문단이 그 다음으로 이어져야 한다. 마지막으로 이 제도의 예외사항을 언급하는 (나) 문단이 가장 마지막에 오는 것이 적절하다.

44 정답 ④

2019 ~ 2023년의 연도별 인터넷뱅킹 대출 이용 실적 건수당 대출 금액은 다음과 같다.

- 2019년 : $\frac{487}{0.1}$ =4,870억 원/만 건
- 2020년 : $\frac{1,137}{0.3}$ =3,790억 원/만 건
- 2021년 : $\frac{1,768}{0.5}$ =3,536억 원/만 건
- 2022년 : $\frac{2,394}{0.7}$ =3,420억 원/만 건
- 2023년 : $\frac{2,763}{0.9}$ =3,070억 원/만 건

따라서 2020 ~ 2023년 동안 전년 대비 인터넷뱅킹 대출 이용 실적 건수당 대출 금액은 매년 감소하였다.

① 2020 ~ 2023년 동안 전체 인터넷뱅킹 이용 실적은 매년 증가하였고, 전체 인터넷뱅킹 이용 금액 또한 매년 증가하였다.

② 2019 ~ 2023년 동안 전체 인터넷뱅킹 이용 실적의 70%와 모바일뱅킹 이용 실적의 관계는 다음과 같다.
- 2019년 : $248 \times 0.7 = 173.6 < 177$
- 2020년 : $260 \times 0.7 = 182 < 190$
- 2021년 : $278 \times 0.7 = 194.6 < 214$
- 2022년 : $300 \times 0.7 = 210 < 238$
- 2023년 : $334 \times 0.7 = 233.8 < 272$

따라서 2019 ~ 2023년 동안 전체 인터넷뱅킹 이용 실적 중 모바일뱅킹 이용 실적은 매년 70% 이상이었다.

③ 2019 ~ 2023년 동안 전체 인터넷뱅킹 이용 금액의 30%와 모바일뱅킹 이용 금액의 관계는 다음과 같다.
- 2019년 : $96,164 \times 0.3 = 28,849.2 > 19,330$
- 2020년 : $121,535 \times 0.3 = 36,460.5 > 27,710$
- 2021년 : $167,213 \times 0.3 = 50,163.9 > 40,633$
- 2022년 : $171,762 \times 0.3 = 51,528.6 > 44,658$
- 2023년 : $197,914 \times 0.3 = 59,374.2 > 57,395$

따라서 2019 ~ 2023년 동안 전체 인터넷뱅킹 이용 금액 중 모바일뱅킹 이용 금액은 매년 30% 미만이었다.

45 　정답　①

조건에 따라 앉을 수 있는 자리를 나타내면 다음과 같다.

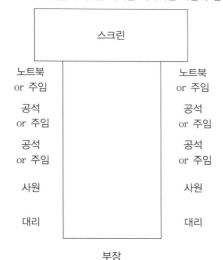

첫 번째 조건에 따라 부장의 자리는 스크린 맞은편 자리로 항상 고정되어 있고, 두 번째 조건에 따라 노트북을 연결할 수 있는 자리는 2개이다. 세 번째 조건에 따라 대리가 부장과 가장 가까운 자리에 앉을 수 있는 경우의 수는 2가지이며, 네 번째 조건에 따라 대리 2명 모두 옆 자리에 앉을 수 있는 사람은 사원 1명뿐으로 사원이 앉을 수 있는 경우의 수는 2가지이다. 그러므로 남은 5자리에 주임 3명이 앉을 수 있는 경우의 수는 $_5P_3 = 60$가지이다.

따라서 자리에 앉을 수 있는 경우의 수는 $1 \times 2 \times 2 \times 2 \times 60 = 480$가지이다.

46 　정답　③

월별 엔/위안 값은 월별 (중국의 1위안 환율)÷(일본의 1엔 환율)로 계산한다.

- 2023년 7월 : (188원/위안)÷(9.27원/엔)≒20.3엔/위안
- 2023년 8월 : (191원/위안)÷(9.3원/엔)≒20.5엔/위안
- 2023년 9월 : (192원/위안)÷(9.19원/엔)≒20.9엔/위안
- 2023년 10월 : (193/위안)÷(9.2원/엔)≒21엔/위안
- 2023년 11월 : (190원/위안)÷(8.88원/엔)≒21.4엔/위안
- 2023년 12월 : (192원/위안)÷(9.23원/엔)≒20.8엔/위안

따라서 2023년 7~12월 동안 위안화 대비 엔화는 항상 20엔/위안 이상이다.

오답분석

① 2023년 8~12월 동안 미국의 전월 대비 환율의 증감 추이는 '증가 – 증가 – 증가 – 감소 – 감소'이다.
② 2023년 8~12월 동안 중국의 전월 대비 환율의 증감 추이는 '증가 – 증가 – 증가 – 감소 – 증가'이고, 일본의 전월 대비 환율의 증감 추이는 '증가 – 감소 – 증가 – 감소 – 증가'이므로 같지 않다.
④ 각 국가의 2023년 7월 대비 12월의 환율 증가율은 다음과 같다.

- 미국 : $\dfrac{1,329-1,308}{1,308} \times 100 ≒ 1.6\%$

- 중국 : $\dfrac{192-188}{188} \times 100 ≒ 2.1\%$

- 일본 : $\dfrac{9.23-9.27}{9.27} \times 100 ≒ -0.4\%$

따라서 2023년 7월 대비 12월의 환율 증가율이 가장 큰 국가는 중국이다.

47 　정답　③

C대리의 2024년 업무평가 점수는 직전연도 업무평가 점수인 89점에서 지각 1회에 따른 5점, 결근 1회에 따른 10점을 제한 74점이다. 따라서 승진 대상에 포함되지 않으므로 그대로 대리일 것이다.

오답분석

① A사원은 근속연수가 3년 미만이므로 승진 대상이 아니다.
② B주임은 출산휴가 35일을 제외하면 근속연수가 3년 미만이므로 승진 대상이 아니다.
④ 승진 대상에 대한 자료이므로 과장은 대리가 될 수 없다.

48 　정답　③

IBK2024특판중금채에서 적용받을 수 있는 최대 금리는 가입기간에 따른 최대 기본금리인 연 3.74%에 최대 우대금리인 연 0.2%p를 더한 연 3.94%이다.

오답분석

① 가입 가능한 계좌 수의 제한은 없으나, 가입 가능한 금액은 계좌당이 아닌 1인당 1백만 원 이상 10억 원 이내이다.
② 법인사업자의 가입은 불가하지만, 외국인 중 거주자의 경우 가입이 가능하다.
④ 최초 상품 가입일에 마케팅을 미동의하였더라도 다른 두 가지 조건 중 하나를 만족한다면 최대 우대금리 혜택을 적용받을 수 있다.

49 정답 ②

해당 상품은 계좌 개설일로부터 최대 3년까지만 가입금액에 따라 이자가 차등 지급된다.

오답분석

① 생애 최초 창업이 아닌 해당 창업을 개시한 지 1년 이내인 사업자에 한해 가입 가능한 상품이다.
③ '가입대상' 항목에 따르면 사업자번호별 1개 계좌만 가입이 가능하다고 하였다. 따라서 한 사업자가 여러 개의 사업자번호를 가지고 있다면, 그 개수에 맞는 계좌 수만큼 가입이 가능하다.
④ 500만 원을 초과하는 금액에 대해서는 기본금리인 연 0.1%의 금리가 적용된다.

50 정답 ③

직원 5명의 자동차 판매 대수 및 자동차 판매 총액에 따른 등급은 다음과 같다.

구분	자동차 판매 대수	등급	자동차 판매 총액	등급
권○○	7대	A	9천 6백만 원	C
김○○	12대	A$^+$	1억 4천만 원	B
류○○	4대	C	9천만 원	C
오○○	6대	B	2억 2천만 원	A
표○○	1대	D	4천 8백만 원	D

성과급 지급 조건을 만족하는 직원은 김○○, 오○○이다.
김○○이 받는 성과급은 1억 4천만 원×0.02=280만 원이고, 오○○이 받는 성과급은 2억 2천만 원×0.03=660만 원이다.
따라서 직원들이 받는 성과급의 합은 280+660=940만 원이다.

51 정답 ③

C는 자녀가 없는 예비신혼부부이므로 신혼부부Ⅰ·Ⅱ 유형에서 우선순위 2순위에 해당한다.

오답분석

① A : 만 6세 이하 자녀가 있는 한부모가족이므로 모든 유형에서 우선순위 1순위에 해당한다.
② B : 고령자이므로 기존주택 유형에서 우선순위 1순위에 해당한다.
④ D : 만 6세 이하 자녀가 있는 혼인가구이므로 신혼부부Ⅰ·Ⅱ 유형에서 우선순위 3순위에 해당한다.

52 정답 ③

제시된 정보에서 총자산가액이 자산기준인 2억 4,100만 원을 초과하였으므로 신청자격이 주어지지 않는다.

오답분석

① 한부모가족이 아니더라도 다양한 신청자격이 존재한다.
② 월평균소득은 4인 가구 월평균소득의 50% 기준인 4,124,234원 이하이므로 기존주택 유형의 2순위 기준은 갖추어졌다.
④ 자동차를 보유하지 않았다면 해당 항목은 자산 산정에서 제외한다고 하였다.

53　정답 ①

고든법(Gordon Method)은 미국의 심리학자 고든(William J. Gordon)에 의해 고안된 아이디어 발상 기법으로 브레인스토밍과 유사한 발상 기법이지만, 참가자가 주제에 고정관념을 가지고 접근하는 것을 방지하기 위해 진행자가 토론 주제를 명확히 제시하지 않고, 추상화된 키워드를 참가자에게 제시하여 아이디어를 모으는 발상 기법이다. 고든법의 진행 방법은 다음과 같다.

1. 키워드 정하기 : 해결하고자 하는 문제를 추상화시킨 키워드로 참가자에게 제시하고 진짜 주제는 숨긴다. 이때, 다양한 아이디어의 발상을 위해 참가자는 가급적 다양한 전공의 사람들을 모은다.
2. 자유롭게 발언하기 : 참가자들은 진행자가 제시한 키워드에 대해 자유롭게 아이디어를 제시하고 제시되는 아이디어에 대한 비판은 하지 않는다. 이때, 진행자는 참가자들의 아이디어를 진짜 주제와 결합시켜 검토한다.
3. 진짜 주제 공개하기 : 적절한 아이디어가 많이 나오면 진행자는 숨겼던 진짜 주제를 발표한다.
4. 아이디어 구체화하기 : 참가자들은 이전에 발언한 아이디어를 모아 발전시켜 진짜 주제에 대한 해결방안을 구체화한다.

54　정답 ②

등산로별 길이, 평균 등산 속도, 완주 시간을 정리하면 다음과 같다.

구분	길이	평균 등산 속도	완주 시간
A	$3.6 \times \dfrac{10}{3} = 12\text{km}$	3.6km/h	3시간 20분$= \dfrac{10}{3}$시간
B	16km	3.2km/h	$\dfrac{16}{3.2} = 5$시간
C	14.3km	3.9km/h	$\dfrac{14.3}{3.9}$시간$= \dfrac{11}{3}$시간$=3$시간 40분
D	12.35km	3.8km/h	3시간 15분
E	$3.5 \times 3.5 = 12.25\text{km}$	3.5km/h	3시간 30분$=3.5$시간

따라서 가장 짧은 등산로는 A이고, 완주 시간이 가장 짧은 등산로는 D이다.

55　정답 ④

마지막 문단에서 팃포탯 전략이 두 차례 모두 우승할 수 있었던 이유는 비열한 전략에는 비열한 전략으로 대응했기 때문임을 확인할 수 있다.

오답분석

① 네 번째 문단에서 팃포탯을 만든 것은 심리학자인 아나톨 라포트 교수임을 확인할 수 있다.
② 두 번째 문단에서 죄수의 딜레마에서 자신의 이득이 최대로 나타나는 경우는 내가 죄를 자백하고 상대방이 죄를 자백하지 않는 것임을 확인할 수 있다.
③ 마지막 문단에서 엑셀로드는 팃포탯을 친절한 전략으로 분류했음을 확인할 수 있다.

56　정답 ①

세 번째 문단에서 '금융시장이 통합되어 있으면 지역 내 국가들 사이에 경상수지 불균형이 발생했을 때 자본 이동이 쉽게 일어날 수 있을 것이며 이에 따라 조정의 압력이 줄어들게 되므로 지역 내 환율 변동의 필요성이 감소하게 된다.'라고 했으나, 금융시장의 통합에 따른 편익의 계산 방식은 나타나지 않는다.

오답분석

② 세 번째 문단에서 확인할 수 있다.
③・④ 마지막 문단에서 확인할 수 있다.

57　정답 ③

• 생활비가 20만 원 이상 40만 원 미만인 학생의 수 : 89−23=66명
• 생활비가 40만 원 이상 60만 원 미만인 학생의 수 : 173−89=84명
따라서 생활비가 20만 원 이상 40만 원 미만인 학생의 수는 40만 원 이상 60만 원 미만인 학생의 수보다 적다.

오답분석

① 한 달 생활비가 100만 원 이상인 학생의 누적도수 차이가 가장 적으므로 학생의 수가 가장 적다.
② 한 달 생활비가 60만 원 미만인 학생의 누적도수가 173명이므로 60만 원 이상인 학생 수는 127명이고, 전체 학생의 50% 미만이다.
④ 불필요한 지출에 대한 사실은 도수분포표로 확인할 수 없다.

58　정답 ②

C를 고정시키고, 그다음 D와 E를 기준으로 시작하여 가능한 경우를 정리하면 다음과 같다.

구분	1	2	3	4	5	6
경우 1	D	F	B	C	E	A
경우 2	D	B	F	C	E	A
경우 3	A	D	F	C	B	E
경우 4	B	D	F	C	A	E

따라서 모든 경우에서 E는 C보다 오른쪽에 앉아 있다.

오답분석

① 경우 3에서 A는 C보다 왼쪽에 앉는다.
③ 경우 3과 경우 4에서 E는 A보다 오른쪽에 앉는다.
④ 경우 4에서 D는 B보다 오른쪽에 앉는다.

59　정답 ②

주어진 조건을 정리하면 다음과 같다.

구분	월요일	화요일	수요일	목요일	금요일
주희	×	×	×	○	
소연			○		
지현	○		×		
승혜		○	×		
지영					○

따라서 지현이가 월요일에 청소를 한다면 승혜는 화요일에 청소한다.

60　정답 ②

지난 1년간 수집한 데이터에 근거한 통계자료(평균치)로 산정한 주차권 발행 방식의 1개월 주차비용은 다음과 같다.
• 월요일 : 150명×62%×3,000원=279,000원
• 화요일 : 180명×55%×3,000원=297,000원
• 수요일 : 170명×50%×3,000원=255,000원
• 목요일 : 175명×68%×3,000원=357,000원
• 금요일 : 250명×80%×3,000원=600,000원
• 토요일 : 400명×92%×3,000원=1,104,000원
• 일요일 : 450명×88%×3,000원=1,188,000원
∴ 1주간 주차비용=4,080,000원 → 1개월 주차비용=4,080,000원×4주=16,320,000원
따라서 월 임대료(1,500만 원)를 납부하는 것이 더 경제적이며, 그 차액은 1,320,000원이다.

01	02	03	04	05	06	07	08	09	10	11	12	13	14	15	16	17	18	19	20
①	③	④	③	③	④	④	④	④	②	②	③	④	④	④	②	④	④	④	①
21	22	23	24	25	26	27	28	29	30	31	32	33	34	35	36	37	38	39	40
②	⑤	③	②	②	⑤	②	③	②	⑤	③	①	③	②	②	④	③	③	②	②
41	42	43	44	45	46	47	48	49	50	51	52	53	54	55	56	57	58	59	60
①	①	④	③	④	①	③	③	③	①	④	③	④	③	②	③	③	④	④	③

01 정답 ①

제시문은 대출을 받아 내 집을 마련한 사람들이 대출금리 인상으로 인한 경제적 부담을 감당하지 못하여 집을 처분하려 하나 이 또한 어려워 경매로 넘기는 상황에 대해 설명하고 있다. 따라서 제시문의 주제로 대출금리 인상으로 내 집 마련이 무너졌다는 ①이 가장 적절하다.

오답분석

② 마지막 문단에 따르면 대출금리 인상으로 인해 부동산 매수자가 줄어든 것은 맞지만, 제시문의 전체적인 내용은 대출금리 인상으로 집을 사지 못하는 것이 아닌, 대출금리 인상으로 이미 산 집을 포기할 수밖에 없는 상황에 대해 다루고 있다. 따라서 제시문의 주제로는 적절하지 않다.

③ 마지막 문단에 따르면 매도량은 늘어나지만 매수량이 없어 이전보다 고를 수 있는 부동산의 선택지가 늘어난 것은 맞지만, 제시문의 전체적인 내용은 단순히 늘어난 부동산 매물이 아닌 대출금리 인상으로 인해 어쩔 수 없이 시장으로 나온 부동산 매물에 대해 다루고 있으므로 제시문의 주제로는 적절하지 않다.

④ 제시문의 내용으로 볼 때 부동산 경기 침체로 인해 매물로 나온 부동산은 늘어나고 있지만, 매수량은 없어 부동산 경매시장이 활발해졌다고 보긴 어렵다.

02 정답 ③

제시문의 소재는 '회전문'이며 (나)에서는 그보다 더 포괄적인 개념인 '문'에 대한 일반적인 내용을 서술하고 있으므로 가장 앞에 위치해야 함을 알 수 있다. '그 대표적인 예가 회전문이다.'라고 언급하고 있는 부분을 통해서도 이를 유추해볼 수 있다. 또한 (나)의 후반부에는 '회전문의 구조와 그 기능'이라는 부분이 언급되어 있다. 따라서 이 문구를 통해 (나) 다음에 위치할 문단은 '구조와 기능'을 구체화시킨 (가)가 됨을 알 수 있으며, 그 뒤에는 구체적인 사례를 들며 이를 비판한 (라)가 위치하는 것이 가장 적절하다. 마지막으로는 이를 종합하여 회전문을 가장 미개한 형태의 문으로 규정한 (다)가 들어가야 자연스럽다.

03 정답 ④

지폐 거래를 위해서는 신뢰가 필수적인데 중국을 포함한 아시아의 국가들은 처음부터 국가가 발행권을 갖고 있었기 때문에 화폐로 받아들여지고 사용되기 위해 필요한 신뢰를 확보하고 있었다고 할 수 있다.

오답분석

① 제시문에 따르면 유럽의 지폐는 동업자들끼리 만든 지폐로 시작하였으나 쉽게 자리잡지 못했고 중앙은행이 금 태환을 보장하면 서부터 화폐로 사용되기 시작하였다. 그러나 이것으로 지폐가 널리 통용되었다고 판단하기에는 무리가 있으며 더구나 금화의 대중적인 확산이 그 원인이 되었다는 근거는 찾을 수 없다.

② 중국에서는 기원전 7 ~ 8세기 이후 주나라에서부터 청동전이 유통되었는데 이후 진시황이 중국을 통일하면서 화폐를 통일해 가운데 네모난 구멍이 뚫린 원형 청동 엽전이 등장하였다고 하였다. 따라서 네모난 구멍이 뚫린 원형 엽전 이전에 청동전이 있었다는 사실을 알 수 있다.

③ 제시문은 내재적 가치가 없는 지폐가 화폐로 받아들여지고 사용되기 위해서는 신뢰가 필수적인데 중국은 강력한 왕권이 이 신뢰를 담보할 수 있었지만, 유럽에서는 그보다 오랜 시간과 성숙된 환경이 필요했다고 하고 있다. 따라서 유럽에서 지폐의 법정화와 중앙은행의 설립이 이루어진 것은 17 ~ 18세기에 이르러서야 가능했음을 알 수 있다.

04 정답 ③

광고는 해당 제품이 가진 여러 가지 정보를 담고 있다. 현명한 소비를 하기 위해서 광고에 의존해서는 안 되지만, 기본적인 정보 습득에 있어 전혀 도움이 되지 않는 것은 아니다.

오답분석

① 광고는 제품에 대한 긍정적인 이미지를 형성하여 소비자의 구매 욕구를 자극한다.

② 현명한 소비를 하기 위해서는 광고에 의해 형성된 이미지에 속지 않고, 가격, 품질, 필요성 등 다양한 요소를 종합적으로 고려해 야 한다.

④ 광고는 제품이나 서비스에 대한 정보를 전달하는 데 사용되는 매개체로 소비자의 구매 결정에 큰 영향을 미친다.

05 정답 ③

두 번째 문단에 따르면 마음의 본래 모습을 회복하여 욕망(악)을 제거하려는 것은 A학파이다. B학파는 이러한 해석이 논어가 만들어 졌을 당시의 유가 사상과 거리가 있다고 보고 있으므로 적절하지 않은 내용이다.

오답분석

① A학파는 '극기'의 의미를 '몸으로 인한 개인적 욕망'인 '기'를 극복하는 것으로 해석하며, '복례'의 의미를 '천리에 따라 행위하는 본래 모습을 회복'하는 것으로 보고 있어 천리를 행위의 기준으로 삼고 있다. 따라서 적절한 내용이다.

② A학파는 '예'를 '천리에 따라 행위하는 것'으로 규정하고 있으며, 이 '천리'는 태어날 때부터 마음에 내재해 있는 것으로 보고 있다. 따라서 적절한 내용이다.

④ B학파는 '기'를 '몸'으로 보아 숙련 행위의 주체로 이해하였고, '예'를 '본받아야 할 행위'로 이해하며, 제사에 참여하여 어른들의 행위를 모방하듯이 선인의 행위를 모범으로 삼는 것을 추론할 수 있다. 따라서 적절한 내용이다.

06 정답 ④

GDP를 계산할 때는 총생산물의 가치에서 중간 생산물의 가치를 빼야 한다.

오답분석

① GDP는 한 나라 안에서 일정 기간 새로 생산된 최종 생산물의 가치를 모두 합산한 것이다.

② · ③ GDP를 산출할 때는 그해에 새로 생산된 재화와 서비스 중 화폐로 매매된 것만 계산에 포함하고, 화폐로 매매되지 않은 것은 포함하지 않는다.

07 정답 ④

마지막 문단에 따르면 GDP는 무역 손실에 따른 실질 소득의 감소를 제대로 반영하지 못하기 때문에 국민경제의 소득 수준과 소비 능력을 나타내는 GNI가 필요하다.

08 정답 ④

기본금리는 연 0.1%가 적용되고, 최대 우대금리인 연 0.3%p가 가산된다.

따라서 만기 시 적용되는 금리는 0.1+0.3=0.4%가 된다.

단, 이자지급방식이 단리식이므로 만기 시 이자는 $10,000,000 \times \frac{0.4}{100} \times \frac{6}{12} = 20,000$원이다.

09 정답 ④

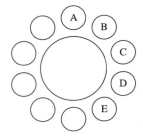

A~E에 앉을 수 있는 경우의 수는 각각 10가지, 8가지, 6가지, 4가지, 2가지이고, 회전하여 같아지는 경우는 10가지이다.

따라서 구하고자 하는 경우의 수는 $\frac{10 \times 8 \times 6 \times 4 \times 2}{10} = 384$가지이다.

다른풀이

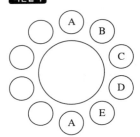

A에 한 과를 고정시키고 남은 과를 B~E에 앉히는 경우의 수는 4!=24가지이다. B~E에 대하여 자리를 바꿔 앉는 경우의 수는 각각 2가지이므로 2×2×2×2=16가지이다.

따라서 구하고자 하는 경우의 수는 24×16=384가지이다.

10 정답 ②

작년 비행기 왕복 요금을 x원, 작년 1박 숙박비를 y원이라 하면 다음과 같은 식이 성립한다.

$-\frac{20}{100}x + \frac{15}{100}y = \frac{10}{100}(x+y)$ ··· ㉠

$\left(1 - \frac{20}{100}\right)x + \left(1 + \frac{15}{100}\right)y = 308,000$ ··· ㉡

㉠을 정리하면 $y = 6x$ ··· ㉢

㉡을 정리하면 $16x + 23y = 6,160,000$ ··· ㉣

©을 ②에 대입하면

$16x + 138x = 6,160,000$

$\therefore x = 40,000$

이를 ©에 대입하면 $y = 240,000$이다.

따라서 올해 비행기 왕복 요금은 $40,000 - 40,000 \times \dfrac{20}{100} = 32,000$원이다.

11 정답 ②

미생물은 3일마다 10배씩 증가하고 있다. 그러므로 6월 7일에 미생물 3마리가 분열을 시작하여 30억 마리가 되려면 $30억 = 3 \times 10^9$
이므로 $3 \times 9 = 27$일 후이다.

따라서 미생물이 30억 마리가 되는 날은 6월 7일을 기준으로 27일 후인 7월 4일이다.

12 정답 ③

먼저 여행일이 1월 이내이고, 여행 기간이 15일 이내여야 하므로 가능한 여행패키지를 확인하면 C, D, F이다.
• C : Z카드를 갖고 있지 않으므로 가격은 1,600,000원이다.
• D : M멤버십을 보유하고 있고 Z카드는 갖고 있지 않으므로 가격은 $1,750,000 \times 0.8 = 1,400,000$원이다.
• F : M멤버십을 보유하고 있고 Z카드는 갖고 있지 않으므로 가격은 $1,500,000 \times 0.95 = 1,425,000$원이다.
따라서 가장 저렴하게 이용할 수 있는 여행패키지는 D이고, 그 가격은 1,400,000원이다.

13 정답 ④

먼저 제시된 조건에 따라 선택할 수 없는 관광 코스를 제외할 수 있다.
• 4일 이상 관광하되 5일을 초과하면 안 되므로, 기간이 4일 미만인 B코스를 제외한다.
• 비용이 30만 원을 초과하고, 참여인원이 30명 초과인 C코스를 제외한다.
한편, D코스를 I카드로 결제할 때의 비용은 10% 할인을 적용받아 $332,000 \times 0.9 = 298,800$원으로 30만 원 미만이다.
따라서 A코스와 D코스 중 경유지가 더 많은 D코스를 선택하는 것이 가장 적절하다.

14 정답 ④

김대리가 받을 수 있는 신용카드에 따른 할인 혜택 금액은 다음과 같다.
• A카드 : 외식 부문에서 할인을 적용받고, 페이 결제분에 대한 할인은 제외되므로 적용받는 할인 금액은 $540,000 - 350,000 = 190,000$원이다. 이때, 총결제액이 100만 원을 초과했으므로 할인율은 15%이다. 따라서 할인 혜택 금액은 $190,000 \times 0.15 = 28,500$원으로 할인한도 28,000원을 초과하여 28,000원을 할인받는다.
• B카드 : 쇼핑 부문에서 할인을 적용받고, N사 페이 결제에 대하여 5% 추가 할인이 적용된다. 이때, 총결제액이 100만 원을 초과했으므로 기본으로 적용되는 할인율은 15%이고, N사 페이 결제금액에 적용되는 할인율은 $15 + 5 = 20\%$이다. 따라서 할인 혜택 금액은 $150,000 \times 0.2 + (290,000 - 150,000) \times 0.15 = 30,000 + 21,000 = 51,000$원으로 할인한도 25,000원을 초과하여 25,000원을 할인받는다.
• C카드 : 공과금 부문에서 할인을 적용받는다. 이때, 총결제액이 100만 원을 초과했으므로 기본으로 적용되는 할인율은 15%이고 공과금을 자동이체로 설정하였으므로 3% 추가 할인이 적용되므로 할인율은 $15 + 3 = 18\%$이다. 따라서 할인 혜택 금액은 $150,000 \times 0.18 = 27,000$원이다.
• D카드 : 유류비 부문에서 총결제액의 3%를 할인받는다. 따라서 할인 혜택 금액은 $1,210,000 \times 0.03 = 36,300$원으로 할인한도 30,000원을 초과하여 30,000원을 할인받는다.
따라서 할인 혜택 금액이 가장 큰 카드는 D카드이다.

15 정답 ④

ㄴ. 민간의 자율주행기술 R&D를 지원하여 기술적 안전성을 높이는 전략은 위협을 최소화하는 내용을 포함하지 않고 약점만 보완하는 내용이므로 ST전략이라 할 수 없다.

ㄹ. 국내기업의 자율주행기술 투자가 부족한 약점을 국가기관의 주도로 극복하려는 전략은 약점을 최소화하고 위험을 회피하려는 WT전략의 내용으로 적절하지 않다.

오답분석

ㄱ. 높은 수준의 자율주행기술을 가진 외국 기업과의 기술이전협약 기회를 통해 국내외에서 우수한 평가를 받는 국내 자동차기업이 국내 자율주행자동차 산업의 강점을 강화하는 전략은 SO전략에 해당한다.

ㄷ. 국가가 지속적으로 자율주행차 R&D를 지원하는 법안이 본회의를 통과한 기회를 토대로 기술개발을 지원하여 국내 자율주행자동차 산업의 약점인 기술적 안전성을 확보하려는 전략은 WO전략에 해당한다.

16 정답 ②

부서별로 1명씩 배치 가능한 신입사원을 살펴보면 다음과 같다.
- 총무부의 경우, 경영 전공자인 갑·기 중 인턴 경험이 있는 갑이 배치된다.
- 투자전략부의 경우, 재무분석이 가능한 병·정·기 중 석사 이상의 학위를 보유한 기가 배치된다.
- 대외협력부의 경우, 제2외국어 가능자인 갑·정 중 총무부로 배치되어야 하는 갑을 제외한 정이 배치된다.
- 품질관리부의 요건을 부합하는 직원은 을뿐이므로 을이 배치된다.
- 나머지 인력인 병·무 중 인턴 경험이 있는 병은 인사부로 배치되며, 데이터분석이 가능한 무는 기술개발부로 배치된다.

위의 내용을 표로 정리하면 다음과 같다.

부서명	직원명
총무부	갑
투자전략부	기
인사부	병
대외협력부	정
품질관리부	을
기술개발부	무

따라서 부서에 배치될 신입사원이 잘못 연결된 것은 ②이다.

17 정답 ④

- 다섯 번째 조건에 따르면, A는 가장 낮은 층인 101호, 102호 중 하나를 배정받는데, 세 번째 조건에 따라 왼쪽 방을 배정받으므로 101호를 배정받는다.
- 세 번째 조건과 일곱 번째 조건에 따르면, G는 D와 같은 층에서 왼쪽 방을 이용해야 하므로, 배정 가능한 방이 2개인 5층을 배정받는다. 따라서 G는 501호, D는 503호를 배정받게 되고, 세 번째 조건에 따라 C는 남은 왼쪽 방인 401호를 배정받게 된다.
- 여섯 번째 조건에 따르면, F는 오른쪽 방을 배정받아야 하며, 네 번째 조건에 따라 B는 F보다 높은 층을 배정받아야 하므로, 303호는 B가, 203호는 F가 배정받는다.

위의 내용을 정리하면 다음과 같다.

	왼쪽	가운데	오른쪽
5층	501 - G		503 - D
4층	401 - C		
3층			303 - B
2층		202	203 - F
1층	101 - A	102	

남은 인원인 E와 H는 102호와 202호에 배정받는다. 그러나 제시된 조건만으로는 이 중 어느 방을 각각 배정받을지는 확정지을 수 없으므로, E는 H보다 높은 층을 배정받을 수도 아닐 수도 있다. 따라서 ④는 옳지 않다.

18 정답 ④

A조의 발표기간 3일 중 마지막 발표는 11일이므로, 다음 순서인 C조는 그다음 날인 12일에 발표를 시작할 수 없다. 또한 그다음 연수일은 화요일인 16일이나, 창립기념일인 17일에는 발표를 할 수 없다. 그리고 첫 번째 날과 두 번째 날의 발표는 연속해서 해야 하므로 발표는 18일에 시작하여야 한다. 즉, C조는 18 ~ 19일에 발표를 하고, 마지막 날의 발표를 다음 연수일인 23일에 하게 된다. 따라서 B조는 그다음 날인 24일을 제외하고 가장 빠른 발표 가능일인 25 ~ 26일에 발표를 하고, 마지막 발표는 30일에 하게 된다.

19 정답 ④

매월 적립해야 하는 금액을 a원이라고 하면 2022년 4월 말에 지급받는 적립 총액은
$(a \times 1.005 + a \times 1.005^2 + a \times 1.005^3 + \cdots + a \times 1.005^{40})$만 원이다.

$$a \times 1.005 + a \times 1.005^2 + a \times 1.005^3 + \cdots + a \times 1.005^{40} = \frac{a \times 1.005 \times (1.005^{40} - 1)}{1.005 - 1} = 2,211$$

→ $44.22a = 2,211$

∴ $a = 50$

따라서 매월 적립하는 금액은 50만 원이다.

20 정답 ①

총주차 시간이 x분일 때 30분 이후부터 10분마다 500원씩 추가되므로 지불해야 하는 총주차 요금은 $\left(1,500 + \dfrac{x-30}{10} \times 500\right)$원이다.

이 금액이 5,000원 이하여야 하므로 다음과 같은 식이 성립한다.

$$\left(1,500 + \frac{x-30}{10} \times 500\right) \leq 5,000$$

→ $50(x - 30) \leq 3,500$

∴ $x \leq 100$

따라서 최대 100분까지 주차가 가능하다.

21 정답 ②

A은행에서 3년(36개월)간 5만 원씩 적금을 넣는다면 적금의 원리합계는 다음과 같다.

1개월 …… $5(1+1.001)^{36}$
2개월 …… $5(1+1.001)^{35}$
3개월 …… $5(1+1.001)^{34}$
⋮
35개월 …… $5(1+1.001)^2$
36개월 …… $5(1+1.001)$

A은행에서의 적금의 원리합계는

$S_A = \dfrac{5(1+1.001)(1.001^{36} - 1)}{1.001 - 1} = \dfrac{5 \times 1.001 \times (1.04 - 1)}{0.001} = 200.2$만 원이다.

B은행에서 2년(24개월)간 10만 원씩 적금을 넣는다면 적금의 원리합계는 다음과 같다.

1개월 …… $10(1+1.002)^{24}$
2개월 …… $10(1+1.002)^{23}$
3개월 …… $10(1+1.002)^{22}$
⋮
23개월 …… $10(1+1.002)^2$
24개월 …… $10(1+1.002)$

B은행에서의 적금의 원리합계는 다음과 같다.

$$S_B = \frac{10(1+1.002)(1.002^{24}-1)}{1.002-1} = \frac{10 \times 1.002 \times (1.05-1)}{0.002} = 250.5 \text{만 원이다.}$$

따라서 B은행에 적금하는 것이 $250.5 - 200.2 = 50.3$만 원(503,000원) 더 받을 수 있다.

22 정답 ⑤

작년 여학생 수를 x명이라고 하면, 작년 남학생 수는 $(2,000-x)$명이므로 다음과 같은 식이 성립한다.

$$-\frac{5}{100}(2,000-x)+\frac{5}{100}x=-14$$

양변에 100을 곱하면 다음과 같다.

$$-5(2,000-x)+5x=-1,400 \rightarrow -10,000+5x+5x=-1,400 \rightarrow 10x=8,600$$

$$\therefore x=860$$

따라서 작년 여학생의 수는 860명이다.

23 정답 ③

원형 테이블은 회전시켜도 좌석 배치가 동일하므로, 좌석에 1 ~ 7번으로 번호를 붙이고, A가 1번 좌석에 앉았다고 가정하여 배치하면 다음과 같다.

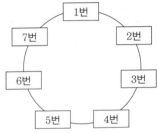

첫 번째 조건에 따라, 2번에는 부장이 앉게 되고, 7번에는 차장이 앉게 된다.
세 번째 조건에 따라, 부장과 이웃한 자리 중 비어있는 3번 자리에 B가 앉게 된다.
네 번째 조건에 따라, 7번에 앉은 사람은 C가 된다.
다섯 번째 조건에 따라, 5번에 과장이 앉게 되고, 과장과 차장 사이인 6번에 G가 앉게 된다.
여섯 번째 조건에 따라, A와 이웃한 자리 중 직원명이 정해지지 않은 2번 부장 자리는 D가 앉게 된다.
마지막 조건에 따라, 4번 자리에는 대리가 앉고, 3번 자리에는 사원이 앉는 것을 알 수 있다. 3번 자리에 앉는 사람은 사원 직급인 B인 것을 알 수 있다.
두 번째 조건에 따라, E는 사원과 이웃하지 않았고 직원명이 정해지지 않은 5번 과장 자리에 해당되는 것을 알 수 있다.
이를 정리하면 다음과 같은 좌석 배치가 되며, F는 이 중 유일하게 빈자리인 4번 대리 자리에 해당된다.

따라서 사원 직급은 B, 대리 직급은 F가 해당하는 것을 알 수 있다.

24 정답 ②

참견하지 않고 앉아서 보기만 함을 의미하는 '좌시(坐視)'와 어떤 일에 직접 나서서 관여하지 않고 곁에서 보기만 함을 의미하는 '방관(傍觀)'은 유의 관계이다.

오답분석

①·③·④·⑤ 반의 관계이다.
① • 밀집(密集) : 빈틈없이 빽빽하게 모임
  • 산재(散在) : 여기저기 흩어져 있음
③ • 훼방(毁謗) : 남을 헐뜯어 비방함 또는 그런 비방
  • 협조(協助) : 힘을 보태어 도움
④ • 방만(放漫) : 맺고 끊는 데가 없이 제멋대로 풀어져 있다는 의미인 '방만하다'의 어근
  • 절연(截然) : 맺고 끊음이 칼로 자르듯이 분명하다는 의미인 '절연하다'의 어근
⑤ • 옹색(壅塞) : 형편이 넉넉하지 못하여 생활에 필요한 것이 없거나 부족함 또는 그런 형편
  • 윤택(潤澤) : 살림이 넉넉함

25 정답 ②

갤런(gal), 배럴(bbl), 온스(oz)는 '부피'를 나타내는 단위이다.

26 정답 ⑤

'사상누각(沙上樓閣)'은 '모래 위에 세워진 누각'이라는 뜻으로, 기초가 튼튼하지 못하면 곧 무너짐을 이르는 말이다. 따라서 빈칸에 들어갈 한자성어로 가장 적절한 것은 ⑤이다.

오답분석

① 혼정신성(昏定晨省) : '밤에는 부모의 잠자리를 보아 드리고 이른 아침에는 부모의 안부를 여쭈어 본다.'는 뜻으로, 부모님께 효성을 다하는 모습을 이르는 말
② 표리부동(表裏不同) : 겉으로 드러나는 언행과 속으로 가지는 생각이 다름을 이르는 말
③ 철저성침(鐵杵成針) : '철 절굿공이로 바늘을 만든다.'는 뜻으로, 아주 오래 노력하면 성공함을 이르는 말
④ 격화소양(隔靴搔癢) : '신을 신고 발바닥을 긁는다.'는 뜻으로, 성에 차지 않거나 철저하지 못한 안타까움을 이르는 말

27 정답 ②

간부 A ~ D의 만기 시 월 이자 금액을 구하면 다음과 같다.

• A : $30 \times (0.031 + 0.03 + 0.002) \div 12 = \dfrac{1.89}{12}$ 만 원

• B : $50 \times 0.031 = \dfrac{1.55}{12}$ 만 원

• C : $20 \times (0.031 + 0.002 + 0.002 + 0.002) \div 12 = \dfrac{0.74}{12}$ 만 원

• D : $40 \times (0.031 + 0.03 + 0.002 + 0.001 + 0.002) = \dfrac{2.64}{12}$ 만 원

따라서 월 이자 금액이 가장 적은 사람부터 순서대로 나열하면 C − B − A − D이다.

28   정답   ③

간부 A ~ D의 만기 시 원리합계를 구하면 다음과 같다.

- A : 매월 30만 원씩 입금하였고 만기 시 연 이율이 6.3%이므로

$$\frac{30\times\left(1+\frac{0.063}{12}\right)\times\left\{\left(1+\frac{0.063}{12}\right)^{24}-1\right\}}{\left(1+\frac{0.063}{12}\right)-1}=\frac{30\times(12+0.063)\times(1.133-1)}{0.063}=763.99만\ 원$$

- B : 매월 50만 원씩 입금하였고 만기 시 연 이율이 3.1%이므로

$$\frac{50\times\left(1+\frac{0.031}{12}\right)\times\left\{\left(1+\frac{0.031}{12}\right)^{24}-1\right\}}{\left(1+\frac{0.031}{12}\right)-1}=\frac{50\times(12+0.031)\times(1.064-1)}{0.031}≒1,241.91만\ 원$$

- C : 매월 20만 원씩 입금하였고 만기 시 연 이율이 3.7%이므로

$$\frac{20\times\left(1+\frac{0.037}{12}\right)\times\left\{\left(1+\frac{0.037}{12}\right)^{24}-1\right\}}{\left(1+\frac{0.037}{12}\right)-1}=\frac{20\times(12+0.037)\times(1.077-1)}{0.037}≒501만\ 원$$

- D : 매월 40만 원씩 입금하였고 만기 시 연 이율이 6.6%이므로

$$\frac{40\times\left(1+\frac{0.066}{12}\right)\times\left\{\left(1+\frac{0.066}{12}\right)^{24}-1\right\}}{\left(1+\frac{0.066}{12}\right)-1}=\frac{40\times(12+0.066)\times(1.141-1)}{0.066}≒1,031.09만\ 원$$

29   정답   ②

제시문에 따르면 농업은 과학 기술의 발전성과를 수용하여 새로운 상품과 시장을 창출할 수 있는 잠재적 가치를 가지고 있으므로, 농업의 성장을 위해서는 과학 기술의 문제점을 성찰하기보다는 과학 기술을 어떻게 활용할 수 있는지를 고민해보는 것이 적절하다. 따라서 과학 기술의 문제점을 성찰해야 한다는 내용은 적절하지 않다.

30   정답   ⑤

마지막 문단에 따르면 '라이헨바흐는 자연이 일양적일 수도 있고 그렇지 않을 수도 있음을 전제'하며, '자연이 일양적인지 그렇지 않은지 알 수 없는 상황에서는 귀납을 사용하는 것이 옳은 선택'이라고 한다. 그러나 귀납이 현실적으로 옳은 추론 방법임을 밝히기 위해 자연의 일양성이 선험적 지식임을 증명하고 있는 것은 아니다.

오답분석

① 라이헨바흐는 '어떤 방법도 체계적으로 미래 예측에 계속해서 성공할 수 없다는 논리적 판단을 통해 귀납은 최소한 다른 방법보다 나쁘지 않은 추론'이라고 확언한다. 하지만 이것은 귀납의 논리적 허점을 현실적 차원에서 해소하려는 것이며, 논리적 허점을 완전히 극복한 것은 아니라는 점에서 비판의 여지가 있다.

② 라이헨바흐는 '귀납의 정당화 문제로부터 과학의 방법인 귀납을 옹호하기 위해 현실적 구제책'을 제시한다. 이것은 귀납이 과학의 방법으로 사용될 수 있음을 지지하려는 것이다.

③ 라이헨바흐는 '자연이 일양적일 경우, 우리의 경험에 따라 귀납이 점성술이나 예언 등의 다른 방법보다 성공적인 방법이라고 판단'하며, '자연이 일양적이지 않다면, 어떤 방법도 체계적으로 미래 예측에 계속해서 성공할 수 없다는 논리적 판단을 통해 귀납은 최소한 다른 방법보다 나쁘지 않은 추론'이라고 확언한다. 따라서 라이헨바흐가 귀납과 다른 방법을 비교하기 위해 경험적 판단과 논리적 판단을 활용했음을 알 수 있다.

④ 라이헨바흐는 '자연이 일양적인지 그렇지 않은지 알 수 없는 상황에서는 귀납을 사용하는 것이 옳은 선택'이라고 본다. 따라서 라이헨바흐는 귀납과 견주어 미래 예측에 더 성공적인 방법이 없다는 판단을 근거로 귀납의 가치를 보여 주고 있다.

31 정답 ③

제시문은 애그테크의 정의와 효과, 적용되는 기술을 설명하는 글이다. 그러므로 애그테크에 대한 정의인 (다) 문단이 가장 앞으로 와야 하고, 이어서 애그테크의 효과에 대한 (가) 문단이 와야 한다. 이후 애그테크에 적용되는 다양한 기술을 설명한 (나) 문단이 배치되어야 하고, 결론인 (라) 문단이 배치되어야 한다. 따라서 (다) – (가) – (나) – (라) 순으로 나열하는 것이 적절하다.

32 정답 ①

보기는 기존의 쌀 소득보전 직불제의 도입 배경과 한계점에 대한 내용이다. 따라서 공익직불제는 쌀 과잉공급 등 기존 직불제의 한계점을 해결하기 위해 시행된 제도이므로 보기의 문단이 들어갈 위치로 가장 적절한 곳은 (가)이다.

33 정답 ③

네 번째 문단에 따르면 각 지자체는 정부 광고매체를 활용해 모금할 수 있지만, 지자체가 주최·주관·후원하는 행사에서 권유·독려를 금지하고 있으며 이를 위반했을 경우 최대 8개월까지 기부금 모금이 제한된다.

오답분석

① 마지막 문단에 따르면 기부자는 주민등록증·운전면허증 등 신분증을 가지고 농협 근무시간에 방문하여 현장에서 기부할 수 있다.
② 마지막 문단에 따르면 고향사랑e음은 국세청 연말정산시스템과 연계하여 자동으로 세액공제 혜택을 받을 수 있다.
④ 두 번째 문단에 따르면 고향사랑e음을 통해 기부 시 기부금의 30%를 포인트로 받아 원하는 시기에 원하는 답례품을 선택할 수 있다.

34 정답 ②

제시문은 새마을금고중앙회가 대포통장 근절을 통해 보이스피싱 예방에 성과를 거두고 있음을 이야기하고, 구체적인 통계 수치를 통해 그에 대한 설명을 하고 있다.

오답분석

① 대포통장이 보이스피싱의 주요한 수단으로 사용되고 있다는 내용은 적절하지만, 전체 내용을 아우르는 제목으로 보기는 어렵다.
③ 새마을금고중앙회가 피해·사기계좌에 대한 모니터링을 통해 보이스피싱 피해를 예방하고 금융사기를 사전에 차단하고 있다는 내용은 제시되어 있지만, 금융사기 피해자를 지원하는 내용은 언급되지 않았다.
④ 사기계좌에 대한 지속적인 모니터링을 촉구하는 내용은 제시되지 않았다.

35 정답 ②

제시문은 스마트시티 프로젝트의 핵심 과제와 주요 연구과제, 도시관리 데이터의 빅데이터 시스템 구축, 지능형 통합 의사결정 시스템 등의 과제를 설명하고 있다. 그리고 프로젝트가 차질없이 수행될 경우 발생하는 에너지 절감, 신산업 생태계 조성, 다양한 스마트 솔루션 개발 등의 효과를 설명하는 것으로 볼 때, ②가 제목으로 가장 적절하다.

36 정답 ④

스마트시티 프로젝트로 다양한 스마트 솔루션이 개발되고 이를 통해 일자리 창출 및 국내 경제 활성화에 기여할 수 있을 것으로 예상된다.

오답분석

① 스마트시티 프로젝트의 과제로는 교통사고, 범죄, 응급의료 등 도시 내 각종 위험에 대한 위기대응 통합 솔루션 개발이 있다.
② 공공 분야에서는 교통정체, 사고 등 도시 내 각종 상황을 실시간으로 감지·분석하고 도시 빅데이터에 기반해 의사결정 전 과정을 지원하는 '지능형 통합 의사결정 시스템'을 개발해 공공서비스 질을 향상시킬 방침이다.
③ 스마트시티 프로젝트가 차질 없이 수행되면 도시 개별 인프라 간 연계·통합 등으로 상호 시너지가 발생해 각종 도시 관리 효율성이 15% 이상 향상될 것으로 전망된다.

37 　정답　③

한국 경찰청 국가수사본부 사이버수사국에서 유엔 범죄예방 및 형사사법위원회 정기회의에 참석해 발표한 내용은 금품요구 악성 프로그램 유포사범 검거와 관련된 사례이다. 발표를 담당한 경사가 사이버 성범죄의 가해자를 검거하여 유엔 마약·범죄 사무소, 동남아시아 가상자산 실무자 회의에서 발표한 이력이 있다는 내용이 제시되어 있지만, 이는 부가적인 설명이므로 제시문을 읽고 알 수 있는 내용으로 적절하지 않다.

오답분석

①·② 제시문의 두 번째 문단을 통해 파악할 수 있다.
④ 제시문의 마지막 문단을 통해 파악할 수 있다.

38 　정답　③

주어진 조건을 정리하면 다음과 같다.
- 첫 번째 조건 : B부장의 자리는 출입문과 가장 먼 10번 자리에 배치된다.
- 두 번째 조건 : C대리와 D과장은 마주봐야 하므로 2·7번 또는 4·9번 자리에 앉을 수 있다.
- 세 번째 조건 : E차장은 B부장과 마주보거나 옆자리이므로 5번과 9번에 배치될 수 있지만, 다섯 번째 조건에 따라 옆자리가 비어있어야 하므로 5번 자리에 배치된다.
- 네 번째 조건 : C대리는 A사원 옆자리에 앉아야 하므로 7번과 9번에 배치될 수 있다.
- 다섯 번째 조건 : E차장 옆자리는 공석이므로 4번 자리는 아무도 앉을 수가 없으며 앞선 조건에 따라 C대리는 7번 자리에 앉고, D과장은 2번 자리에 앉아야 한다.
- 일곱 번째 조건 : 과장끼리 마주보거나 나란히 앉을 수 없으므로 G과장은 3번 자리에 앉을 수 없고, 6번과 9번에 앉을 수 있다.
- 여섯 번째 조건 : F대리는 마주보는 자리에 아무도 앉지 않아야 하므로 9번 자리에 배치되어야 하고 G과장은 6번 자리에 앉아야 한다.

그러므로 주어진 조건에 맞게 자리배치를 정리하면 다음과 같다.

출입문				
1 – 신입사원	2 – D과장	×	×	5 – E차장
6 – G과장	7 – C대리	8 – A사원	9 – F대리	10 – B부장

따라서 배치된 자리와 직원이 바르게 연결된 것은 ③이다.

39 　정답　②

$$℃=\frac{5}{9}(℉-32) \rightarrow ℉=\frac{9}{5}×℃+32 \rightarrow ℉=\frac{9}{5}×30+32=86℉$$

40 　정답　②

중도상환수수료는 (중도상환금액)×(중도상환수수료율)×$\frac{(잔여기간)}{(대출기간)}$ 이므로, 이를 계산하면 다음과 같다.

$$80,000,000×0.025×\frac{24}{48}=1,000,000$$

따라서 중도상환수수료는 1,000,000원이다.

41 　정답　①

각각의 경우의 수를 구하면 다음과 같다.
- 2개의 주사위를 던지는 경우의 수 : 6×6=36가지
- 나온 눈의 곱이 홀수인 경우(홀수×홀수)의 수 : 3×3=9가지

따라서 두 주사위의 눈의 곱이 홀수일 확률은 $\frac{9}{36}=\frac{1}{4}$ 이다.

42　정답　①

상품 정보에 따라 B주임과 C과장의 만기환급금을 계산하면 다음과 같다.

- B주임 : $30 \times 36 + 30 \times \dfrac{36 \times 37}{2} \times \dfrac{0.024}{12} = 1,119.96$만 원

- C과장 : $25 \times \dfrac{1.02^{\frac{25}{12}} - 1.02^{\frac{1}{12}}}{1.02^{\frac{1}{12}} - 1} = 25 \times \dfrac{1.04 - 1.001}{0.001} = 975$만 원

43　정답　④

제시되어 있는 환전 수수료 공식을 A씨가 신청한 달러 및 유로에 적용하면 다음과 같다.
- 달러 : $(1,300 - 1,100) \times (1 - 0.7) \times 660 = 39,600$원
- 유로 : $(1,520 - 1,450) \times (1 - 0.5) \times 550 = 19,250$원

따라서 A씨가 내야 할 총환전 수수료는 $39,600 + 19,250 = 58,850$원이다.

44　정답　③

'어찌 된'의 뜻을 나타내는 관형사는 '웬'이므로, '어찌 된 일로'라는 함의를 가진 '웬일'이 옳은 표현이다.

오답분석

① 메다 : 어떤 감정이 북받쳐 목소리가 잘 나지 않다.
② 치다꺼리 : 남의 자잘한 일을 보살펴서 도와줌
④ 베다 : 날이 있는 연장 따위로 무엇을 끊거나 자르다.

45　정답　④

먹고 난 뒤의 그릇을 씻어 정리하는 일을 뜻하는 단어는 '설거지'이다.

오답분석

① ~로서 : 지위나 신분 또는 자격을 나타내는 격 조사
② 왠지 : 왜 그런지 모르게. 또는 뚜렷한 이유도 없이
③ 드러나다 : 가려 있거나 보이지 않던 것이 보이게 되다.

46　정답　①

보기는 결국 쟁점이 되고 있는 두 입장에서 (나)의 손을 들어준 것이다. (나)의 기본 입장은 인간의 배아 연구는 많은 위험성을 내포하고 있기에 반대한다는 것이다. 이러한 입장에 따르면 앞으로 생명 공학 분야의 발전에는 상당한 제약이 따를 것이라 예상할 수 있으므로 국가 경쟁력이 강화된다는 반응은 적절하지 않다.

47　정답　③

제시문은 모바일 앱 서비스인 'MG더뱅킹기업'의 출시에 대한 기사로서 앱의 주요 특징과 제공하는 서비스에 대해 간략히 소개하고 있다. 따라서 주제로 가장 적절한 것은 ③이다.

48 정답 ③

중앙은행은 기준금리를 통해 경기 변동에 따른 위험을 완화하고 금융시장의 원활한 운영을 돕는 역할을 수행한다.

오답분석
① 경제가 성장하고 인플레이션이 심해지면 중앙은행은 기준금리 인상을 통해 소비와 투자를 저하시켜 경기 과열을 억제한다.
② 중앙은행이 기준금리를 인상하면 자금이 제한되고 대출이 어려워지므로 소비와 투자를 저하시킨다.
④ 기준금리 설정 시에는 인플레이션 목표율 경제 성장률 등 다양한 요소를 고려해야 하므로 이 중 어느 하나가 가장 중요한 요인이라고 할 수 없다.

49 정답 ③

C는 S사의 이익과 자사의 이익 모두를 고려하여 서로 원만한 합의점을 찾고 있다. 따라서 가장 바르게 협상한 사람은 C이다.

오답분석
① S사의 협상당사자는 현재 가격에서는 불가능하다고 한계점을 정했지만, A의 대답은 설정한 목표와 한계에서 벗어나는 요구이므로 바르게 협상한 것이 아니다.
② B는 합의점을 찾기보다는 자사의 특정 입장만 고집하고 있다. 따라서 바르게 협상한 것이 아니다.
④ D는 상대방의 상황에 대해서 지나친 염려를 하고 있다. 따라서 바르게 협상한 것이 아니다.

50 정답 ①

제시문은 아리스토텔레스의 목적론에 대한 논쟁을 설명하는 글이다. (가) 근대에 등장한 아리스토텔레스의 목적론에 대한 비판 – (나) 근대 사상가들의 구체적인 비판 – (라) 근대 사상가들의 비판에 대한 반박 – (다) 근대 사상가들의 비판에 대한 현대 학자들의 비판 순으로 나열하는 것이 적절하다.

51 정답 ④

제시문은 임베디드 금융에 대한 정의, 장점 및 단점 그리고 이에 대한 개선 방안을 설명하는 글이다. 따라서 (라) 임베디드 금융의 정의 – (나) 임베디드 금융의 장점 – (다) 임베디드 금융의 단점 – (가) 단점에 대한 개선 방안 순으로 나열하는 것이 적절하다.

52 정답 ③

지로/공과금 자동이체 우대금리 조건을 보면 반드시 본인 명의의 입출금식 통장에서 지로/공과금 자동이체 실적이 3개월 이상이어야 한다.

오답분석
① 매월 납입한도는 100만 원 이하이고 계약기간은 1년제이므로 신규금액을 제외한 최대 납입 가능 금액은 100×12=1,200만 원이다.
② 에너지 절감 우대금리 적용을 위해 "아파트아이"에 회원가입을 해야 하며, 주소변경 시 아파트아이에서 주소변경을 완료해야 하므로 해당 사이트의 계정이 필요하다.
④ 최대 이율을 적용받는 사람의 금리는 기본금리에 우대금리를 더한 값인 3.0+4.0=7.0%이다. 하지만 중도해지 시에는 우대금리가 적용되지 않으므로 납입기간 50%를 경과하고 중도해지할 경우 적용받는 금리는 3.0×0.4=1.2%이다. 따라서 중도해지 시 적용받는 금리는 이전보다 7.0-1.2=5.8%p 적다.

53 정답 ④

먼저 A고객이 적용받는 우대금리를 계산하면 다음과 같다.
- 적금가입월(22.5)부터 10개월 동안(23.2 이내) 적금가입월의 전기사용량(kWh) 대비 월별 전기사용량(kWh)이 절감된 횟수는 22년 6월, 9월, 10월과 23년 2월로 총 4회이므로 적용되는 우대금리는 연 1.0%p이다.
- 최초거래고객 우대금리 조건을 만족하므로 적용되는 우대금리는 1.0%p이다.
- 지로/공과금 자동이체 우대금리 조건을 만족하므로 적용되는 우대금리는 1.0%p이다.

그러므로 A고객이 적용받는 우대금리는 총 3%p이고, A고객은 만기해지하였으므로 계약기간 동안 적용되는 금리는 기본금리에 우대금리를 더한 값인 $3+3=6$%이다. 가입금액에 따른 이자를 계산하면 다음과 같다.
- 최초 납입금액 : 30만$\times$6%$=18,000$원
- 추가 납입금액 : 70만$\times$6%$\times\dfrac{6}{12}=21,000$원
- 만기 후 금리 : 100만$\times$3%$\times$30%$\times\dfrac{6}{12}=4,500$원(만기일 경과 6개월 이후 해지)

따라서 A고객이 지급받을 이자는 $18,000+21,000+4,500=43,500$원이다.

54 정답 ③

- 자택에서 인근 지하철역까지 도보로 가는 데 걸리는 시간 : 3분
- 지하철역에서 환승역까지 가는 데 걸리는 시간 : $2\times2=4$분
- 환승하는 데 걸리는 시간 : 2분
- 환승역에서 사무실 인근 지하철역까지 가는 데 걸리는 시간 : $2\times4=8$분
- 인근 지하철역에서 사무실까지 도보로 가는 데 걸리는 시간 : 2분

따라서 김대리가 지하철을 타고 자택에서부터 사무실을 갈 때 걸리는 시간은 $3+4+2+8+2=19$분이다.

55 정답 ②

- 버스의 편도 이동시간 : $1+(4\times4)+3=20$분
- 지하철의 편도 이동시간 : $3+(2\times2)+2+(2\times4)+2=19$분
- 자가용의 이동시간 : $19+2=21$분

따라서 편도 이동시간이 가장 짧은 이동수단을 순서대로 바르게 나열하면 '지하철 – 버스 – 자가용'이다.

56 정답 ③

정규근로시간 외에 초과근무가 있는 날의 시간외근무시간을 구하면 다음과 같다.

구분	초과근무시간			1시간 공제
	조기출근	야근	합계	
1 ~ 15일	–	–	–	770분
18일(월)	–	70분	70분	10분
20일(수)	60분	20분	80분	20분
21일(목)	30분	70분	100분	40분
25일(월)	60분	90분	150분	90분
26일(화)	30분	160분	190분	130분
27일(수)	30분	100분	130분	70분
합계	–	–	–	1,130분

∴ 1,130분=18시간 50분

따라서 월 단위 계산 시 1시간 미만은 절사하므로 시간외근무수당은 7,000원$\times$18시간$=126,000$원이다.

57 정답 ③

레저업종 카드사용 실적인정 기준 중 3번째 조건에 따르면 당일자, 당일가맹점 사용실적은 건수는 최대 1회, 금액은 최대금액 1건이 인정된다고 하였다. 따라서 당일에 동일 가맹점에서 나눠서 결제하더라도 그 횟수는 1회만 반영되고, 그 금액도 가장 큰 금액 1건만 반영된다. 그러므로 한 번에 결제하는 것이 우대금리 적용에 더 유리하다.

오답분석

① 제시된 상품에서 적용 가능한 최대금리는 계약기간이 최대이며 우대금리를 만족한 $3.65+2.4=6.05\%$이고 최저금리는 계약기간이 최소이며 우대금리를 적용받지 못한 3.40%이다. 따라서 만기해지 시 상품에서 적용 가능한 최대금리와 최저금리의 차이는 $6.05-3.40=2.65\%$p이다.

② '우대금리' 항목에 따르면 금액 조건은 온누리상품권 구매금액과 레저업종 카드사용금액 모두 포함되는 반면, 건수 조건에는 레저업종 카드사용금액만 포함된다. 따라서 우대금리 적용에 있어서는 온누리상품권을 구입하는 것보다는 레저업종에 카드를 사용하는 것이 더 유리하다.

④ 계약기간이 1년이므로 만기일 당시 IBK 적립식중금채의 계약기간별 고시금리는 만기 후 1개월 이내 해지 시나 만기 후 6개월 초과 후 해지 시에 같으므로 만기 후 1개월 이내 해지 시 적용되는 만기 후 금리는 만기 후 6개월 초과 후 해지 시 적용되는 만기 후 금리의 $\frac{50}{20}=2.5$배이다.

58 정답 ④

A고객의 계약기간은 2년이므로 적용되는 기본금리는 3.50%이다. 우대금리 적용을 위해 금액 조건을 계산하면 다음과 같다.
- 매 짝수 월 초 30만 원 헬스클럽 결제 : $30\times12=360$만 원
- 매월 초 20만 원 골프연습장 결제 : $20\times24=480$만 원
- 매 연말 본인 명의 온누리상품권 100만 원 구매 : 200만 원 인정
- 매 연초 가족 명의 온누리상품권 100만 원 구매 : 본인 명의가 아니므로 불인정
- 매년 3, 6, 9, 12월 월말 수영장 이용료 30만 원 결제 : $30\times8=240$만 원

그러므로 총이용금액은 1,280만 원이고, 이를 평균하여 계산하면 월 결제금액은 $1,280\div24≒53.3$만 원이므로 우대금리는 1.70%p가 적용된다. 이에 대한 납입금액별 금리는 다음과 같다.
- 최초 납입금액 : $50만\times(3.5+1.7)\%\times\frac{24}{12}=52,000$원
- 추가 납입금액(21.8.1) : $100만\times(3.5+1.7)\%\times\frac{12}{12}=52,000$원
- 추가 납입금액(22.2.1) : $100만\times(3.5+1.7)\%\times\frac{6}{12}=26,000$원
- 만기 후 금리 : $250만\times(3.5\times0.3)\%\times\frac{3}{12}=6,562.5$원

따라서 A고객이 지급받을 이자총액에서 10원 미만을 절사하면 136,560원이다.

59 　정답　④

규정에 따르면 여비를 운임·숙박비·식비·일비로 구분하고 있다.

• 운임 : 철도·선박·항공운임에 대해서만 지급한다고 규정하고 있으므로, 버스 또는 택시요금에 대해서는 지급하지 않는다. 그러므로 철도운임만 지급되며 일반실 기준으로 실비로 지급하므로 여비는 43,000+43,000=86,000원이다.
• 숙박비 : 1박당 실비로 지급하되, 그 상한액은 40,000원이다. 그러나 출장기간이 2일 이상인 경우에는 출장기간 전체의 총액 한도 내에서 실비로 지급한다고 하였으므로, 3일간의 숙박비는 총 120,000원 내에서 실비가 지급된다. 그러므로 B과장이 지출한 숙박비 45,000+30,000+35,000=110,000원 모두 여비로 지급된다.
• 식비 : 1일당 20,000원으로 여행일수에 따라 지급된다. 총 4일이므로 80,000원이 지급된다.
• 일비 : 1인당 20,000원으로 여행일수에 따라 지급된다. 총 4일이므로 80,000원이 지급된다.

따라서 B과장이 정산받은 여비의 총액은 86,000+110,000+80,000+80,000=356,000원이다.

60 　정답　③

• 5월 3일 지인에게 1,000만 원을 달러로 송금

　1,000만 원÷1,140.20≒8,770달러(∵ 소수점 절사, 환전수수료 없음)

• 5월 20일 지인으로부터 투자수익률 10%와 원금을 받음

　8,770×(1+0.1)=9,647달러

• 5월 20일 환전함

　9,647×1,191.50≒11,494,400원(∵ 소수점 절사, 환전수수료 없음)

• 투자수익률

$$\frac{11,494,400-10,000,000}{10,000,000}\times100≒15\%$$

따라서 K씨는 약 15%의 투자수익을 달성하였다.

미래는 자신이 가진 꿈의 아름다움을 믿는 사람들의 것이다.

- 엘리노어 루즈벨트 -

2025 최신판 시대에듀 기출이 답이다
신한은행 SLT 필기시험 7개년 기출 + 무료NCS특강

개정2판1쇄 발행	2025년 04월 15일 (인쇄 2025년 03월 18일)
초 판 발 행	2023년 04월 10일 (인쇄 2023년 03월 22일)
발 행 인	박영일
책 임 편 집	이해욱
편 저	SDC(Sidae Data Center)
편 집 진 행	안희선 · 신주희
표지디자인	김지수
편집디자인	김경원 · 이다희
발 행 처	(주)시대고시기획
출 판 등 록	제10-1521호
주 소	서울시 마포구 큰우물로 75 [도화동 538 성지 B/D] 9F
전 화	1600-3600
팩 스	02-701-8823
홈 페 이 지	www.sdedu.co.kr

I S B N	979-11-383-9042-2 (13320)
정 가	23,000원

기출이 답이다

신한은행 SLT

정답 및 해설

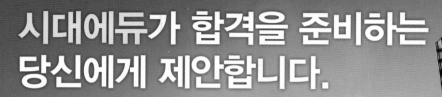

시대에듀가 합격을 준비하는
당신에게 제안합니다.

결심하셨다면 지금 당장 실행하십시오.
시대에듀와 함께라면 문제없습니다.

성공의 기회!
시대에듀를 잡으십시오.

NEXT STEP!

기회란 포착되어 활용되기 전에는 기회인지조차 알 수 없는 것이다.

– 마크 트웨인 –